<36604097020013

Die

Mechanik der Gewölbe

in ihrem

ganzen Umfange abgehandelt;

begreifend

die Brückenbögen und einfachen Gewölbe jeder üblichen Gestalt, aus Stein und Ziegeln sowohl, als aus Gußeisen; wie auch die zusammengesetzten, nähmlich Kappen-, Kreutz- und böhmischen Gewölbe, einfachen und doppelten Kuppeln; sowohl im freyen als beschwerten Zustande;

nebst der Bestimmung

ihrer Dicke und jener der Widerlagen, und endlich der Dicke der Brückenpfeiler.

Mit beständiger Rücksicht auf die Erfahrung und Ausübung

für

Architekten und Kunstverständige

auf die größten bestehenden Meisterwerke angewendet,

und

für minder Erfahrene in diesem Kunstfache

mit 45 mühsam und genau berechneten Tabellen begleitet.

Von

Sebastian von Maillard,

k. k. österreichischem Feldmarschall-Lieutenant im Ingenieur-Corps, Mitglied der königl. Gesellschaft der Wissenschaften zu Prag, und correspondirendem Mitglied der kaiserl. Akademie der Wissenschaften zu St. Petersburg.

Mit 9 Planen.

Pesth, 1817.

Bey Konrad Adolph Hartleben.

Wien,
gedruckt bey Anton Strauß.

An

Seine Kais. Hoheit

den

Erzherzog Johann.

Euere Kaiserliche Hoheit!

Der Nutzen der Gewölbe ist so allgemein anerkannt, und der Gebrauch derselben ist so ausgedehnt, daß es mit Recht befremden kann, daß ihre Mechanik, nähmlich die Gesetze, nach welchen die Gewölbe wirken, bisher nicht ausgeforscht werden konnten, obgleich eine Menge Architekten und Ingenieurs, auch Mathematiker, selbst die berühmtesten, sich alle Mühe gegeben hat, dieses Ziel zu erreichen.

Die erste Ursache davon liegt zum Theil in dem, daß diese Mechanik weder eine bloße Baukunst, noch ein bloß mathematischer Gegenstand ist, sondern auf beyden beruht; daher, um gründlich abgehandelt zu werden, nebst Erfahrung in dem Bauwesen, noch hinlängliche mathematische und physikalische Kenntnisse erfordert, um die bey einer solchen Untersuchung häufig vorkommenden Hindernisse be=

siegen zu können. Eine solche Vereinigung dieser einander fremden Kenntnisse ist aber bey der gewöhnlichen Lage der Architekten und der Mathematiker schwer, scheint sich auch bisher nicht ereignet zu haben, weil den mit dem Bauwesen meistens sehr beschäftigten Architekten und Ingenieurs zu wenig Zeit übrig bleibt, die mathematischen Wissenschaften hinlänglich zu cultiviren, die Mathematiker hingegen, aus Mangel an Gelegenheit, sich wenig oder gar nicht mit dem Bauwesen abgeben können.

Von Jugend auf zu dem Studium der Mathematik angewiesen, dann bey meiner langen Laufbahn im Ingenieur-Corps oft genöthigt, mich mit dem Bauwesen viel zu beschäftigen, habe ich eingesehen, daß mehrere Haupttheile der Baukunst noch auf keinen echten Grundsätzen beruhen, und um möglichst nützlich zu werden, es mir nicht so nöthig wäre, mehr mathematische Kenntnisse zu erwerben, als die erlangten anzuwenden; dieß war es auch, worauf ich mein ferneres Bestreben richtete.

Unter den Hauptgegenständen der Baukunst schienen mir die Gewölbe die größte Aufmerksamkeit zu verdienen; ich ließ mir Modelle davon verfertigen, stellte damit Versuche an, suchte zugleich in allen Büchern, was über die Mechanik der Gewölbe geschrieben worden: aber keiner dieser Wege führte mich zum Ziel. Dessen ungeachtet beharrte ich in meinen Untersuchungen, beobachtete alle Gewölbe die Risse hatten, besonders die, deren Widerlagen gewichen waren, und sah hernach deutlich ein, daß, obgleich alle schief liegenden Keile eines Gewölbes, eine Tendenz zum Gleiten haben, doch auch diese Keile in Masse betrachtet, also jede Hälfte des Gewölbes durch ihre außer der Basis weit hervorhangende Gestalt, wie auch alle andere mindere Theile dieser Hälfte von der Art, eine Tendenz zur Drehbewegung verrathen.

Dieses anerkannt, war es einleuchtend, daß, um den Seitenschub eines Gewölbes zu erhalten, man den Seitenschub jeder dieser zwey ganz verschiedenen Tendenzen finden, dann den größten von beyden Schuben nehmen müsse. War diese Aufgabe unter ihre wahre Gestalt gebracht, so handelte es sich ferner, den Seitenschub jeder bemeldeten zwey Tendenzen zu finden.

Bey der Untersuchung des Seitenschubs der Tendenz zum Gleiten sämmtlicher Keile einer Hälfte des Gewölbes, stießen wir auf Hindernisse, die unüberwindlich schienen; denn bey der Mechanik der schiefen Ebenen werden diese als unendlich glatt, also als ideale Wesen betrachtet, wodurch auch ideale Resultate entstehen, die von den wahren, besonders bey Keilen, der Reibung wegen, meistens äußerst, ja sogar bis in das Unendliche abweichen. Zwar sucht man hernach, durch Einführung der Reibung, diese Resultate zu rectifiziren; aber dieses ist, besonders bey dem Keile so schwer, daß man es nur bey der Tendenz zum Herabgleiten, keineswegs aber bey dem Widerstand zum Rückgleiten zu Wege bringt; und dieß noch mittels eines zusammengesetzten, und so ausgedehnten algebraischen Ausdruckes, daß dieser als unanwendbar angesehen werden kann. Wie es nun nicht möglich war, auf dem bisher bey Abhandlung der Mechanik der schiefen Ebene befolgten Wege fortzukommen, suchten wir, ob es nicht möglich wäre, den ganz entgegengesetzten, und der Natur der Körper angemessenen Weg einzuschlagen, da uns diese Mechanik bisher verkehrt abgehandelt schien. Nach langem Nachsinnen und vielen Versuchen, wie auch nach genauer Betrachtung der Ebenen mit dem Vergrößerungsglas kam endlich dieser wahre Weg hervor, wodurch bemeldete Mechanik auf das allereinfachste gebracht wird, und sogar sinnlich erscheint. Diese Mechanik ist im Jahre 1800 in Wien bey Trattner im Druck unter dem Titel erschienen: „Méthode nouvelle plus simple et plus exacte de traiter la Mechanique;" mit Beyhülfe dieser Methode, wovon ein Auszug im ersten Theil dieses Werkes folgt, wird der Seitenschub der Tendenz zum Gleiten sämmtlicher Keile eines Gewölbes, bey was immer für einer der üblichen Wölbungslinien, und bey was immer für einer Reibung, leicht bestimmt.

Als diese erste Schwierigkeit überwunden war, blieb nun die zweyte zu heben: nähmlich den Seitenschub zur Drehbewegung zu finden. Hier stießen wir auf Hindernisse ganz anderer Art; denn es war nicht bloß darum zu thun, den Seitenschub dieser Tendenz bey einer Hälfte des Gewölbes, als Masse betrachtet, auch nicht bey einem beliebig angenommenen Theil dieser Hälfte zu finden, sondern unter allen solchen und unzähligen Theilen denjenigen zu entdecken, welcher den Seitenschub des Gewölbes verursacht, um auf diesen Theil die Berechnung anzuwenden. Diese äußerst schwere Aufgabe ist nach aller Schärfe aufgelöst worden.

Die Mechanik der Gewölbe beschränkt sich aber nicht auf die Bestimmung des Seitenschubes derselben, sie erstreckt sich viel weiter, denn sie umfaßt noch die Bestimmung der gehörigen Dicke der Gewölbe und die Art, sie in Stand zu setzen, jede Last zu tragen; sie hat ferner die Dicke der Widerlagen und der Zwischenpfeiler der gemauerten Brücken, damit sie sich standhaft erhalten, so wie auch die beste Lage und die gehörige Stärke der eisernen Schließen, die man zur Erleichterung der Widerlagen öfters anwendet, auszumitteln; noch außer dem liegt ihr ob, den Druck der Gewölbe auf die Leergerüste, und wenn diese wegen ihrer großen Weite, aus Hänge- und Sprengewerken bestehen müssen, den Seitenschub dieser mit dem Gewölbe belasteten Gerüste gegen die Widerlage anzugeben. Endlich fordert die Praxis, daß die angegebenen Regeln möglichst einfach und faßlich seyen, und wo dieses nicht in diesem Grad erreicht werden kann, daß man faßliche Resultate, und diese zwar in solcher Menge in

Tabellen darstelle, um zum Regulativ dienen zu können. Alle diese mühsamen, eine eiserne Geduld erfordernden Arbeiten, bey welcher wir keine Gehülfen erhalten konnten, haben wir, um möglichst nützlich zu werden, unternommen und ausgeführt.

Die in diesem Werke häufig vorkommenden Aufgaben, bringen bey ihrer Auflösung, meistens viele algebraische Ausdrücke, auch andere Berechnungen mit sich, die jenen, welche darin wenig bewandert sind, anstößig seyn dürften; aber diese Ausdrücke und Berechnungen sind da nur als Documente zu betrachten, welche die Richtigkeit der aufgestellten Resultate erweisen, daher kann jeder, der in diese Richtigkeit keinen Zweifel setzt, diese Berechnungen übergehen, und sich bloß an die faßlich dargestellten Resultate halten.

Geruhen Eure Kaiserliche Hoheit, dieser Frucht meiner während mehr als 30 Jahren, durch Friedens- und Kriegsdienstgeschäfte vielmahl unterbrochenen und wieder fortgesetzten Arbeit, eben so gnädige Nachsicht, als meinem Werke: „Ueber schiffbare Canäle," zu gönnen.

Eurer Kaiserlichen Hoheit

unterthänigster Diener

Maillard
F. M. L.

Die

Mechanik der Gewölbe.

Erster Band.

Einleitung

über die Mechanik der Gewölbe überhaupt, und die bisherigen Fortschritte derselben.

Die Gewölbe bestehen aus gestumpften Keilen, die nach verschiedenen Wölbungslinien gelegt, und meistens ungleich sind; auch sind die Gewölbe bestimmt, Lasten zu tragen. Die untersten Gewölbstheile sind oft von der Art, daß sie von selbst ruhig bleiben; die andern aber haben eine Tendenz, entweder zum Gleiten, oder zur Drehbewegung. Die Keile, wenn sie aus behauenen Steinen bestehen, werden meistens trocken, bey Anwendung der Ziegel aber in Mörtel gelegt; dieser kann wie die Leergerüste abgenommen werden, noch frisch, oder zum Theil auch ganz verhärtet seyn; im ersteren Falle trägt nur die Reibung, im letzteren aber das Bindungsmittel zur Erhaltung des Gewölbes bey. Diese Ansicht der Gewölbe stellt also eine Menge von Keilen, die gegen einander und gegen die Widerlagen wirken, verschiedene Neigungen, verschiedene Tendenzen haben, zuweilen durch die große Reibung, zuweilen durch die Bindungskraft des Mörtels an einander halten, also eine Menge von verschiedenen Kräften dar, deren Resultat den Seitenschub der Gewölbe erzeugt, und zu bestimmen ist.

b. Die Dicke, welche ein Gewölbe haben soll, damit es sich von selbst erhalte, hängt von erwähnten Umständen, auch von dem Widerstande des Materials ab; diese Dicke ist auch zu bestimmen.

c. Bey der Aufführung der Gewölbe, drücken diese auf die Leerbögen; da diese eine, diesem Drucke verhältnißmäßige Stärke erhalten sollen, so muß erwähnter Druck, dann diese Stärke bestimmt werden.

d. Bey Brücken, deren Bögen so weit gespannt seyn sollen, daß ihre Leergerüste aus Hängewerken bestehen müssen, schieben diese schon von selbst, und während der Aufführung der Bögen, um so mehr, als diese Aufführung sich dem Schlusse nähert, und wie nur dieser zu setzen übrig bleibt, so liegt die ungeheuere Masse solcher Bögen auf ihrem Leergerüste, und vermehrt ihren Seitenschub so sehr, daß er manchmahl jenen der geschlossenen, und im freyen Zustande gesetzten Bögen, um vieles übersteigen kann; daher die Dicke der Landpfeiler nicht nach diesem, sondern nach dem Seitenschube der mit dem ganzen Bogen belasteten Gerüste, proportionirt werden muß; mithin ist letzterer Seitenschub auch zu bestimmen.

e. Die meisten Gewölbe setzen sich nach Abnahme der Leergerüste, und um so mehr, als die Zahl der Fugenschnitte größer, die Wölbung gedrückter ist, und diese Gerüste früher abgenommen werden; durch das Setzen wird das Gewölbe gedrückter, und dessen Seitenschub größer; dieser Schub ist aber jener, mit dem die Widerlagen in das Verhältniß gebracht werden sollen; man muß also, um den Schub eines zu erbauenden Gewölbes angeben zu können, entweder die Gestalt, welche dasselbe nach dem Setzen haben wird, bestimmen, und den Schub nach dieser Gestalt berechnen, oder das Setzen im voraus berechnen, und die Leerbögen, um das, was dasselbe beträgt, erhöhen, damit nach dem Setzen die Wölbung die verlangte Gestalt erhalte.

Die Widerlagen bestehen selten aus Quadern, sondern meistens aus Bruchsteinen, oder aus Ziegeln, auch aus beyden; der Mörtel, der dieses Material binden soll, ist nicht immer von der Art, daß er eben so fest als der Stein werden kann; könnte er auch immer so hart werden, so ist die dazu nöthige Zeit unbestimmt, indem sie von dem Clima, von der Lage des Gebäudes, ob es im freyen, und im trockenen, oder zwischen andern Gebäuden, oder in einem nassen Orte stehet, abhängt; auch hängt diese Zeit von der Dicke der Widerlagen, und von andern Umständen ab; könnte auch erwähnte Zeit bestimmt werden, so würde, wenn sie zu lange hinaus gehet, bey Ausführung der meisten Gebäude, mit dem Abnehmen der Leerbögen nicht so lange gewartet werden können. Da man den Zustand des Mörtels in dem Innersten der Widerlagen zu der Zeit, als die Leergerüste abgenommen werden, nicht erfahren kann, so darf man nicht, wie es bisher gebräuchlich war, die Widerlagen wie ein Stück Felsen betrachten; man muß vielmehr alle Baumstände zu Rathe ziehen, und darnach bestimmen, in wie weit die Widerlagen über den Zustand des Gleichgewichts gehalten werden sollen, damit dieselben standhaft stehen.

g. Die Widerlagen werden oft, entweder mit eisernen Schließen, oder mit Strebpfeilern verstärkt; der Widerstand dieser zwey Hülfsmittel muß also auch bestimmt werden.

h. Nicht alle Gewölbe stehen auf Widerlagen; denn bey Brücken stehen manchmahl die Landbögen unmittelbar auf der Fundamentmauer, auch nur auf einem Rost; was ist in diesem Falle zu thun, um diesen Bögen die gehörige Standhaftigkeit zu verschaffen? diese Frage ist wichtig, und doch bisher unberührt geblieben; wir werden sie beantworten.

i. Seit Paladio, also seit vielen Jahrhunderten her, streiten die Architekte und Ingenieurs über die gehörige Dicke der Zwischenpfeiler bey Brücken; wir werden auch über diesen Gegenstand hinlängliches Licht verbreiten.

Da die Mechanik der Gewölbe alle diese, theils mathematische, theils physische Gegenstände, in sich faßt, so ist dieselbe von großem Umfange, und von der Art, daß sie nur von jenen Mathematikern, die hinlänglich Baukenntnisse und Erfahrung besitzen, gehörig abgehandelt werden kann.

Ob die Alten über die Mechanik der Gewölbe geschrieben haben, ist nicht bekannt. Da dieselben die Differenzial- und Integralrechnung, welche hie und da bey Untersuchung dieser Mechanik nöthig ist, nicht kannten, auch keine Spuren da sind, daß sie hinlängliche Fortschritte in der Anwendung der Reibung bey der Mechanik der schiefen Ebenen gemacht hätten, so läßt sich vermuthen, daß sie wenig Gründliches über jene der Gewölbe geliefert haben.

Von den neueren scheint Devann der erste, der über diese Mechanik einige Untersuchungen angestellt hat; seine im Jahre 1643 im Druck erschienenen Formeln, um die Dicke der Widerlagen zu bestimmen, sind aber als unrichtig anerkannt.

1695, dann wieder 1712 versuchte de la Hyre, Mitglied der königl. Akademie der Wissenschaften zu Paris, den Seitenschub der Zirkelwölbungen und der Binden zu bestimmen. Er hatte Riße an den Seiten einiger Gewölbe wahrgenommen, und bildete sich demnach ein, der schiebende Theil eines Gewölbes sey die obere Hälfte desselben, und wirke wie ein Keil; was noch mehr befremden muß, ist, daß er dabey das äußerst rauhe Material der Gewölbe als unendlich glatt betrachtete.

Belidor folgt in seiner Ingenieurs-Wissenschaft größten Theils den Fußstapfen des de la Hyre, und gibt sich alle Mühe, um dessen Satz zu rechtfertigen; seine Gründe sind aber mehr als schwankend, ja sogar mit einander in Widerspruch.

Nach Belidor unternahm Couplet, auch Mitglied dieser Akademie, bemeldete Mechanik viel umständlicher abzuhandeln; er theilte seine Untersuchungen in zwey Theile; in dem ersten, in den Acten erwähnter Akademie vom Jahre 1729 enthaltenen Theile, betrachtet Couplet, wie seine Vorfahrer die Keile als unendlich glatt, und wie er erwiesen hat, daß gleichförmig dicke Gewölbe aus so beschaffenen Keilen sich nicht erhalten können, so untersucht er doch den Druck, den ein solches, und bis an den Schluß aufgeführtes Gewölbe auf die Leerbögen verursacht; dieß ist um so widersprechender, da bey Beseitigung der Reibung ein gleichförmig dickes Gewölbe sich auch nicht auf diesen Bögen erhalten, ja sogar nicht aufgeführt werden kann; denn, wie auf den untersten Keil ein zweyter gelegt wird, so gleitet der erste zurück, und man ist außer Stande, weiter zu kommen. In dem zweyten, das Jahr darauf erschienenen Theile, schlägt Couplet einen entgegen gesetzten Weg ein: er betrachtet die Keile so rauh, daß keiner, weder ab- noch aufwärtsgleiten kann, und nimmt bey einer entstehenden Bewegung an, daß das Gewölbe sich in der Mitte, und zugleich an beyden Seiten in ihrer Mitte öffne, der obere Theil sich in der Mitte senke, und auf die unteren drehe, diese aber hinaus, um den äußeren Punct ihrer Basis schiebe, und so drehe, als wenn an diesen fünf Stellen Scharniere wären; nach diesen Voraussetzungen nimmt Couplet für den Seitenschub jenen der Tendenz zur Drehbewegung der oberen Hälfte der einen Seite des Gewölbes, an.

Wie diese Untersuchungen zwar weit mehr Licht über diesen Gegenstand, als die vorherigen verbreiteten, jedoch das Ziel nicht erreichten, so suchte im Jahre 1732 Danisy, Mitglied der

Akademie zu Montpellier, mittelst Versuche mit Gurten in Modellen, den Schub der Gewölbe auf diese Art zu erfahren; dieses sonst nützliche Mittel, um die Natur zu befragen, war aber unzureichend; es zeigte nur einige Eigenschaften der Wölbungen, keineswegs aber die Art, ihren Schub zu bestimmen, an.

Als diese in Gegenwart benannter Akademie angestellten Versuche dem Ingenieur-Obersten und Genie-Director zu Straßburg, Herrn von Frézier, bekannt wurden; meinte derselbe, diese Versuche besser benützen, und daraus den Schub der Wölbungen ableiten zu können; er gab in seiner zu Straßburg gedruckten Stereotomie (Steinmetzenskunst) eine Abhandlung über diesen Schub, verfehlte aber ganz den Zweck.

Silberschlag und Lamberg, beyde Mitglieder der königl. Akademie zu Berlin, lieferten, und zwar der erstere im Jahre 1731, und letzterer im Jahre 1732, mehrere Untersuchungen über bemeldete Mechanik, erreichten aber auch nicht das Ziel: auch legte ersterer das Bekenntniß davon ganz freymüthig ab.

1744 bestimmte Jakob Bernoully nur die Gestalt, die ein gleichförmig dickes Gewölbe bey Beseitigung der Reibung haben sollte, damit alle Keile im Gleichgewichte stehen; diese Gestalt ist aber unausführbar.

1772 gab Hutton zu New-Castle upon Tyne ein kleines Werk unter dem Titel: Principles of bridges (Grundsätze über Brücken), heraus; dieses Werk ist in Ansehung der Mechanik der Gewölbe, höchst unbefriedigend.

1773 kam das prächtige Werk von Peronnet, Straßen- und Brückenbau-General-Directeur in Frankreich, im Drucke heraus. In diesem Werke gibt dieser berühmte Mann ein lehrreiches Tagebuch von dem Bau der Brücke zu Neuilly, deren Korbbögen aus eilf Mittelpuncten beschrieben sind, 120 Fuß Pariser Maß Spannung, 30 Fuß Wölbungshöhe, und 5 Fuß Dicke am Schluße haben; in diesem Tagebuch sind die Bewegungen, welche sich in diesen Gewölben, während ihres Baues, und nach demselben geäußert haben, auf das genaueste beschrieben, indem Peronnet auf diese Bewegungen äußerst aufmerksam war, in der Hoffnung, sie würden auf die Bestimmung des Seitenschubes führen; diese Hoffnung schlug aber fehl, und Peronnet hatte den seltenen Muth, es zu gestehen, und nicht, wie die meisten seiner Vorfahren baufällige Systeme aufzustellen: auch ist es ungemein leichter, ein System über einen physischen Gegenstand zu bauen, als diesen zu ergründen.

1774 und 1776 lieferte Bossut, Mitglied der Akademie zu Paris, Untersuchungen über das Gleichgewicht bey Tonnengewölben, und bey Kuppeln: aber immer nach unannehmbaren Voraussetzungen.

Ungefähr um diese Zeit wurde zu Paris die Kuppel der Kirche St. Genofeva erbaut, und Platte gab über den Seitenschub dieser Kuppel eine Schrift heraus, die aber durch Gauthey gründlich widerlegt wurde.

1776 lieferte Coulomb, königl. französischer Ingenieur-Hauptmann, in den Acten der Pariser Akademie, eine Abhandlung über die Mechanik der Gewölbe, er hat sie aber nicht aus dem wahren Gesichtspuncte betrachtet.

1779 erschien in den Acten der Akademie zu St. Petersburg eine Untersuchung dieser Mechanik, von Lorgna, Ingenieur-Oberst bey der vormahligen Republik von Venedig; diese Untersuchung ist, wie gewöhnlich, auf die naturwidrige Beseitigung der Reibung, gegründet.

In den Acten der königl. Akademie zu Stockholm im 39. und 40. Bande, versuchte es Landerbek, erwähnte Mechanik abzuhandeln; er erreichte bey weitem nicht das Ziel.

1780 gab Graf Newport, vormahliger kaiserl. österreichischer Ingenieur-Hauptmann, einen analitischen Versuch, über gedachte Mechanik im Druck heraus; dieser auch in den Acten der Akademie zu Brüssel enthaltene Versuch, gründet sich bloß auf die naturwidrige Beseitigung der Reibung.

Auf Newport folgten eben so fruchtlos, Clasen, dänischer Ingenieur-Oberst, dann Grenier, französischer Ingenieur-Major; letzterer wurde durch einen andern Ingenieur gründlich widerlegt.

1782 erschien eine Abhandlung über den Seitenschub der Gewölbe, von dem Baron Abfalter; diese Abhandlung verdient auch gar keinen Beyfall.

So folgten noch mehrere, als Prony, Boistart, Gauthey u. s. w. einer dem andern nach, ohne die Mechanik der Gewölbe erklären zu können; statt diese so zu betrachten, wie sie sind, und ihre Mechanik aus der Beschaffenheit dieser Gebäude abzuleiten, legt jeder Voraussetzungen zum Grunde, die mit der Erfahrung im auffallenden Widerspruch sind; fast alle beseitigen die Reibung, und beschränken ihre Untersuchungen auf die Zirkelwölbungen; die meisten nehmen für den schiebenden Theil derselben ihre obere Hälfte. Couplet wagt es, diese Voraussetzung auf Bögen zu erstrecken. Belidor geht am weitesten dabey, da er dieselbe auf gothische und eliptische Gewölbe anwendet, ohne doch bey letzteren die Art, die eliptische Linie in vier gleiche Theile zu theilen, anzugeben; andere nehmen für den schiebenden Theil jenen an, dessen Grundfläche die Neigung von 45 Graden hat.

Ueber den Punct in der Seite des schiebenden Theiles, wo der Schub vereinigt angenommen werden soll, sind die Meinungen eben so schwankend, und eben so getheilt; einige wie de la Hyre, nehmen diesen Punct auf dem unteren Rande; andere wie Belidor, in der Mitte dieser Seite, und noch andere dort an, wo die aus dem Schwerpuncte des schiebenden Theils, auf erwähnte Seite herabgelassene Senkrechte, dieselbe trifft, wo aber dieser Punct anzunehmen sey, wenn diese Senkrechte erwähnte Seite nicht trifft, wird nichts gemeldet; es fehlt also bis jetzt, wie Silberschlag es bekennt, an triftigen Gründen, um den schiebenden Theil, und auch den Punct, wo der Schub desselben vereinigt angenommen werden soll, zu bestimmen.

Es ist kein anderes Mittel, um aus diesem Labyrinthe heraus zu kommen, als die Reibung und die Natur der Gewölbe nicht aus den Augen zu lassen. Dieser Weg ist um so natürlicher, da man bey Maschinen, wo doch die Theile, die auf einander reiben, möglichst polirt sind, den Einfluß der Reibung sorgfältig in Rechnung bringt; daher dieses um so mehr bey Gewölben zu befolgen ist, da ihre Keile aus dem rauhesten Materiale bestehen, und dieses noch durch die Keilsgestalt, die Wirkung der Reibung beträchtlich, ja manchmahl bis ins Unendliche vergrößert.

Die Gewölbe, wie bewußt, bestehen entweder aus Ziegeln, oder aus behauenen Steinen, und die Keile aus letzteren, sind meistens große, schwere Steinstücke; diese werden entweder trocken, oder in etwas gelöschten Kalk, oder in dünnen Mörtel gelegt; davon wird aber das meiste durch die Pressung der Keile, aus den Fugen hinaus getrieben, und das wenige, was darin bleibt, wenn es auch einiger Bindung fähig seyn könnte, ist in Hinsicht der Schwere solcher Keile, zu unbedeutend, um diese an einander halten zu können; mithin erhalten sich die Gewölbe aus behauenen Steinen, bloß durch die Reibung.

Bey Gewölben aus Ziegeln hingegen, sind die Keile sehr klein, und hinlänglich dick im Mörtel gelegt; dieser, wenn er seine Härte erlangt, bevor die Leergerüste abgenommen werden, wirkt auf die leichten Ziegel so kräftig, daß er den Seitenschub um vieles schwächen, auch gänzlich aufheben kann; aber bey einem Bau ereignet sich oft, daß mehrere Gewölbe von gleichen Massen aufzuführen sind; dann werden aus Wirthschaft die Leergerüste der am ersten gebauten Wölbungen bald abgenommen, und zum Bau der andern verwendet; auch ist manchmahl die Ausführung eines Gebäudes so dringend, daß man die Gewölbe gleich, wie sie geschlossen sind, von den Gerüsten befreyen muß; ein Fall, der auch bey Brücken eintritt, welche auf Wässern gebaut werden, die stark anschwellen, und deren Lauf man nicht ohne Gefahr hemmen kann.

Tritt auch keiner dieser Umstände ein, so gibt es erfahrene Architekten, welche die Gewölbe, gleich wie sie geschlossen sind, von den Leerbögen befreyen; damit die Keile auf den frischen Mörtel pressen, ihn in die hohlen Räume, die aus Nachlässigkeit der Maurer in den Fugen bleiben, eindrücken, damit noch der Mörtel hiedurch dichter wird, das Gewölbe sich setzt, und ein gutes Lager erhält; in allen diesen Fällen beweist das Setzen der Gewölbe nach der Abrüstung, daß der Mörtel, da er der Pressung weicht, noch nicht bindet, und die Reibung das Gewölbe erhält. Bey Bestimmung des Seitenschubes der Gewölbe aus Ziegeln, kann daher in diesen Fällen, eben so wie bey Gewölben aus behauenen Steinen, die Bindungskraft des Mörtels nicht in Anschlag kommen; diese Kraft kann nur in dem Falle den Seitenschub merklich schwächen, wo die Leerbögen so spät abgenommen werden, daß das Gewölbe sich nicht mehr setzt; die Zeit, zu welcher dieses geschieht, hängt aber, wie schon gemeldet, von vielen physischen Umständen ab; deßwegen gibt es Gewölbe, die nach 6 Wochen, andere, die nach einem, und einige, die erst nach drey Jahren sich zu setzen aufhören; auch ist bey der sehr verschiedenen Bindungskraft des Mörtels die Zeit unbekannt, nach welcher diese Kraft den Seitenschub der auszuführenden Gewölbe beträchtlich schwächen wird. Bey diesen Umständen scheint es nicht schwer, die Frage zu beantworten, ob bey Bestimmung des Seitenschubes der Gewölbe aus Ziegeln, man auf die Bindungskraft des Mörtels Rücksicht nehmen müsse, um den Widerlagen eine mindere Dicke als jene zu geben, die der Seitenschub, bey welchem nur die Reibung betrachtet wird, erfordert?

Sollte man darüber aber Bedenken tragen, so frage man die Anwendung; diese sagt: die erste Eigenschaft eines Gebäudes ist, standhaft zu stehen, und man darf um so weniger es wagen, auf die Bindungskraft des Mörtels bey Gewölben zu rechnen, um die Widerlagen schwächer zu halten, als man auch bey letzteren auf diese Kraft nicht sicher rechnen, also den Widerstand derselben nicht genau berechnen kann.

Die Mechanik der Gewölbe muß, um allgemein nützlich zu seyn, der Praxis sichere Regeln verschaffen; dieses kann aber nur geschehen, wenn man den Seitenschub zu der Zeit betrachtet, als der Mörtel noch nicht bindet, also die einzige Reibung das Gewölbe erhält, und die Widerlagen nach diesem Schube proportionirt; indem man dadurch den Vortheil erlangt, die Leergerüste nach Umständen, auch gleich als das Gewölbe geschlossen ist, ohne Gefahr für die Widerlagen, abnehmen zu können, auch den andern Vortheil erhält, daß, wie der Mörtel an Bindungskraft zunimmt, in gleichem Maße das Gebäude an Standhaftigkeit zunimmt: ein Vortheil, welcher in der Ausübung äußerst schätzbar ist.

Diese Bemerkungen sind vermuthlich jenen, die über bemeldete Mechanik geschrieben haben, nicht entgangen; aber die, bey der Mechanik der schiefen Ebene, bisher befolgte Lehrart, setzt der Betrachtung der Reibung bey einzelnen Keilen so viele Hindernisse entgegen, daß bey der Menge von Keilen, woraus die Gewölbe bestehen, es unmöglich schien, zu dem physischen Resultat so vieler Keilkräfte gelangen zu können, und man glaubte, es gäbe kein anderes Mittel, um diese Kräfte zu berechnen, als die Reibung zu beseitigen.

Nach dieser Uebersicht fruchtloser Bemühungen, um die Mechanik der Gewölbe zu erklären, wird es von uns vermessen scheinen, eine so schlüpfrige Bahn mit besserem Glücke betreten zu wollen; wenn man aber bedenkt, daß auf dem neuen Wege, den wir in unserem Werke über die Art, die Mechanik abzuhandeln *), eingeschlagen

*) Dieses kleine Werk, unter dem Titel: Méthode nouvelle de traiter la Méchanique, ist im Jahre 1800 zu Wien bey dem damahligen Hofbuchdrucker von Trattnern im Drucke erschienen.

haben, der dichte Schleyer abgezogen ist, der die physische Mechanik der schiefen Ebene, und besonders des Keils bedeckte, und diese Mechanik das Verhältniß der Kräfte, bey dieser Ebene, und bey dem Keile, eben so einfach, als bey Beseitigung der Reibung darstellt; so wird man es vielleicht nicht unwahrscheinlich finden, daß wir, mit vortheilhafteren Waffen gerüstet, die bey der Untersuchung der Mechanik der Gewölbe häufig vorkommenden und bisher unüberwindlichen Hindernisse besiegen werden.

Wir werden diese Mechanik aus der Natur der Gewölbe und aus den bey ihrem Bau eintretenden Umständen, ohne irgend eine Voraussetzung erklären, und bey Bestimmung des Seitenschubes keine Rücksicht auf die Bindung des Mörtels nehmen; dadurch wird bey Keilen, die in Mörtel gelegt werden, jenes, um was der Schub durch die Erhärtung des Mörtels geschwächt wird, der Standhaftigkeit des Gebäudes zu Gute kommen, und wie gesagt, der für die Ausführung unschätzbare Vortheil erreicht, Gebäude aufführen zu können, die an Standhaftigkeit zunehmen.

Diese Mechanik wird in drey Theile zerlegt. In dem ersten gibt man zuerst die Beschreibung der in der Ausübung vorkommenden Wölbungslinien, und die Quadratur des Bandes einfacher Gewölbe; dann wird erwiesen, daß bey Gewölben nur eine Tendenz, nähmlich: entweder zum Gleiten, oder zur Drehbewegung herrscht; daß es von der Dicke des Gewölbes in Hinsicht der Spannungsweite, abhängt, welche von bey-den Tendenzen die herrschende sey; daß die Dicke, bey welcher die Tendenz zum Gleiten herrscht, größer ist, als die größte, die in der Ausübung vorkommen kann, folglich dieser Fall nur bey Gurten in Modellen, die ohne Anstand übermäßig dick gehalten werden können, eintre-ten kann; dann wird die Dicke, bey welcher ein Gewölbe keine Tendenz zur Drehbewegung haben kann, und der Seitenschub desselben be-stimmt; darauf wird bey einer gegebenen Reibung untersucht, ob einige Theile eines Gewölbes zu-rückgleiten können, und wenn es möglich ist, bey welcher Reibung dieses nicht mehr erfolgt; dann werden die zusammengesetzten Gewölbe, als Kup-peln, Kappen-, böhmische- und Kreutz-gewölbe, betrachtet, ihr Körperinhalt und ihr Seitenschub bey der Tendenz zum Gleiten be-stimmt; endlich die Dicke der Widerlagen an-gegeben.

Im zweyten Theile kommt der Seiten-schub der Tendenz zur Drehbewegung, bey Ge-wölben nach dem Zirkel, nach einem Theile des-selben, nach Korbbögen, nach gothischen und nach hängenden Wölbungslinien, auch bey der Binde vor. Man bestimmt die Last, die ein Gewölbe in jedem Puncte tragen kann, den schwächsten Punct auf jeder Seite des Gewölbes, die Wirkung der Lastwägen über gemauerten Brücken, und die Mit-tel, diese Brücken in Stand zu setzen, dieser Wir-kung, wie auch jeder Last standhaft zu widerstehen. Man gibt den Seitenschub in den Fällen an, wo das Gewölbe entweder einen Schluß oder einen Fugenschnitt in der Mitte hat, und wo dasselbe entweder frey stehet, oder mit Gewichten beschwert ist. Man untersuchet das Setzen der Gewölbe, bestimmt ihren Druck auf die Leergerüste, die Zeit, zu welcher diese abgenommen werden sollen, und den Seitenschub der aus Sprengwerken bestehenden Gerüste, wenn sie frey stehen, auch wenn sie mit dem bis am Schlusse aufgeführten Gewölbe beschwert sind; da außer dem der Schub bestimmt worden ist, den dieses Gewölbe haben wird, wenn es geschlossen seyn, und frey stehen, auch wie es bey Brücken geschieht, wenn dasselbe mit allem Zugehör beschwert seyn wird, so gibt der größte dieser drey Schube den Schub, welchem die Widerlagen proportionirt werden sollen. Man untersucht die Pressung, welche jeder Keil eines Gewölbes auszuhalten hat, um jenen zu kennen, der am meisten gedruckt ist; dann wendet man diese Untersuchung auf ein der kühnsten und größten Gewölbe, die je aufgeführt worden sind, an, um die größte Pressung zu kennen, der ein Keil bey einem Gewölbe ausgesetzt seyn kann; darauf folgen Versuche, welche den Widerstand der Steine und der Ziegel zu erkennen geben, und dieser Widerstand, mit der gefundenen größten Pressung verglichen, gibt zu erkennen, wie weit man sich bey Gewölben auf die Standhaftigkeit dieser Baumaterialien verlassen kann. Man untersucht den Widerstand des bey Hang- und Sprengwerken nach der Länge gepreßten Holzes, und die gegen seine Seiten anzuwendende Kräfte, um das Biegen desselben zu verhindern. Man bestimmt die Dicke der Gewölbe und ihrer Widerlagen, auch die Stärke der Strebpfeiler und der eisernen Schließen, dann ihre vortheilhafteste Lage. Man betrachtet den Fall, wo der Grund, worauf die Widerlagen zu stehen kommen, sich setzen kann, und bestimmt den Theil, um welchen die untere Breite der Fundamentmauer über die äußere Seite der Widerlage vorspringen soll, damit der zusammengesetzte Druck den Grund gleichförmig presse, und dieser sich nicht ungleich setzen könne. Da der Widerstand des nach der Länge gepreßten, und an der Seite gestützten Holzes, vorgekommen ist, so untersucht man den Widerstand, der im Grunde eingerammten Pfähle, dann die Dicke, welche die Zwischenpfeiler der Brücken erhalten sollen, und zeigt, daß diese Pfeiler, weder nach der Spannung der Wölbungen, wie es fast von allen Architekten angenommen wird, noch, wie es einige vermuthen, aus dem Verhältnisse der Last, welche die Pfeiler zu tragen haben, zum Widerstande der Steine, sondern nach ganz andern Betrachtungen sich richten soll. Endlich betrachtet man die Brücken aus Gußeisen, und bestimmt den Seitenschub derselben.

Im dritten Theile kommt der Seitenschub der Tendenz zur Drehbewegung wieder, jedoch bey zusammengesetzten Gewölben, nähmlich bey einfachen und doppelten Kuppeln, bey Kappen-, böhmischen, und bey Kreutzgewölben, vor. Man bestimmt ihren Seitenschub, die Dicke ihrer Widerlagen; dann gibt man das Verhältniß dieser Dicke zu jener der Widerlagen der Tonnenwölbungen von gleicher Spannung, gleicher Wölbungslinie und gleicher Dicke an, und setzt dadurch in den Stand, aus der Kenntniß der Dicke der Widerlagen der Tonnenwölbungen, die Dicke der Widerlagen der zusammengesetzten Wölbungen, mittelst eines einfachen Verhältnisses, ableiten zu können. Endlich wird die Stärke der eisernen Reife um die Kuppeln, und die eisernen Schließen, welche bey Kreutzwölbungen häufig gebraucht werden, bestimmt.

Da man in dem zweyten Theile den Seitenschub der größten Brücken, und in dem dritten den Schub der Kuppel des Pantheons und der Peterskirche zu Rom, als die größten wirklich bestehenden, angibt, so erscheint in diesem Theile die Mechanik der Gewölbe in ihrer ganzen Größe.

Bey der Anwendung dieser Mechanik auf Beyspiele, haben wir für diese Gewölbe, die gesucht, welche wirklich bestehen, um zu zeigen, daß die Erfahrung unsere Resultate in so weit bestätigt, als es bey einem solchen, bisher noch keinen Gesetzen unterworfenen Gegenstande, geschehen kann; denn man sieht Gewölbe von gleichen Maßen, die auf gleich hohen Widerlagen standhaft stehen, obgleich diese sehr ungleiche Dicke haben; ein Beweis, daß die dickeren die Regeln überschreiten; die Praxis, welche alles nach der Erfahrung beurtheilet, wird also in dieser keine gegründete Ursache finden, auf unsere Resultate mißtrauisch zu seyn.

Bey diesen Untersuchungen bringt die krumme Gestalt der Wölbungen, leider, sehr zusammengesetzte Ausdrücke hervor, um aber diese zu versinnlichen, und so der Praxi möglichst zu Hülfe zu kommen, haben wir mit großer Anstrengung viele Tafeln berechnet, die das Resultat dieser Ausdrücke in den nöthigsten Fällen anschaulich darstellen.

Mechanik der Gewölbe.

Erster Theil.

1) Fast in jedem Lande bedienen sich die Baumeister bey Benennung der Theile eines Gewölbes anderer Ausdrücke; wir werden aber folgende als die üblichsten annehmen. Tab. I. Fig. 1. 2. 3. 4. 5. 6. 7. 8.

BMI ist die Wölbungslinie; der wagerechte Abstand BI von einem Fuße der Wölbung zum andern, ist die Spannung des Gewölbes.

Die vom höchsten Puncte M der Wölbung auf die Spannung herabgelassene Verticale MA ist die Wölbungshöhe, o hx ist die äußere Krümmung oder der Rücken, und BMI xho ist das Band oder die Stirne des Gewölbes.

Jedes Gewölbstück nennt man im Allgemeinen Keil, besonders aber werden die untersten Keile: Pölster-Keile, oder Pölster, und der oberste: der Schluß genannt.

Die an beyde Enden der Spannung stoßenden obersten Puncte B,I der Widerlagen, nennt man die Kämpfer.

Die Wölbungslinie BMI (Fig. 1.) aus einem halben Kreise nennet man Zirkellinie, oder Wölbung nach dem Zirkel.

Die aus mehreren Kreisbögen von verschiedenen Halbmessern beschriebenen Curven Fig. 3. 4. 5. nennt man Korbbägen.

Die Wölbungslinien Fig. 2. 3. 5. deren Höhe AM kleiner als die Hälfte BA der Spannung ist, werden im allgemeinen gedruckte Wölbungen, jene aber Fig. 2. aus einem kleinern Bogen als der halbe Kreis, Bögen genannt, und die Fig. 4. deren Höhe größer als die Hälfte der Spannung ist, nennt man überhöhete Wölbungen. Hängende Wölbung ist die Fig. 6. aus zwey ungleichen Viertel-Kreisen BM, MN; und gothische Wölbung ist jene Fig. 7. aus zwey gleichen Bögen BM, MI, die mit einem gemeinschaftlichen Halbmesser BI beschrieben sind.

Die flache Wölbung BoxI Fig. 8. heißt Binde. Der Scheitel A des gleichschenklichen Dreyecks, oAx, nach welchem die Fugenschnitte, also auch die Seiten oB, xI gerichtet sind, ist der Mittelpunct, und BAI ist der Mittelwinkel der Binde.

2) Die Ellipse wird von den Baumeistern und Architekten, welche die Korbbögen kennen, sehr selten gebraucht; weil die Ellipse, wenn sie sehr gedrückt seyn soll, sich gegen beyde Enden zu jähe krümmet, dadurch eine unangenehme Gestalt erhält, und unter sich weniger Raum als die Korbbögen verschafft, welches bey Brücken über Ströme, deren höchsten Wässern der möglichst freye Lauf gelassen werden soll, sehr wichtig ist; weil noch alle Keile der einen Seite der elliptischen Gewölbe ungleich ausfallen, wodurch,

wenn sie aus behauenen Steinen bestehen sollen, die Arbeit erschwert, und die Kosten vermehrt werden.

In Hinsicht auf die Mechanik der Gewölbe, sind die Korbbögen der Ellipse noch mehr vorzuziehen; weil bey dieser die äußere Krümmung gleichförmig dicker Gewölbe, eine unbekannte Curve ist, und der Flächeninhalt des Bandes, wie auch die Länge eines elliptischen Bogens, und der Schwerpunct des auf diesem Bogen stehenden regelmäßigen Gewölbtheils, äusserst schwer zu bestimmen sind; die Korbbögen im Gegentheil verschaffen eine schönere Gestalt, viel Leichtigkeit in der Ausführung, und in der Bestimmung des Inhalts des Bandes, wie auch des Seitenschubes; alles spricht also für diese Bögen; daher wird von der Ellipse kein Weiteres gemeldet.

Beschreibung der verschiedenen Wölbungslinien.

Einer Zirkelwölbung.

3) Die Beschreibung dieser aus einem halben Kreise bestehenden Linie ist zu bekannt, um sie anzugeben.

Tab I. Fig. 1.

Bogen.

4) Es sey Fig. 2. die Wagrechte BI die Spannung, und die Verticale AM die Höhe eines Bogens; um diesen zu beschreiben, wird MA abwärts verlängert, die Sehne BM geführt, diese halbirt, auf ihrer Mitte d eine Senkrechte abwärts errichtet,

Fig. 2.

und aus dem Puncte C, wo diese die Verlängerung von MA schneidet, mit dem Halbmesser CM, der verlangte Bogen BMI beschrieben.

Gedruckter Korbbogen aus drey Mittelpuncten.

Fig. 3. 5) Die Beschreibung der Korbbögen hat Pitot, Mitglied der Akademie der Wissenschaften zu Paris, am ersten gegeben; später haben Kraft in den Acten der Akademie zu St. Petersburg 1752, 1753, dann Camus in seinem mathematischen Lehrbuch, endlich Peronnet in seinen Werken ein Mehreres darüber geliefert.

Es sey (Fig. 3.) BI die Spannung, und AM die Höhe des Korbbogens, um diesen aus drey Bögen BG, GN, NI zu beschreiben, ist zuerst die Zahl der Grade, entweder des mittleren, oder der äußersten, und gleichen Bögen BG, NI zu bestimmen; da die Wölbungslinie eine angenehme Gestält erhält, wenn alle drey Bögen gleiche Zahl von Graden enthalten, also wenn jeder Bogen 60 Grade mißt, so wird dieses angenommen.

Man verlängere MA abwärts, beschreibe mit der halben Spannung und auf derselben ein gleichseitiges Dreyeck ABQ; trage AM auf AQ in Ap; führe durch M und p, bis an die Seite BQ, die MG; ziehe von G gleichlaufend mit QA und bis zur Verlängerung von MA, die GC; dann trage AD in Ad; so wird C der Mittelpunct des Bogens GN; dann D und d die Mittelpuncte der äußeren Bögen BG, und NI seyn; wird nun aus C, durch D und d, die CN und CG geführt, dann mit dem Halbmesser CM der Bogen GN beschrieben; endlich aus D und d, mit dem Halbmesser DB, die Bögen BG und NI beschrieben; so wird BGMNI die verlangte Wölbungslinie seyn.

Ueberhöheter Korbbogen aus drey Mittelpuncten.

6) Dieser Korbbogen Fig. 4. bestehet aus den zwey Hälften des gedruckten Korbbogens (Fig. 3.), deren Länge AI, AB vertical gestellt, und in AM (Fig. 4.) vereinigt ist; um solche Wölbung zu erhalten, wird das gleichseitige Dreyeck auf der Wölbungshöhe AM beschrieben, mit diesem Dreyecke AQM und AB eben so wie bey (Fig. 3.) verfahren; wodurch die äußeren Bögen BG, IN jeder 30, und der mittlere Bogen GMN, 120 Grade messen werden.

F 3. 4.

Gedruckter Korbbogen aus fünf Mittelpuncten.

7) Wenn der Korbbogen so gedrückt seyn muß, daß seine Höhe kleiner als $\frac{1}{3}$ der Spannung ausfällt, so biegt sich die Wölbungslinie, aus drey Bögen, da wo sie an einander stoßen, zu jähe und erhält ein widriges Ansehen; daher beschreibt man solche Korbbögen wenigstens aus fünf Mittelpuncten. Dieses kann auf verschiedene Art geschehen; jene aber Fig. 5., welche die angenehmste Wölbungslinie gewährt, ist: jeden äußersten Bogen BG, IH aus 60; jeden mittlern GE, HN

Fig. 5.

aus 15, folglich den größten Bogen EMN aus 30 Graden anzunehmen, dann die mittleren Halbmesser FG, fH, dreymahl länger als die äußeren DB, dI zu halten; in diesem Falle ist wie in Peronnets Werke erwiesen DB = AM − $\frac{1}{15}$ BI. *

Länge der äußeren Halbmesser DB, dI.

Um den Korbbogen zu beschreiben, nimmt man also BD und Id, jeden = AM − $\frac{1}{15}$ BI; dann beschreibt man mit Dd unterhalb das gleichseitige Dreyeck DKd; nimmt DF = 2 DB, und Df = 2 dI; so sind F und f die Mittelpuncte der Bögen GE, NH. Ferner trägt man FK von K in KC, auf die Verlängerung von AM, und dieß gibt den Mittelpunct C des Bogens EMN; da nun die Mittelpuncte D, F, C, f, d aller Bögen, auch ihre Halbmesser, DB, FG, und CM gegeben sind, so ist es leicht, den Korbbogen zu beschreiben.

Sollte aber eine solche Wölbungslinie sich bey den äußersten Bögen noch zu jähe biegen, welches bey sehr gedruckten Wölbungen geschieht, so kann man diese aus sieben, auch aus neun, ja sogar, wie Peronnet es bey der Brücke zu Neuilly gethan hat, aus eilf Mittelpuncten beschreiben.

Korbbogen aus mehr als sieben Mittelpuncten.

Da die Beschreibung letzterer Wölbungslinie in Peronnets Werke enthalten ist, so wird man sich in diesem Falle auf dieses Werk beziehen.

Hängende Wölbung.

8) Es sey (Fig. 6.) B und N der Kämpfer der Widerlagen, die Wagrechte BI der Abstand,

* [illegible] ist DB = $\frac{2(\sqrt{3}-1)\,AM - (2\sqrt{2}-1-\sqrt{3})\cdot BI}{4(3\sqrt{3}-2\sqrt{2}-2)}$

= 0,9354 AM − 0,0655 BI

und die Verticale IN der Höhe-Unterschied dieser Widerlagen; man verlängere BI um den Theil IP = IN; theile BP in A in zwey gleiche Theile; errichte auf derselben BP und in A eine Verticale AM = AB; beschreibe aus A und mit dem Halbmesser AB den Viertel-Kreis BM; führe aus N die Wagerechte NC bis an AM; beschreibe endlich aus C als Mittelpunct, mit dem Halbmesser CN, den Viertel-Kreis MN; da CM = CN seyn wird *), so wird BMN die verlangte Wölbungslinie seyn.

Fig. 6.

Wölbungslinie

Gothische Wölbung.

9) Es sey (Fig. 7.) BI die Spannung der Wölbung, und Ah eine auf der Mitte dieser Spannung errichtete Verticale; dann aus I als Mittelpunct, und mit IB als Halbmesser ein Bogen BM bis an diese Verticale beschrieben: endlich auch B als Mittelpunct, und mit dem nähmlichen Halbmesser ein Gleiches gethan, so wird BMI die gothische Wölbungslinie seyn.

Fig. 7.

Binde.

10) Bey der Binde (Fig. 8.) ist die Spannung BI die Wölbungslinie selbst; zum Mittelpuncte, nach welchem die Fugenschnitte gerichtet werden, nimmt man entweder den Scheitel A eines mit BI gleichseitig beschriebenen Dreyeckes

---

*) aus Ap = AB = AM, und aus Ip = NI = AC, folgen AM — AC; nähmlich CM = Ap — Ip; also CM = CN.

an, oder den Scheitel C eines gleichschenklichten Dreyeckes BCI, dessen Cathete CM der Spannung gleich ist.

Länge der Wölbungslinie.

11) Das Verhältniß 113 zu 355 des Durchmessers des Kreises zur Länge desselben, ist zwar genauer, als das Verhältniß von 7 zu 22; da aber letzteres einfacher ist, auch den Flächeninhalt des Bandes der Gewölbe und ihren Schub zwar um etwas Weniges zu groß angibt, dieser Umstand aber den Widerlagen zu Guten kommt, daher zur Standhaftigkeit des Gebäudes beyträgt: so ist vortheilhafter das Verhältniß von 7 zu 22, als ersteres anzunehmen.

Fig. 1. Bey dem Zirkel.

a) Bey dem Zirkel (Fig. 1.) gibt das Verhältniß 7 zu 11, des Halbmessers zur Länge des halben Kreises, die Länge der Wölbungslinie $BMI = \frac{11}{7} BI$.

Fig. 2.

b) Bey dem Bogen BMI (Fig. 2.) sind BA, AM bekannt, daraus folgt $CM = \frac{1}{2} AM \left(\overline{BA} + \overline{AM}\right) = CB$.

Bey Bögen.

CB, zu BA, wie sinus totus (1), zum sinus $ACB = \frac{BA}{CB}$, gibt die Zahl der Grade des Bogens BM; diese Zahl sey d, so wird die Länge der Wölbungslinie $BMI = \frac{11}{315} d. CB$.

Fig. 3.

c) Bey gedruckten, aus drey Mittelpuncten beschriebenen Korbbögen (Fig. 3.) ist $Ap = AM$, und $AQ = AB$; daher $Qp = AB - AM$; dann sind die äußern Halbmesser DB und $dI = AB - \frac{15}{11}$

(AB — AM), und der große Halbmesser
CM = AB + $\frac{15}{11}$ (AB — AM); (A).

Bey Korbbögen aus drey Mittelpuncten.

Aus den angegebenen Graden der Bögen und Längen der Halbmesser, findet man die Länge der Wölbungslinie BMI = $\frac{6}{7}$ BI + $\frac{10}{7}$ AM *).

Fig. 4. Bey überhöheten Korbbögen.

d) Ist (Fig. 4.) der Korbbogen überhöhet, dann ist die Länge der kleinen wie auch der großen Halbmesser, wie bey dem gedruckten Korbbogen, die Länge der Wölbungslinie BMI, aber = $\frac{5}{7}$ BI + $\frac{12}{7}$ AM.

Fig. 5. Bey Korbbögen aus fünf Mittelpuncten.

e) Bey Korbbögen Fig. 5, aus fünf Mittelpuncten sind die Halbmesser und die Zahl der Grade der Bögen bekannt, daraus folgt die Länge der Wölbungslinie BMI = $\frac{11}{315}$ (27 BI — $\frac{4}{15}$ BI + 34 AM); (B).

Sind z. B. BI = 120, und AM = 30 Fuß, so ist die Länge der Wölbungslinie bey dem Korbbogen aus 3 Mittelpuncten = 145 Fuß 8'' — 6'''
aus 5 „ = 147 „ 7 „ — 8 „
aus 11 „ = 148 „ 5 „ — 6 „

---

*) Aus AM = Ap, und dem Winkel MAp von 30 Graden, folgt ApM; also auch GpQ von 75 Graden; GQp hat aber 60 Grade; also hat QGp 45 Grade.

Es verhält sich Qp (oder AB—AM) zu QG: wie Sinus QGp von 45 Graden zum Sinus von 75; daher ist QG = $\frac{\text{Sinus } 75}{\text{Sinus } 45}$ (AB — AM); es ist aber $\frac{\text{Sinus } 75}{\text{Sinus } 45} = \frac{9659}{7071}$ = $\frac{15}{10,98}$, wofür man in der Praxi $\frac{15}{11}$ annehmen kann, dann ist QG = AD; also sind die äußersten Halbmesser DB und dI = AB — $\frac{15}{11}$ (AB—AM).

Es ist ferner CD = Dd = 2dA = $\frac{2 \cdot 15}{11}$ (AB — AM); addirt man DC mit DG oder DB, so erhält man den größten Halbmesser CG oder CM = AB + $\frac{15}{11}$ (AB — AM).

Fig. 6. Bey hängenden Gewölben.

f) Bey hängenden Gewölben (Fig. 6) ist die Länge der Wölbungslinie BMI $= \frac{11}{7}$ BI, also nach (a) der Länge der Wölbung nach dem Zirkel von gleicher Spannung BI, gleich.

Fig. 7. Bey gothischen Gewölben.

g) Die Länge der gothischen Wölbungslinie BMI, Fig. 7. findet man $= \frac{44}{21}$ BI, daher ist diese Linie um ein Drittel länger als die hängende Linie von gleicher Spannung.

12) Da bey ähnlichen Wölbungslinien, die Länge der verschiedenen Halbmesser, wie auch dieser Linien, sich wie die Spannungen verhalten; so kann man bey Korbbögen von was immer für einer Spannung, mittelst des obenangeführten, die Länge dieser Bögen durch ein einfaches Verhältniß finden.

Flächeninhalt des Bandes.

Fig. 1. 2. 3. 4. 5. 6. 8.

13) Der Flächeninhalt des Bandes der Gewölbe Fig. 1. 2. 3. 4. 5. 6. und 8. von gleichförmiger Dicke, ist dem Producte dieser Dicke mit der Länge der durch die Mitte derselben Dicke geführten ähnlichen Curve gleich; die Länge dieser mittleren Curve aber, wie in mehreren mathematischen Werken bewiesen ist, der Länge der Wölbungslinie sammt der Länge des Kreisbogens gleich, der mit der halben Dicke des Gewölbes als Halbmesser beschrieben ist, und eben so viel Grade als die Wölbungslinie mißt; also ist diese mittlere Curve bey Korbbögen und bey Ellipsen um den, mit der halben Gewölbdicke als Halbmesser beschriebenen Halbkreis, länger als die Wölbungslinie selbst; daher ist es leicht, die Fläche des

Bandes zu finden, sobald als man die Länge der Wölbungslinien bestimmt hat.

Mechanische Vorkenntnisse.

14) Wenn ein auf einer wagrechten Ebene gestellter Körper zum Gleiten gebracht wird, so leistet derselbe einen Widerstand, nähmlich jenen der Reibung; um die Ursache dieses Widerstandes zu erklären, und denselben auf eine einleuchtende Art zu bestimmen, muß man die Oberfläche der Körper mit einem Mikroskop betrachten; dieses zeigt, daß die Körper mit unzähligen Oeffnungen durchlöchert sind, deren oft Tausende in dem Raume eines Nadelkopfes, hiermit auch Tausende von Scheidewänden in diesem Raume enthalten sind; man verweile bey dieser wunderbaren Ansicht, da in derselben die Ursache der Reibung liegt.

Ursache der Reibung.

Um diese zu erklären, betrachte man zwey auf einander liegende Ebenen, und was vorgeht, wenn die obere auf der unteren gleiten soll.

Es stelle Fig. 9. diese Ebenen wagrecht, und SV die scheinbare Richtung derselben; dann A,B,C die Elemente der unteren Ebene; D,E die Elemente der oberen; x,y die Zwischenräume der Elemente; endlich das Dreyeck ibn, oder adh den Scheitel eines Elements vor. Wenn die Elemente D,E zwischen jenen A,B,C, eingreifen, so ruhen erstere in qn, ac u. s. w. auf den Scheiteln der unteren Elemente.

Fig. 9.

Soll nun die obere Ebene von S nach V gleiten, so müssen die Elemente dieser Ebene, also

E

jenes D, aus einer der Zellen x in die nächste y, über die schiefe Ebene ad setzen; da die Schwere desselben Elements D, diesem Steigen hinderlich ist, so verursacht letzteres einen Widerstand; jenen der Reibung.

Je steiler die unendlich kleinen Ebenen ad, or sind, und je schwerer die darauf liegende Ebene ist, desto größer muß die Kraft seyn, welche diese Ebene über diese Steilen hinbringen soll. Also hängt die Reibung von der Steile dieser Ungleichheiten, nähmlich: von der Rauhheit der Körper, und von ihrer eigenthümlichen Schwere ab.

Fig. 10.

Sollen diese Ebenen aus der wagrechten Stellung SV, Fig. 10, in die um etwas schiefe NM übergehen, so kommen die Seiten ad, qr, welche dem Gleiten von S nach V entgegen sind, in die minder steile Lage a', d' qr', zu liegen, und werden, wie die Neigung von NM zunimmt, immer sanfter, endlich erreichen sie die wagrechte Lage; dann ist die allerkleinste Kraft im Stande, die obere Ebene, sie möge noch so beschwert seyn, zum Hinabgleiten zu bringen; auch wird dieß bey einer, um einen Gedanken größeren Neigung von NM, von selbst erfolgen.

Fig. 11. Versuch zur Bestimmung des Reibungswinkels.

a) Dieses läßt sich durch einen leichten Versuch bestätigen; man darf nur, Fig. 11, einen Körper Q auf eine wagrechte Ebene CV stellen, dann ein Ende C dieser Ebene langsam und forterheben, so wird diese eine Neigung CVS erreichen, bey welcher der Körper auf dem Puncte stehen wird, herabzugleiten. — Bey dieser Neigung liegen die, dieser Bewegung entgegengesetzten

Steilen ab, mn wagrecht; folglich fällt die durch die Vertikale zy vorgestellte schwere Richtung des Körpers Q, senkrecht auf ab. — Wird dann SV noch schiefer, so neigt sich ab gegen V, und verschafft der Schwerkraft zy keine Ruhe mehr.

Daher, wenn ein Körper oder eine Kraft auf dem Puncte zu gleiten stehet, so bildet die schwere Richtung dieses Körpers, oder die Richtung zy dieser Kraft, mit der Seite ab einen rechten; mit der scheinbaren Ebene SV hingegen, einen spitzen Winkel zyS, der Reibungswinkel genannt wird; die Richtung zy aber, nach welcher eine Kraft unter dem Reibungswinkel auf eine Ebene wirket, also auf derselben zwischen Ruhe und Gleiten im Gleichgewichte stehet, wird äußerste Reibungsrichtung genennt.

Erklärung des Reibungswinkels.

Äußerste Reibungsrichtungen.

Wird die Ebene CV, statt bey dem Ende C, bey dem andern V gehoben, so wird das nähmliche auf der entgegengesetzten Seite erfolgen.

b) Damit also eine Kraft auf dem Punct stehe, auf einer Ebene zu gleiten, so muß die Richtung dieser Kraft, dieselbe Ebene unter dem Reibungswinkel treffen.

Satz.

c) Es sey Fig. 12. SV eine Ebene, Kq senkrecht auf derselben, und aus einem Puncte K dieser Senkrechten, beyder Seits derselben, die äußersten Reibungsrichtungen KB, Kb, geführt; so werden KBV und KbS die Reibungswinkel seyn; dann KB senkrecht auf die Seite Ba der daran auswärts stoßenden Ungleichheit fallen; also KB auf dem Puncte stehen, von B nach S zu gleiten; eben so wird Kb senkrecht auf bd seyn, und auf

Fig. 12.

dem Puncte stehen, von b nach V zu gleiten, endlich wird jede aus K gehende Kraft, nach jeder der Zwischenrichtungen Kr, Kq, Km u. s. w. standhaft wirken können.

Nun sey durch K eine mit SV parallele Ebene NM geführt; da die Wechselwinkel NKB, KBV, auch MKb, dem Winkel KbS gleich, und KBV, KbS Reibungswinkel sind; so sind auch BKN, bKM Reibungswinkel; folglich BK, bK äußerste Reibungsrichtungen in Hinsicht der Ebene NM; auch stehet BK senkrecht auf der Steile Kp; folglich auf dem Puncte, von K nach M zu gleiten; und eben so stehet bK senkrecht auf der Steile Kn, daher auf dem Puncte, von K nach N zu gleiten; die nach jeder Zwischenrichtung, wie rK, qK, mK u. s. w. gerichteten Kräfte aber wirken auf die Ebene NM in dem Scheitel K des Winkels nKp standhaft; daher wird man BKb den Ruhewinkel nennen.

Der Ruhewinkel ist das Doppelte des Reibungscomplements.

Da BKb das Doppelte von BKq Complemente von BKN, also vom Reibungswinkel ist; so ist der Ruhewinkel das Doppelte des Reibungscomplements.

Man kann sich von dem Daseyn dieses Ruhewinkels sinnlich überzeugen, wenn man mit dem Finger einen Tisch unter verschiedenen Richtungen drückt: da der Finger den Tisch nach verschiedenen Richtungen drücken kann, ohne gleiten zu können.

Die Gegenwirkung kann nach allen in dem Ruhewinkel enthaltenen Richtungen geschehen.

d) Die Gegenwirkung, wie bekannt, ist der Wirkung immer gleich und gerade entgegen gesetzt, folglich jede Ebene SV kann aus jedem Puncte nach allen jenen Richtungen entgegen wirken, die wie BK, rK, qK, mK, bK nicht schiefer als die äußersten Reibungsrichtungen sind; auch kann eine Ebene NM, aus jedem Puncte K, nach allen Richtungen KB, Kr, Kq, Km, Kb, entgegenwirken, die in dem Ruhewinkel enthalten sind, dessen Scheitel in dem Puncte K ist.

Fig. 13.

e) Fällt der Schwerpunct z eines auf eine schiefe Ebene SV gestellten Körpers Q (Fig. 13) außerhalb seiner Basis, so hängt es nicht von der Neigung dieser Ebene, sondern bloß von der Größe der Reibung, also von dem Reibungswinkel ab, ob der Körper herab gleiten oder stürzen wird. Man führe aus erwähntem Schwerpuncte z dieses Körpers zu dem untern Rand a seiner Basis die za; wenn zaS nicht kleiner als der Reibungswinkel ist, so wird der Körper nicht herab gleiten, sondern stürzen; ist hingegen zaS kleiner, so wird der Körper nicht herab stürzen, sondern nur herab gleiten können, weil er sich um a nicht drehen kann, ohne sich während dieser Bewegung auf a zu stützen, und dieses unmöglich ist, wenn za auf a gleitet.

Bestimmung der Bewegungsart der Körper auf schiefen Ebenen.

Ist der Körper, wie P, so gestaltet und gestellt, daß er auf seiner Basis na ruhet, und wird derselbe seitwärts nach einer Richtung KF entweder gezogen oder gedruckt; wenn z der Schwerpunct dieses Körpers, Kd die durch diesen Punct gehende Verticale, und K der Punct ist, wo diese der Richtung KF der Kraft begegnet; so wird dieser Punct K der Mittelpunct der Kräfte seyn. Man führe aus diesem Puncte die Gerade Ka, so wird, eben so wie vorhin, die Vergleichung des Winkels Kan mit jenem der Reibung, zeigen, ob der Körper P sich um a drehen, oder auf seiner Basis gleiten wird.

Wird aus a und bis zur Verticalen Kd die ax unter der Neigung xan des Reibungswinkels geführt, so wird jede nicht niedriger als x angebrachte hinlängliche Seitenkraft den Körper umstürzen, hingegen jede tiefer als x angewandte solche Kraft denselben zum Gleiten bringen.

Zus. Der Reibungswinkel gibt also zu erkennen, ob ein Körper bey seiner Bewegung gleiten oder umstürzen wird.

Bey Mauern, welche, wie die Widerlagen der Gewölbe, und die Terraßmauern, einen Seitenschub aushalten sollen, ist diese Kenntniß der Art von Bewegung, die erwähnter Schub hervor zu bringen trachtet, äußerst wichtig, um diesen Widerstand verschaffen zu können. Wie nun der Seitendruck der Gewölbe auf den obersten Theil der Widerlagen wirket, so können diese nur umstürzen, die Terraßmauern hingegen, bey welchen der Centralschub des Grundes unter deren Schwerpunct wirket, können nur auf ihrer Grundfläche, wenn vor dieser kein hinlängliches Hinderniß liegt, gleiten und vorgeschoben werden, welches auch die Erfahrung häufig bestätiget.

Fig. 14. 15. *f*) Soll ein Körper auf einer Ebene SV, Fig. 14, 15. von V nach S gleiten; da nur die dieser Bewegung entgegengesetzten Steilen Vn, od, cb zu betrachten kommen, und diese mit einander parallel laufen, also auch zu der Verlänge=

rung VH der ersten Steile parallel sind; dann noch die nöthige Kraft, um den Körper aufwärts dieser Reihe gleich schiefen Steilen zu treiben, die nähmliche ist, als jene um diesen Körper aufwärts der einzigen Steile Vn, oder deren Verlängerung VH zu bringen; so stellt diese Verlängerung die wahre Ebene vor, auf welcher der Körper gleiten soll.

Wahre Ebene.

Soll aber die Bewegung im Gegensinne, nähmlich von S nach V geschehen; dann ist bey der wagrechten Ebene (Fig. 14.) die Neigung der wahren Ebene eben die nähmliche, wie die vorige; jedoch in Gegenlage derselben.

Fig. 14.

Bey Fig. 15. aber sind die Steilen Sb, cd, on, welche das Herabgleiten am wenigsten befördern, zu betrachten; da diese Steilen parallel sind, und es einerley ist, ob der Körper abwärts von Sb, oder von der mit dieser Steile parallelen hV herab gleitet, so stellt die Parallele hV die wahre Ebene vor, auf welcher der Körper herab gleitet *).

Fig. 15.

Nach *a*), wenn ein Körper (Fig. 11.) auf dem Puncte stehet, auf einer schiefen Ebene herab zu gleiten; so liegen die Steilen ab, mn, welche

Fig. 11.

---

*) Um die Geschwindigkeit, welche ein auf einer schiefen Ebene gleitender Körper am Ende des Falles erlangt hat, wie auch die Zeit zu bestimmen, die der Körper bey dieser Bewegung verwendet hat; muß man eben so bey dem Fallen die wahre Ebene Vh, und bey dem Steigen jene VH betrachten; dann auf diese Ebenen die Grundsätze anwenden, nach welchen sonst die Geschwindigkeit des Körpers am Ende des Falles, und die dazu erforderliche Zeit bestimmt werden.

Geschwindigkeit und verwendete Zeit bey dem Falle.

dieser Bewegung entgegen sind, wagrecht; da die Grundlinie CV auch wagrecht ist, folglich ab parallel mit CV läuft, so sind die Winkel baV, SVC gleich; wegen des rechten Winkels ady ist aber day das Complement des Reibungswinkels zya: also ist die Neigung SVC der Ebene, auf welcher ein Körper auf dem Puncte stehet, herab zu gleiten, dem Reibungscomplemente gleich.

Satz. Die wahren Ebenen VH (Fig. 14.) und VH, Vh (Fig. 15.) sind also leicht zu führen; weil jede derselben das Reibungscomplement mit der scheinbaren Ebene bildet.

Fig. 16. g) Es sey Fig. 16. Q ein auf einer schiefen Ebene SV gestellter Körper; und KF die Richtung der anzuwendenden Kraft F, um den Körper auf den Punct zu bringen, aufwärts zu gleiten; um diese Kraft zu bestimmen, führe man aus V die obere wahre Ebene VH, dann aus einem in dem Körper und in der Richtung der Kraft FK liegenden Puncte K, die Verticale Kd; dann KB senkrecht auf VH; ferner beschreibe man, mit den Richtungen KF, Kd und KB, nähmlich mit den zwey ersten, als den Richtungen der Seiten, und mit letzterer KB, als der Richtung der Diagonale eines Parallelogramms, ein solches KMBN; dieses wird das Verhältniß der Kräfte angeben, nähmlich: wenn KN die Schwere des Körpers vorstellt, so wird KM die gesuchte Kraft vorstellen.

Verhältniß der Kraft zur Last bey dem Gleiten aufwärts.

Soll aber die Kraft nur den Körper erhalten, so muß die untere wahre Ebene Vh geführt, aus K die KP senkrecht auf diese Ebene herab gelassen, dann mit der nähmlichen KN, wie oben aus N, mit den Richtungen KF, KP, KN das Parallelogramm der Kräfte KmaN beschrieben werden; so wird Km die Kraft seyn, um den Körper zu erhalten, und diese Kraft sich zu jener — um diesen Körper auf den Punct zu bringen, aufwärts zu gleiten: wie Km zu KM verhalten.

Verhältniß der Kraft zur Last bey dem Gleiten abwärts.

Ohne die Ruhe eines auf einer schiefen Ebene gestellten Körpers zu stören, kann man also gegen denselben jede Kraft, die nicht kleiner als Km, und nicht größer als KM ist, anwenden; diesem zu Folge sind Km und KM die Gränzkräfte der Ruhe.

Gränzkräfte.

h) Aus KB senkrecht auf VH folgt qVB, das Complement von qBV; es ist aber qVB das Reibungscomplement, daher KBV der Reibungswinkel; folglich trifft die aus den Kräften KM, KN zusammengesetzte KB, auf die scheinbare Ebene SV, unter dem Reibungswinkel und mit dem Scheitel gegen die Seite S gekehrt, wohin die Bewegung erfolgen soll.

Eben so ist es aus dem rechten Winkel KPV und dem Reibungscomplemente bVP erweislich, daß die aus den Kräften Km, KN zusammengesetzte Ka auf die scheinbare Ebene SV unter dem Reibungswinkel mit dem Scheitel gegen die Seite V hintrifft, wohin der Körper herab gleiten könnte. — Aus K gehen also zwey äußerste Reibungsrichtungen KB, Kb auf die Ebene SV; ein Fall, der auch Fig. 12 erschienen ist.

i) Daraus lassen sich auch die Gränzkräfte der Ruhe bestimmen, indem man aus dem Durchschnittspuncte K der Richtungen KF, Kd der Kräfte die äußersten Reibungsrichtungen KB, Kb führet, dann mit einer derselben, z. B. KB, als Diagonale, und mit den Richtungen KF, Kd der Kräfte das Parallelogramm KMBN beschreibt, endlich aus dem Durchschnittspuncte a der BN mit Kb, die am parallel mit KN führt; so wird das Parallelogramm KMBN das Verhältniß der Kräfte bey dem Gleiten des Körpers aufwärts, und das Parallelogramm KmaN dasselbe Verhältniß, um den Körper zu erhalten, angeben; wenn also, wie zuvor, KN die Schwere des Körpers vorstellt, so werden KM und Km die Gränzkräfte der Ruhe vorstellen.

Verhältniß der Kraft zur Last bey dem Gleiten auf- und abwärts.

k) Ist die Richtung KF der Kraft wagrecht, und CH senkrecht auf die wagrechte CV, dann gibt das größte Dreyeck VCH das Verhältniß der Kräfte bey dem Gleiten aufwärts, hingegen das kleinste Dreyeck VCh dasselbe Verhältniß bey dem Gleiten abwärts, nähmlich: wenn CV die Schwere des Körpers vorstellt, so stellt CH die Kraft für den ersten Fall, und Ch die Kraft für den letzte vor.

Nimmt man CV für den Sinus totus an, so ist die Kraft CH die Tangente von CVH, und die Kraft Ch die Tangente von CVh; also verhalten sich die Gränzkräfte CH, Ch, wie

Satz.

die Tangenten der Neigungswinkel CVH, CVh der wahren Ebenen.

l) Da diese Kräfte, um am vortheilhaftesten zu wirken, parallel mit der wahren Ebene, die zu betrachten kommt, seyn müssen, so gibt VH die vortheilhafteste Richtung der Kraft, um den Körper aufwärts zu treiben, und Vh diese Richtung, um denselben in der Ruhe zu erhalten.

Vortheilhafteste Richtungen der Kräfte.

Wird aus V mit VH als Halbmesser der Bogen Hn beschrieben, dann Vh bis an diesen Bogen verlängert, und aus dem Durchschnittspuncte f die Verticale fo herab gelassen; endlich die Schwere des Körpers durch den Halbmesser VH oder Vf vorgestellt, und diese für den Sinus totus angenommen: so wird CH oder Sinus CVH die Kraft, um den Körper aufwärts zu treiben, und fo oder Sin. oVf die Kraft, um denselben zu erhalten, daher verhalten sich die vortheilhaftesten Gränzkräfte, wie die Sinus der Neigungswinkel der wahren Ebenen.

Satz.

m) Ist die Neigung CVS der scheinbaren Ebene das Reibungscomplement selbst, dann fällt Vh auf VC, und Ch, also auch die nöthige Erhaltungskraft wird Null. — Ist hingegen die Neigung CVS dem Reibungswinkel gleich, so ist wegen der senkrechten Lage VD der wahren Ebene, in dem Falle des Aufwärtsgleitens, die zu dieser Bewegung vortheilhafteste Kraft der Schwere des Körpers gleich *).

Fall, wo die schiefe Ebene keinen Vortheil bringt.

*) Daß diese Sätze auf die Schraube anwendbar sind, und bey dieser, wo die Richtung der Kraft wagrecht ist, der Neigungswinkel der Gänge, um die größte Wirkung her-

Anwendung dieser Sätze auf die Schraube.

Fig. 17.

Körper, bey welcher die Richtung des Schwerpunctes außerhalb der Basis fällt.

n) Fällt bey einem Körper Q (Fig. 17), die aus seinem Schwerpuncte z herabgehende Verticale außerhalb der Basis an, und ist za geführt, wenn der Winkel zan nicht kleiner als jener der Reibung ist, so kann nach *e*) der Körper nur umstürzen, dann hängt das Verhältniß der Kraft zur Last, nicht bloß von der Neigung der Ebene, von der Reibung auf derselben, und von der Richtung der Kraft, sondern noch von der Lage der letzteren ab.

Man führe aus a bis zur Verticale yd die aK unter der Neigung naK des Reibungswinkels, so wird aK die schiefste Richtung der zusammengesetzten, aus der Schwerkraft nach yd, und aus der Erhaltungskraft des Körpers seyn: da bey einer schieferen Richtung als naK diese zusammengesetzte, auf der Basis des Körpers herabgleiten würde, so wird K der niedrigste Punct, wo die Richtung dieser Kraft die Verticale yd in dem Falle durchschneiden darf, wo das Verhältniß der Kräfte eben jenes der schiefen Ebene ist.

Schneidet aber die Richtung der Kraft, wie hf die Verticale yd in r höher als K durch, so lange die aus r parallel mit Ka geführte rq, auf die Basis an trifft, so lange wird auch das Verhältniß der Kräfte jenes der schiefen Ebene seyn, und der Körper Q erhalten werden; wie aber die Parallele rq oberhalb n fällt, so ist es nicht mehr möglich, den Körper Q zu erhalten, und sein Fuß

vorzubringen, die Hälfte des Reibungswinkels seyn muß, ist in meiner neuen Art, die Mechanik abzuhandeln, erwiesen.

na wird herab gleiten. — Schneidet hingegen die Richtung der Kraft, wie HF, die Verticale yd in z unterhalb K durch, so wird das Verhältniß der Kräfte nicht mehr jenes der schiefen Ebene seyn, sondern die Kraft größer werden, weil die aus z gehende zusammengesetzte auf a fallen, und die Basis an unter einem größeren Winkel als jenen der Reibung, treffen wird: in diesem Falle gibt das mit za, als Diagonale, und mit den Richtungen zF, zd beschriebene Parallelogramm zbax die Kraft zur Last, wie bz zu zx.

o) Es sey, Fig. 18, anb ein gleichschenkeliger, zwischen zwey Ebenen an, bn vertical gestellter Keil, so wird dessen Kopf ab wagrecht, und die aus seiner Mitte d nach der Spitze n geführte dn vertical seyn.

Fig. 18.
Eigenschaften des Keils.

aic, cpn und bro, oqn seyen die Scheitel der Elemente der scheinbaren Ebenen an, bn; da nur die Steilen ai, cp, und br, oq dem Herabgleiten des Keils im Wege sind, so kommen bey der Tendenz zu dieser Bewegung nur diese Steilen, also bloß die Verlängerung av von ai, und bv von br zu betrachten; daher wird das durch diese Verlängerungen entstehende Dreyeck avb, das Verhältniß der Kräfte des Keils, bey der Tendenz zum Herabgleiten, geben; folglich verhält sich der Seitendruck des Keils auf die Seite an, oder auf jene bn, zu seiner Schwere, wie av oder bv zu ab.

Da dieß auf die nähmliche Art sich auch erweisen läßt, wenn der Keil die Gestalt acobK des Schlusses eines Gewölbes hat, oder wie anb,

Fig. 19. ungleichschenkelig ist, auch wie amoc, Fig. 20, schief ist: so folget, wenn man Fig. 18, 19, 20. aus einem Puncte a der Seite an oder ac eines Keils, von welcher Gestalt dieser auch immer wäre, eine wagrechte ab bis zur andern Seite zieht, und aus diesen Endpuncten, die av, bv unter dem Reibungscomplement nav, nbv mit den Seiten des Keils führt; so gibt das daraus entstehende Dreyeck avb, das Verhältniß der Kräfte des Keils bey der Tendenz zum Herabgleiten, nähmlich: der Seitendruck des Keils gegen die Seite ac oder an, verhält sich zu seiner Schwere, wie av zu ab, gegen die andere Seite bo, oder bn aber, wie bv zu ab.

Fig. 18. 19. 20. Tab. I. u. II.

Verhältniß der Kräfte, bey dem Herabgleiten des Keils.

Keile, deren beyde Seitendrucke der Schwere derselben gleich sind.

p) Ist einer der beyden Kopfswinkel, z. B. jener abn, Fig. 18, 19, dem Reibungscomplemente gleich, dann fällt v auf d, und der Seitendruck des Keils auf die Seiten an und bn verhält sich zu der Schwere des Keils, bey ersterer Seite wie ad zu ab, und bey letzterer wie db zu ab; und beyde Drucke zusammen sind der Schwere des Keils gleich.

Fig. 18.

q) Der Seitendruck des Keils ist senkrecht auf die wahren Ebenen av, bv; folglich ist die Gegenwirkung dieser Ebenen, also auch der scheinbaren an, bn, Fig. 18, nach diesen Senkrechten gerichtet.

Man führe ch im Puncte c der Seite an des Keils, senkrecht auf av, so wird cah das Complement von ach seyn; cah ist aber das Reibungscomplement, daher sind ach, folglich auch fcn Reibungswinkel.

Die vortheilhafteste Richtung der Kräfte, um den Keil zu erhalten, ist also die äußerste Reibungsrichtung, die gegen die Spitze des Keils geneigt ist.

Vortheilhafteste Richtungen der Gegenkräfte um den Keil zu erhalten.

r) Nun ist der Widerstand des Keils zum Rückgleiten zu bestimmen.

Widerstand des Keils gegen das Gleiten aufwärts.

Bey dem Aufwärtsgleiten, wie gesehen *f*), sind die Steilen zu betrachten, die diesem Gleiten am meisten im Wege liegen; daher kommen auf der einen Seite des Keils die Steilen np, ci, und auf der anderen Seite die Steilen nq, or, oder die mit denselben parallelen Ebenen zu betrachten. Man führe aus a, gleichlaufend mit ic oder pn, und aus b gleichlaufend mit ro oder qn unbestimmt lange Linien, die sich in x durchschneiden, so sind ax, bx die wahren Ebenen, die bey dem Rückgleiten des Keiles zu betrachten kommen, daher wird das Dreyeck axb das Verhältniß der Kräfte des Keils bey dem Aufwärtsgleiten angeben, nähmlich: der Widerstand des Keils gegen das Rückgleiten, verhält sich zu seiner Schwere: bey der Seite an; wie ax, zu ab; und bey der andern Seite bn, wie bx, zu ab.

Verhältniß der Kräfte bey dem Rückgleiten des Keils.

Da ein Gleiches sich bey dem ungleichschenkeligen Keile (Fig. 19) und bey dem liegenden gestutzten (Fig. 20) erweisen läßt; wenn man für ihre Kopfbreite die Wagrechte ab annimmt, und aus den Endpuncten a und b derselben, die ax, bx führt, welche mit den Seiten des Keils die

Winkel xan, xbn, dem Reibungscomplemente gleich bilden: so gibt in allen Fällen das äußere Dreyeck abx, das Verhältniß der Kräfte des Keils bey dem Rückgleiten an.

Dreyeck der Kräfte.

Fig. 21.

s) Wie bey dem Körper Q (Fig 16.), so auch bey dem Keile anm (Fig. 21.), geben die aus einem Puncte K der Richtung d'n seiner Schwere gegen die Seite oder schiefe Ebene an, geführten äußersten Reibungsrichtungen KB, Kb, die Richtung der Zusammengesetzten der Kräfte, bey dem Auf- und Abwärtsgleiten an; ein Gleiches geschieht mit KD und Kd gegen die andere Seite mn; wenn also der Keil auf dem Puncte stehet, entweder ab- oder aufwärts zu gleiten, so ist die Richtung der zusammengesetzten Kräfte der im ersten Falle Kf, Kf', und im letzten KF, KF'.

Vortheilhafteste Richtungen der Kräfte.

t) Da die, gegen die Seite des Keils anzuwendenden Kräfte, um am vortheilhaftesten zu wirken, der Zusammengesetzten der Kräfte des Keils gegen jede seiner Seiten gerade entgegen gerichtet seyn müssen, so sind die Richtungen fK, f'K die vortheilhaftesten, um den Keil zu erhalten, hingegen die Richtung FK, F'K die vortheilhaftesten, um den Keil zum Rückgleiten zu bringen.

v) Da (Fig. 18.) der Keil anb nicht herabgleitet, wenn die gegen seine Seiten an, bn in der untern äußersten Reibungsrichtung angewandten Kräfte nicht kleiner als av, bv sind, auch nicht aufwärts gleitet, wenn diese Kräfte in der vortheilhaftesten oberen äußersten Reibungsrichtung angewandt, und nicht grösser als ax, bx sind, so kann ein Keil, ohne seine Ruhe zu verlieren, allen Seitenpressungen widerstehen, die, in Hinsicht seiner durch ab vorgestellten Schwere, nicht kleiner als av, und nicht grösser als ax sind.

Gränzkräfte.

Satz.

x) Ist der Mittelwinkel anb des Keils (Fig. 18) dem Ruhewinkel gleich, mithin nach c) das Doppelte des Reibungcomplements: so wird and dieses Complement seyn; nax ist aber demselben gleich: folglich wird ax parallel mit dx laufen. Führt man also aus a und aus b, die einander, also auch mit dn parallelen ay, by, so werden diese und ab die Seiten des Dreyeckes der Kräfte seyn.

Fig. 18.

Da ab die Schwere des Keils und die unendlich langen Seiten ay, by die nöthigen Seitenpressungen vorstellen, um den Keil zum Rückgleiten zu bringen, so müssen diese Pressungen unendlich groß seyn.

Dieses erweiset auch die Richtung der Kräfte, welche dieses Rückgleiten bewirken sollen, denn nach t) müssen diese Kräfte, um am vortheilhaftesten zu wirken, in der oberen äußersten Reibungsrichtung auf beyden Seiten des Keils, also senkrecht auf dessen wahren äußeren, hier senkrechten Ebenen ay, by wirken, daher wagrecht seyn, da dann diese Seitenkräfte eine von a nach b, und die andern von b nach a gerade entgegen wirken müssen, und beyde Kräfte gleich sind, so heben sie sich auf.

Wie bey einem solchen Keile die Kopfwinkel nab, nba jeder dem Reibungswinkel gleich sind,

Keile, die nicht zurückgleiten können.

so kann ein Keil, dessen Kopfwinkel jenem der Reibung gleich sind, oder dessen Mittelwinkel dem Ruhewinkel gleich ist, von keinen Seitenpressungen, sie mögen noch so groß seyn, zurück getrieben werden.

Fig. 18.

γ) Ist der Mittelwinkel des Keils kleiner als der Ruhewinkel, dann weichen die äußeren wahren Ebenen ag, bg' abwärts von einander ab, und die auf diesen Ebenen in a und b senkrechten Kräfte ta, t'b, (die einzigen, die, wenn es möglich wäre, den Keil zurücktreiben könnten) wirken abwärts, wodurch das Zurückgleiten des Keiles noch unmöglicher wird.

Der Schluß der Gewölbe kann nie zurück gleiten.

Ist ein solcher Keil der Schluß eines Gewölbes, dieses möge noch so weit gespannt, und auf den Seiten noch so beschwert seyn, daher die Seiten dieses Schlusses noch so stark pressen: so wird dieser doch nicht zurückgetrieben werden.

Bey Gurten in Modellen mißt das Reibungscomplement bey 18 Grade, daher der Ruhewinkel bey 36 Grade; wie bey dem Zirkel die Wölbungslinie 180 Grade, also bey fünf Mahl so viel Grade, als dieser Ruhewinkel enthält, so kann der Schlußkeil, selbst bey Modellen aus polirten Keilen, wenn dieser Schluß nicht größer als der fünfte Theil des Zirkels ist, unmöglich den Seitenpressungen des Gewölbes zurückweichen.

Versuche über die Reibung.

Nach Amontons Versuchen ist die Reibung bey Ziegeln $\frac{1}{4}$ des Druckes, also das Reibungscomplement 37 Grade; nach Peronnets Versuchen ist dieses Complement bey behauenen Steinen 40 Grade. — Wird nun bey Gewölben, um die Wirkung der Keile bey dem Herabgleiten auf das größte, ihren Widerstand zum Rückgleiten hingegen auf das kleinste zu bringen, angenommen, ein Gewölbe sey so schnell aufgeführt, auch von Leergerüsten so früh befreyet worden, daß, nach dem Abrüsten, der Mörtel der Fugen noch so frisch sey, um für die Reibung nur bey $\frac{3}{5}$ des Druckes, nähmlich für das Reibungscomplement, nur 30 Grade annehmen zu können, so ist in diesem Falle der Ruhewinkel 60 Grade, mithin der Drittheil des Zirkels; wie aber der Schluß eines Gewölbes nie so übermäßig groß ist, so kann dieser Schluß nie von den Seitenpressungen des Gewölbes zurückgetrieben werden.

Das Reibungscomplement ist bey Gewölben wenigstens 30 Grade.

15) Ein Keil, also auch der Schluß eines Gewölbes, besitzt, wie gesehen, zweyerley, von einander sehr verschiedene Kräfte, nähmlich: eine stets und gleich wirkende, und bloß von seinem Gewichte ausgehende Kraft, die durch av, (Fig. 18) vorgestellt ist, und eine gegenwirkende Kraft, die nach Maß, als die Seiten des Keils gepreßt werden, bis auf die Größe von ax anwachsen kann; daher wenn diese ax unendlich lang ist, der Widerstand des Keils zum Aufgleiten, so groß ist, daß er eher zerquetscht, als zum Weichen gebracht wird.

Der Keil besitzt eine active und eine passive Kraft.

Fig. 18.

16) Ist der Schluß eines Gewölbes, wie gewöhnlich, gleichschenkelig, so wirket er auf beyde Seiten gleich, also mit der Hälfte seiner Schwere. Da es auf jeder dieser Seiten an und bn einen

Vortheilhafteste Zergliederung der Kräfte des Schlußkeils zur Untersuchung des Seitenschubes der Gewölbe.

Punct gibt, wo diese Wirkung vereinigt angenommen werden kann, so sey a dieser Punct auf der Seite an, und b jener auf der andern Seite bn, so wird der Schluß durch seine Schwere eben so wirken, als wenn die Hälfte derselben in a, und die andere in b vereinigt, mithin eben so, als wenn ein dieser Hälfte der Schwere gleiches Gewicht T, in jedem dieser zwey Puncte angehängt wäre, und jedes dieser gleichen Gewichte wird durch die Hälfte ad der Breite des Keils vorgestellt.

Fig. 18.

Man verlängere ab beyder Seits in L und l, dann zerlege die Seitenkraft av in die auf einander Senkrechten da, dv; eben so zerlege man die Gegenwirkungskraft ax des Keils, in da, dx; wie nun da beyden Zerlegungen gemein ist, und das Gewicht T vorstellt; dieses aber nach der Vertikalen aT wirket, und die Kräfte dv, dx, senkrecht auf da, daher senkrecht auf die Schwerkraft sind: so wirken die durch dv, dx vorgestellten Seitenkräfte, nach der wagrechten aL; — man trage auf diese, die dv in az, und die ax in aF': so wird az der wagrechte Seitenschub, und aF' der größte auch wagrechte Widerstand des Keiles, zum Rückgleiten seyn; da aber dieser Widerstand bey Gewölben, unendlich groß ist, so ist auch aF' unendlich groß.

Wagerechte active und passive Kräfte des Schlußkeils.

Wie ein Gleiches auf der andern Seite des Keils Statt findet, so kann man statt der Wirkung des Schlusses eines Gewölbes, beyder Seits an dem Kopfe dieses Schlusses, solche Kräfte setzen.

Kräfte, die statt jenen des Schlußkeils zu betrachten sind.

Ist der Schluß unendlich schmahl, oder hat das Gewölbe in der Mitte einen Fugenschnitt, dann ist ad, also auch T, Null, und es verbleiben nur die beyderseitigen Gegenwirkungskräfte aF', bf.

Gewölbe mit einer Fuge in der Mitte.

Seitenschub der Gewölbe bey der Tendenz zum Gleiten.

17) Es sey (Fig. 22) BRM die Hälfte einer Wölbungslinie nach dem Zirkel, und das Gewölbe so dick angenommen, daß kein Theil desselben auf seiner Grundfläche umstürzen kann, sondern jeder Theil herabzugleiten trachtet.

Fig. 22.

Ist der Schluß des Gewölbes unendlich schmahl angenommen, so ist nach 14 o) der Seitenschub dieses Schlusses unendlich klein, also als Null anzusehen; ist hingegen dieser Schluß so groß, daß sein Mittelwinkel noch einmahl so groß als der Reibungswinkel ist, so ist auch der Seitenschub des Schlusses Null. Ist dieser hingegen kleiner, jedoch größer als ersterer, dann ist sein Seitenschub endlich; daher gibt es bey der Tendenz zum Gleiten einen Gewölbtheil, dessen Schub größer als der von jedem andern größeren, wie auch kleineren Theil ist.

Je größer die Reibung ist, desto mehr untere Keile des Gewölbes sind unfähig, abzugleiten, desto kleiner ist also der Gewölbtheil, dessen Keile eine Tendenz zum Gleiten haben; mithin hängt die Größe des schiebenden Theiles von der Größe der Reibung ab.

Um diesen Theil zu bestimmen, ist zu erwägen, daß nach 14 *a*) ein auf einer schiefen Ebene gestellter Körper nur dann herabgleitet, wenn die Neigung dieser Ebene größer als das Reibungscomplement ist; daher werden nur die Gewölbtheile, deren Grundfläche mehr als um dieses Complement geneigt ist, herabgleiten können, q D sey eine solche Fläche: man verlängere dieselbe bis zum Mittelpuncte I der Wölbung; dann führe man aus q die Vertikale q a bis an die wagrechte IC herab; endlich ziehe man In dergestalt, daß der Winkel DIn dem Reibungscomplemente gleich sey.

Fig. 22.

Bey gleichförmig dicken Gewölben verhalten sich die Flächeninhalte regelmäßiger, nähmlich die zwischen zwey Fugenschnitten enthaltenen Gewölbtheile wie ihre Bögen; da dann der Flächeninhalt des Gewölbtheiles q DNM durch den Bogen q M vorgestellt werden kann, und nach 14 *g*), das Dreyeck alb, das Verhältniß der Kräfte beym Herabgleiten angibt. Wenn F die wagrechte Kraft ist, um den benannten Gewölbstheil auf seiner Basis q D zu erhalten, so wird das Verhältniß F, zu Mq; wie ab, zu Ia, oder wie Sin. bIa, zu Cos. bIa, die Kraft $F = M q \frac{\text{Sin. bIa}}{\text{Cos. bIa}} = M q \text{ Tang. bIa}$ geben.

Es sey der Halbmesser I q = 1, Bogen M q = x, und der Reibungswinkel = e; dann Iv senkrecht auf IR; so wird q Iv der Reibungswinkel, und MIv = e — x = bIa; mithin $F = x \text{ Tang. } (e - x) \ldots .$ (A).

Um hieraus x für den Zustand des größten

zu finden, gibt das Differenziren $dF = dx \text{ Tang. } (e - x) - \frac{xdx}{\text{Sin. } (e - x)}$; hiermit $dF = 0$, gibt den Bogen $x = \text{Sin. } (e - x) \text{ Cos. } (e - x)$ ... (B); oder 2 Bögen $x = \text{Sin. } (2e - 2x)$ ..... (D).

Bogen des schiebenden Theils.

18) Obwohl x auf keine directe Art aus letzterem Ausdrucke abgeleitet werden kann, so ergibt sich doch:

a) Wenn die Reibung oder das Reibungscomplement unendlich klein angenommen wird, so werden 2 Bögen $x = \text{Sin. } 2x$, daher Bogen M q unendlich klein. Ein Gleiches ergibt sich, wenn die Reibung dagegen unendlich groß, nähmlich das Reibungscomplement dem rechten Winkel unendlich nahe angenommen wird.

b) Weil nach Ausdruck (B), der Bogen x am größten ist, wenn Sin. $(e - x)$, und Cos. $(e - x)$ gleich, mithin wenn $e - x = 45$ Grade sind; — daher wenn die Länge des Bogens $x = \text{Sin. } 45. (\text{cos. } 45) = \sqrt{\tfrac{1}{2}}\,\sqrt{\tfrac{1}{2}} = \tfrac{1}{2}$ ist. — Weil noch der Bogen von dieser Länge, dessen Halbmesser = 1 ist, 28°, 38′, 52″ mißt, so ist dieser Bogen der größte, den der schiebende Theil bey was immer für einer Reibung haben kann. Da aber letztere Zahl von Graden, zu jener des gehörigen Reibungscomplements addirt, 45 Grade beträgt, so ist in diesem Falle ihr Unterschied, nähmlich 16°, 21′, 8″ das Reibungscomplement; und dieses gibt die Reibung $\frac{5}{17}$ des Drucks, bey dieser Reibung ist also der Bogen des Schubes am größten, nähmlich größer, als bey jeder andern größeren, wie auch kleineren Reibung.

Größtmöglicher Bogen des Schubes.

Fig. 22.

19) Da der Ausdruck D) nähmlich 2 Bogen ẋ = Sin. (2e—2x) noch zu wenig Licht gibt, so wird man, um den Bogen des Schubes bey anderen Reibungen zu finden, den Halbmesser der Wölbung wie oben = 1, und für die Mittelwinkel der Keile nur eine Minute annehmen, wodurch die Bögen sich, wie die Zahl von Minuten die sie enthalten, verhalten werden.

Erster Versuch.

Es sey nun z. B. der Reibungswinkel 60 Grade, um den Bogen des Schubes zu finden, wird für Bogen M q, nähmlich x, eine beliebige Zahl von Minuten, z. B. 300, also 5 Grade angenommen, so wird e—x = 55 Grade; daher nach 17 A) F=x Tang. (e—x) = 300. Tang. 55 Grade; dann gibt die Summe der Logarithmen von 300, und von Tang. 55, den Logarithmus von F, und dieser die Zahl 22844 = F.

Seitenschub.

Dann wird für Bogen M q eine andere auch beliebige Zahl von Minuten angenommen, mit dieser auf eben die nähmliche Art verfahren, und F gefunden, auch ein solches Verfahren so lange wiederhohlt, bis F ein Größtes ist; welches endlich bey dem Bogen von 26°—24′ gefunden wird.

Tabelle. 1.

20) Die erste Tabelle stellt die Resultate, jedes so vielfältigen Verfahrens dar, und zeigt wie der Seitenschub der angenommenen Bögen, anfänglich zu-, dann aber abnimmt.

Tabelle. 2.

Die zweyte Tabelle zeigt den Bogen des Schubes, auch diesen selbst, bey verschiedenen Reibungscomplementen. Da der schiebende Theil nie 28°, 38′, 52″ überschreitet, so gibt diese Tabelle den schiebenden Theil jener Korbbögen, deren oberste Bogen nicht weniger, als das doppelte dieser Zahl von Graden, also nicht weniger als 57°, 17', 44" faßt, welches bey Korbbögen aus drey Mittelpuncten der Fall ist.

Tabelle 3.

Die dritte Tabelle zeigt den schiebenden Theil, auch den Schub gothischer Gewölbe an.

Gebrauch dieser Tabellen.

Fig. 1. 2. 3. 4. 5. Bey dem Zirkel, bey Bögen, und bey Korbbögen.

21) Es seyen die Maße eines Gewölbes Fig. 1, 2, 3, 4 und 5, wie auch das Reibungscomplement gegeben, und letzteres in erwähnten Tabellen enthalten. Um den Seitenschub bey der Tendenz zum Gleiten zu finden, muß bey dem Zirkel Fig. 1, der Flächeninhalt des Bandes BohM, bey Fig. 2 aber der Flächeninhalt des bis zum vollständigen Zirkel verlängerten Bandes, und eben so Fig. 3 und 4 der Inhalt des Bandes des mit dem Halbmesser CG vollendeten halben Zirkels, endlich Fig. 6 der Flächeninhalt BohM der größeren Seite gesucht, dann dieser Inhalt mit dem Bruche multiplicirt werden, welcher in der dritten Spalte der zweyten Tabelle in der Richtung des gegebenen Complements eingeschrieben ist. — Ist z. B. dieses 18°, 26', so wird der ihm zugehörige Bruch 0,296 mit diesem Flächeninhalte multiplicirt, den Seitenschub des Gewölbes geben.

Bey hängenden Gewölben.

22) Daß bey hängenden Gewölben Fig. 6, für den Seitenschub, jener der größeren Seite zu nehmen ist, kommt daher, daß die zur Erhaltung beyder Seiten des Gewölbes, in Mh gegen einander wirkenden Kräfte, wagrecht und gerade entgegengesetzt, auch gleich sind; indem die kleinere

Seite dasjenige, was ihr an activer Kraft fehlt, um die Ruhe hervorzubringen, durch die Gegenwirkung ersetzt.

Bey beschwerten Gewölben.

Bey gleichseitigen aber ungleich beschwerten Gewölben ist aus gleicher Ursache, der Seitenschub auf beyden Seiten jener, der am meisten beschwerten.

Bey gothischen Gewölben.

23) Um den Seitenschub der gothischen Gewölbe zu finden, wird der Flächeninhalt des schiebenden, in der zweyten Spalte, Tabelle 3, angezeigten Theils gesucht, dann dieser Inhalt mit dem Bruche multiplicirt, der in der dritten Spalte neben diesem Theile eingeschrieben ist.

Beyspiele.

24) Es sey die Spannung der Gewölbe Fig. 1, 2, 3, 4, 6, 7 = 18, die Dicke des Bandes = 3, und das Reibungscomplement 30 Grade, so werden:

Tab. I. Fig. 1.

a) Bey dem Zirkel (Fig. 1.) der Flächeninhalt des Bandes des halben Gewölbes nach Art. 12, = 49, 5, und dieser Inhalt mit dem in der zweyten Tabelle enthaltenen, zu diesem Complement 30 gehörigen Bruche 0,19489 multipliziret, den Schub dieses Gewölbes = 9,647 geben.

Seitenschub des Zirkels. Fig. 2.

b) Bey dem Bogen (Fig. 2).

Es sey die Wölbungshöhe AM = 6, so werden nach Art. 11, $BC = \frac{1}{2\overline{AM}} (\overline{AM} + \overline{AB}) = \frac{1}{12} (36 + 81) = 9,75$, und Bogen BM = 47°, 17′, daher größer als der schiebende, nur 26°, 24′, enthaltende Theil.

Der Flächeninhalt des Bandes des halben, mit obgedachtem Halbmesser BC = 9,75 beschriebenen Zirkels, beträgt 53; dieser Inhalt mit obigem Bruch 0,19489 multiplizirt, gibt den Seitenschub des Bogens = 10,329.

Seitenschub des Bogens.

c) Bey dem gedruckten Korbbogen aus drey Mittelpuncten (Fig. 3.).

Fig. 3.

Es sey wie bey dem Bogen *b*), AM = 6, so wird nach 11 *c*) der große Halbmesser CG = $13\frac{1}{11}$, und der Flächeninhalt des Bandes von dem mit diesem Halbmesser vollendeten halben Zirkel = 68,79 seyn, und diese Zahl, mit erwähntem Bruche 0,19489 multiplizirt, den Seitenschub des Gewölbes = 13,4 geben.

Seitenschub des Korbbogens.

d) Bey dem überhöhten Korbbogen (Fig. 4.).

Fig. 4.

Es sey AM = 12, so wird nach 11 c) der kleine Halbmesser CM = $7\frac{10}{11}$, der Inhalt des Bandes des damit vollendeten halben Zirkels ist = 43,5, und dieser Inhalt, mit obigem Bruche 0,19489 multiplizirt, gibt den Schub des Gewölbes = 8,478.

Seitenschub des überhöhten Korbbogens

e) Bey hängenden Gewölben (Fig. 6.).

Fig. 6.

Nach 8) ist der große Halbmesser AB = 12, daher ist der Flächeninhalt des Bandes der größeren Seite BM = 63,64, dieser Inhalt mit erwähntem Bruche 0,19489 multiplizirt, gibt den Seitenschub des Gewölbes = 12,4.

Seitenschub des hängenden Gewölbes.

f) Bey gothischen Gewölben (Fig. 7.).

Fig. 7.

Die Tabelle 3 gibt bey dem hier angenommenen Complement von 30 Graden, für den Bogen des schiebenden Theils 14°, 38′, der Flächeninhalt dieses Theils on MB ist = 14,781, noch sind der

Fig. 7. Flächeninhalt des Dreyecks Mnh = 2,544, und der Inhalt des schiebenden Theils = 17,325; dieser mit dem in der dritten Spalte gedachter Tabelle 3, zu benannten Complemente gehörigen Bruche 0,2748 multiplizirt, gibt den Schub des Gewölbes = 5,356.

Seitenschub des gothischen Gewölbes.

Binde.

Fig. 23. 25) Es sey Fig. 23, MB die Hälfte einer unbestimmt langen Binde, Mh ihre Dicke, I der Mittelpunct der Fugenschnitte bi, q D, u. s. w., und IM senkrecht auf MB; da die regelmäßigen Bindetheile M q Dh, Mbih, von gemeinschaftlicher Höhe Mh, sich wie ihre Längen M q, Mb verhalten, so werden diese Längen den Flächeninhalt selbiger Theile vorstellen können.

Nun betrachte man den Bindetheil M q Dh, und suche seinen wagerechten Seitenschub, nähmlich die nöthige wagerechte Kraft, um diesen Theil vom Herabgleiten auf seiner Basis D q, zu hindern.

Man führe aus I die Ib unter der Neigung qIb des Reibungscomplements, und die wagerechte Ia; dann lasse man aus b die Verticale ba bis zu dieser Wagerechten herab; es sey der Reibungswinkel = e, q IM = x und F der Schub von q Dhm; da M q den Flächeninhalt von M q Dh vorstellt, so wird nach 14 (*k*) das Verhältniß F, zu M q oder zur tang. x, wie Sinus aIb oder Sin. (e—x), zum Cosinus aIb, oder Cos. (e—x), die Kraft F = tang. x tang. (e—x) geben.

Allgemeiner Seitenschub der Binde.

Um hieraus x für den Zustand des Größten zu finden, wird dieser Ausdruck differenzirt: so folgt $x = \frac{1}{2} e$ *).

Daher ist der Mittelwinkel MIb des schiebenden Theils hb der Binde, die Hälfte des Reibungswinkels, und der Seitenschub ist dem Producte des Flächeninhalts Mbih dieses Theils mit dem Quadrate der Tangente $\frac{1}{2}$ e gleich.

Tab. I. Fig. 8. Schiebender Theil der Binde.

26) Bey der Binde Fig. 8, fällt der Mittelwinkel derselben nie größer, als der Reibungswinkel aus; daher ist der schiebende Theil der Binde die Hälfte derselben, der Seitenschub aber dem Producte des Inhalts BohM mit Tang. (e — BAM oder BCM) gleich.

Seitenschub der Binde.

Tabelle 4.

27) Die Tabelle 4 zeigt den Unterschied in dem Schube, den die Verschiedenheit der Wölbungslinien, bey Gewölben von gleicher Spannung und Dicke, wie auch bey gleicher Reibung hervorbringt.

Diese Tabelle zeigt noch, daß, wenn das Gewölb flächer wird, der Flächeninhalt des Bandes abnimmt, der Seitenschub hingegen zunimmt, und dieß gehet bey der Binde so weit, daß, obgleich dieser Flächeninhalt nicht die Hälfte von jenem der überhöhten Wölbung beträgt, der Schub der Binde doch über viermahl größer, als jener dieser Wölbung ist.

---

*) Dieser Winkel, wie in unserer neuen Mechanik erwiesen ist, ist die erforderliche Neigung der Schraubengänge, um die vortheilhafteste Wirkung hervorzubringen.

Die Hälfte des Reibungswinkels ist die Neigung der Schraubengänge für die größte Wirkung.

Kann der Seitenschub eines Gewölbes einige der unteren Keile zum Rückgleiten bringen?

28) Wie bey Aufstellung der Gurten in Modellen, auf dem Leerbogen, und auf unbeweglichen Widerlagen, es sich nach Abnahme dieses Bogens meistens ereignet, daß der Seitenschub die untersten Keile zurückschiebt, und dieß beym ersten Blick, dem vorhin angeführten großen Widerstand der Keile zum Rückgleiten, zu widersprechen scheint; so ist die Ursache eines solchen Rückgleitens um so mehr aufzuklären, als dadurch noch mehr Licht über die Mechanik der Gewölbe verbreitet wird.

Fig. 24. Es sey Fig. 24, ahpO ein Theil eines Gurtes, der Reibungswinkel = 75°, 58′, dann IM die schwere Richtung dieses Theils; die Wagerechte K'R die Richtung des Seitenschubs des Gurtes, KF dieser Schub, und KN die Schwere erwähnten Gurtentheils; endlich mit letzten zwey Kräften das Parallelogramm KFDN beschrieben; so wird seine Diagonale KD der Druck auf die Fuge hp seyn.

Da der Winkel KDF bekannt wird, und jener FDh = OCp ist, so wird der Winkel KDh, unter welchem der Druck KD auf hp wirket, auch bekannt.

Wird ein solches Verfahren auf eine hinlängliche Zahl verschiedener, von Oa ausgehenden Gurtentheile, angewendet; so erhält man folgende Tabelle, welche die Neigung des Drucks auf die Grundfläche der betrachteten Gurtentheile anschaulich darstellt.

Bogen Op Fig. 24.	Winkel KDh mit dem Scheitel abwärts.
unendlich klein . .	90°— senkrecht auf die Fuge.
1°	89 —11'
10	82 —29'
20	78 —59'
28—38'	75 —58' Winkel der Reibung.
40	77 —50'
50	81 —51'
60	87 —22'
69— 9'	90 — senkrecht auf die Fuge.
Bogen Oq.	**Winkel k'zq mit dem Scheitel aufwärts**
70°	. 86°—4'
80	. 78—46
83	. 76—29
83—39'	. 75—58½
83—40	. 75—58 Winkel der Reibung.
83—41	. 75—57
84	. 75—42
87	. 73—21
90	. 70—57

29) Diese Tabelle zeigt, daß, wenn der Bogen Op unendlich klein angenommen wird, der Druck KD auf der Fuge ph, senkrecht auf dieser ist; wie aber Op zunimmt, so senkt sich dieser Druck, jedoch nur, bis Op die Größe des schiebenden Bogens erreicht, wo dann KDh dem Reibungswinkel gleich ist; wie dann ferner Op noch größer wird, so nimmt KDh wieder zu, und wird bey Op = 69°, 9', neuerdings ein rechter Winkel, dann weiter wieder ein spitzer wie k'zq im Gegensinne des vorigen, nähmlich mit dem Scheitel aufwärts gerichteter Winkel, und dieser wird den Reibungswinkel erreichen, wie Op = 83°,

$4o' = Oq$ ist, auf dem unteren Fugenschnitte aber wird der Winkel noch spitzer und K'TH seyn.

Keile, die zurückgleiten.

Fig. 24.

Wie nun der Druck auf die untere Seite des Keils, unterhalb rq schiefer, als unter dem Reibungswinkel, und auswärts geschieht, dieser Keil aber, wegen der Reibung keine active Kraft besitzt, daher nur als Untersatz zu betrachten ist, und auf seiner oberen Seite nach der äußersten zur Hervorbringung des Rückgleitens vortheilhaftesten Reibungsrichtung (Art. 14, *t*) gedruckt ist; so muß dieser Keil, und um so mehr die unter ihm liegenden zurückgleiten. — Dieser Bewegung kann aber der unmittelbar auf rq liegende Keil nicht folgen, weil der auf seine obere Seite wirkende Druck diese Seite unter einem Ruhewinkel trifft, daher auf derselben kein Gleiten, wohl aber unter diesem Keile geschehen kann, wenn der Druck die zur Erzeugung dieser Bewegung nöthige Richtung hat.

Damit also ein solcher Gurt sich erhalten kann, muß man die unter rq liegenden Keile, entweder verhältnißmäßig länger halten, oder hinter denselben einen hinlänglichen Widerstand schaffen, oder diese Keile rauher als die andern vorrichten.

Es läßt sich die Reibung bestimmen, bey welcher diese Keile fest stehen können, man darf nur Fig. 24 den Flächeninhalt des Bandes aVHO durch die Verticale K'b vorstellen, und mittelst des Verhältnisses dieses Inhaltes zum Seitenschub des Gewölbes, wie die Länge K'b zum vierten Gliede, die wagerechte, diesen Schub vorstellende K'R bestimmen; dann das Parallelogramm K'RTb beschreiben, endlich die Diagonale K'T führen, so wird K'Tb der verlangte Reibungswinkel seyn, damit der unterste Keil nicht zurückweiche; dann werden die über diesem bis qr liegenden Keile um so weniger weichen können.

Ein leichtes Mittel, um das Weichen der untersten Keile der Gurten in Modellen zu hindern, ist, entweder auf diese Keile ein grobes Tuch zu leimen, oder dieselben in die Dicke der Widerlagen einzulassen; letzteres Mittel wird bey Gewölben angewendet, indem man den Theil der Widerlagen hinter dem Gewölbe bis auf einen Theil der Höhe und an dem Rücken desselben aufführt.

Vom Gleichgewichte zwischen den Keilen der Gewölbe.

30. Alle, die sich mit der Mechanik der Gewölbe beschäftiget, und dabey die Reibung beseitiget haben, erhalten bey dieser Betrachtung idealer Körper ganz natürlich Resultate, die mit der Erfahrung in vollem Widerspruche sind, denn bey einer solchen Beseitigung kann sich kein Gewölbe nach einer der üblichen Wölbungslinien mit einer gleichförmigen Dicke erhalten, sondern die Keile müssen nach Maß, als sie sich vom Schlusse entfernen, in der Länge und im Flächeninhalt in dem Verhältnisse zunehmen, als ihre herabgleitende Kraft abnimmt, wodurch bey vollständigen 180 Grade messenden Wölbungen die untersten Keile unendlich lang, daher auch ihre Unterlagen, nähmlich die Widerlagen, unendlich dick seyn müßten. — Wie dieß aber unausführbar ist, so ha-

Betrachtet man die Gewölbe, wie es sich für den Gebrauch derselben gehört, also wie das dazu gebrauchte Material ist, so ist kein Gleichgewicht bey den Keilen möglich, auch ist dieser Umstand unschädlich.

ben die Mathematiker die Kettenlinie vorgeschlagen, als die, bey welcher unendlich glatte Keile sich bey gleichförmiger Gewölbsdicke erhalten können, ohne zu bedenken, daß eine solche Linie weniger Raum, als die üblichen unter sich verschafft, auch, was bey Gebäuden zu berücksichtigen kommt, ein widriges Ansehen hat, noch mehr aber in der Ausübung unersteigbare Hindernisse, nicht so viel bey Führung der Fugenschnitte senkrecht auf die Wölbungslinie, als bey der Bestimmung ihrer Länge und des Flächeninhaltes des Bandes, wie auch des Schwerpunctes der Gewölbtheile, in Weg legt.

31) Die Reibung ändert aber die Resultate obbesagter Voraussetzungen zum Vortheile der Gewölbe so sehr, daß bey der Rauhheit der Keile sogar die untersten, die doch am wenigsten Widerstand zum Rückgleiten besitzen, selbst bey vollständigen 180 Grade messenden Wölbungslinien noch nicht weichen, wenn man nicht die Schwere des schiebenden Theils durch eine darauf gleichförmig vertheilte Last hundertmahl vergrößert, da in diesem Falle der zusammengesetzte Druck auf der Basis des Gewölbes diese Basis erst unter dem Winkel von $63\frac{1}{2}$ Graden trifft, welches noch weit von dem zugehörigen viel spitzeren Reibungswinkel von 50 Graden ist, unter welchem dieser Druck, folglich auch die untersten Keile, auf dem Puncte stehen, zurück zu gleiten.

Dicke der Gewölbe, damit kein Theil derselben eine Tendenz zur Drehbewegung, sondern nur zum Herabgleiten habe.

32. Es sey der Viertelkreis BnM, Fig. 25, die Hälfte der Wölbungslinie, und aus dem Mittelpuncte I dieser Linie die Ic unter der Neigung cId des Reibungscomplements geführt, so werden nach 14 a) nur die Gewölbtheile, deren Bogen nicht kleiner als nM ist, eine Tendenz zum Herabgleiten haben, und nach 14 e) werden die Gewölbtheile nicht herabstürzen können, bey welchen die aus ihrem Schwerpuncte zum untern Rande ihrer Basis geführte Linie diese Basis unter einem kleineren Winkel als jenem der Reibung trifft; da dieses bey dem größeren Gewölbtheile nMqc geschieht, um so mehr geschieht es auch bey kleineren Theilen, so ist nur die Dicke nc dieses Theils zu bestimmen.

Fig. 25.

cIa ?

Man führe aus I durch die Mitte o des Bogens nM die Id, und aus n die nz gleichlaufenden mit Iq, so wird cnz eben so wie cIq der Reibungswinkel, und z der Schwerpunct des Gewölbtheiles ncqM seyn. — Man setze den Halbmesser In = 1, und den Reibungswinkel = e, so wird nIz = $\frac{1}{2}$ e, und aus dem Verhältnisse Iz zu In, wie Sinus znI, nähmlich Sin. znc, also Sin. e, zum Sin. nzI, nähmlich Sinus $\frac{1}{2}$ e, folgen Iz = $\frac{\text{Sin. } e}{\text{Sin. } \frac{1}{2} e}$.

Nun sey der Bogen nM = a, seine Sehne gleich c, und die gesuchte Dicke Mq des Gewöldes $= x$, so wird nach der Theorie des Schwerpunctes $Iz = 2c \frac{(3+3x+xx)}{3a(2+x)} = \frac{\text{Sin. } e}{\text{Sin. } \frac{1}{2} e}$, aus welcher Gleichung x abgeleitet, folgt

Übermäßige Gewölbedicke, welche die ausschließende Tendenz zum Gleiten erforderte.

bey $e = 76°$ die Reibung ein Viertel des Druckes, die Dicke des Gewölbes $= 1,237$, des Halbmessers,
bey $e = 71°, 34'$ ein Drittel des Druckes $= 1,325$,
bey $e = 60$ . . . . $= 1,430$;

daher ist in allen Fällen die Dicke des Gewölbes, wo nur die Tendenz zum Gleiten Statt haben kann, so übermäßig, daß solche Gewölbe nur in Modellen Statt finden können.

Solche übermäßige Dicke ist nur bey Modellen ausführbar.

Sphärische Kuppeln.

Fig. 26.

33) Es sey Fig. 26, CE der äußere, CD der innere Halbmesser, und die Verticale CA die Achse der Kuppel, so wird ABED ein Vertical-Durchschnitt dieses Gewölbes seyn; ABHh sey auch ein solcher Durchschnitt, so wird der zwischen diesen zwey Durchschnitten enthaltene Körper ABEHhD ein vollständiger Ausschnitt der Kuppel seyn.

Es seyen ferner in E und H die Verticalen Ee, HK, jede $=$ CE errichtet, und der Bogen Ke jenem HE gleich, so wird EHKe der Theil der äußeren Fläche des um die Kuppel beschriebenen Cylinders seyn.

Fig. 26.

Endlich seyen durch zwey beliebige Puncte M und q des äußeren Bogens EB die wagrechten mp und *gl*, und durch jede eine wagrechte Ebene geführt; diese werden die cylindrische Fläche in mn und gi, den Kuppelausschnitt aber in Mz und qI schneiden; man führe aus M, z, I und q die Halbmesser MC, zC, IC und qC, so wird NMzIqQv ein regelmäßiger Ausschnittstheil seyn; man führe endlich aus den Puncten N und Q die wagrechten NP und QL, so wird PL die Höhe dieses Ausschnittstheils seyn.

Nun gibt die Meßkunst:

Äußerer und innerer Flächeninhalt.

a) Die äußere Fläche MzIq ist der cylindrischen Fläche mnig gleich: daher ist MzIq = Bogen EH. pl; — eben so ist die innere Fläche NGvQ = Bogen Dh. PL.

Fig. 26. Körperinhalt.

b) Dann ist der Körperinhalt des Ausschnitttheils NMzIqQv = dem Bogen $\frac{Dh\ .\ PL}{3CD\ .\ CD}\left(\overline{CE}^3 - \overline{CD}^3\right)$.

Da in diesem Ausdrucke nur die Höhe PL des Ausschnitttheils veränderlich ist, so verhalten sich die Körperinhalte dieser Theile wie ihre Höhen.

c) Daher ist bey PL = CA der Körperinhalt des vollständigen Ausschnittes ABHEDh = $\frac{Dh}{3CD}\left(\overline{CE}^3 - \overline{CD}^3\right)$, wobey der beständige Factor $\frac{1}{3CD}\left(\overline{CE}^3 - \overline{CD}^3\right)$ die Elementarfläche der Kuppel ist.

Körperinhalt der Kuppel.

d) Wird für Dh der ganze Grundkreis angenommen, so ist der Körperinhalt der Kuppel = $\frac{44}{21}\left(\overline{CE}^3 - \overline{CD}^3\right)$.

Erstes Beyspiel.

34) Es sey nun z. B. die Spannung der Kuppel = 30 und die Dicke derselben = 1, so wird der Körperinhalt dieser Kuppel = $1510\frac{2}{3}$.

Zweytes Beyspiel.

Ist die Länge des Bogens Dh = 1, so ist

der Körperinhalt des vollständigen Ausschnittes ABHEDh $= 17\frac{1}{4}$.

Schwerpunct der äußeren Fläche eines Ausschnittes.

35) Die Integral-Rechnung gibt den Abstand des Schwerpunctes der Fläche des Ausschnitttheils von der Achse CB $= \frac{\text{Sehne EH}}{2 \text{ pl. Bogen EH}}$ (CE Bogen Mq + Cl . ql — Cp . Mp).

Daraus folgt:

a) Der Abstand des Schwerpunctes der Fläche BMZ $= \frac{\text{Sehne EH}}{2\text{Bp Bogen EH}}$ (CE Bog. MB — Cp. Mp).

b) Der Abstand des Schwerpunctes der Fläche EMzH $= \frac{\text{Sehne EH}}{2\text{Cp. Bogen EH}}$ (CE Bog. EM + Cp. Mp).

c) Der Abstand des Schwerpunctes der Fläche BEH $= \frac{\text{Sehne EH}}{2 \text{ Bogen EH}}$ (Bogen EB).

36) Es sey Cb $= \frac{3}{4}$ CM und aus b gleichlaufend mit MzIq die sphärische Fläche brdo durch den Kuppelausschnitt CMzICq geführt, da dieser Ausschnitt aus unendlich viel kleinen Kegeln bestehet, deren Höhe CM ist, und deren sämmtliche Basis durch die Fläche MzIq vorgestellt ist, der Schwerpunct aller dieser unendlich kleinen Kegel um $\frac{3}{4}$ ihrer Höhe von C entfernt ist, daher in der Fläche brdo liegt, auch alle gedachte Schwerpuncte diese Fläche bilden, so ist ihr Schwerpunct auch jener dieses Ausschnittes; daher ist der Abstand dieses Punctes wegen Cb $= \frac{3}{4}$ CM oder $\frac{3}{4}$ CE, auch $\frac{3}{4}$ des Abstandes des Schwerpunctes der Fläche MzIq von der Achse CB.

Fig. 26.

Wie nun das Moment des Ausschnittes CMzICq zur Achse CA bekannt ist, und das Moment des inneren Ausschnittes CNGvCQ auf gleiche Art bekannt wird, so gibt der Unterschied dieser zwey Momente, durch den Körperinhalt des Ausschnitttheils NMzIvQq dividirt, die Entfernung des Schwerpunctes dieses Ausschnitttheils von der Achse =

Schwerpunct eines Ausschnitttheils.

$$\frac{3\,\text{Sehne}\,\overline{Dh}}{8\,\text{Bogen}}\;\frac{(\overline{CE}^4 - \overline{CD}^4)(CD\,\text{Bog.}\,NQ + CL.\,QL - CP.\,NP)}{Dh.\,PL.\,CD\,(\overline{CE}^3 - \overline{CD}^3)}.$$

37) Daher ist bey dem vollständigen Ausschnitte ABHEDh dieser Abstand =

Schwerpunct eines vollständigen Ausschnittes.

$$\frac{3\,\text{Sehne}\,Dh}{8\,\text{Bogen}\,Dh}\;\frac{(\overline{CE}^4 - \overline{CD}^4)\,\text{Bogen}\,DA}{CD\,(\overline{CE}^3 - \overline{CD}^3)}.$$

38) Wird für die Länge des Bogens Dh höchstens der zwanzigste Theil seines Halbmessers CE angenommen, so ist dieser Bogen so wenig von seiner Sehne unterschieden, daß beyde in der Praxi als gleich angenommen werden können, dann fällt der Bruch $\frac{\text{Sehne}\,Dh}{\text{Bogen}\,Dh}$ von diesen Ausdrücken, wie auch von jenem Art. 35, weg. Wird z. B. CE = 25, CD = 23 und Dh = 1 angenommen, so erhält man den Abstand des Schwerpunctes von der Wölbungshöhe bey der äußeren Fläche des vollständigen Ausschnittes = 19,646, bey der inneren Fläche = 18,064, und bey dem Ausschnitte = 18,871, welches letztere von dem mittleren Verhältnisse, zwischen beyden ersteren nur um $\frac{1}{60}$ unterschieden ist.

Beyspiele.

Seitenschub der Tendenz zum Gleiten bey Kuppeln.

39) Es sey der innere Bogen AD der Kuppel Fig. 26, durch Bogen MB (Fig. 22) vorgestellt, M q der gesuchte Bogen des schiebenden Theils, q IM = x der Mittelwinkel dieses Theils; dann e der Reibungswinkel und DIn sein Complement, endlich IM = Sinus totus = 1, so wird Mp = Sin. vers. x seyn.

Fig. 22.

Nach 33, *b*) kann der Körperinhalt des auf dem Bogen M q liegenden Ausschnitttheils, durch seine Höhe Mp, also durch Sin. vers. x vorgestellt werden, daher wird nach Art. 17, F = Sin. vers. x tang (e—x), aus dessen Differenziale folgt, tang. $\frac{1}{2}$ x = Sin. (2e—2x).

Bogen des schiebenden Theils.

Wird mit diesem Ausdruck von F, nach Art. 19, verfahren, so erhält man die Tabelle 5.

Tabelle 5.

Anwendung.

Fig. 26.

40) Ist die Spannung der Kuppel = 50, die Dicke des Gewölbes = 2, und die Länge des inneren Bogens Dh = 1, dann das Reibungscomplement = 18°, 26′, nähmlich die Reibung $\frac{1}{3}$ des Druckes; so wird um den Seitenschub mittelst dieser Tabelle 5 zu finden, die Elementarfläche $\left(\frac{\overline{CE}^3 - \overline{CD}^3}{3CD}\right)$ Art. 33, *c*), nähmlich 54,1067 mit dem in erwähnter Tafel enthaltenen zu diesem Complement gehörigen Bruche 0,1465 multiplizirt, und das Product 7,9266 wird den Schub des Kuppelausschnittes geben.

Da der Schub des Tonnengewölbes, auch von 50 Fuß Spannung und 2 Fuß Dicke, und auf erwähnte Widerlagslänge = 24,177 ist, so verhält sich der Schub der Tonnengewölbe, zu dem Schub der Kuppeln, bey gleicher Spannung, Dicke und Wölbungslinie, und bey gleicher innerer Widerlagslänge, beynahe wie $3\frac{1}{10}$ zu 1.

Der Urschub eines Tonnengewölbes verhält sich zum Urschub der Kuppel von gleichen Maßen beynahe wie $3\frac{1}{10}$ zu 1.

Ist die Kuppel aber offen, und (Fig. 22) die Höhe der Oeffnung Mp = h, daher Mq der abgehende Bogen; so wird die Bogenhöhe des schiebenden Theils = Sin. vers. x—h; daher F = (Sin. vers. x—h). tang. (e—x), welches differenzirt, den Ausdruck des gesuchten Größten geben wird.

Seitenschub der oben offenen Kuppeln.

Kappengewölbe.

42) Ein Kappengewölbe Fig. 27, besteht gewöhnlich aus vier Schildern oder Feldern acd, aci, icb und bcd.

Fig. 27.

Die gerade entgegengesetzten Felder, wie dcb, aci, sind gewöhnlich gleich; dann ist der Grundriß des Gewölbes ein Rechteck, bey gleichseitigen Feldern aber ein Quadrat, und bey mehr als vier Feldern ein Vieleck. Je mehr dieser Seiten sind, desto mehr nähert sich die Gestalt des Kappengewölbes jener der Kuppel, und wird ihr bey unendlich vielen Seiten gleich.

Man denke sich nun, c sey der höchste Punct eines Tonnengewölbes, und dieses sey aus diesem Puncte durch zwey verticale, gegen eine der Widerlagen gleich schief gerichtete, Ebenen cob, cod geschnitten; so wird der Ausschnitt dcb ein Feld eines Kappengewölbes seyn; die übrigen Felder entstehen eben so: die Bögen ac, dc, bc, ic an den Seiten der Felder, nennt man Grathbögen.

Fig. 28.

Der Ausschnitt BEK Fig. 28 des Tonnengewölbes BHKE stellt die Hälfte den (Fig. 27) des Feldes bcd nach einem größeren Maßstabe vor.

Körperinhalt der Theile eines Kappengewölbes.

43) Bey diesen Gewölben, deren Eigenschaften jenen der Kuppeln gemein sind, ist der Körperinhalt des Ausschnitttheils BAQqn = $\frac{\overline{Dd}.\overline{AE}}{3CD.CD}(\overline{CE}^3-\overline{CD}^3)$, und der Körperinhalt des ganzen Ausschnitts BEK = $\frac{Dd}{3CD}(\overline{CE}^3-\overline{CD}^3)$

Schwerpunct der Theile eines Kappengewölbes.

44) Endlich wird nach 38, die Entfernung des Schwerpuncts des oberen Ausschnitttheils BAQqn von der Verticalfläche BCVH = $\frac{3(\overline{CE}^4-\overline{CD}^4)}{8\,CE.\,CE\,(\overline{CE}^3-\overline{CD}^3)}$ (CE Bog. Bq — Cl. Ql), und diese Entfernung bey dem Ausschnitte ABEK = $\frac{3(\overline{CE}^4-\overline{CD}^4)\,\text{Bog.}\,\overline{EB}}{8\,CD\,(\overline{CE}^3-\overline{CD}^3)}$ seyn.

Seitenschub der Tendenz zum Gleiten bey Kappengewölben.

45) Aus den gemeinschaftlichen Eigenschaften der Kappengewölbe mit den Kuppeln folgt dann, daß wie bey Kuppeln, so auch bey Kappengewölben, der Seitenschub etwas unter dem dritten Theil des Schubes der Tonnengewölbe von gleicher Spannung, gleicher Urwölbungslinie, gleicher Gewölbsdicke und gleicher inneren Widerlagslänge ist.

Böhmische Gewölbe.

Fig. 29.

46) Die böhmischen Gewölbe, Fig. 29, sind Ausschnitte sphärischer oder sphäroidischer Gewölbe, die nach den Seiten eines im Grundkreise dieser Gewölbe beschriebenen Rechtsecks abdca mit verticalen Ebenen abgeschnitten sind.

Solche Gewölbe werden nur bey mäßigen 15 bis 18 Fuß nicht übersteigenden Oeffnungen angewendet, und mittelst ein Paar Kreuzleerbögen aus freyer Hand aufgeführt, dadurch weichen diese Gewölbe nach der Ausführung etwas von der Gestalt dieser Ausschnitte ab. Man wird aber hier über solche Abweichungen hinausgehen, und das in dem äußeren Grundrisse beschriebene Quadrat abdc, Fig. 30, betrachten, wornach bey der Gewölbsdicke di das Quadrat 1, 2, 3, 4 der innere Grundriß seyn, und die Seiten dieses Quadrates die inneren Seiten der Widerlage des Gewölbes vorstellen werden.

Fig. 30.

Körperinhalt des Gebäudes.

47) Es seyen Ph, Pq die Halbmesser der Kuppel, dann Ph = R, und Pq = r, so gibt die Meßkunst den Körperinhalt eines Kuppelsegments, dessen Grundriß Chdyqz vorstellt, $= \frac{11}{10} Rr^2 - \frac{341}{7000} R^3 - \frac{22}{21} r^3$; dieses viermahl genommen, dann von dem Körperinhalt der vollständigen Kuppel $= \frac{44}{21} (R^3 - r^3)$ abgezogen, gibt den Inhalt des böhmischen Gewölbes.

Beyspiele.

48) Es sey z. B. R = 10, und r = 9, so wird der Körperinhalt der Kuppel = 567,8; der Inhalt dieser 4 Segmente = 314,4; daher der Inhalt des böhmischen Gewölbes = 253,4.

Wird dieses Gewölbe mit einem gleich dicken Tonnengewölbe nach dem Zirkel, das den nähmlichen inneren Raum 1, 2, 3, 4 bedeckt, verglichen; da die Spannung 1, 2, auch die Länge 2, 3 eines solchen Tonnengewölbes, jede 12,6 messen, daher sein Körpersinhalt 269,26 beträgt, so kann man in der Praxi für den Körperinhalt eines böhmischen Gewölbes $\frac{10}{19}$ des Inhaltes von einem Tonnengewölbe annehmen, das den nähmlichen inneren Raum bedeckt, gleiche Wölbungslinie und gleiche Dicke hat.

Regel für die Praxis.

Seitenschub der Tendenz zum Gleiten bey böhmischen Gewölben.

Fig. 29—30.

49) Man betrachte die Fig. 29, wo v den höchsten Punct des Gewölbes, und die Verticale pv seine Achse, dann xn den Halbmesser des Zirkels cnd vorstellen. Wegen xn = px mißt npx, also auch npv, mithin der von v bis n laufende Gewölbsbogen, 45 Grade; px (Fig. 30) ist der Grundriß dieses Bogens, und die kürzeste Linie aus p nach der Seite cd, also ist auch der Bogen nv (Fig. 29) der kürzeste nach der Seite cnd des Gewölbes.

Nach Tabelle 5 ist der Bogen des Schubes bey gewöhnlicher Reibung kleiner als 45 Grade, mithin kleiner als der kürzeste Bogen nv; der schiebende Theil des ursprünglichen Gewölbes ist also durch die vier Segmente dieses Gewölbes nicht abgeschnitten, folglich bleibt der Seitenschub des böhmischen Gewölbes in diesem Falle, wo das

Grundquadrat abdc den äußeren Grundkreis berührt, dem Seitenschube der Urkuppel gleich.

50) Man denke sich nun, das Feld dph der Urkuppel, in unendlich schmahle Ausschnitte eph, epm u. s. w. getheilt, so werden npx, npf u. s. w. die dazu gehörenden Ausschnitte des Feldes dpx des böhmischen Gewölbes seyn; von diesen Ausschnitten schiebt aber nur der erste npx senkrecht auf die Widerlage dx, die anderen Ausschnitte npf, fpy u. s. w. wirken schief, und um so schiefer als sie sich pd nähern. Fig. 30.

Der Schub nach pn zerlegt sich in einem von p nach x, und in dem andern von x nach n, dieser aber wirkt nach der Länge der Widerlage, trägt also zu deren Umsturz nichts bey.

Dieser Schub nach pn verhält sich zum senkrechten Schube px, wie Sinus totus, zum Cosinus xpn, eben so verhält sich der Schub nach pf, zum senkrechten Schube nach xp, wie Sinus totus zum cos. xpf u. s. w., folglich verhält sich die Summe von den Schuben aller Ausschnitte des Feldes dph der Urkuppel, zur Summe der auf dx senkrechten Schube, wie die Summe des in dem Achtelkreise dph enthaltenen Sinus totus (nähmlich wie das Product von dem Halbmesser pd mit Bogen dh), zu der Summe der in demselben Achtelkreise enthaltenen Cosinus (nähmlich zu dem Producte von pd mit px), also verhält sich die erste Summe der Schube, zur zweyten, wie der Bogen dh, zu px oder dx, nähmlich wie Bogen Sinus 45 Graden, zu seinem Sinus, also wie 7854, zu 7071; wie 10, zu 9.

Seitenschub des böhmischen Gewölbes.

51) Daraus folgt: der auf die Widerlagen senkrechte Schub des böhmischen Gewölbes ist $\frac{9}{10}$ des Schubes der Urkuppel, mithin der Schub gegen jede der vier gleichen Widerlagen ist $\frac{9}{10}$ des Schubes eines vierten Theils der Urkuppel.

Beyspiel.

52) Ist, wie Art. 51, der äußere Halbmesser der Urkuppel, nähmlich ph = 10, und der innere Halbmesser pq = 9, so wird bey der Reibung $\frac{1}{3}$ des Drucks, der Schub des vierten Theils cpd dieser Kuppel = 10,393, daher der Schub des böhmischen Gewölbes gegen die Widerlage 1—2 = 9,3537 seyn, der Schub des Tonnengewölbes gegen diese Widerlage ist aber 39,71, also ist der Schub des böhmischen Gewölbes nicht der vierte Theil des Schubes des Tonnengewölbes.

Der Schub des böhmischen Gewölbes ist wenigstens viermahl kleiner als der des Tonnengewölbes.

Kreutzgewölbe.

Fig. 31.

53) Ein Kreutzgewölbe (Fig. 31) besteht aus acht Schildern oder Feldern BdD, BaD, BaK, BHK, BHN, BfN, BfM und BdM, die auf vier Pfeilern Moo, Doo u. s. w. stehen.

Diese Felder werden immer gleich und nach dem Zirkel gehalten, damit die Grathbögen, die schon bey dieser Wölbungslinie nur $\frac{7}{10}$ der Spannung zur Bogenhöhe haben, daher ziemlich gedrückt sind, und nur eine schwache Bindung erhalten können, nicht gedrückter, also schwächer ausfallen; deßwegen sind solche Gewölbe nicht geeignet, schwere Lasten zu tragen.

Fig 28.

Jedes dieser Felder, wovon BHK (Fig. 28)

eines vorstellet, ist ein Ausschnitt der Hälfte BEKH des Tonnengewölbes und das Complement des Feldes BEK des Kappengewölbes. Es bildet außerhalb eine dreyeckige Fläche BHK, innerhalb aber eine viereckige, wovon cvod der Grundriß ist, und der Theil Vodi, welcher do = DE zur Breite hat, ist eine Strecke besagten Tonnengewölbes.

Aus CE = EK = R, und CD = Dd = r, dann Fläche BHKE = EK. Bogen BE = $\frac{11}{7}$ R^2, und aus Fläche BKE = EK. CB = R^2 folgen:

Äußerer und innerer Flächeninhalt.

a) die äußere Fläche BHK = $\frac{4}{7}$ R^2.

b) Die innere Fläche des eigentlichen Kreutzgewölbes, dessen Grund das Dreyeck Cid ist = $\frac{4}{7}$ r^2.

c) Endlich der Körpersinhalt des Ausschnittes BHK = $\frac{19}{42} R^3 + \frac{1}{3} r^3 - \frac{11}{14} Rr^2$. Sind also z. B. R = 11, und r = 10, so ist dieser Inhalt = $71\frac{1}{8}$, und der des Kreutzgewölbes achtmahl größer, folglich = 569. Der Körpersinhalt des Tonnengewölbes von gleichen Halbmessern und 22 Fuß Länge, beträgt aber 726, daher ist der Körpersinhalt des Kreutzgewölbes fast $\frac{4}{5}$ des Inhaltes des Tonnengewölbes.

Körpersinhalt des Gewölbes.

Fig. 28.

d) Es sey aus einem Puncte g des Grathbogens BK, der Bogen gR gleichlaufend mit BE, auch gG gleichlaufend mit BH, dann aus einem andern solchen Puncte n die mit BH gleichlaufende mq, hernach der Halbmesser qQC, und aus Q die wagerechte Ql geführt; endlich BH = l, und Al = x gesetzt, so wird der Körpersinhalt des Ausschnitttheils BnmR = $\frac{l}{2R}$ ($R^2 - r^2$) Bogen AQ — $\frac{lx}{3Rr}$ ($R^3 - r^3$).

Körpersinhalt des Ausschnitttheils.

e) Die Entfernung des Schwerpunctes des Sectors BqQA des Tonnengewölbes, zur verticalen Ebene BCVH ist $= \frac{2x\,(R^2 - r^2)}{3\,(R^2 - r^2)\,\text{Bog.}\,AQ}$; daraus und aus der Kenntniß der Entfernung des Schwerpunctes des Kappengewölbausschnittes Bnq folgt mittelst der Theorie der Momente:

Schwerpunct der Gewölbstheile.

f) Die Entfernung des Schwerpunctes des Gewölbtheils BRmn, zur Ebene BCVH =

$$\frac{8l'rx\,(R^3 - r^3) - 3\,(R^4 - r^4)\,(r\,\text{Bog.}\,AQ - \overline{r - x}\,\sqrt{2rx - xx})}{12lr\,(R^2 - r^2)\,\text{Bog.}\,AQ - 8rx\,(R^3 - r^3)}.$$

g) Die Entfernung des Schwerpunctes des ganzen Feldes BHK $= \frac{23\,R^4 + 33r^4 - 56\,Rr^3}{76\,R^3 + 56r^3 - 132\,Rr^2}$.

Beyspiele.

54) Werden wie vorhin $R = 11$ und $r = 10$ angenommen, so folgt die Entfernung des Schwerpunctes zur verticalen Ebene BCVH, bey dem Felde BKE des Kappengewölbes = 8,2625, bey dem Tonnengewölbe BHKE = 6,6199, und bey dem Felde BHK des Kreutzgewölbes = 4,2442, also fast $\frac{2}{5}$ des mittleren Halbmessers $10\frac{1}{2}$, auch bilden diese Entfernungen beynahe eine arithmetische Proportion.

Seitenschub der Tendenz zum Gleiten bey Kreutzgewölben.

Fig. 28.

55) Es sey HG der Bogen des Schubes des Tonnengewölbes BHKE, so wird HGgB der schiebende Theil des Ausschnittes BHK und RHGg der schiebende eines Theils des Tonnengewölbes seyn, um den Seitenschub des übrigen Theils BRg zu bestimmen, sey BRmn sein schiebender Theil, und seine Länge BR = l, dann x der Winkel BCq

des zu diesem Theile gehörigen Bogens Bq, da der Ausdruck Art. 53 *d*) den Körperinhalt dieses Theils gibt, und nach 17. der Schub dieses Theils dem Producte seines Körperinhalts mit Tang. (e—x) gleich ist, so ist wegen Bogen x = r Bog. Sin. x, und Al = r Sin. vers. x der Seitenschub erwähnten Theils BRmn, nähmlich $F = \text{Tang.}\,(e-x)\,(\frac{hr}{2R}\,\overline{R^2-r^2}\ \text{Bog. Sin.}\ x - \frac{1}{3}\,\overline{R^3-{}^3}\ \text{Sin. vers. } x.)$

Seitenschub.

56) Da das Differenziale dieses Ausdrucks den Werth von x eben so wenig, als bey den vorigen Gewölben angibt, daher mit obigem Ausdruck von F wie sonst versuchsweise verfahren werden muß, so sey z. B. R=11, dann r=10, und der Reibungswinkel wie gewöhnlich = 60 Graden angenommen.

Beyspiel.

Bey diesem Reibungswinkel gibt die Tabelle 2 den Bogen HG = 26°, 24′. Es sey Gg in p verlängert, und die Ordinate ph geführt, da jede aus einem beliebigen Puncte p des Bogens BE mit EK gleichlaufend durch den unteren Ausschnitt BKE geführte pg, der Ordinate ph gleich ist, so ist pg oder BR = R Sinus 26°, 24′ = 4,891 = l, mithin RH = 6,109.

Der Körperinhalt des Theils des Tonnengewölbes von der Länge RH, beträgt 100,76; dieser Inhalt mit dem Bruche 0,19489 Tabelle 2. multiplicirt, gibt den Seitenschub des Gewölbtheils RHKg = 19,637.

57) Wird nun um den Seitenschub des übrigen Theils BRg zu finden, mit obigem Ausdrucke

von F versuchsweise verfahren, so erhält man für den Bogen

Bq = 14° den Seitenschub = 9,599
 = 15 — — 9,685
 = 16 — — 9,720 ein Größtes
 = 17 — — 9,663

also ist der Seitenschub des Theils BRg = 9,720, und dieser Schub zu jenem gefundenen 19,637 des übrigen Theils RHKg des Feldes addirt, gibt den Seitenschub des ganzen Feldes BHK = 29,357.

Seitenschub des Gewölbes.

Da der Seitenschub des Tonnengewölbes BEKH von gleicher Länge und gleichem Halbmesser 35 beträgt, so ist der Schub des Feldes BHK kleiner als $\frac{4}{7}$ des Schubes dieses Tonnengewölbes.

Dicke der Widerlagen der Gewölbe, die so dick angenommen sind, daß alle Gewölbstheile keine andere Tendenz als jene zum Gleiten haben.

58) Damit kein Theil eines Gewölbes eine Tendenz zur Drehbewegung habe, so muß jede Hälfte mgba (Fig. 32) desselben, wenigstens so dick gehalten werden, daß der Schwerpunct dieser Hälfte auf den Kämpfer m fällt. Da dieses nach 32. bey dem Zirkel eine größere Dicke, als die Hälfte der Spannung des Gewölbes, und bey gedrückten Wölbungslinien noch mehr Dicke erfordert, so können solche dicke Gewölbe nur bey Modellen, wo man nicht wie bey Gebäuden auf

Fig. 32.

den Raum und auf die Kosten Rücksicht nehmen muß, Statt finden.

59) Ist abdc der schiebende Theil eines so dicken Gewölbes, und der Widerstand der Widerlage im Gleichgewichte mit dem Seitenschub, so wird die Widerlage auf dem Puncte stehen, umgeworfen zu werden, und dieser schiebende Theil abdc auf dem Puncte stehen, herab zu gleiten; denn es kann in diesem Augenblicke kein anderer Gewölbstheil, als jener des Schubes herabgleiten; weil jeder kleinere wie auch größere Gewölbstheil, wie Tabelle 1. es zeigt, einen kleineren Schub hat, daher außer Stande ist, den nach dem größten Schube in das Verhältniß gebrachten Widerstand der Widerlage zu überwältigen; und nur die Keilkraft des Theils abdc ist im Stande, dieses beynahe zu bewirken.

Wo der Schub vereinigt angenommen werden soll.

Wie der schiebende Theil die Widerlagen zum Weichen bringt, so weicht der diesem Theile zur Unterlage dienende Gewölbstheil cmgd zurück; dieß kann aber nicht geschehen, ohne daß der Fugenschnitt cd sich aufwärts öffne. In dem Augenblicke, wo dieses erfolgen soll, ist also die schiebende Kraft unstreitig in dem Puncte c vereinigt, mithin ist die Lage dieses bisher streitigen Punctes jetzt bekannt, und auf dem Fuße c des schiebenden Theiles bestimmt.

Vergliederung des Schubes.

60) Da, nach 16, die in c wirkende Keilkraft des schiebenden Theils abdc, sich in den Schub nach der wagerechten cF, und in jenes in c hängendes, der Schwere dieses Theils gleiches Gewicht T zerlegt, so sey dieser Schub = F, die Schwe-

re des unteren Gewölbtheils $= Q$, dann v der Schwerpunct dieses Theils, z der Schwerpunct der Widerlage, $qP = x$ ihre Dicke, $Po = m$ ihre Höhe, und aus c bis zur Verlängerung von Po die wagerechte cF geführt, ferner aus c, v und z die Verticalen cr, vi und zn herab gelassen, endlich $qr = b$, $qi = \mp d$, und $cr = PF = h$ angenommen, so wird das Moment des Schubes um den äußeren Punct P, $= hF$, hingegen das Moment des Widerstandes, die Summe des Moments von der Widerlage $= \frac{1}{2} mxx$, mit dem Moment von T, $= T(b + x)$ und mit dem Moment von Q, $= Q(x \mp d)$ seyn; wo bey letzterem das obere verneinende Zeichen in dem Falle anzunehmen ist, wenn der Schwerpunct v auf die Widerlage fällt.

Da das Moment des Schubes bey dem Zustande des Gleichgewichtes, der Summe aller Widerstandsmomente gleich ist, so folgt:

Dicke der Widerlagen.

$$hF = T(x + b) + Q(x \mp d) + \tfrac{1}{2} mxx; \text{ daher}$$

$$x = \sqrt{\frac{2hF - 2bT \mp 2dQ}{m} + \left(\frac{Q + T}{m}\right)^2} - \left(\frac{Q + T}{m}\right).$$

61) Wird die Widerlage unendlich hoch, daher h unendlich groß angenommen, so folgt $x = \sqrt{2F}$.

Nachdem bey Modellen die kleinste annehmbare Reibung, wenigstens ein Viertel des Druckes ist, und bey Gewölben nach dem Zirkel, vermög Tabelle 2, $F = \frac{1}{3}$ der Fläche des halben Gewölbes ist, so ist $x = \sqrt{\frac{2}{3}}$ der Fläche des halben Gewölbes.

Beyspiel.

Ist der Halbmesser der Wölbungslinie $= 10$, da nach Art. 32 die Dicke des Gewölbes in diesem Falle = 12,37 ist, so wird der Flächeninhalt des halben Gewölbes = 314,3, daher x = 14,43 seyn.

Wird aber die Reibung ein Drittel des Druckes angenommen, so folgt für die Dicke des Gewölbes (nach Art. 32) 13,25, dann für jene der Widerlagen 12,91; da sie aber nicht weniger dick als das Gewölbe seyn können, so werden sie um o mehr, selbst bey einer unendlich großen Höhe, dem Seitenschub des Gewölbes widerstehen.

Mechanik der Gewölbe.

Zweyter Theil.

Seitenschub der Tendenz zur Drehbewegung bey Tonnengewölben.

62) Die Versuche, die Herr Danisy im Jahre 1732 vor der königlichen Gesellschaft der Wissenschaften zu Montpellier mit Gurten in Modellen von Gyps angestellt hat, deren Wölbungslinie verschieden war, und deren Dicke ein solches Verhältniß zur Spannung wie bey Gewölben hatte; auch die Versuche, die wir mit solchen Gurten, deren einige aber aus Holz, und andere aus gesägten Ziegelstücken bestanden, angestellt haben, beweisen:

Bewegung der Gewölbe.

I. Bey Gurten, die auf schwachen, jedoch gegen den Schub genug beschwerten Widerlagen stehen, wenn entweder diese erleichtert werden, oder der oberste Theil der Gurten so belastet wird, daß die Widerlagen auf dem Puncte stehen, zu weichen, äußern sich die in Fig. 33, 34 angezeigten Bewegungen, nähmlich es öffnen sich (Fig. 33) der Fugenschnitt Bo in der Verlängerung der Wölbungshöhe; und Fig. 34 die Fugenschnitte do, ti an beyden Seiten des Schlußkeils, von unten hinauf: zu gleicher Zeit entstehen an den

Fig. 33. 34.

Seiten der Gurten Oeffnungen 1, 2, 3, 4 in verkehrtem Sinne der ersten; der obere Theil der Gurten senkt sich, und treibt die unteren sammt den Widerlagen, um den äußeren Rand *l*, *l* ihrer Grundfläche auswärts.

II. Wenn aus dem höchsten Puncte der obersten Fuge, also (Fig. 33) aus B, und (Fig. 34) aus t und d, die Tangenten Bn, Bf, und tn, df, auf die Seiten der Wölbungslinie geführt werden, so bleiben die von diesen Tangenten durchschnittenen Keile D, D fest an einander; auch wenn aus *l*, *l* die Tangenten *l*v, *l*x an die Wölbungslinie geführt werden, so bleiben die von diesen Tangenten durchschnittenen Keile R, R den Widerlagen angeschlossen, folglich öffnen sich nur die Fugenschnitte, die zwischen den Berührungspuncten n, v und f, x enthalten sind; mithin wie die Gurten auf dünnere oder höhere, oder hingegen auf dickere oder niedrigere Widerlagen gestellt werden, wornach die unteren Tangenten die Wölbungslinie, im ersten Falle früher, im letzten aber später erreichen, so ändert sich die Zahl der Fugenöffnungen; folglich hängt diese Zahl, nicht von dem Seitenschube der Gurten, sondern von den Maßen der Widerlagen ab. Daraus ist also abzunehmen, daß die Fugenöffnungen nicht wie de la Hyre, Belidor, Peronnet und alle andere gemeint haben, zur Kenntniß des schiebenden Theils der Gewölbe führen.

III. Bey Gurten, die wie Fig. 35, auf festem Boden, oder auf unbeweglichen Widerlagen stehen, und entweder zu dünn sind, um sich zu

Fig. 35.

erhalten, oder auf dem obersten Theile so beschwert werden, daß eine Bewegung daraus erfolgt, senkt sich dieser Theil, und die unteren weichen; nähmlich sie drehen sich auf dem äußeren Rand l, l ihrer Grundfläche auswärts, die von den oberen Tangenten Bn, Bf durchschnittene Keile bleiben untrennbar; und eben so bleiben die von den aus l, l geführten unteren Tangenten durchschnittenen Keile an einander geschlossen, mithin öffnen sich nur die Fugenschnitte, die zwischen den Berührungspuncten dieser Tangenten enthalten sind.

Fig. 36. Gurte, die jede Last auf dem Schlusse tragen kann.

Daraus folgt, wenn ein Gurt (Fig. 36) so dick ist, daß die obere Tangente Bf, und die untere Pf in einer und der nähmlichen Linie BP laufen; nähmlich wenn die Sehne BP der äußeren Krümmung die innere berührt, so kann kein Fugenschnitt sich öffnen, mithin keine Drehbewegung in dem Gurt entstehen; sind also die unteren Keile gegen ein Rückgleiten hinlänglich gestützt, so kann der Gurt auf dem obersten Theile jede Last tragen, die nicht hinlänglich ist, um die Keile zu zerquetschen.

Ist rq was immer für ein Theil des Zirkels, und rB die Dicke, bey welcher die Sehne des äußeren Bogens den inneren berührt, dann Bf die eine Seite der Tangente, wenn man den Halbmesser Hr $=$ r und den bekannten Winkel BHS, der die Hälfte jenes des Bogens ist, $=$ v setzt, so erhält man Br $= \frac{r}{\cos. v} - r$, mithin beym Zirkel die Dicke $\frac{3}{7}$ r, bey Bögen von 60 Graden die Dicke 0,1547, r

50	. . . . . .	0,1034
40	. . . . . .	0,0642
30	. . . . . .	0,0352
20	. . . . . .	0,0154.

Bey Korbbögen, deren Wölbungshöhe $\frac{5}{20}$ der Spannung ist, wird die Gewölbsdicke weit größer als beym Zirkel, und = $\frac{17}{100}$ der Spannung seyn, welche ungeheuere Dicke nicht ausführbar ist.

63) Da der Druck auf die Keile, bey Gurten in Modellen ungleich schwächer als bey Gewölben ist, so könnte man zweifeln, ob das über gedachte Gurten obenangeführte, auf Gewölbe anwendbar sey; aber erwähnte Gurten bestehen meistens aus Gyps oder aus Kreide, also aus ungleich schwächeren Materialien als die Gewölbe, und doch halten so schwache Keile, ohne Schaden an den Eckseiten zu leiden, obbeschriebene Drehbewegung aus.

Man baut Gewölbe von weiter Spannung, beschwert dieselben mit großen Lasten, und doch bleiben sie bey hinlänglicher Seitenstützung standhaft. Man sieht Gewölbe, die durch das Setzen der Fundamente Risse, mithin Fugenöffnungen erhalten haben, und doch fest stehen; endlich zeigen die nach Abrüstung der großen Bögen der Neuilly-Brücke, aus 123 Wiener-Fuß Spannung, und 5 Fuß Dicke, und aus Keilen von 40 bis 50 Centner Schwere, erfolgten Bewegungen und Fugenöffnungen, wie in Peronnets Werke zu sehen ist, daß so ungeheuere Massen sich auf den Eckseiten der Keile, besonders wenn

Großer Widerstand der Keile.

diese Ecke abgeschärft sind, stützen können, ohne diese zu beschädigen; diese öffentlich vor Augen fast von ganz Paris erschienenen Thatsachen erweisen, daß in Hinsicht der Bewegungen der Gewölbe gar kein Unterschied zwischen diesen und den Gurten in Modellen ist.

64) Da so dicke Gewölbe wie BrxP (Fig. 36), viel Raum einnehmen, und zu kostspielig würden, so verschafft man dünneren Gewölben einen eben so großen Widerstand, indem man den unteren, einem Umsturz ausgesetzten Wölbungstheile, ein bis an die Verlängerung cb (Fig. 37) der oberen Tangente steigendes Mauerwerk zulegt.

Fig. 37. Nachmauerung

Eine solche Verstärkung ist in der Ausübung leicht anzugeben; man darf nur eine hinlänglich lange Latte mit der unteren Seite an den höchsten Punct a des obersten Fugenschnittes und als Tangente mit der Wölbungslinie stellen, dann die Puncte c und b bezeichnen, wo diese Seite die äußere Krümmung des Gewölbes, und die verticale Verlängerung der äußeren Seite der Widerlage durchschneidet; dort wird cbd der Raum seyn, der nicht mit Schutte, wie es viele Mauermeister zu thun pflegen, sondern mit gutem Mauerwerke zu füllen kommt.

65) Da nur die Fugenschnitte sich öffnen, die zwischen den Berührungspuncten der unteren und der oberen Tangenten enthalten sind: wenn man die letzten (Fig. 36, 37) in fl, nl verlängert, und die Widerlagen nach Pl, bl ausbreitet, so werden keine Fugenöffnungen entstehen können, und das Gewölbe möge auf dem

Widerlagen, die jeder Belastung des Gewölbes trotzen.

oberſten Theil noch ſo beſchwert ſeyn, ſo werden die Widerlagen den Schub aushalten.

Hat das Gewölbe einen Schlußkeil, je breiter dieſer iſt, deſto weiter iſt auch der oberſte Fugenſchnitt von dem höchſten Puncte des Gewölbes entfernt, und deſto mehr nähern ſich dieſe Verlängerungen fl, nl den inneren Seiten xz, und om der Widerlagen, mithin deſto weniger Dicke benöthigen dieſe, und die Füße des Gewölbes.

Fig. 38.

Bewegungen der Gewölbe, deren Seiten übermäßig beſchwert werden.

66) Wird (Fig. 38) ein Gewölbe auf jeder Seite, und an ähnlichen Stellen Nn, durch gleiche und ähnlich wirkende Kräfte QN, Qn ſo gedrückt, daß eine Bewegung daraus entſteht, ſo werden die Seiten des Gewölbes einwärts, der obere Theil desſelben aber aufwärts getrieben, und die unteren Theile NH, nh ſich einwärts auf den inneren Rand ihrer Grundfläche drehen; bey dieſen der vorigen ganz entgegen geſetzten Bewegungen öffnen ſich auch die oberſten und die mittleren Fugen, aber im Gegenſinne jener Fig. 33, 34; und die Keile, welche durch die Tangenten Mn, mn durchſchnitten ſind, bleiben untrennbar.

Wird die Hälfte eines Faßreifs auf beyden Enden wie ein Gewölbe aufrecht geſtellt, dann der obere Theil gedrückt, ſo gehet dieſer nieder, die Seiten heben ſich, und die unteren Theile drehen ſich auswärts auf den äußeren Rand ihrer Baſis. Wird hingegen auf die Seiten dieſes Reifs an ähnlichen Stellen und mit gleichen Kräften gedrückt, ſo weichen dieſe Seiten einwärts, der obere Theil des Reifs aber aufwärts;

mithin entstehen bey einem solchen Gewölbsförmigen Körper eben die nähmlichen Bewegungen, wie bey Fig. 35 und 38.

Diese Bewegungen lassen sich erklären:

Fig. 35. Der Druck in B (Fig. 35.) kann, um den Stützpunct *l* zu erreichen, dem durch einen leeren Raum gehenden geraden Weg B*pl* nicht folgen, weil dieser Druck sich in diesem Raume verlieren würde; da dann dieser Druck die Elemente des Reifes nicht verlassen darf, und unter den Wegen, die durch diese Elemente führen, jener der Tangente Bn der nächste an dem geraden B*l* ist, so muß gedachter Druck der Richtung dieser Tangente folgen.

Ein Gleiches geschieht von Seite der Gegenwirkung erwähnten Punctes *l*; diese kann dem geraden nach B führenden Weg *l*pB nicht folgen, sondern muß durch die Elemente des Reifes gehen, da der nächste an diesem geraden Wege jener der Tangente *l*x ist, so muß diese Gegenwirkung nach dieser Tangente geschehen.

Nun sey der Druck in B vertical und durch Bq vorgestellt, wenn man aus q mit den Richtungen Bn, Bf das gleichseitige Parallelogramm qcBd beschreibt, so wird Bc die Kraft von B nach n, und Bd die Kraft von B nach f vorstellen. Es seyen die Tangenten Bn, *l*x unbestimmt verlängert, und i der Punct, wo sie sich durchschneiden, da die Gegenwirkung der Wirkung gleich ist, so ist die Gegenwirkung von *l* nach i der Wirkung von B nach i, mithin der Kraft Bc gleich; wird also von i aus, Bc in iF und in ir auf diese verlängerten Tangenten getragen, dann das Parallelogramm iFzr beschrieben, und seine Diagonale zi geführt, so wird diese senkrecht auf die Krümmung fallen, auch die Kraft vorstellen, die von i nach Z aus dem Drucke in B entstehet, und die Seite des Körpers aufwärts treibt, daher die bezeichnete Bewegung hervorbringt.

Last, die ein Gewölbe auf den Seiten tragen kann.

67) Um die Last zu bestimmen, die auf jede Seite und an ähnlichen Stellen eines Gewölbes gelegt, dasselbe eindrücken kann, nehme man zum Beyspiel ein Gewölbe nach dem Zirkel an, und n (Fig. 39) sey der Punct, wo die Last auf die eine Seite des Gewölbes gelegt werden soll; man führe aus diesem Puncte die Verticale na, den Halbmesser nC, die Tangenten ndm, nb*l*, und aus den Berührungspuncten b, d die Halbmesser bC, dC; dann ziehe man aus dem Puncte m, wo die obere Tangente die Verlängerung der Wölbungshöhe trifft, die wagerechte mq, und verlängere die Verticale na bis zu dieser wagerechten, auch die Tangente mn nach f; endlich beschreibe man aus einem beliebigem Puncte p der letzten Verticale, mit den Richtungen n*l*, nm, das Parallelogramm phnb; da die Last in n einer Seits nach n*l*, anderer Seits nach nm wirket, wenn gedachte Last durch np vorgestellt wird, so wird ihre Wirkung nach n*l* durch nb, und jene nach nm durch nh vorgestellt werden.

Fig. 39.

Parallelogramm der Kräfte.

Wie nun letztere Kraft gegen den oberen Gewölbstheil nzot wirket, und um das Gewölbe einzudrücken, diesen Theil heben muß, dieß aber nur dann möglich ist, wenn die Richtung nm aufwärts steigt, so muß n niedriger als der höchste Fugenschnitt vx, also niedriger als v seyn.

Die Halbmesser Cd, Cn sind bekannt, Cdn ist ein rechter Winkel; so sind auch dCn und Cnd bekannt; die Dreyecke Cdn, Cbn sind gleich, mithin sind bnd, folglich auch sein Supplement fnb bekannt; nCm ist gegeben, also ist mCd bekannt.

Die rechtwinklichen Dreyecke Cbl, na$l$ sind ähnlich, und an$l$ = bCl; das Complement von bCm ist auch bekannt, also sind in dem Parallelogramm bnhp alle Winkel bekannt.

Die Last sey = y; da sie durch np vorgestellt ist, mithin sich zur Kraft nh; wie Sinus nhp oder fnb, zum Sinus nph oder bnp verhält, so

Hebkraft nh. wird $nh = y \frac{\text{Sin. bnp}}{\text{Sin. fnb}}$.

Da die Kraft nh schief gegen die schwere Richtung des Gewölbtheils nzot wirket, so wird diese Kraft in zwey zerlegt, deren eine wagerecht, mithin parallel mit Km läuft, und das Gewölbe in n einwärts treibt, die andere Verticale von n nach K wirkt, um diesen Gewölbstheil gegen t zu heben; daher wird die Kraft nh, zur Kraft nach Kn; wie nm, zu nK, oder wegen Aehnlichkeit der Dreyecke nmK und mcd; wie mc, zu md, oder wie Sinus totus, zum Sinus mcd, mithin wird die Kraft nach $nK = y \frac{\text{Sin. bnp Sin. mCd.}}{\text{Sin. fnb}}$

Diese Kraft soll aber der Schwere des Gewölbtheils nzot gleich seyn; setzt man also diese Schwere $= f$, so wird $f = y \frac{\text{Sin. bnp Sin. mCd}}{\text{Sin. fnb}}$ daher die gesuchte Last $y = f \frac{\text{Sin. fnb}}{\text{Sin. bnp. Sin. mCd}}$ (A).

Last, die auf einem angegebenen Punct des Gewölbes gelegt, dieses eindrucken kann

Fig. 59.

Da diese Größen sich mit der Lage des Punctes n ändern, so ändert sich mit dieser Lage auch die Last.

68) Werden aus dem inneren Rande der äußersten Fugenschnitte vx, Xg, bey dem höchsten; die Wagerechte vi, bey dem niedrigsten aber die Verticale Xe bis an die äußere Krümmung geführt; so wird der Bogen ei der schwache Theil an der Seite des Gewölbes seyn; nähmlich dieser Bogen wird die Puncte enthalten, wo es möglich ist, daß eine Last das Gewölbe eindrücken kann; wird ein solcher Punct unendlich nahe entweder an e oder an i angenommen, so werden entweder bnp oder mcd unendlich klein, mithin der Ausdruck (A) der Last unendlich groß; da sonst dieser Ausdruck endlich ist, so gibt es in diesem Bogen ei einen Punct, wo das Gewölbe am schwächsten ist, nähmlich wo die Last, welche dasselbe eindrücken kann, ein Kleinstes ist.

Um diesen Punct zu finden, setze man den Winkel $nCd = a$, und den Bogen nt, welcher den gesuchten Punct n, der jetzt als unbekannt angenommen wird, angibt, $= x$, so werden $nCb = a$; mithin bCd, auch $fnb = 2a$; Sin. $mCd =$ Sin. $(x - a)$, und Sin. bnp $=$ Cos. $(x + a)$.

Schwächster Punct an den Seiten eines Gewölbes.

Die Flächeninhalte der Gewölbtheile tozn, tobM verhalten sich wie ihre Bögen tn, tM; mithin können jene durch diese vorgestellt werden; daher wird die Last am Ende des Bogens,

$$= x \frac{\text{Bog. } x \text{ Sin. } 2a}{\text{Sin. } (x-a) \text{ Cos. } (x+a)}$$

Da diese Last ein Kleinstes seyn soll, so wird dieser Ausdruck differenzirt, dann gleich Null gesetzt, und den Bogen $x = \frac{\text{Sin. } 2x - \text{Sin. } 2a}{2 \text{ Cos. } 2x}$ (B) geben.

Wird x aus dieser Gleichung abgeleitet, so wird man den schwächsten Punct auf der Seite des Gewölbes erhalten.

Beyspiel.

Es sey der Halbmesser des Gewölbes = 1, und seine Dicke $\frac{1}{20}$ des Halbmessers, so werden Cb = 1; Cn = 1,15; a = 29°, 35′; mithin 2a = 59, 10′; und Sin. 2a = 0,85866.

Erster Versuch. Fig. 39.

Damit der Ausdruck (B) bejahend wird, so muß x größer als a seyn; man nehme also für x einen beliebig größeren Winkel als jenen 29°, 35′, z. B. 42°, 20′ an, so werden Sinus 2x = Sin. (84°, 40′) = 0,99567, und 2 Cos. 2x = 2 Sin. (5°, 20′) = 0,18590; mithin $\frac{\text{Sin. } 2x - \text{Sin. } 2a}{2 \text{ Cos. } 2x} = \frac{1370}{1857} = 0{,}73699$.

Da dieser Werth 0,73699 der Länge des angenommenen Bogens von 42°, 20′ gleich seyn soll, diese Länge aber 0,73885 beträgt, so ist der angenommene Winkel zu klein: man nehme statt dessen den nächst größeren 42°, 21′ an, so wird man nach eben dem nähmlichen Verfahren den Ausdruck (B) = 0,74190 finden; die Länge eines solchen Bogens ist aber 0,73914, also zu

Zweyter Versuch.

klein, mithin ist der Winkel von 42°, 21′ zu groß, folglich ist der gesuchte Winkel ιCn zwischen 42, 20′, und 42, 21′ enthalten, und bey 42°, $20\frac{1}{3}$′.

Lage des schwächsten Punctes.

Nun sind im Ausdruck (A), fnb = 2a = 59°, 10′; mCd = (42, $20\frac{1}{3}$′) — (29°, 35′) = (12°, $45\frac{1}{3}$′), und bnp = (18°, 21′), mithin auch die Sinus dieser Winkel bekannt: f ist der Flächeninhalt des Gewölbtheils tnzo, dessen Bogen tn, wie gesehen, 42°, $20\frac{1}{3}$′ mißt, mithin ist f = 0,11914, dann gibt (A) Art. 67 die gesuchte Last = 1,4933.

Gesuchte Last.

Der Flächeninhalt des Bandes ιoXg ist 0,25327, mithin ist diese Last um 5,8957 mahl größer als dieser Inhalt.

Um diese Eigenschaften der Gewölbe in ein gehöriges Licht zu setzen, hat man die Tabellen 6 und 7 berechnet.

Die sechste Tabelle zeigt bey einem Zirkel, dessen Dicke $\frac{1}{20}$ der Spannung ist, wie die von dem obersten Puncte des Bogens ei, herabrückende Last anfänglich abnimmt, und ungefähr beym dritten Theil dieses Bogens am kleinsten ist, dann wieder zunimmt.

Tabelle 6.

Die siebente Tabelle zeigt bey Gewölben von verschiedenen Dicken den Bogen, welcher den schwächsten Punct des Gewölbes angibt, wie auch die Last, welche das Gewölbe in diesem Puncte tragen kann; aus der vierten Spalte sieht man, daß der Widerstand der Gewölbe von gleicher Wölbungslinie, mehr als nach dem Quadrate der Gewölbsdicken zunimmt, indem bey den Dicken 1, 2, 3, 4,

Tabelle 7.

Satz.

5 und 6 Zwanzigstel des Halbmessers, die Last bey- nahe wie 1, 5, 15, 40, 100 und 310 wächst.

69) Da (Art. 68) die äußersten Tangenten Xe, ri den Bogen ei bestimmen, dessen Puncte (die äußersten ausgenommen) die einzigen sind, wo eine Last das Gewölbe einzudrücken vermag, dieser Bogen aber bey der Zunahme der Gewölbs- dicke abnimmt, und bey der Dicke rB (Fig. 36, 40), wo gedachte Tangenten sich in einem Punct b der äußeren Krümmung durchschneiden, Null wird, so gibt es bey einer solchen Dicke keinen schwachen Punct an den Seiten des Gewölbes, und dieses kann durch keine auf die Seiten gelegte Last eingedrückt werden.

Gewölbe, das jede immer hin- gelegte Last tra- gen kann.

Die Dicke, bey welcher dieses geschieht, ist aber beym Zirkel (Fig. 36) auch jene, wo die Sehne BP der äußeren Krümmung die Wölbungslinie berührt; mithin nach Art. 62 die Dicke, wo das Gewölbe auf dem obersten Theile jede Last tragen kann; ein solches Gewölbe kann also jede Last, sie möge auf dem obersten Punct vereinigt, oder auf jeder Sei- te gleich gelegt seyn, standhaft tra- gen.

Daß bey jedem anderen Gewölbe die äußer- sten Tangenten ebenfalls den schwachen Theil an den Seiten dieses Gewölbes, und der Durch- schnittspunct erwähnter Tangenten die Dicke angeben wird, bey welcher gedachtes Gewölbe nicht eingedrückt werden kann, ist leicht ein- zusehen.

Bey Bögen (Fig. 40) geben die äußeren

Tangenten für ei einen um so kleineren Bogen, auch schneiden sich diese Tangenten um so früher durch, als der Bogen des Gewölbes ein kleiner Theil des Zirkels ist, mithin bedürfen die Bogengewölbe um so weniger Dicke, je weniger Grade dieselbe messen.

Wirkung der Lastwägen auf Brückengewölbe.

70) Auf keinen Gewölben kann man zufälliger Weise so viel Last in einen Punct bringen, als bey jenen der Brücken, worüber Lastwägen fahren, es ist also für die Erhaltung solcher Gebäude wichtig, den Widerstand zu bestimmen, den ihre Gewölbe leisten können.

Da die Brücken der Witterung ausgesetzt sind, und die Räder dieser Wägen in den Grund bis an das Gewölbe einschneiden können, wodurch dieses Schaden leiden kann, so darf man gedachte Gewölbe nicht dünner, als einen Schuh oder eine Ziegellänge, wenn diese beyläufig dieses Maß hat, halten.

Die Gewölbskeile werden im Bunde, nähmlich voll auf Fuge gelegt, mithin läuft jeder Keil beyder Seits mit der halben Länge über die unteren Keile. Ein Rad hat gemeiniglich wenigstens 3 Zoll in der Breite, folglich drückt es auf 3 Zoll Länge des Keils, worüber es fährt, dieser Druck theilt sich der übrigen Länge dieses Keils mit, und dieser kann nicht eingedrückt werden, ohne daß er den Theil des Gewölbes hebt, der darauf stehet, daher ist dieser Theil breiter als die Länge des Keils.

Das kleinste Material, womit man Gewölbe baut, ist der Ziegel; dieser ist in den österreichischen Erbländern 11 bis 12 Zoll lang, mithin ist der Gewölbstheil, der bey dem Eindrücken eines Gewölbes zu heben kommt, wegen des Bundes des Materials breiter als ein Fuß; wir wollen aber nur einen Fuß, auch für die Schwere von dem Kubik-Fuße solcher Gewölbe, nur 105 Pf., dann noch annehmen, das Gewölbe habe 40 Fuß Spannung und nur 1 Fuß Dicke, sey mithin eines der schwächsten.

Der Flächeninhalt des Bandes der Hälfte eines solchen Zirkelgewölbes beträgt 32,2 Fuß, daher ist nach Tabelle 7 die Last, welche dasselbe auf dem schwächsten Puncte der Seiten tragen kann, = 32,2. 1,254 = $40\frac{1}{2}$ Kubik-Fuß Mauerwerks, = 42 Centner.

Obgleich in den meisten Ländern — England und Niederland ausgenommen, wo Lastwägen bis 150 Centner führen — diese Wägen nicht über 80 Centner führen, so wollen wir doch jene größte Last dann auch annehmen, daß so schwerführende vierräderige Wägen 16 Centner eigene Schwere haben, so wird der Druck unter jedem Rade 42 Centner betragen, mithin jenem gleich seyn, welchen dieses Gewölbe in dem schwächsten Puncte tragen kann.

Damit aber ein Lastwagen, wenn er über eine Seite des Gewölbes fährt, die andere nicht zum Weichen bringen kann, so führt man an den Füßen des Gewölbes ein Mauerwerk auf, und breitet dasselbe über das Gewölbe aus; da dieses nur

Doppelter Nutzen der Nachmauerung.

geschehen darf, wenn das Gewölbe sich gesetzt hat, so wird ein solches Mauerwerk die Nachmauerung genannt; diese verschafft noch den Nutzen:

Daß, wenn die über die Brücke gehende Straße stark ausgefahren ist, so kommen doch die Räder nicht auf das Gewölbe, auch wird durch dieses Mauerwerk das Gewölbe bey nasser Witterung gegen die eindringende Nässe geschützt, endlich durch den Bund der Steine erwähnter Nachmauerung vertheilt sich der Druck der Räder auf eine größere Fläche des Gewölbes, als wenn dieselben unmittelbar darauf drücken.

Die Erfahrung bestätigt erwähnte Sätze; indem auf einem unweit von Birmingham laufenden Canale eine Brücke stehet, deren Gewölbe nach dem Zirkel ist, 52½ Fuß Spannung, und zur Dicke nur zwey Ziegel Länge hat, die in England zusammen kaum 15½ Zoll Wiener Maß, mithin nicht einmahl $\frac{1}{40}$ der Spannung betragen, und doch hält dieses Gewölbe mittelst der so hoch, als dasselbe, aufgeführten Nachmauerung das Fahren der schwersten Lastwägen aus.

Hat aber ein Gewölbe entweder 20 oder 30 Fuß Spannung und 1 Fuß Dicke, so wird dasselbe im ersten Falle 51, und im zweyten 62 Centner, in dem schwächsten Puncte an der Seite, mithin mehr als vorhin tragen können; daraus folgt:

Dicke der Gewölbe der Brücken.

Gewölbe nach dem Zirkel, und von einem Fuß Dicke, wenn sie nicht über 40 Fuß Spannung haben, können mittelst gehöriger Nachmauerung das

Fahren der schwersten Lastwägen aushalten.

Seitenschub der Gewölbe.

71) Es ist Art. 59 und 62 erwiesen, daß, wie ein Gewölbe auf dem Puncte stehet, entweder seine Füße, oder die Widerlagen umzustoßen, so ist der Schub in dem höchsten Puncte des obersten Schnittes, mithin bey Fig. 33 in B, und bey Fig. 34 in t und in d vereinigt.

Fig. 33. Nach 14 o) wenn z (Fig. 33) der Schwerpunct eines Gewölbtheils B4no, Gm eine durch diesen Punct gehende Verticale, nK eine mit dieser gleichlaufende, und nm wagrecht ist, so gibt das Rechteck GKnm das Verhältniß der Kräfte. Ist also Q der Flächeninhalt des betrachteten Gewölbtheils B4no, und dieser Inhalt durch Gm vorgestellt, dann F die in B nöthige Kraft, um diesen Gewölbstheil zu erhalten, so wird F, zu Q, wie KG oder nm, zu mG oder nK, die Kraft

$F = \frac{nm}{nk} . Q$, mithin eben das nähmliche Resultat

geben, als wenn die Kraft an den Hebelarm nK, und die Last an jenen nm angebracht wäre.

Fig. 34. Hat (Fig. 34) das Gewölbe einen Schlußkeil, da die Gegenwirkung desselben nach Art. 14 auf beyden Seiten gleich ist, und aus zwey Kräften bestehet, deren eine wagrechte unbestimmt, und sich nach der Stärke des Druckes richtet, die andere vertical, und durch ein in t angehängtes, der Hälfte dieses Keils gleiches Gewicht T vorgestellt ist, wenn wie vorhin z der Schwerpunct des betrachteten Gewölbtheils t4ni, und Q der Flächeninhalt desselben ist, aus n die Wagrechte nh, und die Verticale nK; endlich aus z die Verticale zm geführt wird, so wird dieser Fall jenem eines Hebels Knh ähnlich seyn, an dessen wagrechten Arm nh das Gewicht T, an jenen nm das Gewicht Q angehängt sind, und dagegen die Kraft F mit dem verticalen Hebelarm nK wirket, mithin wird $F = \frac{\overline{nm}.Q + \overline{nh}.T}{nK}$.

Auf welchen Gewölbstheil soll man aber dieses Verfahren anwenden, um den Schub des Gewölbes zu erhalten, dieses ist nun zu bestimmen.

Aufgabe.

72) Es sey die Dicke eines Gewölbes, und die Breite seines Schlußkeils wie immer; das Gewölbe frey oder mit Gewichten beschwert; der Punct, wo die Stützkraft auf den obersten Fugenschnitt genommen werden soll, wo immer; endlich die Wölbungslinie aus einem oder aus mehreren Bögen beschrieben: so ist der Seitenschub der Tendenz zur Drehbewegung des Gewölbes zu bestimmen.

Allgemeine Aufgabe.

Fig. 41. 43. 44. 45. 46.

Zirkelwölbung.

Es seyen (Fig. 41) ABML die Hälfte einer Zirkelwölbung, AB ihre gleichförmige Dicke, BtqA die Hälfte des Schlußkeils, t der Punct, wo seine Gegenwirkung vereinigt anzunehmen ist, Q und R Gewichte, welche auf dem Gewölbe liegen, dann seyen nG, dX vertical, T ein in t angehängtes,

Fig. 41.

dem halben Schlußkeil gleiches Gewicht, und die verticalen nG, dX, tE die Richtungen, nach welchen diese Gewichte wirken.

Fig. 41. Liegt das Gewicht Q auf dem höchsten Puncte B des Gewölbes, so drückt es, wie der Schluß, nur mit der Hälfte seiner Schwere auf die Fuge tq, dann ist für Q nur die Hälfte zu nehmen.

Es sey NCtq ein regelmäßiger Gewölbtheil, und z sein Schwerpunct; um die zur Erhaltung dieses Theils in t erforderliche wagerechte Kraft zu finden, führe man durch t die Wagerechte hF, und aus dem Puncte N, worauf erwähnter Theil sich zu drehen trachtet, ziehe man die Ordinate NP und die Verticale NK, dann lasse man aus z die Verticale zO herab, so wird NK der Hebelarm der Gegenwirkungskraft F; $F.\overline{NK}$ ihr Moment; NG der Hebelarm des Gewichtes Q; $Q.\overline{NG}$ sein Moment; NO der Hebelarm der Fläche Nt; Fläche $\overline{Nt}.\overline{NO}$ ihr Moment; NX der Hebelarm des Gewichtes R, und $R.\overline{NX}$ sein Moment; endlich NE der Hebelarm des Gewichtes T, und $T.\overline{NE}$ sein Moment, mithin wird F =

$$\frac{\text{Fläche } \overline{Nt}.\overline{No}+R.\overline{NX}+Q.\overline{NG}+T.\overline{NE};}{NK} \quad (A).$$

a) Es sey a' der Schwerpunct des halben Schlußkeils, a'v = n sein Abstand von der Verlängerung der Wölbungshöhe; PE = b, PG = d, PX = m, AH = r, AB = e, Ah = a und die Abscisse AP = x, so werden $NP = \sqrt{2rx - xx}$, und $Ph = NK = x \pm a$, wo das untere Zeichen für den besonderen Fall dient, wenn der Schlußkeil so groß angenommen wird, daß die Wagerechte th unter A trifft.

b) Nach Art. 13 ist der Flächeninhalt des Gewölbtheiles BN $= \frac{1}{2r}\, e\,(2r + e)$ Bog. $\overline{NA}$; setz man $2r + e = A$, so wird BN $= \frac{1}{2r}\, e A$ Bog. NA, die Fläche Nt ist aber der Fläche $\overline{NB} - T$ gleich, mithin ist Fläche $\overline{Nt} = \frac{1}{2r}\, eA$ Bogen $\overline{NA} - T$, (B).

Flächeninhalt eines Gewölbtheils.

c) Es sey y der Schwerpunct des Gewölbtheils BN, und aus diesem Puncte die Wagerechte yr geführt, so wird $yr = \frac{2x\,(3rr + 3er + ee)}{3A \text{ Bog. } NA}$ seyn *).

Fig. 41.
Abstand des Schwerpunctes

d) Setzt man der Kürze wegen $(3rr + 3er) + ee = B$, so wird $yr = \frac{2Bx}{3A \text{ Bog. } NA}$; dieser Abstand mit Fläche NB $= \frac{1}{2r}\, eA$ Bogen NA multiplicirt, gibt das Moment dieser Fläche in Ansehung der Wölbungshöhe $= \frac{1}{3r}\, eBx$; eben so gibt das Product von T mit dem Abstande a' v = n das Moment von T = nT.

Wird dieses Moment von jenem $\frac{1}{3r}\, eBx$ abgezogen, dann der Rest durch den Flächeninhalt von Nt, so (nach B) $= \frac{1}{2r}\, eA$ Bog. NA—T ist, dividirt, so erhält man den Abstand zm des Schwerpunctes z von der Wölbungshöhe, also auch

Hebelarm des Gewölbtheil.

*) Die Theorie gibt $yH = \frac{2 \text{ Sehne } NA\,(HB^3 - HA^3)}{3 \text{ Bogen } \overline{NA}\,(HB^2 - HA^2)}$; es sind aber Sehne NA $= \sqrt{2rx}$; HA = r; HB = e + r; und die ähnlichen rechtwinklichen Dreyecke HAf, Hyr geben das Verhältniß HA, (r) zu Af ($\frac{1}{2}\sqrt{2rx}$); wie yH, zu yr, mithin $yr = \frac{2x\,(3rr + 3er + ee)}{3A \text{ Bog. } NA} = \frac{2Bx}{3A \text{ Bog. } NA}$.

$$OP = \frac{(2eBx - 3nrT)}{3(eA\,Bog.\,NA - 2rT)}.$$

Wird OP von NP abgezogen, so bleibt

$$NO = \sqrt{2rx - xx} - \frac{2(eBx - 3nrT)}{3(eA\,Bog.\,NA - 2rT)} \;(C).$$

e) $XP = m$ von NP abgezogen gibt $NX = \sqrt{2rx - xx} - m$; (D); eben so erhält man $NG = \sqrt{2rx - xx} - d$; (E), und $NE = \sqrt{2rx - xx} - b$; (F).

73) Setzt man im Ausdrucke (A) statt Fläche Nt den Ausdruck (B) Art. 72; dann statt NO, NX, NG und NE die Ausdrücke (C), (D), (E) und (F); endlich $x \pm a$ statt NK, so wird

Ursprünglicher Ausdruck des Seitenschubes. Fig. 41.

$$F = \frac{[\tfrac{1}{3}eA\;Bog.\,NA + Q + R]\sqrt{2rx - xx} - }{x \pm a}$$
$$\frac{\tfrac{1}{3}eBx + nT - bT - dQ - mR}{x \pm a}$$ wo, wie schon erwähnt, das untere Zeichen vor a den besonderen Fall anzeigt, in welchem t niedriger als A liegt.

Um diesen Ausdruck abzukürzen, setze man $Q + R = C$, und $nT - bT - dQ - mR = -D$; indem b immer größer als n ist, so wird $F =$

$$\frac{[\tfrac{1}{3}eA\,Bog.\,NA + C]\sqrt{2rx - xx} - \tfrac{1}{3}eBx - D}{x \pm a.} \;(M).$$

Da dieser Urausdruck den Seitenschub jedes solchen Gewölbtheils gibt, dessen Bogen wie AN von der Wölbungshöhe ausgeht, und es sich hier darum handelt, den Schub des Gewölbes, mithin den Schub jenes Gewölbtheils, der am meisten schiebt, zu finden, so wird man statt Bogen NA die drey ersten Glieder $\sqrt{2rx} + \frac{\sqrt{x^3}}{6\sqrt{2r}} + \frac{3\sqrt{x^5}}{40\sqrt{(2r)^3}}$ der unendlichen Reihe, welche die Integral-Rechnung für die Länge dieses Bogens in diesem Falle gibt, in erwähntem Ausdrucke setzen, dann differenziren, und das Differenziale gleich Null setzen, daraus wird folgen:

$$
\begin{array}{lrrrll}
0 = \pm 960\, ar^3 C\sqrt{2r} & \pm & 1920 & aer^3 & A & \sqrt{x} \\
 & \pm & 960 & r^2 & D \\
 & + & 320 & aer & B & \left.\right\} \sqrt{4rrx - 2rxx} \\
 & - & 960 & (r \pm a)r^2 & C & \sqrt{2r}\; x \\
(N) & \mp & 1120 & aer^2 & A & x\sqrt{x} \\
 & - & 320 & er^2 & A \\
 & \mp & 92 & aer & A & \left.\right\} x^2\sqrt{x} \\
 & \mp & 63 & ae & A \\
 & - & 48 & er & A & \left.\right\} x^3\sqrt{x} \\
 & - & 45 & e & A & x^4\sqrt{x}
\end{array}
$$

Allgemeine Gleichung, woraus der Werth der Höhe x des schiebenden Bogens abzuleiten kommt.

eine allgemeine Gleichung, in welcher, wie gemeldet, das untere vor dem Factor a befindliche Zeichen nur in dem besonderen Falle Statt findet, wo t (Fig. 41) niedriger als A liegt.

Folgerungen.

I.

Freyes Gewölbe mit einem Fugenschnitte in der Mitte.

74) Hat das Gewölbe einen Fugenschnitt in der Mitte, und nichts zu tragen, dann sind T, Q und R, mithin auch C und D Null.

Stehet nebst dem der Schub des Gewölbes, entweder mit dem Widerstande seiner Füße, oder mit jenem der Widerlagen im Gleichgewichte, dann ist nach Art. 71 der Schub im höchsten Puncte des Gewölbes vereinigt, mithin ist $a = e$, und das im Urausdruck Art. 73, wie auch in der Hauptgleichung (N) vor a stehende untere Zeichen fällt weg; in diesem Falle ist also der Urausdruck

Ursprünglicher Ausdruck des Schubes.

$$F = \frac{\frac{1}{2r} eA \, Bog. \overline{NA} \sqrt{2rx - xx} - \frac{1}{2r} eBx}{x + e}$$ (M), und die

Gleichung:

$$\begin{array}{llllll}
0 = 1920\, er^3 A & - & 320 & er & B & \sqrt{4rr - 2rx} \\
 & - & 1120 & er^2 & A & x \\
 & - & 320 & r^2 & A & \multirow{2}{*}{x^2} \\
(P) & - & 92 & er & A & \\
 & - & 63 & e & A & \multirow{2}{*}{x^3} \\
 & - & 48 & e & A & \\
 & - & 45 & & A & x^4.
\end{array}$$

II.

Gewölbe, das unendlich dünn angenommen ist.

Fig. 41.

Wird e unendlich klein angenommen, so wird die allgemeine Gleichung (N) vom vierten Grade seyn, die Gleichung (P) aber kein Größtes geben, und x unendlich klein ausfallen; in diesem Falle sind in dem Ausdrucke von F, Bog. NA, wie auch $\sqrt{2rx - xx}$, jeder $= \sqrt{2rx}$; dadurch wird

$F = \frac{\frac{1}{2r} erA 2rx}{2x} = \frac{1}{2} erA$, mithin der Schub unendlich klein; wird aber e unendlich groß angenommen, so gibt die allgemeine Gleichung kein Größtes, und x fällt unendlich klein aus.

III.

Fall, wo der Bogen des schiebenden Theils unendlich klein ausfallen würde.

Wird a unendlich klein angenommen, so wird die Gleichung (N) von 16. Grade, jene (P) aber verneinende Werthe, also kein Größtes geben, und x unendlich klein ausfallen, dann $F = e\,(A - \frac{1}{2r} B)$ seyn.

Da nach *b*) und *d*) (Art. 72.) $A = 2r + e$, und $B = 3rr + 3er + ee$ sind, so ist der Schub des Gewölbes $= er - \frac{e^3}{3r}$.

Sind $r = 10$, und $e = 1$, so ist der Schub $= 9{,}9666 = \frac{299}{30} = 9{,}9666$.

IV.

Einfluß der Lage des Stütz-punctes des Schubes auf dessen Bogen.

Aendert sich a, nähmlich der Punct, wo der Schub vereinigt anzunehmen ist, so ändert sich auch in der Gleichung (N) der Werth der Glieder, wovon a ein Factor ist; um die Gleichung zu erhalten, muß also auch x sich ändern, mithin als a kleiner angenommen wird, so muß x kleiner werden; daraus folgt: wie der Mittelpunct des Schubes niedriger als der höchste Punct des obersten Fugenschnittes angenommen wird, so nimmt der Bogen des schiebenden Theiles ab.

V.

Merkwürdige Eigenschaften der Gewölbe.

Nachdem, wenn e, nähmlich die Gewölbsdicke unendlich, entweder groß oder klein angenommen wird, der Bogen des schiebenden Theils unendlich klein ist, bey endlicher Dicke aber dieser Bogen auch endlich ist, so gibt es bey Gewölben nach dem Zirkel einen Theil, dessen Schub ein Größtes, nähmlich größer als der Schub jedes andern entweder größeren oder kleineren Theils ist; auch gibt es unter den Gewölbsdicken eine, bey welcher der Bogen des schiebenden Theils ein Größtes, nähmlich größer als der Bogen des schiebenden Theils jedes andern entweder dickeren oder dünneren Gewölbes ist.

Gesetze der Tendenz zum Gleiten, die jener zur Drehbewegung gemeinschaftlich sind.

Da nach Art. 17 und Tabelle 2, es auch bey der Tendenz zum Gleiten einen Gewölbtheil gibt, dessen Schub ein Größtes ist, und es unter den Reibungen eine gibt, bey welcher der Bogen des schiebenden Theils auch ein Größtes ist, so verfolgen die Bögen des Schubes, sowohl bey der Tendenz zum Gleiten, als bey jener zur Drehbewegung einen ähnlichen Gang, bey letzter Tendenz hängt dieser Gang von der Gewölbsdicke, bey der ersten aber von der Reibung ab.

VI.

Schiebender Theil der Gurten, die übermäßig beschwert sind.

Ist die Last, womit das Gewölbe beschwert ist, so äußerst groß in Hinsicht der Schwere des schiebenden Theils des Gewölbes, daß diese Schwere außer Acht gelassen werden kann, dann fallen jene Glieder der Hauptgleichung (N) weg, welche weder die Summe C der Gewichte, noch die Summe D ihrer Momente in Ansehung der Wölbungshöhe zu Factoren haben, und die Gleichung wird

$$o = \pm arC + D\sqrt{2rx - xx} - (r \pm a)\,C\,x.$$

Liegt auf dem Gewölbe ein einziges Gewicht, wenn dieses $= Q$ und sein Moment in Hinsicht der Wölbungshöhe $= dc$ ist, so sind $C = Q$, und $D = de$, mithin

$$o = \pm ar + d\sqrt{2rx - xx} - (r \pm a)\,x;\ (m).$$

Wird der Abstand d der Last von der Wölbungshöhe unendlich klein angenommen, so wird $o = + ar - (r \pm a) x$, mithin $x = \frac{ar}{r \pm a}$; (*p*).

Die Gleichungen *m*) und *p*) geben die Mittel an, den Bogen des schiebenden Theils geometrisch zu bestimmen; denn es sey (Fig. 42) ABML das Gewölbe, n der Punct desselben, worauf die Last liegt, aus n der Halbmesser nH gezogen, und auf diesem, als Durchmesser, der halbe Kreis npH beschrieben; so wird der Durchschnittspunct p dieses halben Kreises mit der Wölbungslinie AL, den Bogen pA des schiebenden Theils angeben.

Fig. 42.

Geometrische Auflösung.

Wird aus p der Halbmesser pH, und die Sehne pn geführt, so wird npH ein rechter Winkel, mithin np Tangente zu der Wölbungslinie seyn.

Hat das Gewölbe keinen Schluß, sondern einen Fugenschnitt in der Mitte, und ist B die Lage der Last, so gibt die Tangente Bv den Bogen des Schubes = Av, hat aber das Gewölbe einen Schlußkeil, wie z. B. BrdA, wenn die Last auf diesem Keil liegt, so gibt die Tangente rm den Bogen des Schubes = Am.

Bey so stark beschwerten Gewölben ist $F = Q \left(\frac{\sqrt{2rx - xx} - d}{x \pm a}\right)$; da obige Gleichungen *m*) und *p*) den Werth von x geben, so wird der Schub F auch bekannt seyn.

VII.

Ist das Gewölbe nicht so stark beschwert, um die Schwere des schiebenden Theils außer Acht lassen zu dürfen, dann gibt die allgemeine Gleichung (N) den Einfluß nicht zu erkennen, welchen die Last auf die Größe von dem Bogen des Schubes hat, man kann aber diesen Einfluß auf eine andere Art bestimmen.

Das Gewölbe und die Last, einzeln betrachtet, haben jede ihren besonderen schiebenden Bogen; ist die Last Null, so ist der schiebende Bogen jener des Schubes des freyen Gewölbes; kann hingegen die Schwere des Gewölbes als Null in Ansehung der Last betrachtet werden, so ist der Bogen des Schubes durch bemeldete Tangente bestimmt; ist aber weder diese Schwere, noch die Last als Null anzusehen, so ist einleuchtend, daß der Bogen des Schubes des beschwerten Gewölbes zwischen dem Bogen des Schubes der Last und jenem des freyen Gewölbes enthalten ist, auch sich dem Bogen der Last um so mehr nähern muß, als diese größer angenommen wird.

Fig. 42.

Einfluß der Last auf die Größe des schiebenden Theils.

Ist also AN der schiebende Bogen des freyen Gewölbes, und Ap der schiebende Bogen einer in n gelegten Last, so wird der schiebende Bogen des beschwerten Gewölbes, zwischen den Bögen AN und Ap enthalten, auch von dem letzten um so weniger abweichen, je größer die Last seyn wird.

Ist hingegen Av der schiebende Bogen der Last, so wird der schiebende Bogen des beschwerten Gewölbes zwischen AN und Av enthalten, auch von letzterem um so weniger unterschieden seyn, je größer die Last wird.

Wird aus N die Tangente Ni bis an die äußere Krümmung des Gewölbes geführt, und die Last auf den Punct i gelegt, diese möge noch so groß angenommen werden, so wird sie keine Veränderung in der Größe des schiebenden Theils des Gewölbes hervorbringen.

Daraus folgt: der schiebende Theil eines nicht übermäßig beschwerten Gewölbes, ist größer oder kleiner als jener des freyen Gewölbes, auch demselben gleich, nachdem die Last niedriger oder höher als erwähnter Punct i ist, oder auf diesem liegt. Satz.

Ist (Fig. 41) aus dem Fuße L der Wölbung die Verticale LD bis an die äußere Krümmung geführt, so ist einleuchtend, daß, wenn die Last irgend auf einem Puncte des unteren Bogens DM liegt, dieselbe keinen Schub verursacht: vielmehr trägt sie zur Standhaftigkeit des Fußes des Gewölbes, also des Gewölbes selbst bey. Fig. 41.

Ist noch ABCN, der schiebende Theil des freyen Gewölbes, und die Last auf dem unteren Theile DC desselben gelegt, so wird sie gegen die Drehbewegung des schiebenden Theils wirken, und diese Bewegung um so mehr schwächen, als der Punct worauf gedachte Last liegt, jenem D näher ist; in diesem Falle verschafft die Last den doppelten Vortheil, den Schub zu schwächen, und den Widerstand des Fußes des Gewölbes, wie auch jenen der Widerlage zu vergrößern.

Korbbögen aus drey Mittelpuncten.

Fig. 43. 44. 75) Bey Korbbögen Fig. 43, 44, die aus drey Mittelpuncten beschrieben sind, ist der obere Bogen Mq der Theil eines Zirkels; wird also dessen Halbmesser = r gesetzt, und der Bogen des Schubes des Zirkels, wozu gedachter Bogen Mq gehört, mittelst der allgemeinen Gleichung (N Art. 73) bestimmt, so wird dieser Bogen, wenn er nicht größer als Mq ist, auch der Bogen des Schubes von den Korbbögen seyn, ist er aber größer, so wird der Bogen des Schubes noch einen Theil des unteren Bogens qL fassen.

Es sey qN dieser Theil, te eine Seite des Schlußkeils, Q eine auf das Gewölbe in n gelegte Last, und wie beym Zirkel (Fig. 41), t der Mittelpunct des Schubes, T der Flächeninhalt des halben Schlusses, tF, NI Fig. 43 und NP Fig. 44 wagerecht, tE, nG, NK aber vertical; ferner sey R der Flächeninhalt des Gewölbtheils tDqe, S sein Schwerpunct, z jener des Theils DCNq; aus S und z die Verticalen SX, zo herabgelassen, und im Mittelpuncte H des unteren Bogens Lq eine Verticale HB = HD errichtet, diese HB die Hülfshöhe genannt, dann die Bögen Lq und RD bis an die Hülfshöhe HB verlängert, um den Ergänzungstheil ABDq des Zirkelgewölbes ABRL zu erhalten.

Endlich sey P der Flächeninhalt des erwähnten Ergänzungstheils ABDq; a' sein Schwerpunct, und die Wagerechte a'v seine Entfernung von der Hülfshöhe HB, so wird F =

$$\text{Fläche } \frac{\overline{ND}.\overline{NO} + R.\overline{NX} + Q.\overline{NG} + T.\overline{NE};}{NK} (A)$$

nun setze man die bekannten $PE = b$; $PG = d$, $PX = m$, und $a'v = n$, dann wie beym Zirkel, den Höhenunterschied zwischen t und $A = a$, $AB = e$, $HL = r$, und $AP = x$, so wird auch wie beym Zirkel $NK = x \pm a$, und $NP = \sqrt{2rx - xx}$ seyn.

I) Nach 72 *b*) ist der Flächeninhalt von $BN = \frac{1}{2r}$ eA Bogen NA; mithin der Flächeninhalt von $DN = \frac{1}{2r}$ eA Bogen NA — P; (B).

II) Nach *d*) gedachten Artikels ist

$$NO = \sqrt{2rx - xx} - \frac{2(cBx - 3nrP)}{3(eA\,\text{Bog}.NA - 2rP} \text{ (C).}$$

III) Es sind $PX = m$, und NX (bey Fig. 43) $= NP + PX$; bey Fig. 44 aber $= NP - PX$, für beyde Fälle ist also $NX = \sqrt{2rx - xx} \pm m$ (D).

Eben so sind $NG = \sqrt{2rx - xx} \pm d$ (E), und $NE = \sqrt{2rx - xx} \pm b$ (F), wo von den vor b, d und m befindlichen Zeichen das untere für überhöhte Gewölbe gilt, das obere aber für gedruckte bey b und m immer, und bey d nur dann zu nehmen ist, wenn das Gewicht zwischen der Hülfs- und der Wölbungshöhe liegt.

Wird im Ausdrucke (A), jener (B) statt Fläche DN, und jene (C), (D), (E), (F), statt NO, NX, NG und NE, dann $x \pm a$ statt NK gesetzt, auch der Kürze wegen $T + Q + R - P = \pm C$, und $nP \pm bT \pm dQ \pm mR = \pm D$

angenommen, so wird F =

Urausdruck des Seitenschubes.

$$\frac{\left(\frac{1}{2r}eA\,\text{Bog.}\,\overline{NA} \pm E\right)\sqrt{2rx - xx} - \frac{1}{2r}eB \pm D}{x \pm a} \quad (K).$$

Ein Urausdruck, der von jenem (M. Art. 73) nur durch die vor C und D befindlichen Zeichen unterschieden ist; folglich wird die aus dem Differenziale dieses Ausdrucks entstehende Gleichung von jener (N) nur in den vor C und D stehenden Zeichen differiren.

Korbbögen aus fünf Mittelpuncten.

Fig. 45.

76) Es seyen (Fig. 45) Lq, q3, 3—M die drey Bögen der einen Seite des Korbbogens, C'; 2, H die Mittelpuncte, und C'3, 2—q, HL die Halbmesser dieser Bögen: um den Schub des Gewölbes zu finden, wird wie vorher untersucht, ob der zu dem Zirkel gehörige Bogen 3—M jenen des Schubes von diesem Zirkel enthält; ist dieser Bogen größer, so wird mit dem mittleren q—3 eben so verfahren, als wenn er der unterste der Fig. 43 wäre; gibt dieses Verfahren für den schiebenden Bogen noch einen größeren, als q—3—M, so wird mit dem untersten Bogen Lq wieder eben so, wie es die punctirte Hülfshöhe HB und der Ergänzungstheil AqDB es zeigen, verfahren, und wenn der Korbbogen aus einer größeren Zahl von Bögen bestehen sollte, so wird mit demselben so fortgefahren.

Könnte die Untersuchung des Schubes solcher Gewölbe nicht anders als so, von Bogen zu Bogen, geschehen, so wäre dieß sehr ermüdend; aber, wie es sich zeigen wird, der Bogen des Schubes der Korbbögen aus mehr als drey Mittelpuncten, bestehet meistens aus 30 bis 36 Graden, mithin beschränkt sich diese Untersuchung höchstens auf zwey Bögen.

Gothische Gewölbe.

77) Es sey eMLq Fig. 46 die Hälfte des Gewölbes, etq jene des Schlusses, qNCe der schiebende Theil, H der Mittelpunct des Bogens Lq, die Verticale HB = HM die Hülfshöhe, tBAq der Ergänzungstheil des halben Zirkels, Q eine auf das Gewölbe gelegte Last, T der Flächeninhalt von eqt, P der Flächeninhalt des Ergänzungstheils ABtq, a' sein Schwerpunct, y jener von NABC, z der von NqtC; t der Mittelpunct des Schubes; a'v, Fth, yr, n*l* und NP wagerecht, endlich tE, ηG, zo und NK vertical.

Fig. 46.

Es ist der Schub des Gewölbtheils $\overline{NCeq}$, nähmlich $F = \frac{\text{Fläche}\overline{Nt}.\overline{NO}+Q.\overline{NG}+T.\overline{NE}}{NK}$ (A), mithin wenn man, wie Art. 72, den Höhenunterschied Ah zwischen A und t = a, die Gewölbsdicke = e, den Halbmesser HL = r, a'v=n, th=b, n*l*=d, und die Abscisse AP = x setzt, so werden auch, wie in erwähntem Artikel nach *a*), NK = x±a, und NP = $\sqrt{2rx-xx}$; nach *b*) der Flächeninhalt von BN = $\frac{1}{2r}$ EA Bog. $\overline{NA}$, mithin der Flächeninhalt von Nt = $\frac{1}{2r}$ eA Bog. $\overline{NA}$—P (B); dann nach *d*) NO = $\sqrt{2rx-xx}$ — $\frac{2(eBx-3nrP)}{3(eA\,\text{Bog}.\overline{NA}-2rP)}$ (C); und nach *e*) NG = $\sqrt{2rx-xx}$—d(D), und NE = $\sqrt{2rx-xx}$—b (E).

Fig. 46. Wird nun im Ausdrucke (A) jener (B) statt Fläche Nt, und jene (C), (D) und (E) statt NO, NG und NE, wie auch $Q + T - P = \pm C$ und $nP - bT - dQ = \mp D$ gesetzt, weil, wenn C bejahend ist, D verneinend seyn muß, so wird F =

Ausdruck des Schubes.

$$\frac{(\frac{1}{2}reA\,\text{Bog.}\,\overline{NA} \pm C)\sqrt{2rx - xx} - \frac{1}{3}reBx \mp D}{x \pm a};\ (K).$$

Ein Ausdruck, der wie jener der Korbbögen eine Gleichung gibt, die von der allgemeinen (N) Art. 73 nur in dem unterschieden ist, daß die Zeichen vor C und D doppelt sind.

Anwendung.

78) Um den Schub eines Gewölbes in Zahlen zu finden, gibt es zwey Mittel.

Erstes Versuchsmittel.

Das eine besteht darin, den Werth der Abscisse x aus der allgemeinen Gleichung (N) Art. 73 durch Versuche zu ziehen, dann die Länge des Bogens zu finden, der zu dieser Abscisse gehört, diese Länge statt Bogen NA, und den Werth gedachter Abscisse statt x in der Urgleichung (M) erwähnten Artikels zu setzen, wo dann alles, mithin auch der Schub F bekannt seyn wird.

Anderes Versuchsmittel.

Das andere Mittel ist, die Versuche bloß auf die Urgleichung (M) Art. 73 oder 75 oder 77, nachdem die Wölbungslinie ist, anzuwenden, indem man für Bogen NA (Fig. 41, 43, 44, 45, 46) eine zweckmäßig scheinende Zahl von Graden annimmt, die Länge dieses Bogens, jene seiner Ordinate NP, wie auch seiner Abscisse AP sucht, die angenommene Bogenlänge statt Bogen NA, die Länge von NP statt $\sqrt{2rx - xx}$, und die Länge AP statt x in erwähnte Urgleichung setzt, wodurch der Schub F des angenommenen Wölbungstheils erhalten wird; — dann nimmt man für Bogen NA eine andere Zahl von Graden an, und verfährt damit eben auf die nähmliche Art u. s. w. fort, bis man für F drey von einander sehr wenig unterschiedene, jedoch so beschaffene Werthe findet, deren einer größer als der vorige und der nachfolgende ist, und dieser größte Werth wird der Schub des Gewölbes seyn.

Da dieser Weg viel kürzer, als der erste ist, und zugleich den Schub und den Bogen des schiebenden Gewölbtheils angibt, so verdient er den Vorzug.

Beyspiele für freye Gewölbe, die in der Mitte einen Fugenschnitt haben, und mit den Widerlagen im Gleichgewichte stehen.

I.

Zirkelwölbung.

79) Um die Versuche abzukürzen, wird man dem, diesem Falle gehörigen Ausdrucke (M) von F (Art. 74) eine andere Gestalt geben, indem man den Winkel AHN des gesuchten Bogens AN = x setzt: dann werden Bogen AN = r Bog. Sin. x; $\sqrt{2rx - xx}$ = r Sin. x, und wird statt x = r — r Cos. x gesetzt, darnach wird F =

Fig. 44.

Urausdruck des Seitenschubes.

$$\frac{\frac{1}{2} rA \,\text{Sin.}\, x \,\text{Bog. Sin.}\, x + \frac{1}{3} B \,\text{Cos.}\, x - \frac{1}{3} B}{1 + \frac{r}{e} - \frac{r}{e} \,\text{Cos.}\, x} \text{(P)}$$ seyn,

wo, wie gesehen Art. 72, $A = 2r + e$, $B = 3rr + 3er + ee$ sind, Bogen Sinus aber der Bogen, dessen Halbmesser $= 1$ ist.

Es sey nun die Spannung des Gewölbes $= 20$, und seine Dicke $= 1$, so wird $r = 10$, $e = 1$, $A = 21$, $B = 331$, mithin $\frac{1}{2} rA = 105$, dessen Logarithme $= 2.0211893$, (*a*) $\frac{1}{3} B = 110\frac{1}{3}$, dessen Logar. $= 2.0427068$ (*b*), und $\frac{r}{e} = 10$, folglich

$$F = \frac{\overset{2.0211893\ a)}{105} \,\text{Sin.}\, x \,\text{Bog. Sin.}\, x + \overset{2.0427068\ b)}{110\frac{1}{3}} \,\text{Cos.}\, x - 110\frac{1}{3}}{11 - \underset{\text{Log. } 1.0000000\ (n)}{10} \,\text{Cos.}\, x} \text{; (N)}$$

wo über die unveränderlichen Factoren 105, $110\frac{1}{3}$ und unter jenem 10, ihre Logarithmen aufgeschrieben stehen.

80) Nach dieser Vorbereitung sind die Versuche leicht auszuführen, indem die zum Gebrauche der Mathematiker eingerichteten Tafeln die Länge von jedem Kreisbogen, dessen Halbmesser $= 1$ ist, wie auch die Logarithmen der Sinusse und Cosinusse, und der Zahlen angeben; mithin reducirt sich jeder Versuch auf die einfachen Operationen des Addirens und Subtrahirens.

Man nehme für x z. B. 10 Grade an, so werden Log. Sin. $x = -1.2396702$ (*c*); Log. Cos. $x = -1.9933515$ (*d*), die Länge des Bogens von 10 Graden $= 0{,}1745329$ und dessen Log. $= -1.2418773$ (*f*); nun schreibe man, wie folgende Tabelle es zeigt, die Logarithmen *a*), *b*), und die Zahl $110\frac{1}{3}$ des Zählers, wie auch die

Zahl 11 und den Logarithm *n*) des Nenners von dem Ausdrucke (P) in einer Linie, dann setze man unter den Log. *a*) jene *c*) und *f*), unter den Log. *b*) und *n*), jenen *d*), und summire, so wird man die Log. *h*) *p*), *q*) erhalten. Man setze unter diese Logarithmen die ihnen gehörigen Zahlen 2,99045, 108,6870, und 9,8480, und daran die bekannten Zahlen $110\frac{1}{3}$ und 11 in der Ordnung und mit dem, ihnen vermög Ausdrucks (N) gehörigen Zeichen, so wird

$$F = \frac{3,1822 + 108,6870 - 110,3335}{11 - 9,8480} = \frac{15059}{11520} = 1,3072.$$

Erster Versuch.

Zähler des Ausdrucks (N) Art. 79				Zahl	Zahl	Nenner		
Log.	2.0211893 (*a*);	Log.	2.0427068 (*b*);	$110\frac{1}{3}$	11;	Log.	1.0000000	(*n*)
—	1.2390702 (*c*);	—	1.9033515 (*d*);			—	1.0033516	(*d*)
—	1.[illegible]418773 (*f*);	Summe	2.0360583 (*p*);			Summe	0.9933515	(*q*)
Summe	0.5027368 (*h*);							

$F = (3.1822 + 108.6570 - 110\frac{1}{3}) : (11 - 9.8480;$

$F = \frac{15059}{11520} = 1.3072.$ Schub des betrachteten Gewölbtheils von 10 Graden.

Nimmt man nach einander für x die in der ersten Spalte der achten Tabelle enthaltenen Grade an, und verfährt mit diesen auf die in obigem Formulare angezeigte Art, so erhält man die in der zweyten Spalte dieser achten Tabelle enthaltene Schube.

Schub des Gewölbes.

Da unter diesen Schuben jener 6,751914 des Gewölbtheils von 53 Gr. 9 M. größer, als der Schub jedes größeren, auch kleineren Gewölbtheils ist;

so ist dieser Schub jener des vorgeschlagenen Gewölbes, und der Bogen 53 Gr. 9 M. jener des schiebenden Theils dieses Gewölbes.

II.

Ueberhöhter Korbbogen aus drey Mittelpuncten Fig. 44.

81) Es sey die Spannung des Korbbogens = 18, seine Wölbungshöhe = 12, und seine Gewölbsdicke = 1, so wird nach Art. 7 der Halbmesser des oberen Bogens qM (Fig. 44), nähmlich IM = 7,9090, und der Halbmesser HL des unteren Bogens = 16,0909 seyn.

Fig. 44.

Nach Art. 75 muß zuerst der obere 60 Grade messende Gewölbtheil MqD2 wie jener eines Zirkels betrachtet, und der Bogen des größten Schubes dieses Zirkels gesucht werden, um zu sehen, ob dieser Bogen nicht größer als jener Mq ist, weil in diesem Falle der Schub dieses Zirkels auch der Schub des Korbbogens ist; verfährt man also nach Art. 80, so findet man den Bogen des schiebenden Theils gedachten Zirkels = 54 Gr. 30 M., also kleiner als der Bogen Mq; da auch dieses Verfahren den Schub dieses Bogens = 5,0500 gibt, so ist dieser Schub auch jener dieses Korbbogens.

Ist die Dicke des Korbbogens = 2, dann gibt erwähntes Verfahren für den schiebenden Theil einen Bogen von 60 Gr. 10 M. mithin einen größeren Bogen als jenen Mq; in diesem Falle müssen die Versuche auf dem Urausdruck (K) Art. 75 angewendet, bevor aber dieser Ausdruck in folgenden verwandelt werden.

Urausdruck des Seitenschubs.

$$F = \frac{\frac{1}{2} erA\, Sin.x\ Bog.\ Sin.x - r\,(P-R)\, Sin.x}{r-a-r\, Cos.x} \frac{+\frac{1}{3} eB\, Cos.x - \frac{1}{3} eB + nP - mR}{r-a-r\, Cos.x}$$

wo x der Winkel AHN des gesuchten Bogens, r der große Halbmesser HL und = 16,0909 ist, A und B wie Art. 79 ausgedrückt sind, dann r — a die Wölbungshöhe H'2 der äußeren Krümmung des Korbbogens ist, mithin werden r — a = 14,0909, für welchen wir 14 annehmen; dann sind A = 34,1818 und B = 877,296, da e = 2 ist, so werden $\frac{1}{2}$erA = 550,016 und dessen Log. 2.7403753 *a*), dann $\frac{1}{3}$ eB = 584,864, dessen Logar. 2.7670549 *b*).

Man findet den Flächeninhalt des Ergänzungstheils BDqA von 60 Graden, nähmlich P = 35,836, und den Flächeninhalt des oberen Gewölbtheils DqM2 auch von 60 Graden, nähmlich R = 18,6064; daher ist r (P — R) = 276,274 und dessen Log. 2.4413466 (C).

Ferner findet man n = 8,0163, und m = 10,9185, mithin nP = 287,26; mR = 203,34; folglich nP — mR — $\frac{1}{3}$ eB = — 500,94.

Da Log. r = 1.2065804 *d*) ist, so wird F =

$$\frac{\overset{2.7403753\ a)}{550{,}016}\ Sin.x\ Bog.\ Sin.x - \overset{2.4413406\ c)}{276{,}274}\ Sin.x + \overset{2{,}7670549\ b)}{584{,}864}\ Cos.x - 500{,}94}{14 - \underset{1.2065804\ a)}{r}\ Cos.x} \quad (N)$$

82) Nach dieser Vorbereitung sind die Versu=

che eben so leicht, als im letzten Artikel auszuführen.

Man nehme für x einen beliebig größeren Winkel als jenen 60 Grade des obersten Gewölbtheils qM, z. B. 61 Grade an, so geben die Tafeln Log. Sin. x = — 1.9418193 *m*), den Log. Cos. x = — 1.6855712 *d*), die Länge des Bogens Sin. x = 1,06465 und seinen Log. = 0.0272070 *f*).

Führt man die Untersuchung, wie in folgender Tabelle aus, so erhält man $F = \frac{53135}{6199} = 8{,}5705$, welches der Schub des betrachteten Gewölbtheils ist.

Erster Versuch.

Zähler des Ausdrucks (N) Art. 81	Nenner
Zahl	Zahl
Log. 2,7408753 (*a*); Log. 2,4413406 (*c*); L. 2,7670540 (*b*); 500,94	14; L. 1,2065804 (*a*)
— 1,9418193 (*m*); — 1,9418193 (*m*); — 1,6855712 (*d*);	— 1,6855712 (*d*)
— 0,0272070 (*f*); S. 2,3831599 (*a*); S. 2,4520201 (*p*);	S. 0,8921516 (*q*)
Sum. 2.7094016 (*h*)	
F = (512,160 — 241,635 + 283,550 — 500,94) :	(14 — 7,8010)
$F = \frac{53135}{6199}$ = 8,5705. Schub des Bogens von 60 Graden.	

Werden die Versuche fortgesetzt, so findet man für den Bogen

von 60 Graden den Schub			F = 8,5716
60	—	10′	= 8,5718 ein Größtes
60	—	20′	= 8,5717
60	—	40′	= 8,5712
61	—	—	= 8,5705.

Schub des Gewölbes.

Der Schub dieses Korbbogens von 2 Fuß Gewölbsdicke ist also = 8,5718, und der Bogen des schiebenden Theils mißt 60°, 10′.

III.

Gedruckter Korbbogen aus drey Mittelpuncten.

83) Bey diesem Korbbogen Fig. 43 ist

$$F = \frac{\frac{1}{2} erA \, Sin. x \, Bog. \, Sin. x + r \, (R - P) \, Sin. x +}{r + a - r \, Cos. x} \frac{\frac{1}{3} eB \, Cos. x - \frac{1}{3} eB + nP - mR}{r + a - r \, Cos. x},$$

Fig. 43.

wo x der Winkel AHN des gesuchten Bogens NA, r der kleine Halbmesser HL, r+a die Höhe H'h der äußeren Krümmung des Gewölbes, und (A), so auch (B) wie vorhin ausgedrückt sind.

Es sey die Spannung des Gewölbes = 18, die Wölbungshöhe H'M $\frac{3}{8}$ der Spannung, mithin = 6,75, und die Dicke des Gewölbes = 3, so wird e = 3; (r+a) = 9,75; r = 5,9318; A = 14,8636 und B = 171,9452; mithin $\frac{1}{2}$erA = 132,252, dessen Log. 2.1214018 *a*), $\frac{1}{3}$eB = 171,9452, dessen Logar. 2.2353901 *b*); der Flächeninhalt des oberen Gewölbtheils DM von 30 Graden, nähmlich R = 21,3183; der Flächeninhalt des Ergänzungstheils BDqA auch von 30 Graden, nähmlich P = 11,6739, mithin r (R—P) = 57,208, dessen Logar. 1.7574617 *c*), und Logar. r = 0.7731865 *n*).

Ferner findet man n = 1,7627 und m = 0,4168, mithin sind nP = 20,5776, mR = 8,8845, und

$$nP - mR - \tfrac{1}{3}\,eB = -\,160{,}2522\text{, daher } F =$$

$$\frac{\overset{2.1214018\ a)}{132{,}252}\ \text{Sin. x Bog. Sin. x} + \overset{1.7574617\ c)}{57{,}208}\ \text{Sin. x} + \overset{2.2353901\ b)}{171{,}9452}\ \text{Cos. x} - 160{,}2522}{9{,}75 - \underset{0.7731865\ n)}{5{,}9318}\ \text{Cos. x}} \quad (N)$$

84) Nach dieser Vorbereitung wird für x, wie im vorletzten Artikel, ein beliebig größerer Winkel als jener von 30 Graden des obersten Gewölbtheils Mq, z. B. 52 Grade angenommen; so werden die Tafeln den Log. Sin. x = — 1.8965321 *m*), den Log. Cos. x = — 1.7893420 *d*), die Länge des Bogens Sin. 52° = 0,907571, und dessen Log. — 1.9578807 *f*) geben, dann wird der Versuch, wie folgt ausgeführt, und F = 13,9836 gefunden.

Erster Versuch.

	Zähler des Ausdrucks (N) Art. 83.				Nenner
				Zahl	Zahl
Log.	2.1214018(*a*);	L. 1.7574617(*c*);	L. 2.2353901(*b*);	160,2522	9,75; L. 0.7731865(*n*)
—	1.8965321(*m*);	— 1.8965321(*m*);	— 1.7893420(*d*);		— 1.7893420(*d*)
—	1.9578807(*f*);	S. 1.6539938;	S. 2.0247321;		S. 0.5625285
Sum.	1.9758146				

$$F = (94{,}5833 + 45{,}0810 + 105{,}8600 - 160{,}2522) : (9{,}75 - 3{,}65198)$$

$$F = \frac{85{,}2721}{6{,}09802} = 13{,}9836.$$ Schub des Gewölbtheils von 52 Graden.

Werden die Versuche fortgesetzt, so erhält man für den Gewölbtheil

von 52 Graden,	den Schub F	= 13,9836
54	—	= 14,0399
56	—	= 14,0663
57	—	= 14,0687 ein Größtes
58	—	= 14,0584.

Schub des Gewölbes.

Der Schub dieses gedrückten Korbbogens von 18

Fuß Spannung, 6,75 Wölbungshöhe, und 3 Fuß Gewölbsdicke, ist also = 14,0687, und der schiebende Theil mißt 57 Grade.

Ist die Spannung des Gewölbes 100, die Wölbungshöhe 25, und die Gewölbsdicke 4, dann findet man den Schub = 236,04, und die Bögen des schiebenden Gewölbtheils messen zusammen 37 Gr. 42 M.

IV.

Gedruckter Korbbogen aus fünf Mittelpuncten.

85) Es sey die Spannung 100, die Wölbungshöhe 25, und die Gewölbsdicke 4, dann wie gewöhnlich der mittlere Halbmesser q — 2 (Fig. 45) dreymahl so lang als der äußere qH, der untere Bogen qL von 60 Graden, und der mittlere q — 3, wie auch der obere 3 — M, jeder von 15 Graden, so wird nach Art. 7 der kleine Halbmesser HL = $18\frac{1}{3}$ = r, der mittlere q — 2 = 55, und der größte C'M = 106,11 seyn.

Fig. 45.

a) Man findet den Flächeninhalt des oberen Gewölbtheils 3 — Mh — 4 = 113,258 = R, und den Abstand EX seines Schwerpunctes S von der Wölbungshöhe = 13,809, da $\overline{HH'}$ = $\overline{LH'}$ — $\overline{LH}$ = 50 — $18\frac{1}{3}$ = $\overline{PE}$ ist, so wird $\overline{PE}$ — $\overline{XE}$, nähmlich $\overline{PX}$ = 17,8576 = m, mithin mR = 2022,52.

b) Der Flächeninhalt des mittleren Gewölbtheils 3 — qD — 4 wird 59,677 = Q, und der Abstand YP des Schwerpunctes y dieses Theils von der Hülfshöhe HB, wird — 3,4897 = — d seyn, weil y nicht wie S zwischen den Höhen H'M, HB, sondern auf der andern Seite von HB liegt, so wird — dQ = — 208,26.

Wrausdruck des Seitenschubes.

c) Man findet die Ergänzungsfläche ABDq = 42,585 = P, den Abstand des Schwerpunctes a' dieser Fläche von der Hülfshöhe = 5,2196 = n, mithin nP = 222,275.

Bey solchen Korbbögen, wie bey jenen aus drey Mittelpuncten, greift der schiebende Theil in den unteren Bogen qL des Gewölbes, mithin wird aus Art. 75 (K)

$$F = \frac{\frac{1}{2} e r A \,\mathrm{Sin.}x \,\mathrm{Bog.Sin.}x + r(R+Q-P)\,\mathrm{Sin.}x}{r+a-r\,\mathrm{Cos.}\,x}$$
$$\frac{+\frac{1}{3} eB\,\mathrm{Cos.}\,x - \frac{1}{3} eB - dQ + mR + nP}{r+a-r\,\mathrm{Cos.}\,x}$$

wo wie gewöhnlich x der Winkel AHN des gesuchten Bogens AN; r + a die Wölbungshöhe H'h der äußeren Krümmung des Gewölbes vorstellt; in diesem Falle ist also r + a = 29.

Da e = 4; r = $18\frac{1}{3}$; A = 2r + e und B = 3rr + 3er + ee sind, so ist A = $40\frac{2}{3}$, B = 1244,32, mithin $\frac{1}{2}$ erA = 1491,11, dessen Logar. 3.1735098 *a*), und $\frac{1}{3}$ eB = 1659,09, dessen Logar. 3.2198700 *b*), dann noch r (R + Q — P) = 2389,75, dessen Logar. 3.3783523 *c*), Logar. r = 1.2632413 *n*), endlich — $\frac{1}{3}$ eB — dQ + mR + nP = 377,44; daraus folgt

$$F = \frac{\overset{3.1735098\ a);}{1491{,}11\,\mathrm{Sin.}x\,\mathrm{Bog\ Sin.}x} + \overset{3.3783523\ c)}{2380{,}75.\mathrm{Sin.}x} + \overset{3.2198700\ b)}{1659{,}09\,\mathrm{Cos.}x} + 377{,}44}{29 - \underset{1.2632413\ n)}{18.3333}\ \mathrm{Cos.}\ x}$$

86) Nach dieser Vorbereitung wird für x eine größere Zahl von Graden als jene 30 der beyden oberen Bögen z. B. 32 Grade angenommen; dann werden Logar. Sin. x = — 1.7242097 m), Logar. Cos. x = — 1.9284205 d), die Länge des Bogens Sin. x = 0,558505 und dessen Log. — 1.747027 f) seyn, daher wird

Erster Versuch.

Zähler des Ausdrucks (N) Art. 85.					Nenner.
				Zahl	Zahl
Log.	3.1735098 a);	L. 3.3785523 c);	L. 3.2196700 b);	377,44	29; Log. 1.2633418 n)
—	1.7242097 m);	L. 1.7242097 m);	L. 1.9284205 d);		— 1.928420 d)
—	1.7470273 f);	S. 3.1025620;	S. 3.1482905;		Sum. 1.1916618
Summe	2.6447468				

$$F = (441,31 + 126637 + 1406,99 + 377,44) = (29 - 15.5475),$$

$$F = \frac{3492,11}{13,4525} = 259,648.$$ Schub des Gewölbtheils von 32 Graden.

Werden die Versuche fortgesetzt, so erhält man für den Gewölbtheil

von 33 Graden den Schub F = 259,669
34 = 259,685 ein Größtes,
35 = 259,675
38 = 258,702;

Seitenschub des Gewölbes.

mithin ist der Schub dieses Gewölbes = 259,685 und der schiebende Theil mißt 34 Grade, da Art. 84 der Korbbogen von gleicher Spannung, gleicher Wölbungshöhe, und gleicher Gewölbsdicke, der aus drey Mittelpuncten beschriebene aber nur einen Schub von 236,04, hingegen einen schiebenden Theil von $37\frac{2}{3}$ Graden hat, da noch der Flächeninhalt des Bandes der einen Seite dieses Korbbogens = 255,2, jener Inhalt aber des aus fünf Mittelpuncten beschriebenen Korbbogens = 258,1 ist, so folgt: die aus fünf Mittelpuncten beschriebenen Korbbögen haben mehr Flächeninhalt, auch mehr Schub, hingegen einen kleineren schiebenden Theil als die aus drey Mittelpuncten beschriebenen Korbbögen.

V.

Gothische Gewölbe.

87) Es sey bey einem gothischen Gewölbe (Fig. 46) der innere Halbmesser HL = r, der äußere HM = R, und der dreyeckige Raum etq die eine Hälfte des Schlußkeils, da der Winkel Hth 60 Grade mißt, so wird Hh = R Sin. 60 Gr. = 0,866 R seyn, dann wird der Ausdruck (K) Art. 77 in folgenden verwandelt,

Fig. 46.

Urausdruck des Seitenschubes.

$$F = \frac{\frac{1}{2}\,erA\ \text{Sin.}\,x\ \text{Bog. Sin.}\,x - r\,(P-T)\ \text{Sin.}\,x}{0{,}866\ R - r\ \text{Cos.}\,x} \quad \frac{+\frac{1}{3}\,eB\ \text{Cos.}\,x - \frac{1}{3}\,eB - bT + nP,}{0{,}866\ R - r\ \text{Cos.}\,x}$$

wo x der Winkel AHN des gesuchten Bogens AN ist.

a) Es sey die Spannung des Gewölbes = 18, und seine Dicke = 1, so wird e = 1; r = 18; R = 19; 0,866 R = 16,454; A = 37, und B = 1027; mithin $\frac{1}{2}$ erA = 333, dessen Logar. 2.5224442 *a*); $\frac{1}{3}$ eB = 342$\frac{1}{3}$, dessen Logar. 2.5344491 *b*); und Log. r = 1.2552725 *n*).

b) Der Flächeninhalt des Ergänzungstheils

ABtq ist 9,69904 = P, und der Abstand a′v des Schwerpunctes a′ dieses Theils von der Hülfshöhe ist 4,7875 = n, mithin ist nP = 46,399.

c) Der Flächeninhalt des dreyeckigen Raumes etq ist 0,2877 = T; der Abstand th oder EP ist die Hälfte von tH (19) mithin = 9,5 = b; folglich ist bT = 2,6836.

d) Aus P — T = 9,4027 folgt r (P — T) = 169,2486, sein Log. 2.2285251 *c*), endlich ist $-\frac{1}{3}$ eB — bT + nP = — 298,6179; daraus folgt: F =

2.5224442 *a*) 2.2285250 *c*) 2.5344491 *b*)

$$F = \frac{333\ \text{Sin.x Bog.Sin.x} - 169{,}2486\ \text{Sin.x} + 342{,}3333\ \text{Cos.x} - 298{,}6179}{16{,}454 - 18\ \text{Cos. x}} \quad (N)$$

1.2552725 *n*)

88) Nach dieser Vorbereitung nehme man für x eine größere Zahl von Graden, als jene 30 des Ergänzungstheils, z. B. 41° für den Theil AN, mithin 11 Grade für den Bogen qN an, so werden Log. Sin. x = — 1.9756701 *m*), Log. Cos. x = — 1.5126419 *d*), und die Länge des Bog. Sin. x = 1,23918, dessen Log. 0.0931358 *f*); daraus folgt.

Erster Versuch.

Zähler des Ausdrucks (N) Art. 87.	Nenner.
Zahl	Zahl
L. 2.5224442(*a*); L. 2.2285251(*c*); L. 2.5344491(*b*); 298,6179	16,454; L. 2.2552725(*n*)
— 1.9756901(*m*); — 1.9756701(*m*); — 1.5126419(*d*);	— 1.5126419(*d*)
— 0.0931358(*f*); S. 2.2041952; S. 2.0470910;	Sum. 0,7679144
S. 2.3912701	

F = (390,182 — 160,035 + 111,453 — 298,6179) : (16,454 — 5,8602)

$F = \frac{42{,}974}{10{,}5938}$ = 4,05652. Schub des Gewölbtheils, dessen Bogen qN, 11 Grade mißt.

Werden die Versuche fortgesetzt, so erhält man für den Gewölbtheil, dessen Bogen qN (Fig. 40.)

von 11 Gr. — M. den Schub F		= 4,0565
11	30	= 4,0572
12	—	= 4,0574 ein Größtes.
12	30	= 4,0549
13	—	= 4,0523
14	—	= 4,0437,

Seitenschub des Gewölbes.

mithin ist der Seitenschub eines solchen Gewölbes = 4,0574 und der schiebende Theil mißt 12 Grade.

89) Bey Untersuchung des Schubes eines Gewölbes, wie gesehen, ist nur die Vorbereitung beschwerlich, dann gehet diese Untersuchung leicht und fast mechanisch fort, damit man aber auch dieser Mühe in den meisten Fällen überhoben wird, haben wir nebst der Tabelle 7 noch die eilf folgenden berechnet.

Tabelle 8.

a) Die Tabelle 8 zeigt:

1) Die Existenz eines Größten bey dem Schube, indem sie zeigt, wie von dem kleinsten bis zum größten Theile eines Gewölbes der Schub dieser Theile anfänglich zu= dann abnimmt.

2) Daß bey einem Gewölbe nach dem Zirkel, dessen Dicke $\frac{1}{10}$ der Spannung ist, der Bogen des schiebenden Theils 53 Gr. 9 M., also beynahe $\frac{3}{5}$ der halben Wölbungslinie mißt, und der Schub beynahe $\frac{41}{100}$ des Flächeninhaltes des Bandes von der Hälfte des Gewölbes beträgt.

3) Ist das Gewölbe nur aus einem Theile des Zirkels, so gibt die zweyte Spalte dieser Tabelle den Schub desselben, bey der Dicke $\frac{1}{10}$ des

Halbmessers, und zeigt, daß so dicke Bögen nur dann ein Größtes am Schube haben, wenn der Bogen so groß ist, daß seine Hälfte mehr als 53 Gr. 9 M. mißt: welches selten ist; bey kleineren Bögen ist also der schiebende Theil die Hälfte des Bogens selbst, mithin der Ausdruck (P) Art. 79 gibt den Seitenschub dieser Bögen unmittelbar an.

4) Obengedachte Tabelle zeigt noch, daß, obgleich der schiebende Theil erwähnten Zirkelgewölbes 53 Gr. 9 M. enthält, und dessen Schub 6,7519 Quadratfuß beträgt, so ist doch dieser Schub von jenem der Bögen 53 und 54 Grad, welche dem schiebenden am nächsten sind, kaum um $\frac{1}{1000}$ eines Quadratfußes unterschieden; da ein so geringfügiger Unterschied den kleinsten Maßen entgehet, deren man sich bey Bauten bedienet, so folgt, daß bey der Untersuchung des Seitenschubs der Gewölbe es unnöthig ist, diese Untersuchung bis auf die Minuten zu treiben.

Die Versuche sind auf die Grade einzuschränken.

b) Die Tabelle 9 zeigt das Abnehmen des schiebenden Theils und des Schubes, nach Maß als der Schlußkeil breiter ist, an, und daß dieses Abnehmen des Schubes so unbedeutend ist, daß, wenn auch dieser Keil den achtzehnten Theil des Gewölbes einnehmen, mithin sein Mittelwinkel 10 Grad messen sollte, so würde dadurch der Schub nur $\frac{1}{015}$ Theil kleiner als jener des Gewölbes seyn, das einen Fugenschnitt in der Mitte hat; da ein so übermäßig breiter Schluß nur bey Gewölben von sehr kleiner Spannung, mithin

Tabelle. 9.

Unbedeutender Einfluß der großen Schlußkeile auf den Seitenschub.

auch von kleinem Schube, auch da nur selten Statt finden kann, auch der Unterschied, den er in dem Schube erzeugt, zu gering ist, um in der Ausübung Rücksicht zu verdienen, so ist im allgemeinen der Einfluß des Schlußkeils auf den Schub aus der Rechnung wegzulassen.

Tabelle 10. c) Die Tabelle 10 setzt die Folgerungen 3 und 4 (Art. 74) in volle Klarheit, indem sie zeigt, daß, wie der Mittelpunct des Schubes niedriger angenommen wird, so nimmt der schiebende Theil ab, hingegen der Schub zu, und wie dieser im obersten Punct der Wölbungslinie vereinigt angenommen wird, so wird der schiebende Theil unendlich klein, der Schub aber endlich und $= er - \frac{e^3}{3r}$.

Tabelle 11. d) Die Tabelle 11 zeigt bey Gewölben, die mit einer unendlich nahe an dem obersten Theil gelegten Last beschwert sind:

Gewölbe, die belastet sind.

1) Daß, wie diese zunimmt, so nimmt der Schub zu, hingegen der schiebende Theil ab, jedoch nicht weiter, als bis zu jenem von 41 Gr. 24 M., dessen Bogen zur Tangente gehört, die aus dem Legepunct der Last an die Wölbungslinie geführt ist.

2) Daß, wenn die Last zwölfmahl größer als die Hälfte des Gewölbes ist, so ist der Bogen des schiebenden Theils nicht um einen Grad größer als der Bogen der Tangente, mithin bey so und noch mehr beschwerten Gewölben bestimmt die Tangente den Bogen des schiebenden Theils.

Daß ein Gleiches bey Gewölben geschieht, die auf dem obersten Puncte beschwert sind, wenn die

Last noch einmahl so groß als jene angenommen wird, leuchtet von selbst hervor, diese Resultate stimmen also mit den Folgerungen VI und VII (Art. 74) überein.

Tabelle 12.

e) Die Tabelle 12 zeigt, wie bey einer beschwerten Zirkelwölbung der Bogen des Schubes, und der Schub selbst, sich mit der Lage der Last ändere.

1) Daß, wenn die Last von dem obersten Theile des Gewölbes herabrückt, so nimmt der schiebende Theil zu, der Schub hingegen ab.

Fig. 42.

2) Daß, bey dem Abstande 4, wobey Fig. 42 die, aus dem Legpuncte n der Last geführte Tangente np die Wölbungslinie in dem untersten Punct p des schiebenden Theils des Gewölbes im freyen Zustande berührt, die Last möge wie immer seyn, so bleibt der schiebende Theil unveränderlich.

3) Daß bey dem Abstande 5,2493, wo die schwere Richtung der Last durch den Schwerpunct des schiebenden Theils des Gewölbes im freyen Zustande gehet, sich nichts besonders ereignet.

Tabelle 13, 14. Einfluß der Dicke des Gewölbes auf die Größe des schiebenden Bogens.

f) Die Tabellen 13 und 14 zeigen, wie bey zunehmender Gewölbsdicke die Bögen des schiebenden Theils, wie auch der Schub, zuerst zu-, dann abnehmen,

daß, wenn die Gewölbsdicke jene mit * bezeichnete überschreitet, so nimmt der schiebende Theil, wie auch der Schub ab, welches mit der Folgerung VII Art. 74 übereinstimmt; zwar nur beym Zirkel, und bey überhöheten Korbbögen treffen die größten Schube und Bögen bey der nähmlichen Dicke ein, die anderen aber nicht, dieses kann aber daher kommen, daß oft die Logarithmen nicht hinreichen, um die sich ergebenden sehr kleinen Unterschiede zu fassen, wie auch, daß es uns bey dieser Menge von ermüdenden Berechnungen an Hülfe gemangelt hat, und wir selbes alles haben berechnen müssen.

Tabelle 14.

Für gothische Gewölbe.

g) Die Tabelle 14 zeigt auch, daß bey gothischen Gewölben, wenn die Dicke unendlich klein angenommen wird, der schiebende Theil doch endlich ist, und bey endlichen Dicken dieser Theil sich sehr wenig ändert; auch zeigt diese Tabelle, daß bey der Dicke $\frac{1}{10}$ der Spannung der Schub des gothischen Gewölbes nur $\frac{1}{7}$ des Schubes des Zirkels beträgt.

Tabellen 15 16. 17. 18. 19. 20.

h) Die allgemeinen Tabellen 15, 16, 17, 18, 19, 20, geben den Bogen des schiebenden Theils, den Schub, den Flächeninhalt des Bandes, und den zur Bestimmung der Widerlagen nöthigen Abstand des Schwerpunctes des Bandes von dem Kämpfer bey den üblichen Gewölben an *), und zeigen, wie der Seitenschub zunimmt, nach dem als das Gewölbe gedrückt ist, daß z. B.

---

*) Der wagerechte Abstand NO Fig. 41 des Schwerpunctes jedes von der Verticale AH ausgehenden Theils BN eines Gewölbes nach dem Zirkel, ist $r\,\text{Sin.}\,x - \frac{4(R^3 - r^3)(\text{Sin.}\,\frac{1}{2}x)^2}{3(R^2 - r^2)\,\text{BogSin.}\,x}$ und für das halbe Gewölbe AM, ist $r - \frac{(R^3 - r^3)}{(R^2 - r^2)\,\text{Bog. Sin. } 135\,\text{Gr.}}$, wobey $R = HR$, $r = HA$ und x der Mittelwinkel AHN des betrachteten Gewölbtheils AN ist.

beym Zirkel der Schub		= 111,
bey Korbbögen		
mit der Bogenhöhe	45 der Schub	= 124
	40	= 139
	35	= 156
	30	= 173
	25	= 191 ist.

Nach a) ist es zwar bey Bestimmung des Schubes nicht nöthig, die Untersuchung bis auf die Minuten zu treiben, man hat es aber hier gethan, um den Einfluß, den die Dicke des Gewölbes auf den Bogen des Schubes hat, schärfer zu zeigen.

Gebrauch der allgemeinen Tabellen 16, 17, 18, 19, 20, 21.

90) Bey ähnlichen Gewölben sind der Flächeninhalt des Bandes, der schiebende Theil, der Schub, wie auch der Abstand des Schwerpunctes des Bandes von dem Kämpfer ähnlich, mithin verhalten sich die Flächeninhalte und auch die Schube wie die Quadrate der Gewölbsdicke; dann messen die schiebenden Theile eine gleiche Zahl von Graden, und es verhalten sich die Abstände des Schwerpunctes des Bandes von dem Kämpfer, wie die Dicke, auch wie die Spannung der Gewölbe.

Um bey einem vorgeschlagenen Gewölbe, den Bogen des schiebenden Theils, den Schub und den Abstand des Schwerpunctes des Bandes von dem Kämpfer zu finden, darf man also nur in den allgemeinen Tabellen das Gewölbe suchen, welches jenem ähnlich ist, dann sich der angezeigten Verhältnisse bedienen.

Beyspiele.

I.

Zirkelwölbung.

Es sey die Spannung des Gewölbes = 25 und seine Dicke = 3.

Der Seitenschub wird entweder durch die Tabellen, oder mittelst eines einfachen Verhältnisses bestimmt.

Das Verhältniß dieser Spannung 25, zur Dicke 3; wie Spannung 100 bey der allgemeinen Tabelle 15, zum vierten Gliede, gibt 12 für die Dicke des ähnlichen Gewölbes dieser Tabelle; da der Bogen des schiebenden Theils des normalen Gewölbes 60 Gr. 59 M. mißt, so wird auch der Bogen des schiebenden Theils des vorgeschlagenen Gewölbes eben das nähmliche messen.

Der Schub gedachten Normalgewölbes, wie die dritte Spalte der Tabelle 15. es zeigt, ist 313,17; mithin wird das Verhältniß 144 — Quadrat der Normaldicke 12, zu 9 — Quadrat der gegebenen Dicke; wie der Normalschub 313,17, zu dem gesuchten, und dieser = 19,881 seyn.

Der Abstand des Schwerpunctes des Normalgewölbes von dem Kämpfer, wie die vierte Spalte zeigt, ist 14,213; mithin wird das Verhältniß, Dicke 12, zur Dicke 3; wie 14,213, zum Abstande des Schwerpunctes des vorgeschlagenen Gewölbes von dem Kämpfer, diesen Abstand = 3,5532 geben.

Ist aber die Dicke des vorgeschlagenen Gewölbes $1\frac{1}{2}$, dann gibt das Verhältniß 25, zu $1\frac{1}{2}$; wie

100, zum vierten Gliede, dieses = $5\frac{1}{3}$, folglich eine Gewölbsdicke, die in der Tabelle nicht enthalten ist, dann wird der Schub durch Annäherung gefunden, nähmlich:

Es werden die nächsten Normaldicken 5 und 5,5 betrachtet, der Unterschied ihrer Schube 181,74 und 168,77 genommen; mit diesem Unterschiede 12,97 und mit jenem 0,5 oder $\frac{1}{2}$ der Normaldicke der Tabelle, wie auch mit obigem Unterschied $\frac{1}{3}$, das Verhältniß $\frac{1}{2}$, zu $\frac{1}{3}$; wie 12,97 zum vierten Gliede aufgestellt, dieses = 8,64 gefunden, dann mit dem Schube 168,77 addirt, um jenen 177,41 des Normalgewölbes zu erhalten; endlich wird das Verhältniß $\frac{361}{4}$ = Quadrat der Normaldicke $5\frac{1}{3}$, zu $\frac{9}{4}$ = Quadrat der Dicke $1\frac{1}{2}$; wie der Normalschub 177,41, zum gesuchten Schube diesen = 11,088 geben. Seitenschub.

II.

Gedruckter Korbbogen.

Es sey die Spannung = 25, die Wölbungshöhe = 10, und die Gewölbsdicke = 2.

Um die ähnliche Normalwölbungslinie zu finden, wird das Verhältniß 25, zu 10; wie 100, zum vierten Gliede aufgestellt; da dieses = 30 und der Normalwölbungshöhe gleich ist, so ist die gesuchte Wölbungslinie jene Normale der Tabelle 19.

Dann wird mit Beyhülfe dieser Tabelle eben so wie vorhin verfahren, um den gesuchten Schub zu erhalten.

III.

Steigendes Gewölbe Fig. 6.

Nach Art. 22 ist bey diesen Gewölben der Schub auf beyden Seiten jenem der größeren MB gleich, dieser Schub wird also mittelst der Tabelle 15 gefunden werden.

Binde.

Fig. 47.

91) Es sey Fig. 47. ABhN die Hälfte einer Binde, tA jene des Schlußkeils, aus t eine Verticale tp herabgelassen, und in dieser das Gewicht T, welches die Hälfte des Flächeninhalts des Schlusses vorstellt, vereinigt angenommen; es sey noch Q eine auf die Binde gelegte Last, ob die verticale Richtung, nach welcher diese Last wirket, z der Schwerpunct des übrigen Theils Nt der Binde, zd eine aus diesem Puncte herabgelassene Verticale, und aus N die NF senkrecht auf hB geführt, so wird NF der Hebelarm, womit die Gegenwirkung des Schlusses wirket, und dieser Arm der Dicke der Binde gleich seyn, mithin wird der Schub

$$F = \frac{\text{Fläche } \overline{Nt}.\overline{Nd} + Q.\overline{Nb} + T.\overline{Np}}{\overline{NF}} \text{ seyn.}$$

Fig. 47.

Hat die Binde eine Fuge in der Mitte, und keine Last auf sich, dann sind Q und T gleich Null, ist y der Schwerpunct der Fläche NB und yr die aus diesem Puncte herabgelassene Verticale, so ist

$$F = \frac{(\text{Fläche } \overline{NB})\,\overline{Nr}}{\overline{NF}}$$

Es sey m die Mitte von AB, und aus m gleichlaufend mit Bh, die mn durch die Dicke der Binde geführt, so wird mn die mittlere Länge der Binde, und Fläche $\overline{NB} = \overline{NF}.\overline{mn}$, mithin $F = \overline{mn}.\overline{Nr}$ seyn.

Die Theorie der Momente gibt $\overline{Nr} = \overline{NA} - \frac{\overline{NA}\,(\overline{BC}^3 - \overline{AC}^3)}{3AC\,(BC^2 - AC^2)}$; dieser Ausdruck ist aber bey gewöhnlich dicken Binden so wenig von $\frac{1}{2}\,\overline{NA}$ unterschieden, daß man in der Ausübung $\frac{1}{2}\,\overline{NA}$ statt $\overline{Nr}$ um so mehr nehmen kann, als dadurch der Schub etwas zu groß ausfällt, dann ist $F = \frac{1}{2}\,\overline{AN}.\overline{mn}$.

Beyspiel.

Urausdruck des Seitenschubes.

Man nehme z. B. die Binde über dem Thor von der Kirche der lieben Frau zu Paris an; diese Binde hat 20 Fuß Spannung, und 2 Fuß Dicke, AN ist die Hälfte von AC, mithin sind $BC = 22$, $AC = 20$, $AN = 10$, $mn = 10{,}5$, Nr nach der Schärfe $= 4{,}746$, und $F = 49{,}833$.

Würde für den Schub jener der Tendenz zum Gleiten angenommen, so würde selbst in dem Falle, wo die Keile so poliert wären, als sie es bey Modellen seyn können, der Schub $= 21$, und in dem Falle, wo die Reibung beseitiget wurde $= 42$, mithin noch kleiner, als er in der That ist.

Tabelle 21. Seitenschub der Binde.

Die Tabelle 21 ist für Binden berechnet, wo $AN = \frac{1}{2}\,CN$ ist; diese Tabelle zeigt, daß, wie die Gewölbsdicke zunimmt, so nimmt der Schub ab.

Da der Schub der Tendenz zur Drehbewegung von der Masse der Binde, und von dem Hebelarm womit diese Masse wirket, keineswegs aber von der Art, wie die Fugenschnitte des schiebenden Theils eingetheilt oder gerichtet sind, abhängt, so ist die bisherige allgemeine Meinung: — man könne der Binde den Schub benehmen, wenn man die Keile verzahnt — ganz irrig, indem ein solches Mittel den Schub nicht schwächet.

Daß bey andern Gewölben die nähmliche Bemerkung Statt findet, ist einleuchtend, mithin wenn bey Gewölben aus Ziegeln die Keile entweder zufällig, oder wie Fig. 36 absichtlich *) schief auf die Wölbungslinie gelegt werden, so bringt dieser Umstand keinen merklichen Unterschied in der Tendenz zur Drehbewegung des schiebenden Theils, mithin auch nicht in dem Schube des Gewölbes.

Um ein Beyspiel von dem Unterschiede zu geben, den die verschiedenen Wölbungslinien in dem Schube erzeugen, hat man die Tabelle 22 berechnet; diese zeigt noch, daß, wenn ein Gewölbe flächer wird, so nimmt der Flächeninhalt des Ban-

---

*) Bey dicken Gewölben, wie jene der Pulvermagazine, würden die Fugen am Rücken des Gewölbes zu breit ausfallen, wenn man alle Ziegel senkrecht auf die Wölbungslinie stellte; deßwegen legt man Fig. 36, wie xq, qv, vf es zeigen, die Ziegel zu 4 oder zu 6 Lagen gleichlaufend auf einander, und gewinnt bey jenen qi, vo, fb u. s. w. die Richtung nach dem Mittelpuncte H, indem man die Drepecke mqi, nvo, qfb ausschiefert.

Fig. 36.

des, also auch die Masse des Gewölbes, ab, der Schub hingegen zu.

Tabelle 22.

Bombenfestes Gewölbe mit Kappe für ein Pulvermagazin.

93) Nach Vauban werden die Pulvermagazine Fig. 48 nach einem Zirkel von 25 Fuß Spannung und 3 Fuß dick gewölbt, dann mit einer Kappe OaD aus gemeinem Mauerwerke bedeckt, der Scheitel a dieser Kappe ist 6 Fuß hoch über den Schluß, und die Seiten ay, ah derselben berühren das Gewölbe, dadurch ist der Winkel yah von 92 Gr. 16 M.

Fig. 48.

Man führe aus a die CD senkrecht auf ay, und es sey Q der Flächeninhalt des dreyeckigen Raumes OB, z sein Schwerpunct, d der Abstand zB desselben von Ca; wenn man das unbedeutende Dreyeck Oin — das vielleicht auf dem Fuße des schiebenden Theiles liegt — außer Acht läßt, so wird der ursprüngliche Ausdruck

$$F = \frac{\frac{1}{2}\, erA\ \text{Sin.}\ x\ \text{Bog. Sin.}\ x + rQ\ \text{Sin.}\ x +}{r + e - r\ \text{Cos.}\ x}$$

$$\frac{\frac{1}{3}\, eB\ \text{Cos.}\ x - \frac{1}{3}\, eB - dQ}{r + e - r\ \text{Cos.}\ x}$$

Urausdruck des Seitenschubes.

a) Der Flächeninhalt des Dreyecks COa ist 115,47, und der Flächeninhalt des Sectors COB beträgt 91,97, mithin ist der Inhalt der Hälfte BOa der Kappe = 23,5 = Q.

b) Der Abstand des Schwerpunctes des Dreyecks COa von Ca ist 3,5809, mithin das Moment dieses Dreyecks in Hinsicht Ca ist = 413,49.

Fig. 48.

Der Abstand des Schwerpunctes des Sectors COB von Ca ist 3,7662, mithin ist sein Moment in Hinsicht Ca = 346,37.

Moment der Kappe.

Wird dieses Moment von jenem abgezogen, so kommt das Moment der Kappe in Hinsicht Ca, nähmlich dQ = 67,12.

c) Es ist $e = 3$, $r = 12\frac{1}{2}$, und wie gewöhnlich $A = 2r + e$, $B = 3rr + 3er + ee$, mithin sind $\frac{1}{2}erA = 525$, dessen Logar. 2.7201593 *a*); $\frac{1}{3}eB = 590$, dessen Log. 2.7708520 *b*); $rQ = 293{,}75$, dessen Log. 2.4679779 *c*); endlich Log.

Erster Versuch.

r = 1.0969100 *n*), mithin F =

$$\frac{\overset{2.7201593\ a)}{525}\ \text{Sin.}\,x\ \text{Bog. Sin.}\,x + \overset{2.4679779\ c)}{293{,}75}\ \text{Sin.}\,x + \overset{2.7708520\ b)}{590{,}25}\ \text{Cos.}\,x - 657{,}12}{51{,}5 - \underset{1.0969100\ n)}{125}\ \text{Cos.}\,x} \quad (N)$$

wo x der Winkel ACN des gesuchten Bogens AN ist.

94) Nach dieser Vorbereitung nehme man für x zuerst z. B. 51 Grade an, so werden Log. Bog. Sin. x = − 1.8905026 *m*); Logar. Cos. x = − 1.7988718 *d*); die Länge des Bogens Sin. x = 0,8901179, und dessen Log. − 1.9494475 *f*), daraus folgt:

Zähler des Ausdrucks (N).				Nenner.	
				Zahl	Zahl
Log. 2.7201593 (*a*);	Log. 2.4679779 (*c*);	L. 2.7708520 (*b*);	657,12	15,5;	L. 1.0969100 (*n*)
− 1.8905026 (*m*);	− 1.8905026 (*m*);	− 1.7988718 (*d*);			− 1.7988718 (*d*)
− 1.9494475 (*f*);	S. 2.3584805	S. 2.5697238			Sum. 0.8957818
S. 2.5601094					

F = (363,1696 + 228,2893 + 371,299 − 657,12) : (15,5 − 7,8665)

F = 40,0285. Schub des Gewölbtheils von 51 Graden.

Werden die Versuche fortgesetzt, so geben diese für den Bogen NA

Seitenschub des Gewölbes.

von 52 Gr. den Schub 40,101
53 40,1636
54 40,2017 ein Größtes,
55 40,1845,

mithin ist der Schub dieses Gewölbes = 40,2017 Quadratfuß, und der Bogen des schiebenden Theiles mißt 54 Grade.

Wäre das Gewölbe frey, so wäre der Schub = 19,581, und der Bogen des schiebenden Theiles von 61 Graden.

Zweckmäßiger wären solche Magazine mit gothischen Gewölben zu bauen, die auf dem Boden unmittelbar stehen, und keine Widerlagen brauchten, dadurch würden die Auslagen viel geringer, die nöthige Kappe unbedeutend seyn, und das Gemäuer nicht so hoch über die Festungswerke steigen, daher von außen weniger auszunehmen seyn.

Gewölbe Fig. 42, welches mit einem wagerecht ausgeglichenen Mauerwerke bedeckt ist.

95) Wenn die Widerlagen solcher Gewölbe dem Schube weichen, so entsteht auf jeder Seite des Gewölbes ein verticaler Riß qo, der vom Fuße q des schiebenden Gewölbtheils hinauf steigt.

Fig. 42.

Um den Seitenschub des so beschwerten Gewölbes zu finden, muß man das, zwischen gedachtem Risse und der Verticale At enthaltene, auf dem schiebenden Theil des Gewölbes stehende Mauerwerk, wie ein Gewicht, das in dem Schwerpuncte dieses Mauerwerks vereinigt ist, betrachten.

Es sey der äußere Halbmesser $HB = R$, die Höhe Bt des Mauerwerks über dem Gewölbe $= b$, der gesuchte Winkel $BHq = x$, und der Flächeninhalt von $Btoq = Q$, so findet man $Q = R^2 (\text{Sin.}\, x - \frac{1}{2} \text{Sin.}\, x \,\text{Cos.}\, x - \frac{1}{2} \text{Bog. Sin.}\, x) + bR\text{Sin.}\, x$; (A), das Moment dieses Inhalts in Hinsicht der Verticale Ht ist, $dQ = R^3 (\frac{1}{3} \overline{\text{Sin.}}^3 x - \frac{2}{3} \overline{\text{Sin.}}^2 x \,\text{Cos.}\, x - \frac{2}{3} \overline{\text{Sin.}}^2 \frac{1}{2} x) + \frac{1}{2} bR^2 \overline{\text{Sin.}}^2 x$; (B).

In diesem Falle ist der Ausdruck von F, jener (N), Artikel 93.

Erstes Beyspiel.

Gewölbe, das nur mit einer so hoch als dasselbe aufgeführten Nachmauerung qhB bedeckt ist.

Moment der Last.

96) Es sey, wie Art. 93, ein Zirkel von 25 Fuß Spannung und 3 Fuß Dicke, so wird, wie in diesem Artikel, Log. $\frac{1}{2}erA = 2.7201593\ a)$; $\frac{1}{3}eB = 590{,}25$, dessen Log. $2.7710360\ b)$; $r = 12{,}5$, und dessen Log. $1.0969100\ n)$; dann wird $R = 15{,}5$, und dessen Log. 1.1903317; daraus folgt $F =$

$$F = \frac{\overset{2.7201593\ a)}{525}\ \text{Sin.}\, x\, \text{Boq Sin.}\, x + rQ\, \text{Sin.}\, x + \overset{2.7710360\ b)}{590{,}25}\, \text{Cos.}\, x - 590{,}25 - dQ;}{15{,}5 - \underset{1.0969100\ n)}{12{,}5.}\ \text{Cos.}\, x} \quad (D)$$

Ein Ausdruck, in welchem die Werthe von Q und von d sich bey jedem Versuche ändern.

Man nehme für x zuerst z. B. 58 Grade an, so wird der Log. von Q, dann dQ gesucht; da in diesem Falle b Null ist, so wird nach Formel (A) Art. 95, Log. $Q = 1.4496059\ q)$, und nach Formel (B), $dQ = 282{,}5043$ seyn; nun wird statt

—590—dQ, der Werth —872,5043 im Ausdrucke (D) von F gesetzt; dann der Log. Sin. x = —1.9284205 m); Log. Cos. x = —1.7242097 d), auch Log. Bog. Sin. x = 0.0053051 f), aufgeschrieben, und wie folgende Tafel es zeigt, verfahren.

Erster Versuch.

Zähler des Ausdrucks (D) Art. 96.	Nenner.
Zahl	Zahl
Log. 2.7201593(a); L. 1.0969100(n); L. 2.7710360(b); 872.7543	159; L. 1.0969100(n)
— 1.9284205(m); —1.9284265(m); —1.7242097(d);	—1.7242097(d)
— 0.0053051(f); —1.4496059(q); S. 2.4952457	E. 0.8211197
S. 2.6538849 S. 2.4740424	
F = (450.7035 + 298.4990 + 312.7848 — 872.7543) : (15,5 — 6,62399; daher	
F = 21,3200. Schub des Gewölbtheils, dessen Bogen 58 Gr. mißt.	

Werden weiter für x folgende Bögen angenommen, so wird man, nach jedesmahliger Bestimmung von Q und von dQ finden bey dem Bogen pA

Weitere Versuche.

Fig. 42.

von 60 Gr. den Schub = 21,4231
61 = 21,4514
62 = 21,4797 ein Größtes,
63 = 21,4654
64 = 21,4492,

mithin wird der Schub dieses Gewölbes = 21,4797 seyn, und der schiebende Theil 62 Grade messen; wie der Artikel 94 es zeigt; ist aber der Schub des nähmlichen Gewölbes in freyem Zustande = 19,581, da der Flächeninhalt der Hälfte des Bandes = 65,9734 ist; so ist der Schub des freyen Gewölbes $\frac{19581}{65974}$ oder

Seitenschub des Gewölbes.

0,2968, und der Schub des mit der Nachmauerung beschwerten Gewölbes $\frac{21480}{65973}$ oder 0,3256tel gedachten Flächeninhaltes.

97) Wird bey dem nähmlichen Zirkel von 25 Fuß Spannung die Dicke des Gewölbes zuerst = 2, dann = 1 angenommen, und der Schub dieser Gewölbe, wenn sie mit der Nachmauerung beschwert, dann wenn sie frey sind, gesucht, so findet man

Gewölbsdicke	Beschwertes Gewölbe		Freyes Gewölbe	
	Bogen des schiebenden Theils	Schub in Theilen des Bandes	Bogen des schiebenden Theils	Schub in Theilen des Bandes
3	62 Gr.	0,3256	61 Gr.	0,2968
2	64 —	0,4481	57 —	0,3535
1	67 —	0,7270	52 —	0,4326

Zweytes Beyspiel.

Gewölbe, das eine zehn Fuß hohe Mauer trägt.

98) Es sey das Gewölbe auch nach dem Zirkel, und seine Spannung auch = 25, seine Dicke aber = 3, in diesem Falle wird in den Formeln (A) und (B) Art. 95, b = 10 gesetzt, und der Ausdruck (D) Art. 96 wird das Normal zu den Versuchen geben.

Erster Versuch. Man nehme für x zuerst z. B. 58 Grade an,

und suche mittelst (A) und (B) Art. 95 die Werthe von Q und dQ, so wird man Q = 159,6057, dessen Log. 2.2030484 q), und dQ = 1144,439, mithin nach (D) Art. 96, — 590,25 — dq = — 1736,676 finden; dann wird, wie folgt, verfahren:

Zähler des Ausdrucks.			Zahl	Nenner. Zahl
Log. 2.7201593(a);	L. 1.0969100(n);	L. 2.7710360(b);	1736,676	15,5; L. 1.0969100(n)
— 1.9284025(m);	— 1.9284205(m);	— 1.7242097(d);		— 1.7242097(d)
— 0.0053051(f);	— 2.2030484(q);	S. 2,4952457		S. 0.8211197
S. 2.6538849	S. 3.2283789			

F = (450,6972 + 1691,917 + 312,7848 — 1736,676) : (15,5 — 6,62399);
F = (80,9722). Schub des Gewölbtheils, dessen Bogen 58 Grade mißt.

Weitere Versuche.

Werden die Versuche fortgesetzt, so findet man für den Bogen
von 59 Gr. den Schub 81,0229,
60 81,1123 ein Größtes,
61 81,1056,

Seitenschub des Gewölbes.

mithin ist der Schub des so beschwerten Gewölbes = 81,1123; einen gleichen Schub wird also auch ein eben so beschwerter Bogen von 120 Grade haben, dessen Halbmesser eben so 12,5, und dessen Dicke 3 messen.

Vergleichung des Schubes der Tendenz zur Drehbewegung, mit dem Schube der Tendenz zum Gleiten.

99) Obgleich (Art. 32) die Tendenz zum Gleiten nur in Gurten im Modelle Statt findet, deren Keile poliert sind, und die übermäßig dick an-

genommen werden, so wollen wir doch — um die Ueberlegenheit des Schubes der Tendenz zur Drehbewegung über jene zum Gleiten darzustellen — den größten Schub letzter Tendenz für den Augenblick annehmen, und diesen Schub mit dem der Tendenz zur Drehbewegung der dicksten Gewölbe vergleichen, da bey diesen dieser Schub ein kleinerer Theil des Flächeninhaltes des Bandes als bey dünnen Gewölben ist; endlich wollen wir noch, um den Schub des Gleitens noch mehr zu begünstigen, das Reibungs-Complement, das bey Gewölben 40 Grade beträgt, auf 30, nähmlich die Reibung von $\frac{4}{5}$ auf $\frac{3}{5}$ des Druckes herabsetzen; die Tabelle 23 zeigt in diesem Falle die Schube von beyden Tendenzen bey verschiedenen Gewölben, und die entschiedene Ueberlegenheit des Schubes der Tendenz zur Drehbewegung über jene der andern Tendenz an; aus dieser Ueberlegenheit ist abzunehmen, daß man nie den Schub der Tendenz zum Gleiten statt des andern annehmen darf; man wird davon noch mehr überzeugt, wenn man den Unterschied in den Gesetzen betrachtet, nach welchen gedachte Schube wirken; denn

Tabelle 23.

Der größte Schub ist jener der Tendenz zur Drehbewegung

Erster Unterschied.

a) Bey der Tendenz zum Gleiten bleibt das Verhältniß des Schubes, zum Flächeninhalte des Bandes, bey einerley Wölbungslinie, die Dicke des Gewölbes sey wie immer, das nähmliche; bey der Tendenz zur Drehbewegung hingegen nimmt dasselbe Verhältniß zu, wenn die Dicke des Gewölbes abnimmt.

Zweyter Unterschied.

b) Bey der Tendenz zum Gleiten ist es in

Hinsicht des Schubes gleich, ob das Gewölbe einen Fugenschnitt oder einen Schlußkeil in der Mitte hat, wie auch, ob dieser so übermäßig breit ist, daß er den schiebenden Theil faßt, indem in diesem Falle der Schub unveränderlich bleibt, bey der Tendenz zur Drehbewegung hingegen nimmt der Schub um so mehr ab, je breiter der Schluß angenommen wird.

Dritter Unterschied.

c) Bey der Tendenz zum Gleiten nimmt der Schub ab, wie die Keile rauher, ihre Fugen weniger geneigt sind, auch wie der Mörtel derselben an Härte zunimmt, und gedachter Schub ist Null, wenn die Keile verzahnt sind. Bey der Tendenz zur Drehbewegung hingegen, die Reibung möge noch so groß seyn, die Keile mögen trocken, oder im Mörtel gelegt, oder verzahnt seyn, und die Fugenschnitte des schiebenden Theils mögen nach, oder außer dem Mittelpuncte der Wölbungslinie gerichtet seyn, so bleibt doch der Schub der nähmliche.

Vierter Unterschied.

d) Bey der Tendenz zum Gleiten ist es, wenn das Gewölbe beschwert wird, für den Schub gleich, auf welchen Punct des schiebenden Theils die Last gelegt wird, bey der Tendenz zur Drehbewegung hingegen erzeugt die Lage der Last einen großen Unterschied in dem Schube, und dieser nimmt nach Maß zu, als die Last sich dem obersten Theile des Gewölbes nähert.

Fünfter Unterschied.

e) Endlich bey Binden von geringer, aber gleicher Dicke, und von ungleicher Länge, verhalten sich die Schube bey der Tendenz zum Gleiten, wie die Spannungen, bey der Tendenz zur

Drehbewegung hingegen, fast, wie die Quadrate der Spannungen, und die Verzahnung der Keile hat auf den Seitenschub keinen Einfluß.

Druck auf die Keile.

Fig. 49.

100) Es sey AMBD Fig. 49 die Hälfte eines gedrückten Korbbogens aus drey Mittelpuncten, MN der obere, NB der untere Bogen, dann sey C der Mittelpunct dieses Bogens, und tn der oberste Fugenschnitt, F der Seitenschub des Gewölbes, die Wagerechte tF seine Richtung, und es solle der Fugenschnitt bestimmt werden, der den größten Druck auf sich hat.

Es sey dv dieser Fugenschnitt, so werden auf denselben zwey Kräfte, die eine F, und die andere die Schwere des Gewölbtheils AvdM wirken: man setze den Flächeninhalt des oberen Theils AONM = A, den Flächeninhalt des unteren ODBN = B, den Bogen BN = a, und den unbekannten dN = x; man führe aus C die Verticale Ch; aus h senkrecht auf Cv die hp; dann verlängere man Cv bis an tF, und R sey der Punct, wo diese Verlängerung auf gedachte Wagerechte trifft.

Die Gewölbtheile DN, Dd verhalten sich, wie ihre Bögen BN, dN, mithin gibt das Verhältniß BN a), zu dN x); wie der Flächeninhalt B von DN zum Flächeninhalt von vN, diesen $= \frac{Bx}{a}$, und den Flächeninhalt von AvdM

$$= A + \frac{Bx}{a}.$$

Es stelle hR den Schub vor, so gibt das Verhältniß F, zu seinem Druck auf dv; wie hR zu hp, oder wie Sinus totus zum Sinus hRc, oder Sin. RcD, oder Sin. (a—x), den Druck von F, = F Sin. (a—x).

Es stelle hC den Flächeninhalt von AvdM, nähmlich $\left(A+\frac{Bx}{a}\right)$ vor, so verhält sich dieser Inhalt, zu seinem Druck auf dv; wie hC zu hp, oder wie Sinus totus zum Sin. hCp, oder Cosinus RCD, oder Cos. (a—x); daraus folgt der Druck von AvdM auf dv = $\left(A+\frac{Bx}{a}\right)$ Cos. (a — x).

Der sämmtliche Druck auf dv ist also =

$$F \text{ Sin.} (a-x) + \left(A+\frac{Bx}{a}\right) \text{ Cos.} (a-x); \text{ (D)}.$$

Da dieser Druck ein Größtes seyn soll, so gibt die Differenzial-Rechnung, Bogen Sin. x

$$= \frac{(F \text{ Bog. Sin. } a - B)}{B \text{ tang. } (a-x)} - \frac{A \text{ Bog. Sin. } a}{B} \text{ (E)},$$

wo a=60 Gr., und Bog. Sin. a = 1,04719755 ist.

101) Ist das Gewölbe nach dem Zirkel, dann ist BN die halbe Wölbungslinie und B die Hälfte des Bandes, mithin A gleich Null, daher

Beym Zirkel gibt es kein Größtes am Drucke auf die Keile.

$$\text{Bog. Sin. } x = \frac{F \text{ Bog. Sin. } 90 - B}{B \text{ tang. } (a-x)},$$ welches kein Größtes gibt, weil beym Zirkel F Bogen Sin. 90 = 1,57 F, und nie so groß als B ist.

102) Ist das Gewölbe eine Binde (Fig. 47) und Winkel NCA = a, dann ACi = x, und der Flächeninhalt des Bandes ANhB = B, so wird

sich dieser Inhalt, zu jenem AitB; wie Tangente a, zur Tangente x verhalten, mithin

Bey der Binde gibt es auch kein Größtes.

$$AiB = \frac{B \text{ tang. } x}{\text{tang. } a}$$, und sein Druck auf ti,

$$= \frac{B \text{ tang. } x \text{ Sin. } x}{\text{tang. } a}$$ seyn; der Druck von F auf gedachte ti ist aber $= F \text{ Cos. } x$, mithin ist der sämmtliche Druck $= \frac{F \text{ tang. } a \text{ Cos.}^2 x + B \text{ Sin.}^2 x}{\text{tang. } a \text{ Cos. } x}$, welches kein Größtes gibt.

Beyspiele für gedrückte Korbbögen von 100 Fuß Spannung und 4 Fuß Dicke.

Fig. 49.

103) Da Art. 100 (E) ein Größtes gibt, wann 1,0472 F größer als der Flächeninhalt B des unteren Gewölbtheils DONB (Fig. 49) ist, dieser Fall aber nur bey den Tabellen 17, 18, 19 und 20 eintritt, so werden wir diesen Ausdruck auf die Wölbungslinie letzterer Tabelle, mithin auf einen Korbbogen, dessen Höhe 25 ist, anwenden.

a) Bey einem solchen Korbbogen von 4 Fuß Dicke gibt Tabelle 20, F = 236,05, dessen Log. ist 2.3730040, dann sind A = 180,3254, dessen Log. 2.2560570, ferner B = 75,0174, dessen Logar. 1.8751620, und Logar. Bogen Sinus 60 = 0.0200285.

b) Daher ist $\frac{aF - B}{B} = \frac{247,1909}{75,0174} - 1$ $= 2,29511$, dessen Logarithm 0.3608043, und

$\frac{aA}{B} = 2,5172$, mithin
Log. 0.3608043

$$\text{Bog. Sin. } x = \text{Zahl} \frac{2,2951}{\text{tang. } (60-x)} - 2,5172 \text{ (M)}.$$

Versuche.

Nach dieser Vorbereitung sind die zur Bestimmung von x nöthigen Versuche leicht auszuführen.

Man nehme nach einander für x eine beliebige zweckmäßige Zahl von Graden, z. B. 21 Gr. 26 M., und 21 Gr. 27 M. an, so wird nach (M) Bog. Sin. 21 Gr. 26 M., nähmlich
0,37408 = 2,8932 — 2,5172 = 0,3750 geben, und Bog. Sin. 21 Gr. 27 M., nähmlich
0,37438 = 2,8905 — 2,5172 = 0,3733
da von letzteren zwey Werthen der erste 0,3750 größer als Bogen 0,37408, und der letzte 0,3733 kleiner als der gehörige Bogen 0,37438 ist, so sind 21 Gr. 26 M., und 21 Gr. 27 M. die Gränzwerthe, und x ist beynahe 21 Gr. $26\frac{1}{2}$ M., mithin mißt Md beynahe 51 Gr. $26\frac{1}{2}$ M.

Größter Druck auf die Kelle.

Setzt man nun in (D) Art. 100. statt FAB, ihre Werthe, dann 60 statt a, und 21 Gr. $26\frac{1}{2}$ M. statt x, so erhält man den größten Druck = 309,37; wird dieser Druck durch die Dicke des Gewölbes getheilt, so erhält man den spezifischen Druck.

Tabelle 24.

Die auf diese Art berechnete Tabelle 24. stellt die Existenz dieses Größten anschaulich dar.

104) Wird (E) Art. 100. auf die Wölbungslinie der Tabelle 17, 18 und 19 angewandt, und die Gewölbsdicke wie vorhin = 4 angenom-

Fugenschnitt, worauf der größte Druck Statt findet.

men, so erhält man bey der Wölbungshöhe 40 für den Bogen Md, an dessen Fuß der größte Druck ist, beynahe 83 Gr. 30 M.

35	72 — 30 —
30	59 — 30 —
25	51 — 26 —

Der Bogen Md nimmt also zu, wenn die Wölbungslinie sich dem Zirkel nähert, auch zeigt (E) Art. 100, daß gedachter Bogen mit der Dicke des Gewölbes zunimmt, und es Dicken geben kann, wo kein Größtes am Drucke Statt findet.

Obgleich beym Zirkel es kein solches Größtes gibt, so ist es doch wichtig, zu wissen, wie sich gedachte Drucke bey gleicher, wie auch bey ungleicher Gewölbsdicke verhalten; aus dieser Ursache hat man die Tabelle 25 berechnet, auch in derselben den specifischen Druck dargestellt.

Tabelle 25. Der Druck auf die Keile.

Diese Tabelle zeigt, daß die Keile um so mehr Druck auf sich haben, als sie sich vom Schlusse entfernen, auch als das Gewölbe dicker ist; mithin, je dicker ein Gewölbe ist, desto mehr Druck haben die Eckseiten der Keile auf sich, deren Fugen sich öffnen, desto größere Gefahr laufen also diese Seiten, Schaden zu leiden.

Bey dem specifischen Druck verhält es sich zwar zum Theil anders, aber dieser Druck gehört zu dem Falle, wo die Keile auf einander liegen, und kann diesen nicht gefährlich seyn.

Die dritte und fünfte Spalte der Tabelle zeigen, daß größere Gewölbsdicken nur den Keilen eine Linderung am Drucke verschaffen, die in dem oberen Bogen von 65 Graden enthalten sind, den Druck auf die unteren Keile hingegen vermehren; da aber die oberen Keile ohnehin weniger als die übrigen gepreßt sind, so kommt man dadurch jenen Keilen zu Hülfe, die es am wenigsten bedürfen.

Bisherige irrige Meinung.

Daraus sieht man, wie die bisher gehegte Meinung irrig gewesen ist, daß unter allen Keilen der Schluß am meisten leidet, und daß, je dicker ein Gewölbe gehalten wird, desto weniger für die Erhaltung seiner Keile zu sorgen ist.

Druck der Gewölbe auf die Leergerüste.

105) Der Druck, den die Gewölbe, welche bis auf den Schluß aufgeführt sind, auf die Gerüste verursachen, ist besonders in dem Falle nöthig zu kennen, wo die Gerüste aus Sprengwerken bestehen müssen.

Pitot ist der erste, der es versucht hat, der Druck der Gewölbe auf ihre Gerüste zu untersützen.

Die erste bekannte Untersuchung über diesen Druck ist von Pitot und in den Acten der Pariser Akademie 1726 erschienen. Er beschränkt sich aber dabey auf den Zirkel, und beseitigt die Reibung, obgleich, wie erwähnt, Gewölbe von gleichförmiger Dicke sich ohne die Reibung nicht auf dem Leergerüste erhalten könnten, mithin unausführbar wären; dann betrachtet Pitot die Keile wie frey, da doch jeder den Druck jener auf sich hat, die auf ihm stehen, und dieser Druck einen Rückschub verursacht, der das Herabgleiten der unteren Keile schwächt.

Untersuchung des Couplets.

Drey Jahre später lieferte Couplet, wie schon gemeldet, in gedachten Acten eine Abhandlung über die Mechanik der Gewölbe; im ersten Theil dieser aus neun Aufgaben bestehenden Abhandlung wird auch die Reibung beseitigt, dann erwiesen, daß Zirkelgewölbe von gleichförmiger Dicke sich unmöglich erhalten können, und doch werden solche Gewölbe angenommen, um den Druck auf das Gerüst zu bestimmen.

Fig. 50. Satz von Couplet.

Aus dieser Untersuchung, worin der Druck der Keile auf einander, nicht nach Pitot, sondern gehörig erscheint, folgt: daß bey Gewölben nach dem Zirkel (Fig. 50) deren Keile unendlich schmal angenommen sind, nur der obere Theil KMVZ drückt, dessen Bogen KM 60 Grade mißt, und daß sich dieser Theil, zu seinem Drucke auf das Gerüst verhält; wie KM, zu 2PM—KM, nähmlich wie die Länge des Bogens KM, zum Unterschiede der doppelten Spannung PM, und gedachter Bogenlänge.

Wird also der Halbmesser CM = 1 angenommen, daher die Länge des Bogens von 60 Graden = 1,047, und jene von 2 Sin. 60 = 1,732, mithin 2 PM — KM = 0,685, so ist der Druck des Gewölbes auf das Gerüst — $\frac{685}{1047}$ beynahe $\frac{2}{3}$ des Gewölbtheils KMV, und beynahe $\frac{1}{9}$ des halben Gewölbes.

Fig. 50.

Da bey dieser Auflösung die Reibung beseitigt ist, auch nur Gewölbe nach dem Zirkel betrachtet wurden, und bey der Reibung, nebst dem Druck der Tendenz zum Gleiten, auch der Druck der Tendenz zur Drehbewegung zu betrachten kommt, endlich mehrere der höchsten Keile, besonders bey flachen Bögen, mit der ganzen Schwere auf das Gerüst drücken, so muß der Druck auf das Gerüst nach diesen Rücksichten bestimmt werden. Man wird bey dem Zirkel anfangen:

Druck der Tendenz zum Gleiten bey der Reibung.

106) Ist KMVZ der Theil, dessen Keile, einzeln betrachtet, eine Tendenz zum Gleiten haben, da der untere unendlich dünn angenommene Keil VM nicht herabgleiten kann, wenn HCV das Reibungscomplement ist, so ist der Mittelwinkel ZCV beynahe der Reibungswinkel selbst.

Es sey durch die Mitte des Bandes KMVZ der Bogen AD geführt, und G sein Schwerpunct, so wird er auch der Schwerpunct dieses Bandes seyn.

Man führe aus G die wagerechte GR, und die Verticale BN, dann durch D die Lq, welche der Fuge MV unter dem Reibungswinkel LDV begegnet, da BN und ZC vertical sind, so sind BNV und ZCV gleich; dieser ist aber kleiner als LDV angenommen worden, mithin ist auch BNV kleiner als LDV; daher, wenn man DL aufwärts und unbestimmt verlängert, so wird er die Verticale BN in irgend einem Puncte B durchschneiden: man führe aus diesem Puncte die BC und die auf die Verlängerung der Wölbungshöhe Senkrechte BE, dann aus irgend einem Puncte N erwähnter Verticale, mit BN als Diagonale, und mit BC, BD als Richtungen der Seiten eines Parallelogramms, beschreibe sel-

Parallelogramm der Kräfte.

des NFBL, so wird der Druck auf VM (wenn der Gewölbtheil KMVZ durch BN vorgestellt wird) durch BL vorgestellt werden.

Ist GC geführt, so wird der Schwerpunct des Bogens KM in dieser GC liegen; es sey g dieser Punct, gr sein Abstand von der Wölbungshöhe, Cn senkrecht auf Bq, und Mv gleichlaufend mit Dn.

Da, wie erwähnt, der Bogen AD, sich zum Drucke auf VM; wie BN, zu BL; wie Sin. NLB, oder Sin. NLD, oder CBD, zum Sinus BNL, oder CBN, oder BCE, und wenn BC als Sinus totus angenommen wird wie Cn, zu BE, oder GR verhält, so ist der Druck auf VM $= \frac{AD.GR}{Cn}$.

Fig. 50.

Es verhält sich aber AD, zu KM; wie GR, zu gr, und wegen des unendlich kleinen Winkels MCv; wie Cn, zu Cv, daher kann man statt der AD, GR, Cn, die KM, gr, Cv nehmen, mithin ist der Druck BL auf VM $= \frac{KM. gr}{Cv}$; (A).

Man führe die Ordinate MP, dann setze man den Reibungswinkel $= e$, den Halbmesser CM$=$r, und die Bogenhöhe PK $= x$, da CMv und CDn dem Reibungswinkel LDV beynahe gleich sind, so wird Cv $=$ r Sin. e; die Theorie der Schwerpuncte gibt aber gr $= \frac{rx}{KM}$, mithin wird (A), nähmlich der Druck von KMVZ auf VM $= \frac{x}{Sin.\ e} = \frac{KP}{Sin.\ e}$.

Eben so ist der Druck jedes andern kleineren Gewölbtheils Kafz auf seine Grundfuge $fa = \frac{KQ}{Sin.\ e}$, mithin ist der Unterschied $\frac{KP-KQ}{Sin.\ e}$ dieser Drucke, nähmlich $\frac{QP}{Sin.\ e}$, der Druck des Gewölbtheils aMVf auf VM; daraus folgt: die Drucke der Gewölbtheile auf ihre Grundfuge verhalten sich wie die Bogenhöhen dieser Theile.

Satz.

107) Nun sey Fig. 51 das nähmliche Gewölbe, und selbes nur bis af aufgeführt; man setze die Bogenhöhe KQ = a, so wird der Druck auf die Grundfuge VM des aufgeführten Theiles $= \frac{x-a}{Sin.\ e}$, und unter der Neigung BDV des Reibungswinkels auf VM wirken.

Fig. 51.

Ist MmvV der untere Keil des Gewölbtheils aMVf, da dieser Keil unendlich schmal ist, wenn man aus m die Ordinate mp führt, so werden $Pp = dx$, und $Mm = \frac{rdx}{\sqrt{(2rx-xx)}}$.

Führt man unter Cv den Halbmesser Cn, der mit Cv einen dem Reibungscomplemente gleichen Winkel vCn bildet, so wird (nach Art. 14. g) Cn die wahre Ebene seyn, die beym Herabgleiten erwähnten Keils auf vm zu betrachten kommt.

Ist die Richtung BD des Druckes, in q verlängert, und aus D die Do senkrecht auf Cn geführt, so wird DqC um DCv kleiner als ein rechter Winkel, qDo dem Winkel DCV gleich, und die Dreyecke Doq, CMm werden ähnlich seyn; stellt nun Dq den Druck BD vor, nachdem Dq unter dem spitzen Winkel Dqo auf Cn fällt, so zerlegt sich Dq in zwey Kräfte Do, oq, deren die letzte von o nach q der Tendenz zum Herabgleiten des Keils MmvV gerade entgegen wirkt.

Da CM, nähmlich r, sich zu Mm, nähmlich $\frac{rdx}{\sqrt{(2rx-xx)}}$: wie Do, nähmlich der Druck $\frac{x-a}{\text{Sin. } e}$, zum Rückschub oq verhält, so ist dieser Schub

Rückschub. $= \frac{(x-a)\,dx}{(\text{Sin. } e)\sqrt{(2rx-xx)}}$ (B).

Es sey aus M die auf CH Senkrechte MR, und die auf Cn Senkrechte Mg, dann aus dem Durchschnittspuncte i von Cn mit der Wölbungslinie die auf CH Senkrechte iL geführt, so werden Sinus MCR $= \frac{r-x}{r}$, und Cosinus MCR $= \frac{1}{r}\sqrt{(2rx-xx)}$; es sind aber Cos. MCg = Sin. e, und Sin. iCL = Sin. (MCR—MCg) = Sin. MCR Cos. MCg — Cos. MCR Sin. MCg, mithin ist Sinus iCL $= \left(\frac{r-x}{r}\right)$ Sinus e $- \frac{\text{Cos. } e}{r}\sqrt{(2rx-xx)}$; (C).

Da die Schwere des Gewölbtheils aMVf durch seinen Bogen aM vorgestellt ist, so muß die Schwere des Keils MmvV auch durch seinen Bogen Mm, nähmlich durch $\frac{rdx}{\sqrt{(2rx-xx)}}$ vorgestellt werden; nach Art. 14 *m*) ist aber die Kraft, womit dieser Keil herabzugleiten trachtet, dem Producte seiner

Schwere mit Sin. iCL, nähmlich mit Ausdruck (C) gleich, mithin ist gedachte Kraft

$$= \frac{(r-x)\,\text{Sin.}\,edx}{\sqrt{(2rx-xx)}} - \text{Cos.}\ e.$$

Differenzial des Druckes auf das Gerüst.

Wird von dieser Kraft jene gerade entgegengesetzte (B) des Rückschubes abgezogen, so gibt der Rest den Druck, womit der Keil MmvV auf das Gerüst drückt,

$$= \frac{(r-x)\text{Sin.}^2 edx-(x-a)dx}{(\text{Sin.}e)\sqrt{(2rx-xx)}} - \text{Cos.}\ edx;\ (D).$$

Höhe des auf das Gerüst drückenden Gewölbbogens.

Setzt man diesen Ausdruck gleich Null, so erhält man die Gleichung $(r-x)\ \text{Sin.}^2\ e - x + a = \text{Sin.}\ e\ \text{Cos.}\ 2\sqrt{2rx-xx}$; (E), woraus x abgeleitet, dieser den Werth der Bogenhöhe KP, wovon KQ abgezogen, die Höhe QP des Bogens aM angibt, dessen Keile mit der Tendenz zum Herabgleiten auf das Gerüst drücken.

Fig. 51.

108) Wird das Gewölbe vollständig, und die Reibung unendlich klein angenommen, dann werden a und cos. e unendlich klein, Sin. $e = 1$, und die Gleichung (E) gibt, wie jene von Couplet $x = \frac{r}{2}$, mithin der Bogen KM = 60 Grade.

Ist das Gewölbe gothisch und seine Spannung HL (Fig. 46), wie gewöhnlich, dem Halbmesser der Wölbungslinie gleich, dann ist a = Sin. vers. 60 Grade $= 0{,}134\ r$, und bey Beseitigung der Reibung ist x, nähmlich $AP = \frac{r+a}{2} = \frac{17\ r}{30}$ = r Sin. vers. 64 Gr. 20 M.; AN sey der Bogen, der dieses mißt, da Aq = 30 Gr. hat, so ist qN = 34 Gr. 20 M., der Theil des Gewölbes, der auf das Gerüst drückt.

Werden statt e nach einander 90 Gr. und 71 — 34 M., dann folgendes angenommen, so findet man:

Bogen, der auf das Gerüste drückt.

bey der Reibung		beym Zirkel Fig. 51	bey gothischen Gewölben Fig. 46 oder aM Fig. 51
unendlich klein, oder	e = 90 Gr. — M.	KM = 60 Gr. — M.	qN = 34 Gr. 20 M.
$\frac{1}{3}$ des Drucks oder	e = 71 „ 34 „	= 49 „ 42 „	= 24 „ 16 „
bey $\frac{3}{5}$	e = 60 „ — „	= 42 „ 22 „	= 17 „ 18 „
	e = 50 „ — „	= 35 „ 45 „	= 11 „ 24 „
$\frac{21}{25}$	e = 40 „ — „	= 29 „ — „	= 4 „ 1 „
	e = 30 „ — „	= — „ — „	= — „ — „

Bey unendlich großer Reibung wird e unendlich klein, und die Gleichung (E) gibt x = a, mithin der Bogen des drückenden Theils gleich Null.

Fig. 51.

109) Wird das Differenziale (D) Artikel 107, welches der Druck jedes Keils, auf das Gerüst ist, integrirt, so erhält man den Druck des Gewölbes auf das Gerüst

Formel des Druckes auf das Gerüst, bey der Tendenz zum Gleiten.

$$= \frac{(1+\text{Sin.}^2 e)MP-(r+a)KM-PK\,\text{Cos.}\,e}{\text{Sin.}\,e}\ ; \text{(F)}.$$

Nimmt man die Reibung unendlich klein an, so wird beym Zirkel, wie nach Couplet, der Druck von KMVZ auf das Gerüst = 2MP—KM, bey gothischen Gewölben aber wird der Druck von qN (Fig. 46) oder von AM (Fig. 51) auf das Gerüst = 2MP — 1,134 KM beynahe = 2MP — $\frac{17}{15}$ KM.

Wie nun nach Art. 108, KM = 64°, 26′ mißt, und beym Halbmesser r = 1, Bogen KM = 1,123, mithin 1,134 KM = 1,273, dann 2MP, nähmlich 2 Sin. 64°, 20′ = 1,803, und die Länge des Bogens aT von 60 Graden = 1,047 sind, dieser

Bogen aber die Schwere des halben Gewölbes ohne Schluß vorstellt, so ist bey Beseitigung der Reibung der Druck des gothischen Gewölbes auf das Gerüst $= \frac{529}{1047}$ beynahe die Hälfte der Schwere des Gewölbes.

Werden statt e die nähmlichen Winkel wie Art. 108 angenommen, und ihre Sinus e nach einander wie auch für a sein Werth im Ausdrucke (F) gesetzt, so wird wie folgt:

Druck auf das Gerüst bey der Tendenz zum Gleiten.

Reibungswinkel.	Senkrechter Druck auf das Gerüst bey der Tendenz zum Gleiten.	
	Beym Zirkel.	Bey gothischen Gewölben.
e = 90 .	$\frac{685}{1570}$ des Gewölbes	$\frac{529}{1047}$ des Gewölbes
e = 71 .	$\frac{501}{1570}$	$\frac{362}{1047}$ ohne Schluß
e = 60 .	$\frac{377}{1570}$	$\frac{242}{1047}$ . . . . . .
e = 50 .	$\frac{275}{1570}$	$\frac{165}{1047}$ . . . . . .
e = 40 .	$\frac{185}{1570}$	$\frac{51}{1047}$ . . . . . .
e = 30 .	. . . .	Null.

Diese Beyspiele zeigen, daß bey dem zu den Steinen gehörigen Reibungswinkel von 50 Graden der Druck auf das Gerüst, der aus der Tendenz zum Gleiten entsteht, beym Zirkel $\frac{275}{1570}$ oder $\frac{110}{628}$, bey gothischen Gewölben aber nur $\frac{165}{1047}$ oder $\frac{86}{628}$ der Schwere des Gewölbes ist.

Nachdem bey dieser Reibung der auf das Gerüst drückende Theil Ka nach Art. 108, beym Zirkel nur 29 Grade mißt, bey Korbbögen aus drey Mittelpuncten (Fig. 43, 44) aber der obere Bogen qM 30 Grade hat, so ist bey solchen Korbbögen der Druck auf das Gerüst $\frac{58}{114}$ des Zirkelgewölbes, wozu gedachter Bogen qM gehört.

Tabelle 26.

Die Tabelle 26 zeigt den Druck, den ein Gewölbe nach Maß, als es hoch aufgeführt ist, auf das Gerüst bewirket.

Druck auf das Gerüst der Tendenz zur Drehbewegung.

110) Obgleich der Druck der Tendenz zum Gleiten, selbst wenn die Keile unendlich schmal angenommen werden, mithin das Gewölbe am meisten drücken kann, so gering ist, ja, bey unendlich großer Reibung sogar Null ist, so folgt doch nicht, daß die Gewölbe so wenig oder gar nicht auf die Gerüste drücken, denn, wenn auch kein Keil auf den andern gleiten kann, so fällt doch der Schwerpunct z des eigentlichen Gewölbes arvc (Fig. 37) aus seiner Basis vc, wodurch dasselbe eine Tendenz zur Drehbewegung hat.

Fig. 37.

Sind zi vertical, vi wagerecht, rv die Sehne des Bogens rnv und Hn senkrecht auf rv, so wirkt die Schwere von arvc mit dem Hebelarm vi, und das Gerüst wirkt dagegen mit dem Hebel vn, der beym Zirkel $= \frac{1}{2}$ rv ist, mithin ist der senkrechte Druck auf das Gerüst, nähmlich jener nach

$$nH = (arvc). \frac{vi}{\frac{1}{2} vr}.$$

Nimmt man den Halbmesser Hv = der Wölbungslinie = 10, und die Reibung so groß an, daß kein Keil auf den andern gleiten kann, da rv 60 Grade mißt, so wird bey den Gewölbsdicken

$\frac{1}{0}$, $\frac{1}{20}$, $\frac{1}{10}$ der Spannung, der Druck auf das Gerüst = $\frac{75}{100}$, $\frac{72}{100}$, $\frac{68}{100}$ des Flächeninhalts von arvc betragen; da dieser Druck nach zH senkrecht auf dem Gerüst wirket, und zHr 30 Grade mißt, so verhält sich der senkrechte Druck, zu dem verticalen, wie Sinus totus, zum Sinus von 60 Graden; wie 500, zu 433.

Satz.

Gewölbstheile, die mit der ganzen Schwere auf das Gewölbe drücken.

Fig. 52.

Der Druck eines Gewölbes auf das Gerüst wird in dem Falle noch größer, als der letztgefundene, wo die Keile so breit sind, daß ihr Schwerpunct unmittelbar auf das Gerüst fällt, und sie darauf stehen können, ohne herabzugleiten, da sie in diesem Falle mit der ganzen Schwere drücken.

Bey gewöhnlichen Keilen liegt der Schwerpunct beynahe in der Mitte derselben; ist also Fig. 52 durch die Mitte von bd und aq gezogen, so wird ihre Mitte x für die Lage des Schwerpunctes des Keils abdq angenommen.

Es treffe die von x herabfallende Verticale auf a, und es sey Cx, und die Sehne aq, wie auch die Wagerechte iP geführt, so werden die rechtwinkeligen Dreyecke aix, iPC ähnlich, und die Winkel axi, iCP gleich.

Es verhält sich ix oder $\frac{1}{2}$ ab, zu ai oder $\frac{1}{2}$ aq; wie Sinus totus, zur Tangente axi oder iCP, mithin ist Tangente iCP = $\frac{aq}{ab}$; da iCP bekannt ist, so wird der Bogen Ki, worauf jene Keile stehen, deren Schwerpuncte auf das Gerüst fallen, auch bekannt.

Nach Art. 33 und 35 meiner Mechanik, kann eine verticale Kraft auf einen Bogen Ka, ohne zu gleiten, wirken, wenn das Complement xab des äußersten Einfallswinkels xai, oder wenn KCi und um so mehr KCa nicht größer als das Reibungscomplement ist, in diesem Falle kann jeder auf dem Bogen Ka gestellte Keil sich darauf frey erhalten, also mit der ganzen Schwere auf diesen Bogen drücken.

Ist erwähntes Complement wie gewöhnlich = 40 Grade, da seine Tangente = $\frac{4}{5}$ ist, so gibt dieß [illegible] = $\frac{4}{5}$, daraus folgt: bey Gewölben, deren Keile wenigstens $\frac{4}{5}$ der Höhe zur unteren Breite haben, drückt auf jeder Seite der Wölbungshöhe, der obere 40 Grade messende Gewölbtheil vertical, und mit der ganzen Schwere auf das Gerüst; bestehet das Gewölbe aus einem Bogen von 80 Graden, dann ist der Druck auf das Gerüst der ganzen Schwere des Gewölbes gleich; ist aber das Gewölbe nach dem Zirkel, und ist Ki der Theil von 40 Graden, dann bleibt noch der Druck von iM zu bestimmen.

Satz.

Dieser Druck kann entweder aus der Tendenz zum Gleiten, oder aus jener zur Drehbewegung entstehen; er entsteht aus erster Tendenz, wenn der Schwerpunct von FiMV auf die Basis VM fällt. In diesem Falle, wo KP gegeben ist, gibt der Art. 109 den Druck gedachten Theils auf das Gerüst an; dieser Druck entsteht aber aus der Tendenz zur Drehbewegung, wenn erwähnter Schwerpunct außer der Basis VM und so weit heraus fällt, daß der Druck dieser Bewegung größer als jener der Tendenz zum Gleiten ist.

Druck, den die Bögen der Neuilly-Brücke auf ihre Gerüste bewirkt haben.

Um diese Sätze auf die Bögen der Brücke zu Neuilly anzuwenden, nehmen wir diesen Bogen gleichförmig dick an; da die Keile dieser Bögen 60 Zoll hoch, und unten bey 18 Zoll breit sind, so ist $\frac{15}{50} = \frac{18}{60}$ = tang. 16°, 42′, mithin drückt der obere Gewölbtheil mit der ganzen Schwere und vertical; der beyder Seits der Wölbungshöhe 16°, 42′ von der halben Wölbungslinie faßt; da diese Linie aus 11 Bögen bestehet, der mittlere 12°, 42′ mißt, und 32 Fuß 2 Zoll lang ist, beyde anstoßende jeder 7°, 42′ messen, und 14 Fuß, 3 Zoll, 10 Linien lang sind, die nächstfolgenden jeder 9°, 55′ messen, und 12 Fuß 0 Zoll, 11 Lin. lang sind u. s. w., so ist die Länge des oberen mit der ganzen Schwere drückenden Gewölbtheils beyder Seits des Gewölbes = 34 Fuß 17 Zoll, nach Art. 11 *e*) mißt aber die ganze Linie $148\frac{1}{2}$ Fuß, folglich ist dieser Theil bey $\frac{23}{50}$ der Wölbungslinie.

Gedachter Druck beträgt bey $\frac{3}{4}$ der Schwere der Bögen.

Führt man die Untersuchung des Druckes auf das Gerüst aus, so findet man denselben etwas über $\frac{2}{3}$ des Gewölbes, hätte aber dieses nur 4 Fuß Dicke erhalten, dann hätte der Druck auf das Gerüst beynahe $\frac{3}{4}$ des Gewölbes betragen.

Die Erfahrung zeigt es auch, daß dieser Druck besonders bey gedrückten Gewölben sehr groß seyn kann, denn die Gerüste der Brücke zu Mantes bestanden aus sehr starken Balken, und doch wurden einige derselben durch gedachten Druck etwas gebogen, und das Gerüst sank beynahe um 12 Zoll.

Der Druck der Gewölbe auf die Leergerüste, wie gesehen, hängt von dem

Verhältniß der unteren Breite der Keile zu ihrer Höhe, von der Dicke des Gewölbes, von der Beschaffenheit der Wölbungslinie, und von der Reibung ab; dadurch ist also das Verhältniß erwähnten Druckes zu der Schwere des Gewölbes, selbst bey gleicher Wölbungslinie, sehr veränderlich; da aber die Praxis leichte und sichere Regeln verlangt, nach welchen sie den Druck der Gewölbe nahe genug schätzen kann, so hat man nach reifer Erwägung folgende Regel zweckmäßig gefunden.

Allgemeine Regel für die Bestimmung des Druckes auf die Gerüste.

Druck auf das Gerüst beym Zirkel $\frac{8}{20}$ bis $\frac{9}{20}$ der Schwere des Gewölbes.

bey gedruckten Korbbögen .

Wölbungshöhe $\frac{7}{20}$ der Spannung	$\frac{10}{20}$ — $\frac{12}{20}$
$\frac{6}{20}$	$\frac{12}{20}$ — $\frac{14}{20}$
$\frac{5}{20}$	$\frac{14}{20}$ — $\frac{16}{20}$

bey flachen Bögen und bey Binden die ganze Schwere des Gewölbes.

Anordnung der Leergerüste.

Gewöhnliche Gerüste.

111) Die meisten Leergerüste bestehen aus Bretern, die nach der Rundung der Wölbungslinie behauet, dann doppelt auf einander genagelt, endlich mit Balken hinlänglich unterstützt werden; da solche Gerüste jedem Maurer bekannt sind, und durch denselben hergerichtet werden, so wird davon keine weitere Meldung gemacht.

Gerüste, die eine große Spannung haben sollen, und nicht unterstützt werden können, weil entweder das Gewölbe zu hoch über den Grund, oder auf einen Fluß zu stehen kommen soll, der schiffbar, oder großen Anschwellungen ausgesetzt ist, und frey bleiben muß, so werden solche selbstständige Gerüste aus Hang- und Sprengwerken gebaut, mithin erfordern dieselben viel Kunst.

Gerüste aus Hang- und Sprengwerken.

Da die Gerüst-Anordnung (Fig. 53) bey jeder Spannung anwendbar ist, indem nach Maß, als diese größer wird, die Reihen der Strebbalken verlängert, auch mehr solcher Reihen unter einander angebracht werden können, so wird man sich an diese Anordnung halten. bLATE ist die Hälfte eines Leergesperres aus eichenem Holze, weil das Weiche sich zu leicht biegt.

Fig. 53.

Gerüste der Bögen der Brücke zu Neuilly.

P, P', P'' u. s. w. R, R', R''; X, X', X'' und H, H', H'' sind vier Reihen Streben, diese sind nach Umständen 15 bis 23 Fuß lang, und 12 bis 15, auch 15 bis 18 Zoll dick.

O, D, L, C, B, A u. s. w. sind doppelte 8 bis 9 Fuß lange, zusammen bey 24 bis 30 Zoll dicke Hangsäulen, die D, C, A gehören zu der oberen und zu der dritten Reihe von Streben, und die O, L, B gehören zu den anderen zwey Reihen.

Durch jede Säule gehen drey eiserne, bey 30 Zoll lange Bolzen i, i, i, die solche Säulen festhalten.

Die Streben P, P' u. s. w. der oberen Reihe, wie auch die meistens gleichlaufenden Streben X, X' der dritten Reihe, stemmen sich an die gemeinschaftlichen Säulen D, C u. s. w., gehen aber durch die Zwischensäulen O, L frey durch, da hingegen die Streben R, R' u. s. w., wie auch jene H, H' und übrigen, sich an letzteren Säulen O, L stemmen, und durch jene D, C frey gehen: ein

Umstand, den man nicht übergehen darf, weil er auf die Untersuchung des Seitenschubes solcher Gerüste viel Einfluß hat; h, h sind 12 bis 15 Zoll breite, oben nach der Rundung der Wölbungslinie gehauene Sattelstücke, von 8 bis 10 Zoll mittlerer Dicke, diese Stücke werden in den Köpfen der Hangsäulen etwas eingelassen, dann darauf genagelt, dürfen aber nicht die Streben berühren.

Die Leergesperre werden nach Umständen 5 bis 6 Fuß, auch weiter von einander gehalten, über dieselben laufen eben so viele in Geviertem 6 Zoll dicke Polsterhölzer, als Keile in dem Bande des Gewölbes enthalten sind.

Damit der Druck des Gewölbes auf das Gerüst nicht hindert, dieses abzubrechen, so werden auf und unter gedachten Hölzern Unterlagstücke von 8 bis 10 Zoll Länge gelegt, die man vor dem Abrüsten mit dem Stemmeisen absprengt.

E ist ein Fuß des Gesperres, die Dicke eines solchen Fußes ist 15 bis 20 Zoll, seine Höhe hängt von Umständen ab; zu Mantes, wo die Absätze b, c der Fundamentmauer nur 4 Zoll breit sind, kamen diese Füße auf dem Absatze bK zu stehen, bey der Brücke zu Neuilly, wo der obere Absatz 2 Fuß breit ist, standen dieselben auf diesem Absatz.

Fig. 53.

Um die Gesperre mit einander zu verbinden, laufen doppelte Schließen N, N, N durch die ganze Breite der Brücke durch, diese Schließen sind 6 Zoll dick, und beyde zusammen 30 Zoll breit, und fassen die Säulen D, C, A u. s. w. zwischen der oberen und der zweyten Reihe um, dann werden die unteren Reihen der Gesperre neben erwähnten Säulen durch Bundriegel M, M befestigt, endlich zwischen den Gesperren Wind- oder Schiftsparren gelegt.

Da die Sattelhölzer den Druck des Gewölbes auf die Hangsäulen übertragen, und diese auf die Streben der Länge nach wirken, so ist durch die beschriebene Anordnung das Holz auf die Art gedrückt, nach welcher es den größten Widerstand leisten kann, eine Eigenschaft, die jeder Werksatz haben sollte.

Beste Anordnung der Werksätze.

Bey jedem Gerüste der 42 Fuß breiten Brücke zu Neuilly waren 8 Gesperre, die Schwere jedes Gerüstes betrug an Holz 7200, und an Eisen 14 Centner Pariser Gewichtes, solchen Gerüsten rathet aber Peronnet nicht über 120, höchstens 125 Fuß Spannung zu geben.

Seitenschub des aus einem Hangewerke bestehenden Leergerüstes.

112) Es soll der Seitenschub eines solchen Gerüstes, als es mit dem bis an den Schluß aufgeführten Gewölbe beschwert ist, bestimmt werden; dieses Gerüst sey jenes Fig. 53, das zum Bau der Landbögen der Brücke zu Mantes diente. Diese Bögen haben 108 Fuß Spannung, $33\frac{1}{2}$ Wölbungshöhe, und am Schlusse 5 Fuß Dicke; die Brücke ist 33 Fuß breit, und die Keile haben $1\frac{1}{2}$ Fuß unterer Breite.

Obgleich diese Bögen von dem Schlusse abwärts an Dicke zunehmen, so wollen wir dieselben, um dieses Beyspiel auf das einfachste zu bringen, gleichförmig dick annehmen.

Da die Hängsäulen A, C, D der oberen und der dritten Reihe, wie zu sehen ist, gemeinschaftlich, auch diese Reihen beynahe gleichlaufend sind, und eben so die Säulen O, L, B der zweyten und der unteren Reihe gemeinschaftlich, auch diese Reihen fast gleichlaufend sind, so wird man die obere und die dritte Reihe durch Fig. 54, dann die zweyte und die untere Reihe durch Fig. 55 vorstellen.

Fig. 53. 54.

Die Keile des Bogens sind 5 Fuß hoch, und $1\frac{1}{2}$ breit, also nach Art. 110 mißt der Theil der Wölbungslinie, deren Keile mit der ganzen Schwere auf das Gerüst drücken, 16 Gr. 42 M. und seine Länge beträgt 22 Fuß; eben so viel mißt auch AC, folglich drückt gedachter Theil auf die drey Säulen A, B, C.

Nach Art. 110 kann man für den Druck eines solchen Gewölbes auf das Gerüst die Hälfte der Masse des Gewölbes von gleichförmiger Dicke annehmen; nun mißt die Wölbungslinie ADb 70 Fuß, mithin wird für den Druck der einen Seite des Gewölbes der Theil desselben genommen, dessen Bogen 35 Fuß faßt, von diesen 35 Fuß gehören aber 22 zu dem Gewölbtheile AC, dessen Keile mit der ganzen Schwere auf das Gerüst drücken, mithin verbleiben 13 Fuß für den übrigen, und auf diese Strecke CD wirkenden Druck. Dieser ist aber nicht wie jener, gleichförmig, sondern von oben herab abnehmend; um die Weitläufigkeiten, die ein solcher Umstand herbeyführen würde, zu beseitigen, wird man diesen Druck einer Seits dadurch vergrößern, daß man ihn in den oberen Raum CL von 8 Fuß Länge vereinigt, anderer Seits hingegen beynahe um eben so viel vermindern, indem man ihn von 13 auf 8 herabsetzt; so wird der auf AL liegende 30 Fuß lange Gewölbtheil für den betrachtet, der auf das Gerüst drückt. Die Schwere dieses Theils sey = Q, da diese Last auf den drey Sattelstücken LC, CB und BA liegt, so wird die Last auf B wie auch auf C, jede = $\frac{1}{3}$ Q, und die Last auf A wie auch auf L, jede = $\frac{1}{6}$Q seyn.

Die Schwere jeder Säule, wie auch jeder Strebe sey durch ihre Bezeichnungsbuchstaben vorgestellt; da die Säule A das gemeinschaftliche Schlußstück der oberen und der dritten Reihe ist, mithin jede dieser zwey Reihen nur die Hälfte benannter Säule A trägt, auch die Schwere dieser Hälfte sich auf beyde Backen dieser Säule gleich theilt, so wird die Hälfte der Schwere von A Fig. 54 auf die Seite bc, wie ein daran hängendes Gewicht wirken, nähmlich das Gewicht $\frac{1}{4}$ A im oberen Puncte b der Strebe P'', und das gleiche Gewicht $\frac{1}{4}$A im oberen Puncte der Strebe X'' Fig. 53 wirken; eben so wird die auf gedachte Seite von der Säule A drückende Last $\frac{1}{6}$Q sich in zwey gleich theilen, und jede Hälfte wie ein an erwähnten Puncten hängendes Gewicht wirken, mithin wird bey der oberen wie auch bey der dritten Reihe die in b wirkende Last = $\frac{1}{4}$ (A + $\frac{1}{3}$Q); (M).

Fig. 53. 54.

Die Säule C liegt auf den Kopfen der Streden P' und X', daher wird die Schwere dieser Säule, wie auch die darauf liegende Last $\frac{1}{3}$ Q auf diesen Köpfen gleich getheilt betrachtet, mithin bey gedachter zweyten Reihe die in i (Fig. 54) hängende Last = $\frac{1}{2}$ (C+$\frac{1}{3}$Q) seyn. (N).

Da die Säule D keine Last auf sich hat, so wird bey erwähnten Reihen die Schwere $\frac{1}{2}$ D im oberen Puncte v der Strebe M vereinigt angenommen.

I. Seitenschub der oberen Strebenreihe Fig. 54.

Fig. 54. 113) Es seyen z, x, y die Schwerpuncte der Streben P'', N, M, dann bF'', ac, nd, mf wagerecht, und aF, nF', mF'', wie auch zt, is, xr, ve und yo vertical, so werden aK = $\frac{1}{2}$ ac, nh = $\frac{1}{2}$ np, und mo = $\frac{1}{2}$ me seyn.

Nun kommen von dieser Strebenreihe zuerst das oberste Glied aus der Strebe P'', und die Hängsäule A, denn die zwey aus den Streben N, P', und den Säulen C, A bestehenden Glieder, endlich die ganze Reihe I, D, C, A, wie auch die darauf liegende Last zu betrachten, und die in b nöthige Kraft zu bestimmen, um jede dieser drey Massen aufrecht zu erhalten, indem die größte gedachter drey Kräfte der Seitenschub dieser Reihe seyn wird.

a) Es sey F die in b nöthige Kraft, um A und P'' auf dem Standpuncte a zu erhalten, nach (M) ist die Last in b = $\frac{1}{4}$ (A+$\frac{1}{3}$Q); diese Last wirkt mit dem Hebelarm ac, die Schwere der Strebe ist P'', und ihr Hebelarm ist aK=$\frac{1}{2}$ac, endlich wirkt dagegen die Kraft F mit dem Hebelarm aF=bc; daher ist $F = \frac{1}{4}\frac{(A+\frac{1}{3}Q)ac+\frac{1}{2}P''.ac}{bc}$.

Fig. 54.

Schub des obersten Gliedes.

b) Wird die in b nöthige Kraft um N + C + P'' + A, sammt der darauf liegenden Last auf dem Standpunct n zu erhalten = F gesetzt.

Da nach (N) die in i wirkende Last = $\frac{1}{2}(C + \frac{1}{3}Q)$ ist, so wird F =

$$\frac{\frac{1}{4}(A+\frac{1}{3}Q)\overline{nd}+P''\overline{nq}+\frac{1}{2}(C+\frac{1}{3}Q)\overline{np}+\frac{1}{2}Nh}{bd}.$$

Schub der zwey obersten Glieder.

c) Wird ferner die in b zur Erhaltung des ganzen I, D, C, A auf dem Standpuncte m nöthige Kraft = F'' angenommen, so wird

$$F'' = \frac{\frac{1}{4}(A+\frac{1}{3}Q)mf+P''mt+\frac{1}{2}(C+\frac{1}{3}Q)ms+}{bf}$$

$$\frac{N.mr+\frac{1}{2}D.me+\frac{1}{2}M.me}{bf}.$$

Schub der obersten Reihe.

Ist das Gerüst frey, dann ist Q gleich Null.

Nach der genauen Zeichnung des Gerüstes sind ac = 20, bc = 3, bd = 10, bf = 21, nd = $39\frac{1}{2}$, np = $18\frac{2}{3}$, nq = $29\frac{3}{4}$, me = 11, mf=53, mr=22, ms=32, und mt=37 Fuß.

Die Schwere der doppelten Hängsäule beträgt 11 Ctr.; da sechs Gesperre sind, so stellen A, B, C, L, D die Säulen der sechs Gesperre, also jede Säule 66 Ctr. vor.

Der mit der ganzen Schwere drückende Gewölbtheil ACLV ist 30 Fuß lang, und 5 hoch; da die Brücke 33 Fuß breit ist, so beträgt der auf das Gerüst drückende Gewölbtheil 4950 Kubik-Fuß; dieser zu 140 Pfund Schwere angenommen,

M

gibt den Druck auf das Gerüst, nähmlich Q = 6930 Centner, mithin ist $\frac{1}{4}(A+\frac{1}{3}Q)=594$ und $\frac{1}{2}(C+\frac{1}{3}Q)=1188$ Centner.

Die Streben M, N, P'' sind jede bey 14 Centner schwer; dieses sechsmahl genommen, gibt M, N und P'', jede sechsmahl genommen = 84 Centner; daher folgt:

bey dem beschwerten Gerüste:	bey dem freyen Gerüste:
nach (a); F = 4240 Centner,	F = 390 Centner,
nach (b); F' = 4892 ein Größtes,	F' = 455 ein Größtes,
nach (c); F'' = 3585	F'' = 369,

Seitenschub der oberen Strebenreihe.

mithin ist der Seitenschub der oberen Strebenreihe bey dem beschwerten Gerüste = 4892, und bey dem freyen = 455 Ctr.

II. Seitenschub der dritten Strebenreihe Fig. 54.

Fig. 54.

114) Es ist 119 = $28\frac{1}{3}$; np = 17; mf = $52\frac{1}{2}$; mt = $37\frac{1}{4}$; ms = $33\frac{1}{4}$; mr = 24 und me = 14; ac = $18\frac{1}{2}$; bc = 3; bd = 11; bf = 22; und nd = $37\frac{1}{2}$ Fuß.

Dann sind P = N = 64 Centner; M = 62 Centner, und A, C, D, Q wie zuvor; daher folgt:

bey dem beschwerten Gerüste:	beym freyen Gerüste:
nach (a); F = 3860 Centner,	F = 399 Centner,
nach (b); F' = 4075 ein Größtes,	F' = 322 ein Größtes,
nach (c); F'' = 3433,	F'' = 309,

Seitenschub der dritten Strebenreihe.

mithin ist der Seitenschub der dritten Reihe bey dem beschwerten Gerüste = 4075, bey dem freyen = 322 Centner, und bey dieser, wie bey der oberen Reihe hat der mittlere Theil AD derselben einen größeren Schub als der kleinere AC, wie auch als der größere AI.

III. Seitenschub der zweyten Reihe Fig. 55.

Fig. 54.

115) Es seyen z, x, y die Schwerpuncte der Streben R', K, H der zweyten Reihe; bF'', ac, nd, mf wagerecht, und aF, nF', mF'', wie auch bf, zt, is, xr und ve vertical. Da der Schluß dieser Reihe aus den Stücken B, R'', S bestehet, so wirkt dieser Schluß gegen R' und H'' Fig. 53 mit der Hälfte seiner Schwere, und diese Hälfte theilt sich in zwey gleiche Theile, wovon einer in dem obersten Puncte b der Strebe R', und der andere eben so auf die untere Strebe H'' Fig. 53 wirkt.

Daher ist die in b wirkende Last $= \frac{1}{2}(B+R'' + \frac{1}{3}Q)$. Da, wie gesehen, die Hängsäule L eine Last $= \frac{1}{3}$ Q auf sich hat, so ist die in i wirkende Last $= \frac{1}{2}(L+\frac{1}{3}Q)$; endlich wirkt in v die Last $\frac{1}{2}$ Q, daher folgt

$$(aa);\ F = \frac{\frac{1}{2}(B+R''+\frac{1}{3}Q).\overline{ac}+\frac{1}{2}R'.\overline{ac}.}{bc}$$

$$(bb);\ F' = \frac{\frac{1}{2}(B+R''+\frac{1}{3}Q).\overline{nd}+R'\overline{nq}+\frac{1}{2}(L+}{bd}$$

$$\frac{\frac{1}{3}Q).\overline{np}+\frac{1}{2}K.\overline{np}.}{bd}$$

$$(cc);\ F'' = \frac{\frac{1}{2}(B+R''+\frac{1}{3}Q)\overline{mf}+R'.\overline{mt}+\frac{1}{2}(L+}{bf}$$

$$\frac{\frac{1}{3}Q)\overline{ms}+K.\overline{mr}+\frac{1}{2}Q.\overline{me}+\frac{1}{2}H\overline{me}}{bf}.$$

Bey dieser Reihe ist bc $= 4\frac{1}{2}$, bd $= 21\frac{1}{2}$, ac $= 19\frac{1}{2}$, nd $= 42\frac{1}{2}$, nq $= 32\frac{1}{2}$, np $= 21\frac{1}{2}$ Fuß; dann sind a, L, und R jeder $= 56$ Centner,

Fig. 55.

$K = 120$, $R' = 74$, und R'' sammt den Bundschließen $N = 84$, daher folgt:

bey dem beschwerten Gerüste:	bey dem freyen Gerüste:
nach (*aa*); $F = 5468$ Centner,	$F = 464$ Centner,
nach (*bb*); $F' = 3208$,	$F' = 412$,
nach (*cc*); $F'' = *$;	$F'' = *$,

Seitenschub der zweyten Strebenreihe.

mithin ist der Seitenschub der zweyten Reihe, bey dem beschwerten Gerüste = 5468; und bey dem freyen = 464 Centner.

IV. Seitenschub der unteren Reihe Fig. 55.

116) Es ist $bc = 5\frac{3}{4}$, $bd = 14$, $bf = 21\frac{1}{2}$, $ac = 18$, $nd = 32\frac{3}{4}$, $nq = 23\frac{1}{2}$, $np = 16\frac{1}{2}$, $mf = 43\frac{1}{2}$, $mt = 34$, $mr = 17$, und $me = 8\frac{3}{4}$ Fuß, dann ist $H = 70$, $K = 66$, $R' = 74 = R''$, daher folgt:

bey dem beschwerten Gerüste:	bey dem freyen Gerüste:
nach (*aa*); $F = 3930$ Centner,	$F = 320$,
nach (*bb*); $F' = 3726$,	$F' = 439$,
nach (*cc*); $F'' = 3570$,	$F'' = 621$,

Seitenschub der vierten Strebenreihe.

mithin ist der Seitenschub der vierten und unteren Reihe, bey den beschwerten Gewölben = 3930, und bey den freyen = 439.

117) Nach Nr. I. II. III. und IV. Art. 113, 114, 115, 116 ist

	bey den beschwerten Gewölben	bey den freyen
der Schub der oberen Reihe	= 4892 Ctr.	= 455 Centner
der zweyten	= 5468	= 464
der dritten	= 4075	= 322
der vierten	= 3930	= 439,

Seitenschub des Gerüstes.

mithin ist der Seitenschub des beschwerten Gerüstes = 18365, und der Seitenschub des freyen = 1680 Centner.

Wird der Schub 18365 durch die angenommene Schwere $\frac{14}{10}$ Centner des Kubik-Fuß Steines dividirt, dann auch der Quotient durch die Breite 33 der Brücke dividirt, so erhält man den Schub des mit dem bis an den Schluß aufgeführten Gewölbe beschwerten Gerüstes, auf jeden laufenden Fuß Breite der Brücke = 398 Kubik-Fuß Steines.

Der Seitenschub dieses Bogens, als er geschlossen und von dem Leergerüste befreyet ist, beträgt 275 Fuß; mithin ist dieser Schub nicht zwey Viertel von dem Schub des bey dem Bau des Bogens beschwerten Gerüstes; demnach sollen die Widerlagen, nicht mit jenem, sondern mit letzterem Schube im gehörigen Verhältnisse stehen.

Die Köpfe der Streben sind abgerundet.

Bey dieser Untersuchung hat man angenommen, die Streben seyen an ihren Enden gerade abgesägt; aber diese, wie es bey den Hängsäulen B, A, S (Fig. 53) zu ersehen ist, sind nach einem Zirkelbogen abgerundet, der die Länge der Strebe zum Halbmesser hat; dadurch liegen die Puncte a, n, m etwas höher, der Punct b hingegen etwas niedriger, als wir sie angenommen haben; mithin ist der Schub etwas größer, als der gefundene.

Besonderer Vorfall.

118) Folgender Vorfall, der sich bey dem Bau eines der bemeldeten äußeren Bögen der Brücke zu Mantes ereignet hat, wird einen Beweis von der Größe des Schubes geben, den ein solches Gerüst hat, wenn es stark beschwert ist.

Fig. 56.

Fig. 56 stellt den Theil dieser aus drey Korbbögen bestehenden Brücke, der am ersten gebaut werden sollte, vor.

Der mittlere Bogen A, B, C hat 120 Fuß Spannung, 35½ Fuß Wölbungshöhe, und 6 Fuß Gewölbsdicke; jeder der äußeren Bögen, also auch DK, hat, wie gemeldet, 108 Fuß Spannung, 33½ Fuß Wölbungslänge, und 5 Fuß Dicke. Die Zwischenpfeiler AQ, CD sind 24 Fuß dick; ihre Fundamentmauer ist 3 Fuß tief, und hat beyder Seits zwey Absätze, jeder 4 Zoll breit, und diese Mauer stehet auf einem mit Pfosten belegten Rost xy; endlich stehen die Gewölbe unmittelbar auf gedachter Mauer.

Das Beyspiel der Brücke zu Neuilly, deren Bögen 120 Fuß Spannung, und 25 Wölbungshöhe haben, mithin weit gespannter, auch gedrückter als der Bogen DN sind, und auf Pfeilern stehen, die 13 Fuß dick sind, folglich fast nur die Hälfte der Dicke CD haben, führte dahin, zu glauben, man würde die äußeren Bögen der Brücke zu Mantes ohne Anstand einzeln bauen können, wenn man zugleich das Gerüst des Bogens CBA aufstellen, und beyder Seits desselben zehn Keillagen AF, CE aufführen würde; indem dadurch ein Schub gegen den Pfeiler CD, und in der gerade entgegengesetzten Richtung des Schubes des am ersten aufzuführenden Bogens DMN entstehen würde, der mit Beyhülfe des Widerstandes von dem Pfeiler mehr als hinlänglich schien, um dem Schube des, mit dem bis an den Schluß aufgeführten Gewölbe beschwerten Gerüstes DMN das Gleichgewicht zu halten.

Der Bau dieses aus 93 Keillagen bestehenden Bogens wurde nach dieser Anordnung angefangen, und bis auf die Höhe von 34 Keillagen, auf jeder Seite Dn und Nm glücklich geführt, während dessen hatte man den oberen Theil des Gerüstes, damit er nicht durch den Druck auf die Seiten in die Höhe getrieben würde, nach und nach mit 103 Keilen beschwert, die wie a, b, c, d es vorstellen, drey auf einander lagen, und eine Last von 4200 Centnern ausmachten *): wie man aber die 35ste Keillage beyder Seits aufgesetzt hatte, so trieb der Seitenschub des so beschwerten Gerüstes den bey 15 Fuß hoch aufgeführten Pfeiler sammt der Fundamentmauer um $3\frac{3}{4}$ Zoll auf ihre Bettung zurück.

Pfeiler, der dem Seitendrucke des Gerüstes gewichen ist.

Bey dieser Bewegung, die auf der ganzen Länge des Pfeilers fast gleich geschah, wurde die Mitte des Gerüstes ABC um 3 Zoll 10 Linien in die Höhe getrieben, das Gerüst DMN aber verhältnißmäßig niedriger, welches sich noch den nähmlichen Tag zeigte, weil man die Spannung und die Höhe gedachten Gerüstes täglich untersuchte.

Nun mußte der Bau des Bogens DMN unterbrochen, hingegen jener des mittleren CBA weiter geführt werden, damit sein Gerüst so viel

---

*) Bey dem Bau der Brücke zu Neuilly wurde man bemüssiget, den oberen Theil jedes Gerüstes eben auf die Art mit 8580 Centnern zu beschweren; obgleich diese Last auf die 45 Fuß Breite dieser Brücke auch vertheilt wurde, so war doch auf jeden laufenden Fuß dieser Breite eine, um die Hälfte stärkere Last als zu Mantes.

Schub erhalte, um die weitere Bewegung erwähnten Pfeilers zu hindern. Da man den Pfeiler AQ der keine Stützung hatte, einem so großen Schube nicht aussetzen durfte, so mußte man ein Mittel finden, den Schub des Gerüstes ABC so zu schwächen, daß für letzten Pfeiler nichts zu besorgen wäre; dieses wurde mittelst hölzerner Schließen EF erzielt, welche den Kopf der Füße E (Fig. 53) von den Gesperren beyder Seits faßten. Diese Schließen waren 9 und 12 Zoll dick, hatten an beyden Enden eine Gabel, und lagen auf Pfählen v, v.

Schließe bey Leergerüsten.

Durch dieses einfache Mittel war man im Stande, ohne Gefahr für den Pfeiler AQ, beyder Seits des Gerüstes ABC, 19 Keillagen aufzusetzen, und zugleich den oberen Theil dieses Gerüstes mit der nöthigen Gegenlast, die 123 Keile, und im Gewichte 6700 Centner betrug, zu beschweren; da dazu eilf Tage angewandt wurden, so glitt der Pfeiler CD in den drey ersten Tagen noch um 5, und in den 8 folgenden noch um 4 Linien auf der Bettung weiter zurück.

Wie erwähnte 19 Keillagen beyder Seits ABC aufgeführt waren, übersetzte man die Arbeiter zum ersten Bogen DMN zurück, und führte denselben ohne Anstand aus; dann wurde das Gerüst dieses Bogens an der Stelle des dritten aufgestellt, und dieser, wie auch der mittlere, aufgeführt, während dessen aber gedachte Schließen abgenommen; dadurch trieb der Seitenschub des Gerüstes ABC den gedruckten Pfeiler nach und nach wieder in die gehörige Lage zurück, und so, daß er jetzt am oberen Kopf nur um 25, und am unteren um 28 Linien von dieser Lage abweicht.

Widerstand des Holzes bey Häng- und Sprengwerken.

119) Nach Mariots, wie auch nach Muschenbröcks Versuchen, benöthiget ein nach der Länge gezogener Stab von einem Zolle in Geviertem, um zerrissen zu werden, wenn er von kiefernem Holze ist, eine Kraft von 82; und wenn er von Eichen ist, eine Kraft von 57 Centnern: eine Schließe der letzteren Gattung Holzes von 9 und 10 Zoll Dicke, wie jene des Gerüstes DMN (Fig. 53), könnte also einen Widerstand von 5130 Centnern leisten, mithin wären drey solche Schließen mit Beyhülfe der übrigen Widerstände hinlänglich, um den Schub dieses Gerüstes auszuhalten.

Apparat von Muschenbröck.

Um den Widerstand des aufrecht gestellten Holzes zu finden, bediente sich Muschenbröck zwey hölzerner Scheiben, deren die untere wagerecht und fest lag; in dieser waren vier kleine und gleich entfernte Vertical-Säulen befestigt, und diese gingen durch die obere Scheibe mit dem zum Auf- und Niedersteigen derselben nöthigen Spielraum durch. Unter der Mitte dieser Scheibe wurden die zu Versuchen bestimmten Stäbe vertical gestellt, dann gedachte Scheibe belastet, bis der Stab brach.

Wie nun ein solches Apparat, wie auch ein solches Verfahren sehr mangelhaft ist, und bey Anwendung des Holzes es sich nicht darum handelt, dasselbe zu brechen, sondern damit es sich unter der Last nicht so viel biege, daß die Zapfen, mithin die Bindung daran leide, so haben wir um den Widerstand desselben gegen das Biegen auszuforschen, das Apparat Fig. 57 angewandt.

Fig. 57.

Neuer Apparat.

MM sind zwey verticale Ständer, die unten in einer Schwelle B, und oben in einer Kappe P befestiget sind, in der Mitte der inneren Seite dieser Ständer ist ein verticaler Falz nr angebracht, wovon nur einer zu sehen ist.

Durch die Kappe P gehet ein verticaler eiserner Bolzen, der unten mit einem Haken, oben aber mit Gewinden h und mit einer Schraubenmutter ii versehen ist; an gedachtem Haken hängt eine Schnellwage K, und an dieser ein Riegel A mit Zapfen oo, die in bemeldeten Falzen nr auf und ab frey steigen können; a ist ein anderer vollkommen gleicher, also auch beweglicher Riegel, der aber beym Anfang der Versuche auf der Schwelle B liegt; dieser Riegel hängt an jenem A mittelst vier Haken und vier eisernen gleich langen Stangen, deren zwey cc, cc an der vorderen, und zwey an der hinteren Seite des Riegels angebracht sind. Der hintere Theil NN des Apparats dient, um so oft als nöthig der Wageruthe eine Stütze zu verschaffen. Endlich sind in den inneren Seiten der Ständer MM wagerechte, und gleiche Einschnitte 1—1, 2—2, 3—3 u. s. w. angebracht; die ersten über dem Riegel a steigen etwas höher als die kürzesten Stäbe, womit die Versuche angestellt werden; G ist ein mittlerer Riegel, der in jeden gedachter Einschnitte genau paßt, und während eines Versuches unbeweglich bleibt.

Um den Widerstand eines Stabes zu erfahren, wurde der mittlere Riegel G in jene Einschnitte 3—3 gelegt, deren Höhe über dem Grundriegel a die Länge des Stabs am wenigsten übertraf; dann dieser in die Mitte dieses Riegels und vertical gestellt; dieses ließ sich leicht thun, da man durch die Mitten vx und nn der oberen Seiten des Riegels a, gefärbte Linien vz, nn gezogen, und ein Gleiches auf der unteren Fläche von G gethan, auch jede Seite des Stabes der Länge nach durch eine Linie R gleich getheilt hatte, und man mittelst der beweglichen Mutter ii den oberen Riegel A, mithin auch den an ihm hängenden unteren Riegel a, so viel nöthig, heben konnte, um den Stab gegen G sanft und doch genug zu pressen, damit derselbe in der ihm gegebenen verticalen Stellung stehen blieb.

Fig. 57.

In der Mitte b der oberen und vorderen Seite von G war ein Faden, und an diesen ein kleines Senkbley angehängt.

Anstellung der Versuche.

Nach dieser Vorbereitung, während welcher das Gewicht Q ruhig hing, wurde der eiserne Bolzen L,L in den nächst niedrigen Löchern eingesetzt, dann Q von Abtheilung zu Abtheilung der Ruthe langsam gerückt, und bey jeder Abtheilung eine Weile ruhen gelassen; indem jemand dieß verrichtete, standen wir vor dem Senkbley ba, aufmerksam auf dessen Faden, wie auch auf die Richtung der hinter diesem auf den Stab gezeichneten Linien R, um den Augenblick zu fassen, wo diese Linien sich krümmen, mithin der Stab sich zu biegen anfangen würde.

Wie dieses geschah, wurde der Quersinus der Krümmung abgemessen, und dieser Sinus, wie auch der Druck, welcher dieses Biegen verursachte, aufgeschrieben, dann das Gewicht weiter gerückt, und als der Bug zunahm, dieser, wie auch der Druck, der ihn hervorbrachte, aufgeschrieben, und so fortgefahren, bis der Stab sich an einem der Ständer anlehnte, und sonst gebrochen wäre.

Tabelle 27.

Die Tabelle 27 stellt die Resultate dieser Versuche vor, und zeigt:

Widerstand der Stäbe, sich zu biegen.

a) Daß der Widerstand der Stäbe von gleichen Maßen und gleicher Holzgattung sich beynahe wie die Zahl der Faserschichten verhält, indem die Zahlen 14, 16 und 20 dieser Schichten sich ungefähr wie die zugehörigen Widerstände 190, 205 und 295 Pfund verhalten.

b) Daß bey den 18, 24, 30 bis 36 Zoll langen und $\frac{1}{2}$ Zoll dicken Stäben, mithin bey Stäben, deren Dicke $\frac{1}{36}$, $\frac{1}{48}$, $\frac{1}{60}$ und $\frac{1}{72}$ dev Länge ist, die Last um dieselben zu biegen $\frac{1}{2}$, $\frac{1}{3}$, $\frac{1}{4}$ und $\frac{1}{5}$ der Last ist, welche auf dem Puncte stehet die Stäbe zu brechen, woraus folgt:

Die Last, unter welcher ein Stab anfängt sich zu biegen, ist ein um so kleinerer Theil der nöthigen Last, um diesen Stab zu brechen, je dünner derselbe in Hinsicht seiner Länge ist.

c) Bey einigen Stäben, besonders bey jenen, die dünn in Hinsicht ihrer Länge sind, folgt der Widerstand derselben vor dem Brechen, ziemlich dem von Muschenbröck angegebenen Verhältniß des Products von dem Quadrate der dünneren Seite mit der Breite, dividirt durch das Quadrat der Länge. Daraus entstehet der, für die Beurtheilung der Stärke eines Sprengwerks, aus der Stärke seines Modelles wichtige Satz, daß ähnliche Stäbe bloß nach dem Verhältniß ihrer Länge widerstehen, daher wenn das Modell 4 Centner trägt, und sein Maßstab $\frac{1}{12}$ jenes des Werkes im Großen ist, so kann dieses höchstens zwölfmahl mehr, also 48 Centner tragen; man sagt höchstens, weil in diesem Falle der Widerstand des Holzes weniger als nach erwähntem Verhältnisse der Länge wächst.

d) Nr. 10, obgleich von weichem Holze, leistete mehr Widerstand als Nr. 11, das von Eichen war; dieses kommt wahrscheinlich daher, daß Nr. 10 sich nicht in der Mitte, sondern in $\frac{2}{3}$ der Länge gebogen hat. Bey einem aus der Tabelle weggelassenen Stabe geschah noch mehr, da dieser sich oben auf ungefähr $\frac{3}{4}$ und zugleich unten auf ungefähr $\frac{1}{4}$ der Höhe, also wie ein S krümmte.

e) Die Stäbe haben sich auf jene Seite gebogen, wo die Faserschichten am weitesten von einander lagen, mithin geben diese die Seiten zu erkennen, auf welche der Bug geschehen wird.

f) Der größte Druck, den die Wage hervorbringen konnte, betrug 1335 Pfund Wiener Gewichts; dieser Druck war nicht hinlänglich, um eichene, 12 Zoll lange, 1 Zoll breite, und um die Hälfte dicke Stäbe zu biegen: bey Nro. 13, das in diesem Falle war, sank die Ruthe am Knopfe D um $4\frac{1}{2}$ Zoll, unter dem wagerechten, im Anfange des Versuchs gehabten Stande; da dm sich zu mD; wie 2, zu 45 verhält, so wurde dieser Stab um $2\frac{1}{2}$ Linien zusammen gepreßt, mithin um eben so viel kürzer.

Widerstand der Streben

Die Strebe R' (Fig. 53) ist 20 Fuß lang, 20 Zoll breit, und 24 dick, oder hoch; nach (III) Art. 115 hat diese Strebe an dem höchsten Puncte eine Last von beynahe 203 Centnern zu tragen, und einem wagerechten Drucke von [illegible], nähmlich von 911 zu widerstehen gehabt; da beyde einen zusammengesetzten Druck von 935 Centnern nach der Länge gedachter Strebe verursachten, so hat man einen Begriff von dem Widerstande derselben.

Fig. 58.

Apparat zu Versuchen ins Große.

Die Figur (58) gibt an, wie man dergleichen Versuche im Großen anstellen könnte. C und P sind Theile einer langen Mauer; B und D sind die Balken, deren Widerstand zu finden ist; A ist ein Spannriegel; R, R sind Hängsäulen; auf dieser ist eine hinlänglich lange Kappe N befestigt, um daran so viel Gewichte Q, Q hängen zu können, bis die Balken B und D sich biegen.

120) Da die Streben (Fig. 53) mit der dicken Seite aufwärts stehen, so hindert dieses, wie auch ihre Schwere, daß sie sich aufwärts biegen; da noch die unter ihrer Mitte angebrachten Bolzen ii das Biegen abwärts, und die Hängsäulen jenes seitwärts hindern, so widerstehen die Streben eben so, als wenn sie um die Hälfte kürzer wären; mithin ist ihr Widerstand wenigstens viermahl größer, als wenn sie frey wären.

Um die Kraft zu bestimmen, mit welcher gedachte Säulen das Biegen der Streben hindern, suche man die Längepressung, welche eine Strebe biegen, dann die Last, welche diese Strebe in der wagerechten Lage gestellt, vor ihrem Biegen in der Mitte tragen kann; es sey durch diese Untersuchung gefunden, daß erwähnte Längepressung sich zu dieser Last, z. B. wie 20 zu 1 verhält, so wird jedes Pfund senkrechte Seitenpressung auf der Mitte der Strebe eben so viel, als jede 20 Pfund Längepressung wirken.

Der Widerstand eines verticalen, in der Mitte der Länge fest gefaßten Balkens ist wenigstens vierfach von dem Widerstande in freyem Zustande; da letzter Widerstand 20 ist, so wird der erste 80 seyn.

Da jede 20 Pfunde Längepressung mit einem Pfund Querpressung das Gleichgewicht hält, so ist die Querpressung, um das Biegen des mit 80 Pf. beschwerten Balkens zu verhindern, = 4.

Von dem Abrüsten.

121) Einige brechen die Leergerüste gleich, oder kurz darauf ab, als die Gewölbe geschlossen sind, andere hingegen brechen sie wenigstens nicht früher als nach fünfzig Tagen ab.

Erstere führen zum Grunde an:

Gründe für das frühe Abrüsten.

1) Bey einem Bau gibt es fast immer mehrere Gewölbe von gleichen Maßen zu bauen, und die Wirthschaft erfordert das Leergerüst des am ersten aufgeführten Gewölbes zu dem Bau des zweyten u. s. w. zu verwenden.

2) Die Maurer geben sich selten die Mühe,

die Keile so vollkommen in Mörtel zu legen, daß kein leerer Raum in den Fugen bleibt; werden die Gerüste abgebrochen, wenn der Mörtel noch nicht hart ist, so weicht er der Pressung, breitet sich aus, füllt gedachte Räume, und die Keile erhalten ein festes Lager.

3) Bey Gurten, die eine Mauer tragen sollen, ist es besonders nöthig bey Zeiten abzurüsten, damit das Gewölbe sich setze, bevor man die Mauer aufführt; denn sonst drücken so stark belastete Gurten dermaßen auf das Gerüst, daß man es kaum erhalten kann, und wenn abgerüstet wird, so läuft man Gefahr, daß das Gewölbe sich setzt, und die Mauer Risse bekommt.

Andere führen dagegen an, wenn man abrüstet, bevor der Mörtel trocken ist, so setzt und trennt sich das Gewölbe von der Nachmaurung ab; auch wird es gedrückter und erhält mehr Schub.

Da aber diese Einwendung wegfällt, wenn man die Gerüste um das überhöht, was das Setzen betragen kann, und die Nachmauerung erst aufführet, wenn das Gewölbe sich gesetzt hat, so haben jene am meisten Gründe für sich, die abrüsten, wenn der Mörtel noch frisch ist.

Da ein Gewölbe, das sich setzt, in Bewegung ist, dadurch den Widerlagen um so gefährlicher, als die Masse dieses Gewölbes groß, und die Bewegung schnell, auch möglich ist, daß Widerlagen, die einem Seitenschube als todter Kraft widerstehen können, doch diesem Schube, wenn er eine lebendige Kraft wird, weichen, so muß das

Abrüsten mit desto mehr Vorsicht geschehen, je weiter das Gewölbe gespannt ist; deßwegen werden bey Gerüsten, wie Fig. 53, die Unterlagen zz auf jeder Seite des Gerüstes gleich, und eine nach der andern, die unteren aber am ersten, abgestemmt, dadurch setzt sich das Gewölbe gleich und langsam.

Fall, wo die Gerüste langsam abzubrechen sind.

Beste Wölbungslinie.

122) Die beste Wölbungslinie ist die, welche der Bestimmung des Gewölbes am besten entspricht.

Soll das Gewölbe eine Treppe, eine Auffahrt tragen, so ist eine steigende Wölbungslinie die beste; soll es, wie bey Brückenwasserleitungen auf Canälen, eine große Last Erde tragen, je größer die Wölbungshöhe angenommen wird, desto kleiner wird der Schub; in diesem Falle ist also ein überhöhter Korbbogen besser als der Zirkel, dieser besser als ein gedrückter Korbbogen, und dieser besser als ein Bogen.

Für Auffahrten.

Die Brücken auf schiffbaren Canälen müssen unter sich den zum Zug und zur Fahrt der Schiffe nöthigen Raum verschaffen, und doch so niedrige Auffahrten als möglich erfordern, weil diese unbequem sind, und bey der Menge von Brücken, die auf solchen Canälen zu stehen kommen (denn man rechnet 6 bis 7 Brücken auf eine Meile), macht der Bau der Auffahrten einen um so mehr bedeutenden Aufwand aus, als die Brücken höher über den Grund zu stehen kommen.

Für Brücken auf Canälen.

Bey ökonomischen schmahlen Canälen, wie die

englischen, erhält man beyde Vortheile, wenn man diese Brücken aus einem Bogen von 90 Grad baut.

Für Brücken auf Flüssen.

Bey Brücken, die in Ortschaften und auf Flüsse zu stehen kommen, die eben so hoch, oder noch höher als die Ufer anschwellen, ist man wegen der Unbequemlichkeit und der widrigen Ansicht der Auffahrten, wie auch wegen Mangel an Raum, um diese anzulegen, meistens in großer Verlegenheit; in diesem Falle verschafft ein flacher Bogen unter sich am meisten Raum, und erfordert die niedrigsten Auffahrten; solche Bögen sind aber da schwer zu bauen, wo sie eine große Spannung haben sollen, und mehrere neben einander zu stehen kommen; darum zieht man ihnen gemeiniglich Korbbögen aus 11 Mittelpuncten vor, und stellt sie wenigstens so hoch als die niedrigsten Wässer.

Für Gewölbe bey Prachtgebäuden.

Bey Prachtgebäuden dürfen die Gewölbe, wenn sie von innen gesehen werden, nicht gedrückt seyn; wird, wie bey Kuppeln, das Gewölbe auch von außen gesehen, dann darf es nicht nach dem Zirkel seyn, weil der obere Theil desselben dem Auge des Zuschauers entgeht; in diesem Falle werden zwey Gewölbe über einander gebaut, das innere wird nur wenig, das äußere aber beträchtlich überhoht gehalten.

Von dem Setzen der Gewölbe.

123) Ein Gewölbe setzt sich, wenn der Mörtel der Fugen der Pressung der Keile weichet; da dieses um so mehr geschieht, je frischer der

Mörtel, die Fugenschnitte breiter, und deren Zahl größer, auch je mehr das Gewölbe belastet ist, so hängt das Setzen der Gewölbe von veränderlichen Umständen ab.

Dauerzeit des Setzens.

Bey der Brücke zu Cravant, deren mittlere Wölbung ein Korbbogen von 92 Fuß Spannung ist, wurden die Leergerüste fünfzig Tage nach dem Schließen der Gewölbe abgebrochen, auch haben sich diese nicht merklich gesetzt.

Bey der Brücke zu Mantes wurde der mittlere 123 Wiener Fuß weit gespannte Korbbogen nur 12 Tage auf dem Gerüste gelassen; den 13ten fing man an, abzurüsten, dieses dauerte 10 Tage; gedachter Bogen setzte sich binnen 15 Monathen ganz, und um 8 Zoll 7 Linien; da die angetragene Bogenhöhe 35 Fuß war, so hat das Setzen bey $\frac{1}{4}$ dieser Höhe betragen.

Bey der Brücke zu Neuilly wurde den 18ten Tag nach dem Abschließen der Bögen zum Abrüsten angefangen; während des Abstemmens der Unterlagen setzten sich die Bögen um $9\frac{1}{2}$ Zoll, und binnen der fünf folgenden Jahre noch um $\frac{1}{2}$ Zoll; da die Höhe dieser Bögen auf 25 Fuß angetragen war, so betrug das Setzen etwas mehr als $\frac{1}{31}$ gedachter Höhe.

Bey der Brücke zu St. Maxence, aus einem Bogen von 72 Fuß Spannung und 6 Fuß Höhe, betrug das Setzen 6 Zoll, also $\frac{1}{12}$ dieser Höhe, mithin waren

	Bogenhöhe:	das Setzen:
zu Mantes	$\frac{7}{24}$ der Spanraung,	$\frac{1}{19}$ der Wölbungs-
Neuilly-Brücke	$\frac{8}{24}$ — —	$\frac{1}{33}$ höhe,
St. Maxence	$\frac{2}{24}$ — —	$\frac{1}{12}$ — —

Setzen verschiedener Bögen.

daraus folgt:

Erster Satz.

Bey Gewölben aus gleichem Materiale verhält sich das Setzen beynahe, wie umgekehrt die Wölbungshöhe, dividirt durch die Spannung, mithin je gedrückter ein Gewölbe ist, desto größer ist das Setzen in Hinsicht der Wölbungshöhe.

Peronnet suchte zu erfahren, welche Keile eines Gewölbes an dem Setzen Theil nehmen: in dieser Absicht ließ er vor dem Abrüsten der Bögen der Neuilly-Brücke, quer durch die Mitte des Schlußkeils, eine gefärbte wagerechte Linie bis an die äußere Krümmung ziehen, und von da abwärts eine andere gerade Linie auch durch das Band führen. Durch das Setzen kamen alle Theile der wagerechten Linie aus der gemeinschaftlichen Richtung, und bildeten abwärts eine Bauchung; ein Gleiches geschah bey dem oberen Theile der Seitenlinien, und es zeigte sich, daß nur beynahe zwey Direttheile der Bögen an dem Setzen Theil genommen hatten; da der schiebende Theil dieser Bögen auch bey $\frac{2}{3}$ derselben ist, so ist dieser Theil jener, der sich setzt. Daß der andere Theil zu dem Setzen nichts beyträgt, ist auch aus dem zu ersehen, daß der schiebende Theil auf die Keile wirket die unter, ihm stehen, um sie auswärts zu drücken, diese Keile können

Der einzige schiebende Theil kann sich setzen.

also nie einwärts rücken, mithin nie an dem Setzen des Gewölbes Theil nehmen.

Nach Tabelle 25 ist der specifische Druck auf die Fugenschnitte des schiebenden Theils, bey dicken Gewölben kleiner als bey dünnen; da auf größere Drücke auch größere Zusammenpressungen des Mörtels folgen, so müssen dünne Gewölbe sich mehr als dicke, auch Gewölbe aus schwerem Materiale sich mehr als die aus leichtem setzen.

Tabelle 25.

124) Wird von der Länge der einen Seite der Wölbungslinie vor dem Setzen die Länge derselben nach dem Setzen abgezogen, und der Rest durch die Zahl der Fugenschnitte des schiebenden und sich setzenden Theils dividirt, so gibt der Quotient die mittlere Zusammenpressung des Mörtels bey jedem dieser Schnitte.

Bey erwähnter aus einem Bogen von 37 Gr. 50 M. zu St. Marence angetragenen Brücke hatte man das Setzen auf 12 Zoll geschätzt, daher das Leergerüst um eben so viel aufgesetzt, wodurch dasselbe einen Bogen von 44 Gr., und 73,8 Fuß Länge erhielt, das Gewölbe setzte sich aber nur um 6 Zoll, mithin mißt seine jetzige Höhe 6½ Fuß, sein Bogen 40 Gr. 56 M. und dessen Länge 73,5 Fuß.

Gerüst-Aufsatz

Wird nun diese Länge von jener 73,8 des Bogens von dem Setzen abgezogen, so erhält man den Unterschied zwischen beyden = 37,61 Linien.

Der schiebende Theil dieses Bogens ist die Hälfte desselben, sein Band enthält 57 Fugenschnitte, mithin gibt gedachter Unterschied 37,61

Linien, durch 57 dividirt, die mittlere Zusammenpressung der Fugenschnitte = $\frac{2}{3}$ Linien.

Zweyter Satz. Da die Summe der Zusammenpressungen der Fugenschnitte um so größer ist, je mehr deren in dem Bande enthalten, mithin je schmähler die Keile sind, so setzen sich die Gewölbe aus Ziegeln am stärksten.

Hätte die Erhaltung der Schifffahrt, und die Nothwendigkeit, den Anschwellungen des Flusses freyen Lauf zu lassen, nicht daran gehindert, die Leergerüste gedachter Brücke auf den Grund des Flusses zu stützen, so hätte man das Gewölbe aus Ziegeln bauen können, dann hätte dasselbe bey 300 Fugenschnitte gehabt.

Dritter Satz. Die Zusammenpressung der Fugen verhält sich ungefähr wie der Druck auf dieselbe, und dieser wie die specifische Schwere des Materials; da die Schwere des Steines sich zu jener der Ziegel beynahe, wie 4 zu 3 verhält, so verhält sich obige Zusammenpressung $\frac{2}{3}$ Linie bey Gewölben aus Steinen zur Zusammenpressung bey Gewölben aus Ziegeln, wie 4 zu 3; daher ist letztere Zusammenpressung bey jedem Fugenschnitte = $\frac{1}{2}$ Linie; da deren 300 sind, so würde die Wölbungslinie durch das Setzen um $\frac{300}{2}$ Linien, nähmlich um $12\frac{1}{2}$ Zoll kürzer als vor dem Setzen geworden seyn.

Gerüst-Auffatz. Um diesen Verlust einzubringen, hätte das Gerüst einen um $3\frac{1}{2}$ Fuß höheren Bogen, als den angetragenen, mithin $9\frac{1}{2}$ Fuß Wölbungshöhe erhalten sollen, sonst würde dieser Bogen vor dem Setzen 73,31, und nach dem Setzen 72,28 Fuß lang, mithin nur um $3\frac{1}{2}$ Zoll länger, als die Spannung gewesen, und das Gewölbe würde vermuthlich eingestürzt seyn.

Wird, wie Fig. 59, ein Gewölbe stark mit Grund beschwert, und dieser nach seinem natürlichen Hang aufgeschüttet, dann nimmt das Setzen des Gewölbes von a nach v zu, deßwegen müssen die Leerbögen, wie Peronnet es anempfiehlt, um so mehr Aufsatz erhalten, als sie sich der Mitte v nähern; auch rathet Peronnet bey Brücken, den Leerbögen der Mitte 2 bis 3 Zoll mehr Aufsatz als jenen der Seiten zu geben, und bey den Zwischenbögen eben so verhältnißmäßig zu verfahren, weil die Erschütterungen des Fahrens zu dem Setzen beytragen, und diese häufiger in der Mitte als gegen die Seiten der Brücken sind.

Fig. 59.

Einige Gewölbe setzen sich geschwind, andere sehr langsam; die aus Steinen gebauten Korbbögen der Brücke zu Nogent, deren Spannung $92\frac{1}{2}$ Fuß beträgt, setzten sich in den ersten 45 Tagen um $12\frac{1}{2}$ Zoll, und in den 10 folgenden Monathen noch um $1\frac{1}{2}$ Zoll.

Dauerzeit des Setzens.

Die Bogen der Brücke zu Neuilly haben erst nach 5 Jahren sich zu setzen aufgehört.

Gegenstände, die zu erwägen sind, um ein Gewölbe in Stand zu setzen, sich zu erhalten.

125) Ein auf feste Widerlagen aufgeführtes Gewölbe kann beym Abrüsten in dem Falle einstürzen:

1) Wenn die Keile unter dem Drucke, den

sie aushalten sollen, zerquetscht werden, ein sehr seltener Fall.

2) Wenn entweder das Gewölbe oder seine Füße zu dünn sind.

3) Wenn es zu gähe abgerüstet wird, und das Gewölbe sich so schnell setzt, daß es eine Größe von Bewegung erhält, die den Widerstand, entweder der Füße oder der Widerlagen, überwältigt; endlich

4) Wenn das Gewölbe sehr gedrückt, weit gespannt, aus dünnen Keilen bestehet, auf Gerüste ohne gehörigen Auffsatz gebaut worden ist, und sich so stark setzt, daß es die zu seiner Erhaltung gehörige Krümmung verliert.

Da letzten zwey Fällen leicht vorgebeugt werden kann, so wird man sich nur mit ersteren abgeben.

Widerstand des Steines und des Ziegels.

126) Wie Peronnet die Bögen der Brücke zu Neuilly zu bauen hatte, deren Keile 18 Zoll Breite, 4 Fuß Länge, und 5 Fuß Höhe, daher bey 30 Kubik-Fuß Pariser Maß enthalten, und bey 45 Centner Pariser Gewicht schwer sind, untersuchte derselbe den Widerstand von zwey Gattungen Steine, die für die besten in der Gegend von Paris gehalten waren; der Kubik-Fuß der einen Gattung wog 145 bis 152, und jener der andern 165 Pfunde.

Versuche über den Widerstand der Steine.

Aus jedem dieser Steine wurden drey Stücke, jedes von einem Zolle im Gevierten, und von 2 Zoll Höhe gehauen, dann jedes Stück unter einen wagerechten, an einem Ende oben festgestützten, und an dem andern zu beschwerenden Hebel gebracht, und alles so eingerichtet, um auf den Stein einen bis 300 Centner starken Druck machen zu können.

Wie nun diese Versuche angestellt, dann durch den Ingenieur Soufflot wiederhohlt wurden, so war das Resultat davon, daß die Stücke aus Steinen, deren Kubik-Fuß 145 Pfund wog, einen Druck von $73\frac{1}{2}$ Centner, und die aus Steinen, deren Kubik-Fuß 165 Pf. wog, nur einen Druck von $18\frac{1}{4}$ Ctr. aushalten konnten, mithin war der erste, obwohl leichtere Stein, bey viermahl fester als der andere, und im Stande, einen Pfeiler von der nähmlichen Grundfläche, von dem nähmlichen Steine, und beynahe 1600 Fuß Höhe zu tragen.

Einige Jahre später stellte Gauthey, Brücken- und Straßen-Ingenieur zu Lyon, bey 300 Versuche über den nähmlichen Gegenstand an; die Stücke, die er zu den Versuchen brauchte, waren auch von einem Zoll im Gevierten, aber von verschiedenen Höhen, die meisten waren 1, und die andern 4, 6, auch 8 Zoll hoch. Aus diesem in dem Journal de Physique de l'Abbé Rozier, des Jahres 1774, Seite 402 enthaltenen Versuchen folget:

Gattung des Steines.	Schwere des Kubik-Fußes	Last die ein Quadrat-Fuß tragen kann.	Höhe des Pfeilers vom nähmlichen Steine.
Harter	165 Pf. Par. Gew.	4562 Ctr.	2765 Fuß
Weicher	145	1866 . .	1287 . .
	120	1844 . .	1536 . .
Guter Ziegel	109	2903 . .	2664 . .
Sandstein	175	53 . .	31 . .

Diese Versuche zeigen, daß der Widerstand der Steine sich keines Weges wie ihre Schwere verhält; dieß läßt sich auch einsehen, denn die Schwere der Steine kommt zum Theil von der enthaltenen Erdfeuchtigkeit *), und zum Theil von der Schwere der Sandkörner, woraus die Steine bestehen, die Festigkeit aber von jener des Gluthens, nähmlich jenes Stoffes, welcher diese Körner bindet.

In Hinsicht der Höhe der Steinstücke bey den Versuchen meldet Gauthey, daß diese Höhe

Nöthige Zeit zur Ausdunstung der Erdfeuchtigkeit der Steine.

*) Der Stein von Dahlern bey Gumpoltskirchen, 3 Meilen weit von Wien, frisch ausgebrochen, ist weich, und wiegt 120 Pfund der Kubik-Fuß; wie er aber 10 bis 12 Wochen an der Luft ausgesetzt geblieben ist, wird er härter, wiegt aber dann nur 112 Pfund; mithin verliert derselbe in einer so kurzen Zeit 8 Pf. der Erdfeuchtigkeit, und wird mit der Zeit fast so leicht als Ziegel. Kiesel und Kalksteine haben in einem Jahre, Gyps und rauher Stein in 2½ Jahren, und Sandstein erst in 3 Jahren, ihre Erdfeuchtigkeit ganz verloren; in sehr warmem Klima geschieht aber dieß früher.

keinen merklichen Einfluß auf den Widerstand dieser Stücke hatte, dadurch werden die Versuche von Muschenbröck widersprochen, auch war das Apparat Art. 119, dessen sich dieser Physiker dazu bediente, fehlerhaft.

127) Um Peronnets Versuche auf die Bögen der Brücke zu Neuilly anzuwenden, betrachte man, daß nach dem Abrüsten der Schub dieser Bögen, mithin auch der Druck gegen die Schlußkeile, 406 Kubik-Fuß Steines auf jeden Fuß Breite der Brücke, und nach Tabelle 24, der größte Druck auf die Fugen 498 Fuß betrug, und am Fuße des Bogens von 51 Graden Statt hatte; daß dieser Druck, durch die Höhe 5 der Keile dividirt, den Druck für den Fall angibt, wo keine Fugenöffnungen, und die Keile gleichförmig gepreßt sind.

Peronnet und Gauthey meinen, wie es scheint, daß bey den Versuchen der Druck auf dem Kopfe der Steinstücke gleichförmig gewesen sey, indem sie aus diesem Drucke schließen, daß ein Quadrat-Fuß Steines bis 1600 Kubik-Fuß des nähmlichen Steines tragen kann, demnach wäre sicherlich der Widerstand der Keile weit größer, als der größte specifische Druck, dem sie bey Gewölben ausgesetzt seyn können; aber Versuche über dem Widerstand gleichförmig gedrückter Steine führen nicht zur Kenntniß des Widerstandes der Eckseiten der Keile, der doch zu kennen nöthig wäre, weil nach dem Abrüsten Fugenöffnungen in den Bögen verbleiben, die sich erst zuschließen, wie das Gewölbe mit der Nachmauerung beschwert wird.

Erwägt man nun, daß Peronnets Versuche mit einem Hebel angestellt worden sind, der am Kopf unbeweglich, und am Ende belastet wurde, daß dieser Hebel sich unter der Last biegen, dadurch der Hauptdruck auf die Eckseite des Steines, auf die Seite der Last geschehen mußte, so geben diese Versuche vielmehr den Widerstand des auf einer Eckseite gedrückten Steines, als dessen specifischen Widerstand an; auch muß letzterer weit größer seyn, da die Steine, die unter der Kuppe des höchsten Berges in einer Tiefe von mehr als zwanzig tausend Fuß im Grunde liegen, eben so viel Kubik-Fuß desselben auf sich haben und tragen.

Der Widerstand fester Steine ist überflüssig groß.

Da die Keile der Bögen erwähnter Brücke dem auf einer ihrer Eckseiten vereinigten Druck die Zeit standhaft widerstanden, als die Fugen geöffnet blieben, und um diese Eckseiten noch weniger zu befürchten seyn wird, wenn man dieselben, wie Peronnet es anempfiehlt, abschärfet, so zeigt die Erfahrung, daß der Widerstand fester Steine so groß ist, daß er gestatten könnte, Gewölbe von noch größerer Spannung und kleinerer Wölbungshöhe und Dicke, als jene der Bögen der Brücke zu Neuilly, mithin die kühnsten Werke von der Art zu unternehmen; dieses sah auch Peronnet nach beendigtem Baue ein, da er in seinen Werken bereuet, die Bögen dieser Brücke nicht 4 statt 5 Fuß dick gehalten zu haben; auch hat derselbe in seinem Vorschlag, eine

Brücke aus einem Bogen von 150 Fuß Spannung und 14 Fuß Wölbungshöhe über die Seine zu Melun zu bauen, welcher Bogen also 42 Gr. 18 M. mißt, und einen Halbmesser von 207,897 Fuß hat, denselben Bogen nur 5 Fuß dick angetragen.

Bogen von äußerst großer Spannung.

Da in diesem Falle der Flächeninhalt des halben Bandes = 388,5, der Schub = 748,2 Fuß, mithin der Druck in jedem laufenden Fuß der Brückenbreite auf die obere Eckseite des Schlußkeils = 748,2, und auf die untere Eckseite des untersten Keils = 839 Kubik-Fuß Steines beträgt, beyde Drucke aber noch weit unter jenem 1600 sind, den der Stein tragen kann, so hatte Peronnet Recht zu glauben, daß in Hinsicht des Widerstandes des Steines ein solches Gewölbe nichts zu befürchten hatte; noch weniger wäre zu besorgen gewesen, wenn die Gewölbsdicke $3\frac{1}{2}$ Fuß angenommen worden wäre, indem dadurch der Schub auf 365, und der größte Druck auf 625 herabgesetzt worden wäre.

Die Brücke zu Moulin über den Allier-Fluß aus einem Bogen von 138 Fuß Spannung und 46 Wölbungshöhe, der größte Bogen der Brücke zu Verona von 150 Fuß Spannung, und die Brücke zu Alt-Brioult über den Allier aus einem Bogen von beynahe 183 Fuß Spannung, beweisen, daß man Gewölbe von sehr großer Spannung bauen kann; auch, wie gesehen Art. 70, zeigt die Erfahrung, daß Gewölbe, wenn sie mit gehöriger Nachmauerung versehen sind, sehr dünn, und doch sehr standhaft seyn können.

Fälle, wo die Ziegel besser als behauene Steine, hingegen diese besser als die Ziegel für Gewölbe sind.

128) Nach Gauthey's Versuchen, sind gute Ziegel im Stande, fast eben so viel als der festeste Stein zu tragen; da die specifische Schwere des Ziegels $\frac{3}{4}$, auch zuweilen nur $\frac{2}{3}$ jener mancher Steine ist, und bey Gewölben der Schub, bey Widerlagen aber der Widerstand sich wie die Schwere des Materials verhalten, so sind in dieser Hinsicht die leichtesten Ziegel das beste Material für Gewölbe, und die schwersten Steine das beste für Widerlagen. Da noch der Kubik-Fuß Ziegelmauer gewöhnlich nicht den zehnten Theil des Kubik-Fußes von dem auf allen Seiten behauenen Steine kostet, ersteres Material leichter auf die Gerüste zu bringen, und zu verwenden ist, die Leergerüste weniger beschwert, mithin diese schwächer zu halten erlaubet, so sind die Ziegel zum Bau der meisten Gewölbe vorzüglich geeignet; man sagt der meisten, weil bey jenen die auf Gerüsten aus Hang- und Sprengwerken aufgeführt werden müssen, wenn man sie aus Ziegeln bauen wollte, diese durch das Weichen des Gerüstes aus dem Mörtel und aus dem Bunde kommen würden; auch bey Gewölben, die äußerst beschwert werden, würden die Ziegel wegen ihrer unvollkommenen Flächengestalt Gefahr laufen, zerdrückt zu werden.

Beyspiel.

Fig. 59.

Ein Beyspiel davon haben wir an einer Brückenwasserleitung (Fig. 59) aufzuweisen, die 1798 über die Liesing auf den österreichischen, von uns entworfenen und in Ausführung gebrachten schiffbaren Canal, der Oesterreich mit Hungarn und Steyermark verbindet, gebaut wurde.

Auf ungefähr 1½ Meilen weit von Wien gehet dieser Canal mittelst eines mehr als 100 Klafter langen und 31 Fuß hohen Dammes über ein eben so tiefes Thal, worin die Liesing fließt; unter diesem Damme waren gegen einem Ende desselben eine 12 Fuß breite und eben so hohe gewölbte Durchfahrt über einen nöthigen Fahrweg, und an dem andern Ende eine Brückwasserleitung über benannten Fluß gebaut.

Diese Wasserleitung bestand aus einer 5 Klafter breiten, und 15 Klafter langen gewölbten Oeffnung; die Widerlagen derselben waren 10 Fuß hoch über das Flußbett, und nur 5 Fuß hoch über die Ufer, das Gewölbe bestand aus einem Bogen von 90 Gr., seine Höhe betrug 62½ Zoll, dasselbe war zwey Ziegel, mithin bey 22½ Zoll dick; über dieses Gewölbe sollte der Grund durchaus bey 12 Fuß hoch aufgeschüttet werden, um die Höhe des Canalbettes zu erreichen, endlich sollten Dämme von 6 Fuß Höhe, und einer Seits 6, anderer Seits 8 Fuß oberer Breite aufgeführt werden.

Belehrendes Beyspiel.

Bey diesen Umständen, wo die untere Hälfte der Widerlagen im Grunde eingesenkt, mithin wie eine Fundamentmauer zu betrachten war, hatte man die Dicke der Widerlagen dergestalt bestimmt, daß die zusammengesetzte der Kräfte auf ¾ dieser Dicke über bemeldete Fundamentmauer traf; dadurch wurden die Widerlagen eben so dick, als sie hoch über den Grund standen, nebst dem hatte man diese mit Strebpfeilern von 5 Fuß Länge, und eben so viel Dicke verstärkt. Da noch zu dem Widerstande dieser Widerlagen jener des Grundes zu gut kam, der über, wie auch hinter dieselben aufzuschütten wäre, und das Gewölbe erst belastet werden sollte, wie das Mauerwerk vollkommen trocken, mithin im Stande seyn würde, den Widerstand zu leisten, dessen es zu einer solchen Zeit fähig ist, so war für die Solidität hinlänglich gesorgt, aber die Ungeduld jenes, der die Aufsicht über gedachten Bau hatte, diesen ausgeführt zu sehen, auch die Meinung desselben, diese Widerlagen wären im Stande jedem Schub zu trotzen, hauptsächlich aber das Zureden einiger Mitglieder der Canal-Gesellschaft, die Arbeiten zu betreiben, bewogen diesen Ingenieur, acht Tage nach der Aufführung des Gewölbes den Grund einige Fuß hoch auf dasselbe führen zu lassen, und wie bey dieser Last weder das Gewölbe noch die Widerlagen eine Spur von einer Bewegung gaben, so ließ gedachter Ingenieur den Grund bis 11 Fuß hoch über den Schluß aufschütten.

Belehrendes Beyspiel.

Fig. 59.

Die Strafe folgte aber dieser Unvorsichtigkeit bald nach, denn kurz darauf fingen die Theile des Gewölbes und der Widerlagen, unter der Strecke op, worauf der Grund gleich hoch lag, zu weichen an, das Gewölbe setzte sich nach einer eingehenden Linie pvo, und die Widerlagen wichen von p und o nach der Mitte v ihrer Länge; diese Bewegungen nahmen besonders bey dem Gewölbe so zu, daß selbes nach ein Paar Wochen sich bis 17 Zoll setzte. Bey den unteren Ziegellagen war der Mörtel durch die Pressung aus den Fugen herausgetrieben, und die Ziegel waren bis auf ein und zwey Zoll Tiefe zerdrückt, die Trümmer davon lagen am Fuße der Widerlagen, dieses zeigte, daß bey dem so starken Setzen des Gewölbes die unteren Fugenschnitte sich von unten aufwärts geöffnet, der Druck sich auf den inneren Rand dieser Lagen vereinigt, und die Ziegel an diesem Rande zerquetscht habe.

Bey den Widerlagen, welche, wie gesagt, eben so wie das Gewölbe an beyden Endseiten unbeweglich blieben, und von p und o nach v wichen, war die größte Abweichung der Kämpfer $2\frac{1}{2}$ Zoll, diese Abweichung ging aber nur bis auf ungefähr 4 Fuß, und verloren herab, auf dieser Höhe waren die Widerlagen wie ein sanft gebogenes Schilfrohr heraus gedrückt, und bey dem noch biegsamen Mörtel schien es, daß die oberen Mauerschichten eine auf der andern etwas zurückgegleitet waren.

Wie dieser Anfall uns gemeldet wurde, erfuhren wir auch, daß bey dem Bau des Gewölbes ein Theil desselben sich gesenkt hatte, weil einer der Schwellbalken, worauf die Stützen des Leergerüstes standen, innerlich schadhaft war, und wich.

Wir eilten, den Augenschein zu nehmen, und fanden die Sachen so bedenklich, daß wir ersuchten, einen geschickten Wiener = Baumeister dieses Werk anzusehen, und seine Meinung darüber zu sagen; er erstaunte, daß man so voreilig war, das Gewölbe dergestalt zu beschweren, da der Mörtel noch so frisch war, daß er noch seine blaue Farbe hatte; sein Gutachten war: den größten

Belehrendes Beyspiel.

Theil des auf das Gewölbe geführten Grundes wegzuführen, dann das Gewölbe so stehen zu lassen, bis das Mauerwerk ganz trocken würde; darauf ersuchten wir auch den damahligen Feldmarschall-Lieutenant Lauer, der die Festung Josephstadt gebauet, und viel Erfahrung hatte, gedachtes Werk anzusehen; nach der Untersuchung rieth er, dasselbe noch länger stehen zu lassen, indem er vermuthete, es würden sich keine weitern Bewegungen zeigen; zum Grunde dieser Meinung führte er das bombenfrey gewölbte, und mit Grunde 3 Fuß hoch bedeckte Zeughaus zu Josephstadt an, welches kurz nach dem Bau sich so stark setzte, daß die dicken eisernen Schließen, welche durch beyde Seiten des Gewölbes gezogen waren, alle auf einmahl mit dem Knalle eines Kanonenschusses absprangen, und das Gewölbe nach der ganzen Länge einen breiten Riß erhielt, seit dem aber keine Spuren einer Bewegung gibt.

Wir fanden aber dieses Beyspiel nicht anpassend, und erwähnten Rath aus der Ursache gefährlich, indem, wenn es sich doch ereignen sollte, daß das Gewölbe einstürzte, durch das Materiale desselben, und durch den darauf so hoch aufgeführten Grund, ein bey drey Klafter hoher Damm quer durch den unter diesem Gewölbe laufenden Bach plötzlich entstehen, und dadurch die obere Gegend und Ortschaften unter Wasser gesetzt würden; aus diesem Grunde hielten wir es für nöthig, das Gewölbe, wie auch einen Theil der Widerlagen abzutragen, und dasselbe nach dem Zirkel zu führen, da dann der Grund nur

3 statt 11 Fuß hoch über den Schluß, mithin der Schub weit kleiner als vorhin seyn würde.

Wären wir nicht durch jene, die über die Art, die Dicke der Widerlagen zu bestimmen, geschrieben haben, und diese immer nach dem Widerstand zur Drehbewegung proportioniren, irre geführt worden, da, wie wir es später eingesehen haben, dieß bey gedrückten Gewölben nicht Statt findet, und hätten wir es anfänglich überlegt, daß bey dem Bau eines so langen Canals, wo auf mehreren, oft über zwey Meilen von einander entfernten Puncten zugleich gearbeitet werden mußte, der Bau-Director nicht täglich alles besichtigen kann, dadurch außer Stande ist, jeden sich ereignenden Umstand zu erfahren, so hätten wir, wie es klüger war, dieses Gewölbe anfänglich nach dem Zirkel angetragen.

Es wird befremden, daß bey dem so starken Setzen erwähnten Gewölbes die Widerlagen so wenig wichen; dieß kommt aber aus der Zusammenpressung des Mörtels der Fugenschnitte, deren 133 in dem Bande des Gewölbes waren, daher, wenn bey jedem Fugenschnitte der Mörtel, im Durchschnitt genommen, nur ein Viertel seiner gehabten Dicke verlor, da diese bey 6 Linien betrug, so war der ganze Verlust 201 Linien oder $16\frac{3}{4}$ Zoll; um eben so viel mußte also die $33\frac{1}{3}$ Fuß lange Wölbungslinie kürzer, mithin auch nach Verhältniß flächer werden. Da noch durch das Weichen der Widerlagen die Spannung um 5 Zoll länger würde, so betrugen diese zwey Umstände so viel, daß das Gewölbe sich so beträchtlich setzen mußte.

Besonderer Vorfall.

129) Um zu zeigen, daß auch Bögen aus behauenen Steinen, wenn sie aus Sandstein bestehen, und in der Mitte übermäßig beschwert sind, weichen können, wird man den bey dem zu Wien nahe an dem Kärnthner-Thor stehenden Eckhause sich ereigneten Fall beschreiben, bey welchem Hause die Fenster so eingetheilt sind, daß ein Pfeiler auf der Mitte des Bogens, eines der zwey auf der Bastey-Seite befindlichen Thore stehet.

Ueber diesem Thore stehen fünf Stockwerke, deren sämmtliche Höhe bey 55 Fuß beträgt; gedachter Pfeiler ist also eben so hoch, seine Breite ist ungefähr 5, und seine mittlere Dicke $2\frac{1}{2}$ Fuß; da dieser Pfeiler rechts und links die über die Fenster gespannten Bögen, wie auch die auf denselben liegenden Dippelböden u. s. w. trägt, so kann sein Druck auf den Bogen des Thores 1500 Centner betragen; dieser Bogen hatte 60 Grade, 10 Fuß Spannung, und 2 Fuß Dicke, er war aus einem festen Steine, und schien jede Last standhaft tragen zu können; aber im Frühjahre 1802, bey 35 Jahre nach dem Bau des Hauses, zeigten sich Risse in den über die Fenster gesammter, und an diesen Pfeiler sich stützenden Fensterbögen, die Rahmen der Fenster waren verbogen, und man konnte diese weder auf- noch zumachen; diese Merkzeichen eines Sinkens des Pfeilers nahmen nach und nach so zu, daß man endlich eilen mußte, den Bogen über erwähntem Thore zu unterstützen, auch fand man in diesem Bogen nach näherer Untersuchung desselben rechts und links des darauf stehenden Pfeilers einen Riß; diesem Uebel half man ab, indem man an beyden Seiten des Thors kleine Pfeiler anlehnte, und auf diesem einen neuen Bogen unter dem ersten spannte.

130) Sonderbar wird es scheinen, daß erwähnter Bogen über 30 Jahre lang der über ihm stehenden Last widerstanden, und so spät nachgegeben hat, die Erfahrung zeigt aber, daß wie bey Balken, die nicht genug belastet sind, um augenblicklich zu brechen, jedoch zu stark beschwert sind, um der Last lange zu widerstehen, eben so auch bey Mauern wie auch bey Bögen, wenn diese nicht schwach genug sind, um der auf sie wirkenden Kraft augenblicklich zu weichen, doch nicht stark genug sind, um denselben fortwährend zu widerstehen, die Bindung der Theile die am stärksten leiden, nach und nach geschwächt wird, und diese Theile endlich, und um so früher unterliegen, als ihr wirklicher Widerstand, der auf sie wirkende Druck weniger überlegen war.

In einem Hause wie jenes, wo viele Menschen wohnen, und das in einer Gasse stehet, wo viel gefahren wird, haben die Mauern viel von dem Schwung der Dippelböden, und von der Erschütterung des Fahrens zu leiden, dadurch kann die Bindung der Mauertheile am meisten leiden, und bey diesen selbst das Gluthen, welches die Bestandtheile der Steine zusammen hält, nach und nach so geschwächt werden, daß endlich die Standhaftigkeit aufhört, und wehe dem, der in dem Bauwesen auf solche physische Umstände, wie auch auf die Einwirkung der Witterung und der Zeit, die alles nagt, nicht Rücksicht nimmt, und sich nicht dagegen hinlänglich verwahrt.

Dicke der Gewölbe.

131) Die Aufgabe, wie dick ein Gewölbe seyn soll, hat bisher nicht aufgelöst werden können. Alberti, Palladio und Serlio, Italiens vornehme Architekte, nehmen für diese Dicke ohne Rücksicht auf die Gestalt der Wölbungslinie, der eine $\frac{1}{12}$, der andere $\frac{1}{15}$ und der dritte $\frac{1}{17}$ der Spannung an.

Gauthyer, ein zu seiner Zeit auch berühmter Architekt und Verfasser eines Werkes über den Straßen- und Brückenbau, schreibt in demselben (Seite 114) über die Dicke der Gewölbe, aber auf eine sehr unbefriedigende Art; darin gibt er ohne sich auf irgend einen Grundsatz zu stützen, eine Tabelle, wovon der Auszug hier folgt, nach welchem die Dicke der Gewölbe zu bestimmen sey.

Gauthyers Tabelle.

Spannung des Gewölbes.	Dicke des Gewölbes am Schlusse	
	wenn der Stein hart ist.	wenn er weich ist.
10 Fuß	1 Fuß 5 Zoll	2 Fuß 3 Zoll
20 —	1 — 10 —	2 — 9 —
40 —	2 — 8 —	3 — 8 —
60 —	4 — „ —	5 — „ —
80 —	5 — 4 —	6 — 4 —
100 —	6 — 5 —	7 — 8 —
120 —	8 — „ —	9 — „ —

Gauthyer nimmt für die kleinste Spannung eines Gewölbes 10 Fuß, und für seine Dicke, wenn der Stein hart ist, 17 Zoll, nähmlich $\frac{1}{24}$ der Spannung und einen Fuß mehr an; wenn der Stein weich ist, setzt er zu dieser Dicke noch 10 Zoll, also mehr als um die Hälfte zu, wodurch die Dicke des 10 Fuß gespannten Gewölbes im ersten Falle bey $\frac{1}{7}$, und im letzten bey $\frac{2}{9}$ der Spannung werden sollte.

Gauthyer folgt dem Verhältnisse von $\frac{1}{24}$ der Spannung durchaus, dem Zusatze von einem Fuß aber nur bis 40 Fuß Spannung, dann bey jeder 20 Fuß mehr Spannung nimmt dieser Zusatz nur um $\frac{1}{2}$ Fuß zu.

Wenn der Stein weich ist, so nimmt der Zusatz in Hinsicht desselben nur bey jeder der zwey Spannungen 20 und 40, um 1 Zoll zu, wodurch er 12 Zoll erreicht, dann bleibt er derselbe.

Bey einer solchen idealen und wie auf Gerathewohl aufgesetzten Regel ist es nicht befremdend, daß Gauthyer eben so wenig als seine Vorfahren Rücksicht auf die Gestalt der Wölbungslinie nimmt.

Belidor, in dem zweyten Buche seiner vermeinten Ingenieurwissenschaft, bekennt, daß es sehr schwer seyn müsse, die Dicke der Gewölbe gehörig anzugeben, und darüber muß man ihm beystimmen, daß er aber, nachdem er Gauthyers Tabelle angeführt hat, diese anempfiehlt, ist es auffallend.

132) Später und im Jahre 1730 lieferte Couplet in den Acten der Pariser Akade-

mie, eine Abhandlung über die Dicke der Zirkel- und der Bogengewölbe; dieser Mathematiker nimmt die Keile so rauh an, daß sie nicht gleiten können, und setzt noch voraus, daß ein Gewölbe, als es eingestürzt, sich an drey Stellen Bnf Fig. 35, nähmlich oben in der Mitte B, und in jener nf der Seiten öffnet; nach diesen Voraussetzungen sucht Couplet die Dicke des Gewölbes, bey welcher das Moment des Seitenschubes der oberen Hälfte Bn, dem Momente des Umsturzwiderstandes der unteren Hälfte nl gleich ist, dieses gibt bey dem Zirkel von 90 Fuß Halbmesser die Dicke 5,309, und bey dem Bogen von 100 Graden, wie auch von 50 Fuß Halbmesser, die Dicke 0,9839 beynahe $\frac{1}{6}$ der erstern.

Fig 35.

So befriedigend als diese doch einzig auf einige Gründe gestützte Auflösung scheinen sollte, so blieb sie doch unangewendet, denn Peronnet, welchem erwähnte Acten bekannt waren, statt diese Auflösung zu benutzen, schreibt im dritten Buche seiner Werke. — „Es ist bewußt, daß bey „Gewölben, besonders bey den gedrückten, der „Schluß mehr als die andern Keile gepreßt ist;" (die Unrichtigkeit dieses Satzes ist Art. 104 erwiesen worden), „deßwegen pflegt man den Korbbö„gen, wenn sie nicht gedrückter, als um den dritten „Theil der Spannung sind, und diese die kleinste, „nähmlich 10 Fuß ist, nebst $\frac{1}{24}$ derselben, noch ei„nen Fuß mehr Dicke am Schlusse zu geben."

Peronnet, wie man sieht, nimmt bey der sogenannten kleinsten Spannung die Regel von Gauthyer an, wie aber die weitere Anwendung derselben übermäßige Dicken gibt, so vermindert er den Zusatz zum $\frac{1}{24}$ der Spannung nach Maß diese größer wird, indem er weiter schreibt. —

„Dann ist es füglich bey jedem Fuß mehr „Spannung, die aus dieser Regel hervorkommende Dicke, um eine Linie zu vermindern, wodurch „man bey Spannungen von 40 und 80 Fuß, die „Dicken 2 Fuß $6\frac{1}{2}$ Zoll, und 3 Fuß 8 Zoll erhält, Gewölbe nach dem Zirkel kann man aber „um etwas dünner halten.

Peronnet, wie gesehen, gibt von diesem Verfahren keine andern Ursachen an, als man pflegt, und es ist füglich so zu handeln, auch konnte er bey der Anwendung einer auf so seichten Gründen gestützten Regel nicht anders als oft anstoßen; dieß geschieht ihm schon Art. 73, Seite 21, in Hinsicht der Dicke der Korbbögen, da er, statt wie vorhin die Spannung zu betrachten, die doppelte Länge des Halbmessers des großen, also mittleren Bogens annimmt; weiter sagt er:

„Es ist nicht nöthig auf die Beschaffenheit des „Steines Rücksicht zu nehmen," dann im Widerspruche mit diesem Satze:

„Wenn der Stein sehr hart ist, so kann jede „Rücksicht auf die Gestalt der Wölbungslinie beseitigt werden..." weiter:

„Man kann von der angegebenen Regel, wie „wir es bey der Brücke zu Neuilly gethan haben, so weit abweichen, daß man den Bogen „statt $12\frac{3}{4}$ Fuß Dicke, welche diese Regel vermöge „der 150 Fuß Länge des Halbmessers gibt, nur 5 „Fuß Dicke hält..." endlich findet Peronnet diese Dicke noch zu groß und bereuet, selbe nicht bis auf 4 Fuß herabgesetzt zu haben; auf diese Art fällt also seine Regel nach und nach so in die Brüche, daß man nicht mehr weiß in was sie bestehen soll, auch kann es nicht anders geschehen, wenn man ohne richtige Grundsätze verfährt.

Dieß bestätigen die in folgender Tabelle beschriebenen, und unter Peronnets Leitung aufgeführten, auch in seinen Werken beschriebenen Brücken.

Brücken	Spannung	Wölbungshöhe	Dicke des Gewölbes
zu Loir in Languedoc	150 Fuß	60 Fuß 9 Zoll	9 Fuß 6 Zoll
zu Gignac	150 —	50 — 6 —	6 — = —
zu Melun } Bog. von 42 Gr. 18 M.	150 —	14 — = —	5 — = —
Mantes } über die Seine	150 —	35 — = —	6 — = —
Paris	120 —	30 — = —	5 — = —
zu Orleans über die Loire			
der mittlere Bogen . . .	100 —	38 — = —	6 — 6 —
die Landbögen	92 —	25 — = —	5 — 6 —
zu Nogent	90 —	27 — = —	4 — = —
	88 —	8 — = —	4 — = —
zu St. Maxence über die Layon Bog. von 37 Gr. 51 M.	72 —	6 — = —	4 — 6 —
zu Saumur über die Seine	60 —	20 — = —	4 — 6 —
zu Cher neben Tours	60 —	[illegible] — = —	5 — = —
zu Chateau-Thiery über die Marne	54 —	13 — = —	3 — 9 —
zu Rosoy	43 —	16 — = —	3 — 6 —
Bogen	24 —	[illegible] — = —	2 — 6 —
zu Meiun Bogen von 60 Grad	30 —	4 — = —	3 — 6 —
zu Brunoy Bogen von 60 Grad	18 —	$2\frac{2}{5}$ — = —	2 — 6 —

133) Vergleicht man die Dicke der zwey ersten Bögen mit Peronnets Regel, so findet man diese Dicken im Widerspruch mit dieser Regel; denn nach dieser kann man die Gewölbe nach dem Zirkel etwas dünner als die gedrückten halten, wie dann das erste dieser Gewölbe sich mehr als das zweyte dem Zirkel nähert, so sollte dieses dicker als jenes seyn, und doch ist es umgekehrt. Um über diesen so verwickelten Gegenstand ins Reine zu kommen, muß man bey vollständigen Wölbungslinien die Gurten im Modelle, die gewöhnlich durchaus gleichförmig dick gehalten werden, von den Gewölben unterscheiden, und wohl bemerken, daß bey diesen Fig. 37 und 48 die Füße ov und MN aus der Erhöhung der Widerlagen, und wie diese aus wagerechten Mauerschichten bestehen, deren innere Seite mittelst Keilsstücken, die mit diesen Schichten verbunden sind, nach der Krümmung der Wölbungslinie hervorspringen, und auf diese Art mittelst einer Leere so hoch aufgeführt werden, bis erwähnte Keilstücke die Neigung NCM Fig. 48 von 40 Graden erreichen, unter welcher die Keile, der Reibung wegen nicht herabgleiten können; dann wird mit der Aufführung der Gewölbe wenigstens 6 Wochen, und je länger je besser gewartet, um dem Malter der Widerlagen die Zeit zu binden zu lassen.

134) Nach diesem gewöhnlichen auch zweckmäßigen Gang des Baues, ist es bey vollständigen Gewölben, wie bey Bögen nur darum zu thun, den über die Füße aufzuführen kommenden, hier zur Hälfte 50 Grade messenden Bogen so dick

zu halten, daß er sich nach dem Abrüsten standhaft erhält, und wenn er, um Lasten tragen zu können, eine Nachmauerung erfordert, mit der Aufführung und Erbreitung derselben abzuwarten, bis der Bogen sich ganz gesetzt hat.

Vollständige und gleichförmig dicke Gurten im Modelle müssen hingegen so dick gehalten werden, daß sie sich ohne irgend einem Seitenwiderstand auf ihrer Basis erhalten.

Wird dieser angeführte, in der Natur der Gewölbe, und in jener ihrer Modelle liegende wesentliche, und doch bisher nicht gehörig beachtete Unterschied anerkannt, und zur Richtschnur genommen, so läßt sich dann die Dicke der Gewölbe und der Bögen, auch die der Gurten im Modelle, bestimmen.

Dicke des Bandes der vollständigen Gurten im Modelle.

Fig. 60. 135) Es sey ABdD Fig. 60 ein Gurt nach dem Zirkel, und y sein Schwerpunct; dann durch den höchsten Punct B die wagerechte Bl, und durch y die Verticale Kz geführt, ferner durch diese der Flächeninhalt des Bandes ABdD, und durch KF der Seitenschub vorgestellt, hernach mit diesen KF und Kz das Parallelogramm der Kräfte beschrieben, endlich seine Diagonale KR gezogen, so wird diese die zusammengesetzte der Kräfte, und R der Punct seyn, wo diese auf die Basis des Gurtes trifft; es solle nun dieser Punct entweder auf den äußeren Rand d, oder auf was immer für eine gegebene Entfernung dR von demselben auf die Basis fallen, so handelt es sich, die Dicke AB, bey welcher dieses geschieht, zu bestimmen.

Diese sonst äußerst schwere Aufgabe wird durch Anwendung der allgemeinen Tabelle 15. unendlich erleichtert, wenn man für die Spannung des Gurtes jene dieser Tabelle annimmt.

136) Es solle z. B. der Punct R auf d treffen, nähmlich die Dicke des Gurtes bey dem Zustande des Gleichgewichtes zwischen dem schiebenden und dem unteren Theile bestimmt werden; so wird man, um die Zahl der dazu nöthigen Versuche möglichst zu vermindern, sich der Tabelle 15 bedienen, daher 100 für die Weite der Spannung, und bey dem ersten Versuche für die Dicke des Gurtes, jene 5,5 annehmen, dann sind Kz = 55,5, der Seitenschub = 181,74; der Flächeninhalt des Bandes = 455,72, und der Abstand ZD des Schwerpunctes y, = 16,388.

Es verhält sich der durch Kz vorgestellte Flächeninhalt 455,72, zu dem durch KF vorgestellten Schub 181,74; wie Kz nähmlich 55,5, zu

$zR = \frac{(181,74)(55,5)}{455,72} = 22,1333$; davon wird

zD = 16,388 abgezogen, so bleibt DR = 5,745, da diese Dicke um 0,245 größer als die angenommene 5,5 ist, so ist diese zu klein.

Man nehme also die nächst größere Dicke 6 der Tabelle zum zweyten Versuche an, und verfahre mit den dazu gehörigen Werthen, nähmlich mit dem Schube = 194,23, mit dem Flächeninhalt 499,51, und mit dem Abstand zD = 16,223, dann mit Kz = 56, eben auf die nähmliche Art

Fig. 60. wie im ersten Versuche, so erhält man zR = 21,7751; hiervon zD = 16,223 abgezogen, bleibt DR = 5,652, der um 0,348 kleiner als die angenommene Dicke 6 ist, mithin ist diese zu groß, und die gesuchte zwischen 6 und 5,5 enthalten.

Um diese Dicke zu finden, addirt man beyde Unterschiede 0,245 und 0,348 zusammen, und mit der Summe 0,593, mit dem größten Unterschiede 0,348, und mit dem Dickenunterschied 0,5 stellt man das Verhältniß 593 zu 348, wie 0,5, zum gesuchten Unterschiede auf; so erhält man 0,2934, welcher, von der größeren Dicke 6 abgezogen, die gesuchte Dicke = 5,7066, beynahe $\frac{1}{11}$ des Halbmessers, und fast um $\frac{1}{11}$ größer als nach Couplets Voraussetzung, gibt.

137) Ist der Gurt ein Korbbogen, und seine Höhe ein Viertel der Spannung, so findet man mit Beyhülfe der allgemeinen Tabelle 29 und auf die nähmliche Art für den Fall des Gleichgewichts die Dicke = 5,848, die also nur um $\frac{1}{14}$ größer als beym Zirkel ist.

138) Ist die Wölbungslinie, wie jene Tabelle 14, gothisch, so findet man mit Beyhülfe dieser Tabelle die Dicke des Gurtes beynahe $\frac{1}{24}$ der Spannung, also auch des Halbmessers, welches beweist, daß gothische Gewölbe viel dünner als oberwähnte gehalten werden können, und daß sie in dieser Hinsicht, wie auch in jener ihres sehr kleinen Schubes, vortheilhafter als alle andere sind.

139) Ist endlich der Gurt ein Bogen von 100 Graden, und sein Halbmesser wie vorhin 50 angenommen, dann geben die Versuche seine Dicke

$= 0,615 = \frac{8}{13}$ des Halbmessers, und der schiebende Theil mißt 34 Grade.

140) Die gefundenen Dicken sind nicht die, bey welchen diese Gurten sich standhaft erhalten können, denn mit solcher Dicke würden sie bey der kleinsten Erschütterung, ja sogar bey der mindesten Zugluft einstürzen; diese Dicken müssen also nach Maß größer angenommen werden, als man den Gurten mehr Standhaftigkeit geben, auch sie in Stand setzen will, Gewichte zu tragen. Ueberhaupt ist der Zustand des Gleichgewichts im Bauwesen wie eine gefährliche Klippe zu betrachten, die man nur ausforscht, um selbe von weiten vermeiden zu können, und diese Weite hängt von der Güte des Baumaterials, von der Genauigkeit in der Ausführung, und von der Zeit, die man den Füßen der Gewölbe läßt, um trocken zu werden, mithin von Umständen ab, die der Bauführer allein im Stande ist, gehörig zu beurtheilen.

141) Der Grad von Standhaftigkeit, den ein Gurt, wie auch ein Gewölbe hat, oder erhalten soll, kann nur durch die Lage des Punctes R, Fig. 60, worauf die zusammengesetzte auf die Basis trifft, beurtheilt werden; will man einem Gurte nach dem Zirkel solche Dicke geben, daß die zusammengesetzte z. B. entweder auf $\frac{1}{3}$, oder gar auf die Hälfte der Basis trifft, so kann man diese Dicke mit Beyhülfe der Tabelle 15. auf obige Art leicht ausmitteln; im ersten Falle wird man diese Dicke $= 7,49$, und im letzten $= 9,1$ finden; eben so wird man bey dem vorigen Korbbo-

gen, mit Beyhülfe der Tabelle 20 seine Dicke im ersten Falle = 7,55 und im letzten = 9,24 erhalten, dann wird bey dem gothischen Gurte, mittelst der Tabelle 14 die Dicke, bey welcher die Zusammengesetzte auf die Mitte der Basis trifft = $\frac{1}{18}$ der Spannung finden.

Dicke der vollständigen Gewölbe.

142) Um die Dicke der vollständigen Gewölbe zu bestimmen, handelt es sich, wie Art. 134 gesehen, nur die Dicke des oberen beyder Seits der Wölbungshöhe 50 Grade messenden Bogens, zu finden.

Es ist Art. 124 die Nothwendigkeit angezeigt worden, den Leergerüsten den nöthigen Aufsatz zu geben, damit das Gewölbe nach dem Setzen nicht gedrückter wird, als es angetragen worden, daher keinen größeren Schub als den nach dem Antrag berechneten hervorbringt, in Folge dessen, wird man bey dieser Untersuchung keine Rücksicht auf das Setzen des Gewölbes nehmen.

143) Ein Bogen kann die nöthige Stärke auf zweyerley Art erhalten, die erste Fig. 60, wenn der Bogen gleich dick gehalten wird, und man ihm die nöthige Dicke gibt, um sich standhaft zu erhalten, und die zweyte Fig. 60, Nro. 2, wenn man dieses nur bey dem oberen Theil des Bogens bewirkt, und den unteren von oben herab, Absatzweise, hinlänglich verstärkt.

Diese zweyte Art hat über die erste den Vortheil.

1) Daß die unteren und schwachen Theile des

Bogens nach Maß verstärkt werden, als sie schwächer sind, und diese Verstärkung den Dienst der Nachmauerung leisten kann, ohne wie bey dieser abwarten zu müssen, bis der Bogen sich gesetzt hat, wobey man Gefahr läuft, die Nachmauerung zu früh aufzuführen, wodurch diese aus dem Bunde kommt.

2) Mittelst solcher Absätze kann man den oberen Theil des Bogens dünner als bey der ersten Bauart halten, dadurch an Raum aufwärts gewinnen, welches bey Wohngebäuden meistens nicht gleichgültig, und bey Brücken oft sehr vortheilhaft ist, da man dadurch entweder sanftere Auffahrten erhalten, oder den Bogen um so höher über das Wasser halten kann, um diesem beym höchsten Zustand den möglichst freyen Ablauf zu belassen; endlich vermindert eine solche Bauart den Seitenschub des Bogens, wie auch seinen Druck auf das Gerüst, in dem der darauf am meisten wirkende Theil am dünnsten gehalten, und die ihm abgezogene Dicke auf die unteren am wenigsten drückenden Theile übertragen wird.

Dicke des Bogens bey der ersten Bauart, nähmlich bey gleichförmiger Dicke.

144) Wir wissen aus Art. 141, daß die Stärke eines Bogens sich nur durch die Lage der Zusammengesetzten auf der Basis desselben beurtheilen läßt, daß, wenn diese Zusammengesetzte auf den äußeren Rand der Basis trifft, der Bogen auf dem Puncte stehet, umzustürzen, und daß dieses sich bey dem hier betrachteten Bogen

dessen Hälfte 50 Grade mißt, ereignet, wenn seine Dicke bey dem Halbmesser 50, nur 0,65, also $\frac{1}{81}$ desselben ist, dadurch kennen wir also eine Gränze der Dicke des Bogens; wir wissen auch, daß, wie die Dicke des Bogens zunimmt, die Zusammengesetzte sich von dem äußeren Rand der Basis gegen den inneren entfernt, und aus Art. 74 wissen wir, daß die Zusammengesetzte diesen inneren Rand erreicht, wie die Dicke des Bogens jene ist, bey welcher seine Hälfte der schiebende Theil des Zirkels ist, zu dem dieser Bogen gehört; ferner zeigt die Tabelle 15 an, daß die Dicke 3,5 nähmlich $\frac{7}{100}$ des Halbmessers jene ist, bey welcher der schiebende Theil des Zirkels 50 Grade mißt, daher diese Dicke die Kleinste ist, bey welcher die Zusammengesetzte auf den inneren Rand der Basis des Bogens von 50 Graden trifft; wir sagen die kleinste Dicke, weil bey größeren die Zusammengesetzte doch diesen Rand nicht verläßt; wir kennen also die beyden äußersten Lagen der Zusammengesetzten, und mit diesen die zwey Gränzdicken des Bogens, in Hinsicht dieser Lage.

145) Diese Gränzdicken des Bogens nun bestimmt, so kommt es auf die Wahl der zwischen denselben enthaltenen Dicke an; diese Wahl hängt ab von dem Grade der Stärke, die man dem Bogen zu geben für nöthig findet, und von der Gattung des Materials, womit der Bogen gebauet wird, ob dieses Material aus behauenen Steinen oder aus Ziegeln bestehet; denn erstere können jedes beliebige Maß erhalten, also jedem Verhältnisse folgen, letztere aber nicht; weil ihre Maße in

jedem Lande bestimmt sind, folglich kann die Dicke des Bogens, wenn sein Halbmesser auch noch so klein ist, nicht weniger als eine Ziegelbreite betragen, auch nicht weniger als um diese Breite zunehmen.

Nebst dem ist zu betrachten, ob das Gewölbe zu einem gedeckten Gebäude gehört, oder, wie bey Brücken, der Erschütterung der Frachtwägen, und der Einwirkung der Witterung, die auch mit der Zeit die Standhaftigkeit der Gebäude schwächt, ausgesetzt ist; denn bey Brücken, wie gesehen Art. 70, die Spannung des Bogens möge noch so klein seyn, darf man doch demselben nicht weniger als 1 Fuß Dicke geben.

Wie nun die Wahl der Dicke des Bogens dem überlassen werden muß, der die oberste Leitung des Baues führt, und erwähnte Bau- und Localumstände kennt, so wird man, um ihm diese Wahl zu erleichtern, Untersuchungen in Hinsicht der Lage der Zusammengesetzten auf der Basis, bey einigen zwischen den oberwähnten Gränzen enthaltenen Dicken, anstellen.

146) Es sey z. B. für die Dicke des Bogens die mittlere zwischen den Gränzdicken angenommen, und der Halbmesser desselben jener 50 der Tabelle 15, so wird diese Dicke 2 Fuß, dabey der Bogen des Schubes = 44 Gr. 30 M., der Seitenschub = 78,9, und der Flächeninhalt des Halbzirkels = 166,22; dann wird der Flächeninhalt des Bogens NCBA (Fig. 60) von 50 Graden, $\frac{5}{9}$ von jenem Inhalt, daher = 59 seyn; es sey dieser = P, hernach y der Schwerpunct erwähnten

Fig. 60. Bogens, und Kp die Richtung der zusammengesetzten aus dessen Schube und dessen Flächeninhalt; es sey ferner dieser Inhalt durch Ko, der Seitenschub aber durch ov vorgestellt: so wird, nach dem ersten Ausdruck der Note Art. 89, der Abstand

$$co = R\,Sin.\,50 - \frac{\frac{2}{3}(R^3 - r^3)\,Sin.^{2}\,25^{\circ}}{P} = 39{,}8343$$

$-$ 20,8792 = 18,9551, dann ist Hi = R Sin. 40 = 33,4250; dieses von HB = 52 abgezogen, gibt IB = 18,5751 = Ko.

Nun gibt das Verhältniß Ko (18,5751) zu ov; wie der Flächeninhalt 89 des Bogens, zu dessen Schube 78,9, für welchen 79 angenommen wird, den Abstand ov=16,4880, dieser von co=18,9548 abgezogen, gibt cv = 2,4666.

Das Verhältniß Ko (18,5751), zu ov (16,4850); wie Sinus totus, zur Tangente von oKv, gibt diesen Winkel = 48 Gr. 24 M., daher Kvo = 41 Gr. 36 M. = Cvp.

Der Winkel pcv mißt 40 Grade, also sind in dem Dreyecke cvp alle Winkel und die Seite cv bekannt; daraus findet man cp = 1,65, mithin trifft die Zusammengesetzte Kp auf 17 Zoll des äußeren Randes der Basis, also fast auf ¾ derselben weit von dem äußeren Rand.

147) Wendet man dieses Verfahren auf andere Dicken an, so findet man, daß die Zusammengesetzte, bey der Dicke 1, auf beynahe ⅔ der Basis, von dem äußeren Rand zurück, und bey der Dicke 3, äußerst nahe an den inneren Rand derselben trifft.

Wie nun, je dünner ein Bogen gehalten ist,

desto kleiner seine Masse ist, und desto empfindlicher die Zusammengesetzte ist, in Hinsicht der auf den Bogen kommenden zufälligen Lasten, wie auch jeder Erschütterung, so erfordert die Vorsicht, für die Dicke des Bogens, bey den größten Spannungen nicht weniger als die Hälfte jener zu nehmen, welche die Zusammengesetzte auf den inneren Rand der Basis bringt, und bey minderen Spannungen der kleineren Bogen, ihrer kleinen Masse wegen, für die Dicke des Bogens einen um so größeren Theil letzterer Dicke zu nehmen, als die Spannung kleiner ist, endlich diese Dicke selbst nach Umständen anzunehmen.

148) Diese Vorsicht dem Bogen einen größeren Theil seines Halbmessers zur Dicke zu geben, nach Maß als dieser kleiner ist, haben alle Architekte, wie aus dem Vorangeführten zu ersehen ist, als nöthig anerkannt und anempfohlen; nur wußten sie keine bestimmte Ursache davon anzugeben, auch nicht die Gränzen zu bestimmen, welche dieser Dicke gesetzt werden können.

Zweyte Bauart, nähmlich mit Absätzen.

149) Bey dieser Bauart Fig. 60 Nro. 2 wird der obere Theil ab des Bogens nach Gutdünken von 20 bis 50 Graden angenommen und gleich dick gehalten, der untere Theil aber erhält mehrere Absätze; für die Dicke des oberen Bogens kann man entweder die tangentiale Dicke, nähmlich jene, bey welcher die Sehne der äußeren Krümmung dieses Bogens seine innere berührt, oder eine Dicke wählen zwischen dieser und jener, bey welcher die Zusammengesetzte auf den inneren Rand der Basis

Fig. 60 Nro. 2.

trifft. Um bey dieser der Beurtheilung des obersten Bauführers zu überlassenden Wahl doch einen Begriff von der Dicke und Stärke aller Theile des ganzen Bogens zu geben, und dadurch diese Wahl am besten treffen zu können, werden wir für den Halbmesser des Gewölbes, wie vorhin, jenen 50 der fünfzehnten Tabelle, wie auch den oberen Bogen ab von 30 Graden annehmen, dann den unteren Theil von 20 Graden mit mehreren gleichen Absätzen verstärken.

Erstes Beyspiel.

150) Es sey die Dicke des oberen Bogens $1\frac{3}{4}$, nähmlich 1,75, welche beynahe die tangentiale 1,77 betragende Dicke ist; dann sey der untere 20 Grade messende Theil des Bogens in vier gleichen Absätzen nm, mp, pq, qh, eingetheilt, und die Breite jedes derselben $\frac{1}{2}$ Fuß, so wird die Grunddicke fh des Bogens $3\frac{3}{4}$ Fuß messen.

Fig. 62 Nro. 2.

Bogen mit vier Absätzen.

Man wende auf diesen Bogen das gewöhnliche Verfahren an, um seinen Seitenschub zu erhalten, so wird man diesen = 73,5 Quadratfuß, und den schiebenden Theil von 45 Graden finden; dieser Schub ist also kaum $\frac{7}{8}$ des Schubes 82,4 bey der Bogendicke 2 in der Tabelle 15; dann findet man den Flächeninhalt des halben Bogens = 100,6, also größer als jenen 89 des Bandes von 2 Fuß Dicke; dieser beym ersten Blick scheinbare Nachtheil verschwindet, wenn man erwägt, daß bey der angetragenen Bauart des Bogens mit Absätzen keine Nachmauerung nöthig wird, und die Widerlagen, des kleineren Seitenschubes wegen, weniger Dicke benöthigen.

Nun kommt es auf die Untersuchung der Lage der Zusammengesetzten auf der Basis hf des Bogens, um zu sehen, ob diese Zusammengesetzte weit genug von dem äußeren Rande h dieser Basis trifft, um diesem Bogen die gehörige Standhaftigkeit zu verschaffen.

Diese Untersuchung, nach aller Schärfe ausgeführt, zeigt, daß die Zusammengesetzte äußerst nah an den inneren Rand f der Basis des Bogens, also weiter als um $3\frac{1}{2}$ Fuß von dem äußeren Rande, mithin davon mehr als noch einmahl so weit als bey der ersten Bauart trifft.

Zweytes Beyspiel.

Fig. 60 Nro. 2. Bogen mit drey Absätzen

151) Es sey die Dicke des oberen Bogens ab Fig. 60 Nro. 2 nur $1\frac{1}{2}$ Fuß, und der untere Theil bf desselben nur mit drey gleichen Absätzen, jeden von einem halben Fuß Breite oder Vorsprung verstärkt, so wird die Dicke an der Basis, nähmlich hf, 3 Fuß betragen; dann geben die Versuche den Seitenschub = 63,2 und den Bogen des Schubes = 50 Grade, mithin trifft die Zusammengesetzte der Kräfte auf den inneren Rand f der Basis; den Flächeninhalt des Bandes der einen Seite des Bogens findet man = 84,5.

Nun ist in Hinsicht der Standhaftigkeit des obersten Bogens ab, auf seiner Basis, die Lage auf derselben, der Zusammengesetzten aus dem Seitenschube dieses Bogens und aus dem Flächeninhalte seiner Bande, zu untersuchen; nach geschehener Untersuchung findet man, daß diese Zusammengesetzte beynahe 16 Zoll, also $\frac{1}{9}$ der Grunddicke weit von dem äußeren Rande der Basis trifft, daher nichts für die Standhaftigkeit dieses Bogens, besonders im freyen Zustande, zu befürchten ist.

Wie nun bey dieser Anordnung der Dicke des Bogens, der Seitenschub weit kleiner, auch der Flächeninhalt der Stirne des Bogens geringer als bey der vorigen Anordnung ist; so ist letztere in dem Falle vorzuziehen, wo das Gewölbe entweder frey stehen, oder nur mäßig belastet werden soll.

Dicke der Korbbögen.

Fig. 62 Nro. 3.

Bogen von 100 Fuß Spannung

152) Es sey Fig. 62 Nro. 3 die Spannung und die Höhe des Korbbogens, wie in der Tabelle 20, nähmlich die Spannung 100, und die Bogenhöhe 25; so wird die Länge des Halbmessers des oberen 30 Grade messenden Bogens ab = 84,091, und die Länge dieses Bogens = 44,039, dann die Länge des unteren 60 Grade messenden Bogens bq = 15,909, und die Länge dieses Bogens = 16,659, mithin die Länge der Wölbungslinie abq = 60,698 seyn.

Die größte Dicke, die der obere Bogen in dem Falle benöthigen kann, um jede Last standhaft zu tragen, ist, wie bewußt, die Tangentialdicke, diese beträgt in diesem Falle 2,96, beynahe 3 Fuß; eine solche Dicke, wie bekannt, bezieht sich auf den außerordentlichen Fall, wo das Gewölbe so klein ist in Hinsicht der darauf kommenden Last, daß man die Schwere desselben Gewölbes für zu geringfügig halten kann, um darauf Rücksicht zu nehmen; ganz anders ist es aber bey dem angetragenen Gewölbe von weiter Spannung, dessen Masse sehr beträchtlich ist, daher wird man hier dem oberen Bogen um ein Sechstel weniger Dicke, als die Tangentiale beträgt, mithin nur $2\frac{1}{2}$ Fuß Dicke geben.

Bey dieser Dicke gibt erwähnte Tabelle 20 den Seitenschub = 165 und den schiebenden Theil = 34 Gr. 10 M., mithin faßt dieser Theil 4 Gr. 10 M. des unteren Bogens, und die Länge besagten Theils mißt 45,2 Fuß, also bey drey Viertel der Wölbungslinie.

Der Fuß des Gewölbes, nähmlich dessen unterer 40 Grade messender Theil, der mit der Erhöhung der Widerlagen aufgeführt und damit gebunden wird, mißt 11,1 Fuß; daher bleibt von dem unteren Bogen nur der übrige obere 20 Grade messende Theil, dessen Länge $5\frac{1}{2}$ Fuß beträgt, gewölbsmäßig aufzuführen; wird dieser Theil gleich dick als der obere Bogen angenommen, dann der Punct gesucht, wo die Zusammengesetzte auf seine Basis trifft, so findet man diesen Punct 2 Fuß von dem äußeren Rand dieser Basis, also davon in dem Falle hinlänglich entfernet, wo das Gewölbe nicht beträchtlich beschwert werden soll.

Findet man für nöthig, dem Bogen mehr Widerstand zu verschaffen, so verstärkt man bemeldeten 20 Grade messenden oberen Theil des unteren Bogens, wie vorhin, mittelst hervorspringender Absätze.

153) Hat das Gewölbe, wie bey der Brücke zu

Bogen von 120 Fuß Spannung

Neuilly, 120 Fuß Spannung, also um ein Fünftel mehr als das angetragene, so werden oberwähnte Maße um ein Fünftel vergrößert, dem Gewölbe eben so viel Standhaftigkeit als dem angetragenen verschaffen, dann wird der obere Bogen mit 3 Fuß Dicke hinlänglich stark seyn. Im dringenden Falle dürfte man diese Dicke auf 2 Fuß für die Länge der oberen zwey Drittel dieses Bogens herabsetzen, dann müßte das untere Drittel eben so wie der untere Bogen Verstärkungsabsätze erhalten; daraus sieht man, daß Peronnet Recht hatte, es zu bereuen, den Bögen erwähnter Brücke die große Dicke von 5 Fuß am Schlusse gegeben zu haben; denn bey einer minderen Dicke wäre der Seitenschub der Bögen kleiner, der Druck derselben auf die Leergerüste minder, die Last der Bögen auf den Pfeilern geringer, daher die Baukosten um vieles vermindert worden; dennoch hätten die Bögen, was bey erwähnter Brücke sehr ersprießlich gewesen wäre, höher über die Hochgewässer gehalten werden können, da sie jetzt mit dem größten Theil der Füße dem freyen Lauf dieser Wässer im Wege stehen.

Dicke der Bögen die weniger als 100 Grade messen.

154) Um die Dicke der Bögen von 100 Graden abwärts zu bestimmen, ist es nöthig zu untersuchen, ob und in wie weit die zur Bestimmung der Dicke der Gewölbe gefundenen Anhaltungspuncte bey Bögen anwendbar sind, nähmlich muß man kennen:

1) Die Dicke der Bögen bey dem Zustand des Gleichgewichts, nähmlich die Dicke, bey welcher die Zusammengesetzte auf den äußeren Rand der Basis des Bogens trifft.

2) Die kleinste Dicke der Bögen in dem entgegengesetzten Falle, nähmlich in jenem, wo die Zusammengesetzte auf den inneren Rand der Basis fällt.

3) Die Tangentialdicke.

a) Die Dicke beym Zustande des Gleichgewichts ist, wie gesehen Art. 135, bey Gurten nach dem Zirkel beynahe $\frac{4}{35}$ des Halbmessers, und bey dem Bogen von 100 Graden beynahe $\frac{1}{84}$ desselben, also nur bey $\frac{1}{9}$ der Dicke des Zirkels, ist der Halbmesser des Gewölbes wie immer, z. B. 10, so ist die Höhe des Bogens beym Zirkel 10 und bey dem Bogen von 50 Graden 3,5; das Quadrat der ersten Höhe ist 100, und das Quadrat der zweyten 3,5 ist $12\frac{1}{4}$, also zwar etwas größer als $\frac{1}{9}$ des ersten jedoch diesem nahe; mithin verhalten sich diese Dicken beynahe wie die Quadrate der Bogenhöhen.

Sucht man noch mittelst Versuche die Dicke des Bogens von 60 Graden auch beym Zustande des Gleichgewichts, so findet man dieselbe kleiner, als der tausendste Theil des Halbmessers, und daß sie auch beynahe obigem Verhältniß der Quadrate der Bogenhöhe folge; daraus sieht man, daß bey Bögen die Dicke derselben beym Zustande des Gleichgewichtes so äußerst klein ist, daß sie in Hinsicht der Ausübung, zu gar keinem Anhaltungspuncte bey Bestimmung der gehörigen Dicke der Bögen dienen kann.

b) Die kleinste Bogendicke, bey welcher die Zusammengesetzte auf den inneren Rand der Basis trifft, ist, wie bewußt, die Dicke, bey welcher die Hälfte des Bogens der schiebende Theil des Zirkels ist, zu welchem dieser Bogen gehört.

Die zwey ersten Spalten der Tabelle 15 geben viele Beyspiele von dieser kleinsten Dicke, in Hinsicht der Zahl von Graden, welche die Bögen messen, wenn man die Bögen dieser Tabelle für die Hälfte des Gewölbes ansieht.

Z. B. bey dem Bogen, dessen Hälfte 33 Gr. mißt, ist die gesuchte kleinste Dicke, wie erwähnte Tabelle zeigt, 0,5, nähmlich $\frac{1}{100}$ des Halbmessers; dann ist bey dem 39 Gr. messenden halben Bogen dieselbe Dicke 1, nähmlich $\frac{2}{100}$ des Halbmessers; ferner ist bey dem 44 Gr. 30 M. messenden halben Bogen gedachte Dicke 2, nähmlich $\frac{4}{100}$ des Halbmessers; bey dem nicht viel größeren 45 Gr. 25 M. messenden Bogen aber ist erwähnte Dicke schon $\frac{5}{100}$ des Halbmessers u. s. w.; mithin wie die Bögen mehr Grade messen, so nehmen diese Dicken nach einem sehr großen Verhältniß zu.

Sucht man nun die Höhe dieser Bögen, dann das Quadrat derselben Höhen, so findet man, daß diese Quadrate ungefähr dem Verhältniß besagter Dicken folgen; wie nun dieses hinlänglich ist, um einen Annäherungsbegriff von dieser Dicke bey Bögen zu geben, die in bemeldeter Tabelle nicht enthalten sind, so wird man sich dazu obgedachten Verhältnisses bedienen.

c) Was endlich die Tangentialdicke betrifft, so läßt sich diese genau angeben: denn es sey v der Mittelwinkel RCN (Fig. 62, Nr. 4) der Hälfte des Bogens, so ist seine Tangentialdicke $= \frac{1 - \cos. \frac{1}{2} v}{2 \text{Sin.} v \cos. \frac{1}{2} v}$ Theil der Spannung dieses Bogens.

155) Um von letzteren zwey Bogendicken einen sinnlichen und hinlänglichen begriff zu geben, und dadurch in Stand zu setzen zu Beurtheilen, ob und in wie weit man dieselben Dicken zu Anhaltungspuncten brauchen kann, haben wir folgende Tabelle verfaßt.

Bogen	Tangentialdicke	Kleinste Dicke, bey welcher die Zusammengesetzte auf den inneren Rand der Basis trifft.
20 Gr.	$\frac{1}{91}$ der Spannung	$\frac{1}{6640}$ der Spannung
30 —	$\frac{1}{60}$ — —	$\frac{1}{1164}$ — —
40 —	$\frac{1}{44}$ — —	$\frac{1}{491}$ — —
50 —	$\frac{1}{35}$ — —	$\frac{1}{250}$ — —
60 —	$\frac{1}{28}$ — —	$\frac{1}{145}$ — —
70 —	$\frac{1}{23}$ — —	$\frac{1}{94}$ — —
80 —	$\frac{1}{20}$ — —	$\frac{1}{60}$ — —
90 —	$\frac{1}{17}$ — —	$\frac{1}{34}$ — —
100 —	$\frac{1}{15}$ — —	$\frac{1}{21}$ — —

156) Aus der dritten Spalte dieser Tabelle ist zu ersehen, daß die Dicke, bey welcher die Zusammengesetzte auf den inneren Rand der Basis

des Bogens trifft, bey flachen Bögen, besonders bey jenen von mäßiger Spannung, so klein in Hinsicht der Spannung ist, daß sie kleiner als eine Ziegelbreite ausfällt, daher fast immer überschritten werden muß; eben so geschieht es, zwar nicht so oft, mit der in der zweyten Spalte angezeigten Tangentialdicke, da diese schon bey dem Bogen von 90 Graden in dem Falle überschritten werden muß, wo die Spannung weniger als 17 Breiten eines Ziegels mißt, und dieser Fall tritt bey Brücken, die zu einem Fahrweg gehören, noch häufiger ein, indem die Dicke des Gewölbes nicht kleiner als eine Ziegellänge, nähmlich 11 bis 12 Zoll, seyn darf.

Wird der Bogen kleiner als 90 Grade, z. B. von 60 angenommen, so muß schon die Tangentialdicke in dem Falle überschritten werden, bey dem frey zu stehenden Bogen, wenn die Spannung kleiner als 28 Ziegelbreiten, und bey Brücken, wenn sie kleiner als 26, höchstens 28 Fuß ist.

Aus diesen Beyspielen wie auch aus obiger Tabelle, sieht man, daß die Dicke, bey welcher die Zusammengesetzte auf den inneren Rand der Basis trifft, bey Bögen zu klein ist um zum Anhaltungspuncte gebraucht zu werden, und daß nur die Tangentialdicke dazu dienen kann, auch diese meistens aus Baurücksichten überschritten werden muß; wie nun nur der Baukündige diese Rücksichten gehörig in Anschlag bringen kann, so muß die zweckmäßige Wahl der Dicke der Bögen dem Ermessen desselben überlassen werden.

157) Da wir jetzt den nöthigen Anhaltungs-

punct zur Beurtheilung der Dicke der Bögen haben, so ist es leicht die der in der Tabelle Art. 132 enthaltenen und von Peronnet gebaueten Bögen zu prüfen.

a) Der Bogen der Brücke zu Melun von 150 Fuß Spannung mißt 42 Gr. 18 M., die Tangentialdicke ist bey diesem Bogen 3 Fuß 7 Zoll, und bey dieser Dicke kann der Bogen jede Last tragen; die Dicke dieses Bogens ist aber 5 Fuß, also viel zu groß.

b) Der Bogen der anderen Brücke zu Melun von 30 Fuß Spannung mißt 60 Grade, die Tangentialdicke zu diesem Bogen ist kaum 13 Zoll; Peronnet hat aber diesen Bogen 3 Fuß dick, also fast dreymahl so dick, als es nöthig ist, gehalten.

c) Der Bogen der Brücke zu St. Maxence von 72 Fuß Spannung mißt 37 Gr. 51 M., und ist am Schlusse 4 Fuß 6 Zoll dick, die Tangentialdicke beträgt 2½ Fuß, also nur $\frac{5}{9}$ der Dicke dieses Bogens, er ist also noch übermäßig dicker als die der vorigen Bögen.

Untersucht man die Dicke der anderen Bögen, so findet man in denselben ein auffallendes Mißverhältniß; Peronnet hatte aber, eben so wie seine Vorfahren, keinen Anhaltungspunct, um die Dicke der Gewölbe zu bestimmen; daher mußte er, wie diese, im Finstern herumtappen.

Dicke der Binde.

158) Bey der Binde tritt der besondere Umstand ein, daß die Tangentialdicke der kleinsten

Dicke gleich ist, bey welcher die Zusammengesetzte auf den inneren Rand der Basis trifft, und daß beyde Dicken unendlich klein sind, daher sogar die Tangentialdicke, bey Bestimmung der Dicke dieser Gattung von Gewölben, zu gar keinem Anhaltungspuncte dienen kann; es ist aber einleuchtend, daß die Binde sich nur durch wechselseitige hinlängliche Sprengkraft der Keile erhalten kann, und daß diese Kraft um so größer ist, je mehr der Bogen, der aus den Kämpfern durch den Kopf des Schlußkeils beschrieben wird, Höhe hat, daher Grade enthält.

Wie groß aber dieser Bogen in Hinsicht der Weite der Binde seyn soll, damit die Keile die hinlängliche Sprengkraft erhalten, läßt sich nicht in der Ausübung angeben; nur kann man aus bemeldeter Brücke zu St. Maxence, derer Bogen ein Zwölftel der Weite der Spannung zur Höhe hat, und sich standhaft erhält, schließen, daß eine Binde auch von der Dicke ein Zwölftel der Spannung sich erhalten kann, indem der Bogen, der aus den Kämpfern durch den Kopf des Schlusses gehet, auch eine solche Höhe erhält; dieses gilt jedoch nur für solche Binden, die, wie dieser Bogen, aus großen behauenen Steinen gebaut werden, keineswegs aber für Binden aus Ziegeln, da diese Binden bey gleicher Länge weit mehr Fugen als jene enthalten, auch die Ziegel oben und unten gleich dick sind, und wenn sie auch von den Maurern keilartig behauet werden, doch keine so zweckmäßige Keilgestalt wie genau behauene Steine erhalten; aus dieser Ursache soll man die Binde selbst bey der kleinen meistens vorkommenden Weite nicht weniger als eine Ziegellänge dick halten.

Auf den Widerstand des Steines und der Ziegel hat man bey obigen Untersuchungen über die Dicke der Gewölbe aus der Ursache keine Rücksicht genommen, weil, wie es Art. 126 und 127 gesehen, feste Steine wie auch Ziegel mehr Widerstand leisten, als der größte Druck, den sie bey Gewölben ausgesetzt werden können, betragen kann; und könnte auch in Hinsicht dieses Druckes einige Gefahr für die Keile zu befürchten seyn, so würde diese durch Vergrößerung der Gewölbsdicke, statt vermindert, hingegen vermehrt werden.

Dicke der bombenfesten Gewölbe.

Bombenfeste Gewölbe werden in Festungen sowohl auf Gebäuden, die frey stehen, wie Pulvermagazine, Zeughäuser, Casernen und andere Militärgebäude, als auch bey Casematten angewendet; in jedem dieser zwey Fälle richtet sich die Dicke des Gewölbes nach Verschiedenheit dieser Umstände.

Erster Fall.

Dicke des Gewölbes frey stehenden Gebäuden.

159) Die Erfahrung hat bey vielen Belagerungen gezeigt, daß die Art. 93 beschriebenen, nach Vaubans Vorschrift gebauten Pulvermagazine dem heftigsten Bombardieren standhaft widerstan-

den, und sogar keine Risse erhalten haben; obgleich es nicht erwiesen ist, daß Gewölbe, die um etwas weniger stark wären, nicht auch dem gewaltigen Schlag der größten, heut zu Tage üblichen Bomben widerstehen würden, so ist es doch klug, und der gänzlichen Sicherheit solcher äußerst wichtigen Magazine angemessen, bey der Vauban'schen Dicke, besonders am schwächsten Orte des Gewölbes, zu bleiben, daher ist dieser Ort und Dicke an demselben zu bestimmen.

Die Bomben, welche mit der größten Elevation geworfen werden, bringen in Hinsicht des Schlages die größte Wirkung hervor, und solche Bomben haben am Ende ihres Fluges eine beynahe verticale Richtung, mithin handelt es sich den in der verticalen Richtung schwächsten Theil eines mit Kappen versehenen Gewölbes nach dem Zirkel zu finden.

Fig. 48. Es sey die Verticale dn (Fig. 48) dieser schwächste Theil, und diese Verticale bis an die Spannung Mg herab, also in v verlängert; es seyen noch diese, wie auch die Kappe, bis sie zusammentreffen, also in K verlängert, endlich setze man den Halbmesser Cg = r, und den unbekannten Abstand von der Verticalen vn zum Mittelpunct C, nähmlich Cv = x, so wird vK = CK — x.

Die Dreyecke KCa, Kvn sind ähnlich, daher gibt das Verhältniß $\overline{KC}$, zu Ca; wie $\overline{Kv}$ oder $\overline{CK} - x$, zu vn, diesen $= \frac{Ca}{CK}(CK - x)$.

Bey dem Zirkel ist, wie bekannt, die Ordina-

te vd $= \sqrt{rr - xx}$; diese von vn abgezogen, gibt
$dn = \frac{\overline{Ca}}{\overline{CK}} (\overline{CK} - x) - \sqrt{rr - xx}$.

Da dieser Ausdruck ein Kleinstes werden soll, so wird er differencirt, dann gleich Null gesetzt, darauf erhält man $x = \frac{\overline{Ca}.r}{\sqrt{\overline{Ca}^2 + \overline{CK}}}$, mithin $x = \frac{Ca}{CK} r = Cv$.

Aus diesem Ausdrucke läßt sich die Lage des schwächsten Theils dn, wie auch seine Länge mit Linien, leicht bestimmen, man darf nur aus dem Mittelpuncte C nach dem Berührungspuncte D der Kappe mit dem äußeren Bogen des Gewölbes, nähmlich senkrecht auf diese Seite ah der Kappe, die Linie CD ziehen, dann aus dem Durchschnittspuncte d dieser Linie mit der Wölbungslinie die Verticale dn bis an die Kappe führen, so wird diese Verticale der gesuchte schwächste Theil des mit einer Kappe versehenen Gewölbes seyn.

Um die Dicke nach nd zu finden, ist zu erwägen, daß nD = 3 Fuß, und der Winkel dnD = 46°, 8′ ist; daraus findet man dn = 4 Fuß 2 Zoll, mithin wird zum Satz angenommen, daß um jedes mit einer Kappe versehene und frey stehende Gewölbe bombenfest zu machen, dieses am schwächsten Orte 4 Fuß 2 Zoll verticaler Dicke erhalten solle.

Satz.

Zweyter Fall für Casematten.

160) Die Gewölbe der Casematten sind an ihrem höchsten Theile, nachdem sie eine oder keine Kappe haben, mit einigen oder mehrere Fuß hohen Erde bedeckt, und der Widerstand derselben schwächt die Gewalt der Bomben dergestalt, daß diese gewöhnlich nicht tiefer als 3, höchstens 4 Fuß tief in gewöhnlichen Grund eindringen; dieses zeigt schon, daß Gewölbe, die einige Fuß hoch mit Erde bedeckt sind, nicht so viel Dicke als jene brauchen, die im Freyen stehen; zu dem kommt noch zu erwägen, daß, wenn auch eine Bombe bis auf ein solches Gewölbe dringt, da selbes vom Grunde eingeschlossen und sehr beschwert ist, der Schlag der Bombe auf das Gewölbe bey weitem keine so große Erschütterung in demselben verursachen kann, als wenn es frey stehet, mithin weit weniger zu befürchten ist, daß Ritze durch diesen Schlag in dem Gewölbe entstehen können.

Fig. 40. Daß bey solchen Gewölben der schwächste Theil, wenn die Oberfläche des darauf gelegten Grundes nicht dem Fall der Kappe folgt, sondern wie LL beynahe wagerecht läuft, nicht so tief unter dem Schluß als bey den Gewölben im Freyen liegt, sieht jeder ein, indem, je tiefer die Theile des Gewölbes unter dem Schluß liegen, desto tiefer liegen sie auch im Grunde, desto mehr sind sie also auch gegen die Bomben geschützt.

Man hat auf mehreren Casematten Kappen auf die Gewölbe in der Absicht gesetzt, die durch die Erde dringende Nässe wie bey Dächern abzuleiten, die Erfahrung zeigt aber die gänzliche Unzulänglichkeit dieses Mittels bey Casematten, diese können nur durch eine bis 3 Zoll dicke Lage von Loriotsmörtel über das Gewölbe gegen die Feuchtigkeit beschützt werden *).

Die Gewölbe der Casematten müssen die nöthige Dicke erhalten, um die darauf kommende Erdmasse standhaft zu tragen, und dazu sind, bey der gewöhnlichen Breite derselben von höchstens 18 bis 20 Fuß, 2 Fuß Dicke hinlänglich; ist der Schluß des Gewölbes, wie üblich, bis 3 Fuß tief unter dem Grund, dann braucht der obere Theil des Gewölbes keine Verstärkung an Mauerwerk, nähmlich keinen Aufsatz.

Wie es nun aus dieser und den vorgegangenen Untersuchungen erwiesen ist, daß die Dicke der Gewölbe nicht bloß von mechanischen Grundsätzen, sondern noch von der Art, wie die Gewölbe aufgeführt werden, von der Gattung des Materials das dazu verwendet wird, und von der Bestimmung dieser Gebäude, abhängt; wie noch die Gränzen besagter Dicke in Hinsicht der angeführten Rücksichten so bestimmt worden sind, daß man in jedem Falle eine zweckmäßige Wahl zwischen der angegebenen Dicke treffen kann, so ist

*) Dieser Mörtel ist in einem von mir verfaßten kleinen Buche beschrieben, welches in Wien, im Jahre 1806 bey Anton Strauß, unter dem Titel: Sammlung von Versuchen über die Eigenschaften und Zubereitung von verschiedenen Cementen und Cementmörtel, gedruckt worden ist.

endlich dieser sehr zusammengesetzte Theil der Mechanik der Gewölbe ins Reine gebracht, und am Ende sogar durch einfache Mittel für die Ausübung faßlich dargestellt worden.

Dicke der Füße von den Gewölben.

161) Bey vollständigen Gewölben sind die Füße, wie bewußt, entweder wie MNiy (Fig. 48), oder wie MvndN (Fig. 61) nach Umständen, und bey Bögen (Fig. 62) wie MndN gestaltet.

Fig. 61. 62.

Bey Fig. 61 mißt, wie schon erwähnt, der punctirte Bogen Dn 40 Grade; da nd wagerecht ist, so mißt die Verticale Db die Hälfte von dem Halbmesser dieses Bogens. Bey Fig. 62 gibt das Verhältniß CM, zu CH; wie Mn, zu nD, die Höhe nD.

Die Füße der Gewölbe sind entweder dem Rückgleiten oder dem Umstürzen unterworfen.

Es handelt sich nun darum, die Grunddicke MN der Füße so zu bestimmen, daß diese von dem Schube des Gewölbes weder umgeworfen, noch zum Rückgleiten gebracht werden.

Jene, welche über den Widerstand der Mauern gegen einen Seitenschub geschrieben haben, nehmen an:

Bisherige Ansicht des Widerstandes der Widerlagen.

a) Diese Mauern beym Weichen drehen sich auf ihrer Fundamentmauer, wie ein Felsenstück auf einem andern, nehmen also an, der Mörtel binde die Steine jeder Mauerschichte an einander und diese auf einander so fest, daß das Ganze wie ein Felsenstück zu betrachten sey, beseitigen aber dabey die eben so kräftige Bindung der untersten Schichte der Mauer mit der obersten der Fundamentmauer gänzlich.

b) Sie nehmen noch an, Gewölbe und Widerlagen seyen vom nähmlichen Materiale, daher von gleicher specifischen Schwere.

c) Sie nehmen keine Rücksicht auf den Einfluß des Setzens der Gewölbe, auf ihren Schub, mit einem Worte, sie nehmen für den Widerstand der Widerlagen den größten, für den Schub hingegen den kleinsten an, welches Verfahren dem gehörigen ganz entgegengesetzt ist.

Dicke der Füße der Gewölbe.

d) Die Dicke der Widerlagen bestimmen einige, wie Belidor, nach dem Zustande des Gleichgewichts, dann setzen sie dieser Dicke 5, höchstens 6 Zoll hinzu; andere besser uuterrichtete proportioniren gedachte Dicke dergestalt, daß die Zusammengesetzte aus dem Schube und aus der Schwere des Gewölbes und der Widerlagen, auf einen zu wählenden Punct der Basis trifft: sie machen aber von der Wahl dieses wichtigen Punctes keine Meldung.

Urgrund obbesagter Ansicht.

162) In Hinsicht des ersten Gegenstandes ist es:

1) Aus 14 *d*) erwiesen, daß nicht alle Mauern, die einem Seitenschub weichen, umfallen, sondern einige auf der Basis gleiten, je nachdem gedachte Mauern gestaltet sind, und der Schub hoch über der Basis wirkt. Daß Terraßmauern, wie jene der Festungen, wenn sie dem Schube weichen, auf der Basis gleiten, wird von der Erfahrung bestätigt, denn 1746 zu Berg St. Vinochs in Flandern, und 1778 zu Ollmütz wichen auf diese Art die Gesichtslinien eines Ravelins; auch zu Metz 1771, glitt die Gesichtslinie einer Bastey von der Citadelle im Graben

hinein; ein Gleiches geschah auch unlängst zu Brod in Slavonien. Daß eine gleiche Bewegung von den Füßen der Binden, der Bogengewölbe, auch der gedrückten Korbbögen zu erwarten sey, ist einleuchtend.

2) Aus der großen Härte manchen Mauerwerks darf man keineswegs schließen, jedes hat diese Härte schon zu der Zeit erlangt, wo es dem Seitendruck, den es aushalten soll, ausgesetzt wird; jeder Mörtel erhält auch nicht die Härte des Steines, und jeder Stein zieht den Mörtel nicht so an, daß dieser von dem Steine eben so schwer, als die Theile desselben von einander zu trennen wäre; auch ist die Zeit, die ein dickes Mauerwerk braucht, um trocken zu werden, sehr verschieden, da diese Zeit von dem Klima, von der Beschaffenheit des Mörtels, hauptsächlich aber von jener des Steines, und von dem Umstande abhängt, ob der Stein, bevor er in die Mauer gekommen ist, lang genug der Luft ausgesetzt geblieben war, um seine Erdfeuchtigkeit auszudunsten, indem, je mehr der Stein von dieser Feuchtigkeit behält, er desto weniger von jener des Mörtels an sich ziehen, mithin die Erhärtung desselben, besonders in dem Inneren des Mauerwerks bewirken kann.

Dicke der Füße der Gewölbe.

Zwar wird allgemein angenommen, zwey Sommer wären hinlänglich, damit ein aus Bruchsteinen bestehendes Mauerwerk trocken werde; aber man ist selten, nach Aufführung der Widerlagen und Füße der Gewölbe, in der Lage, mit dem Bau der letzten bis in das dritte Jahr warten zu können; daher darf man bey Berechnung des Widerstandes gedachter Widerlagen und Füße diese um so weniger wie ein Felsenstück betrachten, da alte vollkommen trockene Terraßmauern, die dem durch Zufälle größer gewordenen Seitenschube gewichen, und auf der Fundamentmauer fortgeschoben worden sind, es erweisen, daß man sich auf die Bindung des Mörtels zwischen den Mauerschichten nicht ganz verlassen kann, mithin es um so rathsamer sey, den Widerstand dieser Bindung zu beseitigen, da derselbe unbestimmt ist, und der Standhaftigkeit des Mauerwerks zu gute kommt.

Die Bindung des Mörtels ist bey dem Widerstande zum Gleiten zu beseitigen.

163) In Fällen, wo das Mauerwerk einer Drehbewegung ausgesetzt ist, soll man erwägen, daß die Eckseite, worauf diese Bewegung Statt haben kann, nicht zu einem Felsenstück, sondern zu einem Körper gehört, der aus unzähligen Stücken besteht, die durch die unbestimmte Kraft des Mörtels an einander gebunden sind, mithin die Zusammengesetzte der Kräfte weit genug zurück von dieser Eckseite treffen muß, damit diese nicht Schaden leide.

Bey dem Widerstande zum Umstürzen muß die Zusammengesetzte der Kräfte weit von dem Drehpuncte zurück treffen.

Gewiß ist es, daß, wenn gedachte Zusammengesetzte auf die Mitte der Basis des Mauerwerks treffen könnte, der Druck auf dieser Basis gleich vertheilt seyn würde, aber ein solches Mittel würde meistens übermäßig dicke Mauern erfordern; auch zeigt die Erfahrung, daß man in diesem Falle auf die Bindung des Mörtels doch zum Theile, und um so mehr rechnen kann, und die Zusammengesetzte um so näher an die äußere

Eckseite der Basis des Mauerwerks bringen darf, je mehr man auf die Güte des Mörtels, auf eine fleißige Bindung der Steine, und auf eine längere Zeit nach jener der Aufführung der Füße bis zur Zeit, wo das Gewölbe frey stehen wird, rechnen kann.

Dicke der Füße der Gewölbe.

Daß bey so veränderlichen Umständen die Dicke eines Mauerwerks sich nicht so bestimmen läßt, um behaupten zu können, dasselbe könnte sich mit einer kleinern Dicke nicht erhalten, ist einleuchtend; dieß ist der Fall bey allen Körpern, denn man kann die Dicke, die ein Eisen oder ein Balken haben soll, um eine gegebene Last standhaft zu tragen, nicht so genau bestimmen, daß man behaupten könnte, dieses Eisen oder dieser Balken könnten mit einer etwas geringeren Dicke dieser Last nicht widerstehen; ungeachtet dieser aus der verschiedenen Beschaffenheit der Baumaterialien, und aus veränderlichen Umständen entstehenden Unbestimmtheit verlangt doch die Praxis einen sicheren Anhaltungspunct.

164) Bey dem Holze lassen sich Versuche über seinen Widerstand zum Biegen und zum Brechen anstellen; diese Versuche zeigen, daß, um standhaft zu widerstehen, ein Balken nur mit beyläufig dem Drittheile der Last beschwert werden darf, die denselben augenblicklich brechen kann; mit Mauern aber lassen sich keine Versuche anstellen, auch ist die Beschaffenheit der Mauern von jener des Holzes zu sehr verschieden, um, was bey diesem geschieht, bey jenen anwenden zu können. Es bleibt also, um den Widerstand der Mauer zu

überschlagen nichts übrig, als die Erfahrung und die Mechanik zu Rathe zu ziehen.

165) Bey Berechnung des Schubes der Gewölbe wird derselbe, wie bewußt, im höchsten Puncte des obersten Fugenschnittes vereinigt angenommen; dieser Punct kann aber, wenn nicht durch das Setzen des Gewölbes, doch wegen Ungleichheiten in den Backen der Schlußkeile niedriger seyn, als man es bey der Berechnung angenommen hat, dann ist der wirkliche Schub größer als der berechnete.

Nach Tabelle 10 ist der aus der Mitte des höchsten Fugenschnittes gehende Schub bey $\frac{1}{2}$ größer, als der aus dem höchsten Puncte gedachten Schnittes; um erwähnten Fällen vorzubeugen, werden wir bey Bestimmung der Widerlagendicke den ursprünglichen Schub um $\frac{1}{6}$ größer annehmen.

Dicke der Füße der Gewölbe.

Nun stellen sich zwey Wege dar, um die Dicke der Mauer bey dem Widerstande zur Drehbewegung zu bestimmen, welche Wege beyde zum Ziele führen können.

Der Eine ist die Dicke der Mauer so zu bestimmen, daß die Zusammengesetzte der Kräfte auf die Basis, um das Dritttheil derselben, weit von dem äußeren Rande trifft.

Der Andere erstehet aus der Betrachtung:

1) Daß bey Gewölben die Schwere des Mauerwerks einer Seits, und die aus der Schwere des schiebenden Theils erzeugte Schubkraft anderer Seits mit Hebelarmen wirken, die aus einem gemeinschaftlichen Standpuncte ausgehen.

2) Daß man bey einem Hebel, an dessen Enden Gewichte hängen, die größte Wirkung erhält, wenn die Kraft, welche diese Wirkung hervorbringen soll, um die Hälfte größer als beym Zustande des Gleichgewichts gehalten wird.

3) Daß man bey dem Widerstand der Mauern für die größte Wirkung in Hinsicht der Standhaftigkeit jene ansehen kann, wo diese Mauern ohne einen Ueberfluß an Dicke dem Seitenschube standhaft widerstehen, daher soll man nach dem zweyten Satz das Widerstandsmoment der Widerlagen und der Füße der Gewölbe um die Hälfte größer als das Moment des Schubes halten, oder den Schub um die Hälfte größer annehmen, und diese Mauern mit ihm in das Gleichgewicht setzen.

Rathsamer Ueberschuß am Widerstande der Füße und Widerlagen.

Ist also der ursprüngliche Schub $= F$: da man für den Schub $F + \frac{1}{6} F$ annimmt, und dieser um die Hälfte, nähmlich um $\frac{1}{2} F + \frac{1}{12} F$ größer anzunehmen ist, so sollen diese Füße mit $\frac{21}{12} F$, nähmlich $\frac{7}{4} F$ oder wenigstens mit $\frac{20}{12} F$, nähmlich $\frac{5}{3} F$ ins Gleichgewicht gesetzt werden.

Man wird von gedachtem Wege letzteren bey dem Widerstande zur Drehbewegung einschlagen, weil er dem Gewölben mehr Standhaftigkeit verschaffet.

Dicke der Füße eines Gewölbes bey dem Widerstand zum Rückgleiten.

166) Der Widerstand einer Mauer zum Gleiten hängt bloß von ihrem Drucke auf die Basis, und von der Reibung ab; in diesem Falle, wo für

die äußere Eckseite von der Grundfläche der Mauer nichts zu besorgen, und auf die Bindung des Mörtels keine Rücksicht zu nehmen ist, wird für die Standhaftigkeit der Mauer hinlänglich gesorgt, wenn man, wie gesagt, den ursprünglichen Schub um ein $\frac{1}{6}$ vergrößert, die Reibung hingegen, die bey Steinen $\frac{11}{20}$ des Drucks ist, auf $\frac{7}{20}$ herabsetzt.

Dicke der Füße der Gewölbe.

Wird nun das Band ABDM (Fig. 61) ausgeführt angenommen, sein Flächeninhalt = P, der ursprüngliche Schub des Gewölbes = F, die Höhe Db des Fußes = l, der Flächeninhalt des dreyeckigen Raums Dbn = q, die Dicke MD des Bandes = e, und die gesuchte Dicke DN = x gesetzt, so werden $\frac{7}{6}$ F = $\frac{7}{20}$ (P + q + lx), und

Fig. 61.

$$x = \frac{\frac{5}{3}F - P - q}{l} = DN$$, Dicke des Zusatzes DndN; mithin die Grunddicke MD des Fußes

$$= \frac{\frac{5}{3}F - P - q}{l} + e.$$

Wird bey Fig. 62, Dn = l; MD = e; und MnD = q angenommen, so wird auch

Fig. 62.

$$DN = \frac{\frac{5}{3}F - P - q}{l}, \text{ und } MN = \frac{\frac{5}{3}F - P - q}{l} + e$$

seyn.

Da die Dicke DN Null ist, wenn $\frac{\frac{5}{3}F - P - q}{l}$ Null, nähmlich $\frac{5}{3}$F = P + q ist, und im Falle, wo q außer Acht gelassen wird, wenn $\frac{5}{3}$F = P ist, so hat ein Gewölbe nur dann eine Tendenz zu gleiten auf die Basis, wenn P kleiner als $\frac{5}{3}$F ist; aus den allgemeinen Tabellen 15 bis 20 ist zu entnehmen, daß bey vollständigen Gewölben dieser Fall erst eintreten kann, wenn diese um $\frac{4}{10}$ der Spannung und darüber gedrückt sind, nähmlich bey Korbbögen, deren Wölbungshöhe

Gewölbe, deren Füße zurückgleiten können.

40 ist, wenn das Gewölbe nicht dicker als $3\frac{1}{2}$ Fuß
35 . . . . $5\frac{1}{2}$ —
30 . . . . 8 —
20 . . . . $10\frac{1}{2}$ — ist.

Daß bey Bögen um so mehr bey der Binde die Füße nur dem Gleiten unterworfen seyn können, leuchtet von selbst hervor.

Dicke der Füße eines Gewölbes bey dem Widerstande zur Drehbewegung.

Fig. 61.

Dicke der Füße der Gewölbe.

167) Es seye F, P, q, l und x wie im letzten Artikel, dann y der Schwerpunct des Bandes ABDM, ferner der Abstand Dp dieses Punctes von der Verticalen Db $=$ a; r der Schwerpunct des Dreyecks Dbn; der Abstand Di dieses Punctes von gedachter Verticale $=$ b, und die Höhe HB oder NF $=$ h, dann gibt folgende Regel die Dicke der Füße:

Regel, nach welcher der Widerstand der Füße vollständiger Gewölbe mit $\frac{3}{5}$ des Seitenschubes in das Gleichgewicht gesetzt wird.

Fig. 61.

168) In diesem Falle ist N der Standpunct der Kräfte, mithin sind

a) das Widerstandsmoment des Rechtecks DbdN $= \frac{1}{2} l xx$
b) das Widerstandsmoment des Dreyecks DbN $= q(b+x)$
c) das Widerstandsmoment des Bandes ABDM $= P(a+x)$
d) das Moment des Seitenschubes $= \frac{3}{5} bF$;

dieses Moment mit der Summe der drey Widerstandsmomente gleich gehalten, gibt $\frac{5}{7}$ hF $= \frac{1}{2}\, l xx + x(P + q) + aP + bq$, daraus folgt

$$x = \sqrt{\frac{\frac{10}{7} hF - 2(aP + bq)}{l} + \left(\frac{P+q}{l}\right)^2} - \frac{(P+q)}{l} \;\ldots.\; (B).$$

Beyspiel.

169) Es sey das Gewölbe nach dem Zirkel, seine Spannung 100, seine Dicke 3, und die Höhe Nd des Fußes die Hälfte jener HA der Wölbung, so werden $F = 111{,}34$, $P = 242{,}7$, $a = 20{,}2$, $q = 54{,}25$, $bq = 107{,}6$, $h = 53$, $l = 26{,}5$, und $x = 10{,}72$, daher die Grunddicke MN der Füße $= 13{,}72$.

Bey dieser Dicke fällt die Zusammengesetzte der Kräfte in einer Entfernung NR von 5 Fuß, von dem äußeren Punct N auf die Basis des Fußes; da diese Entfernung größer als das Drittel von MN ist, so verschafft diese Regel den Füßen des Gewölbes hinlängliche Standhaftigkeit.

170) Kommt ein Bogen, wie bey Brücken oft der Fall ist, auf keine Widerlagen, sondern unmittelbar auf die Fundamentmauern zu stehen, dann sind die Füße des Gewölbes die Widerlagen seines schiebenden Theils, und die Dicke dieser Füße wird nach angeführter Art bestimmt.

171) Wendet man obige Formel B) auf die allgemeinen Tabellen 15, 18, 19 und 20 an, so erhält man die in der Tabelle 28. enthaltene Grunddicke der Füße des Zirkels und der gewöhnlichsten Korbbögen.

Tabelle 28. Diese Tabelle zeigt zugleich an, daß, wie es bey den Gewölben eine Dicke gibt, bey welcher der Schub größer als bey jeder anderen größeren auch kleineren Dicke ist, so gibt es auch bey der Dicke der Füße ein Größtes, nähmlich beym Zirkel, wenn seine Dicke $\frac{8}{100}$ der Spannung ist, bey den Korbbögen aber von 35, 30 und 25 Fuß Bogenhöhe, und 100 Fuß Spannung, wenn ihre Dicke $\frac{6}{100}$, $\frac{5}{100}$ und $\frac{4}{100}$ der Spannung ist; dieses ist eine natürliche Folge der Tabellen 13 und 14, welche zeigen, daß der Seitenschub anfänglich mit der Dicke des Gewölbes zu-, beym noch weiteren Anwachsen dieser Dicke aber abnimmt.

Diese Tabelle zeigt noch, daß die Füße der Gewölbe nur in so lang dicker als letztere seyn müssen, bis das Gewölbe eine gewisse Dicke erhalten hat, die beym Zirkel beynahe $\frac{15}{100}$, und bey oberwähnten Korbbögen beynahe $\frac{19}{100}$, $\frac{19\frac{2}{5}}{100}$ und $\frac{20\frac{1}{2}}{100}$ der Spannung beträgt; diese Gewölbsdicken aber übertreffen um vieles die, welche in der Ausübung vorkommen.

Fig. 61. 172) Bey so großen Gewölbsdicken leistet zwar der untere Theil MvnD des Gewölbes, dem Seitenschub hinlänglichen Widerstand, daher wird eine Nachmauerung überflüssig; jedoch ist der

Körperinhalt des Gewölbes so beträchtlich in Hinsicht jenes eines dünnen Gewölbes sammt den zur Verstärkung ihrer Füße nöthigen Nachmauerung, daß man letzterem Mittel den Vorzug einräumen kann.

Gewölbe, worauf die Nachmauerung durchaus so hoch als der Schluß aufgeführt wird.

173) Bey Brücken wird die Nachmauerung manchmahl bis an den Schluß ausgebreitet, und durchaus so hoch als dieser aufgeführt; da nun die Nachmauerung den Bogen beschwert, mithin den Schub vermehrt, so kommt zu untersuchen, ob die nach 144 proportionirten Füße dem Schube des so beschwerten Bogens standhaft widerstehen.

Beyspiel.

Es sey der Bogen nach dem Zirkel, seine Spannung = 100, und seine Dicke = 3, so wird F = 2015, der Flächeninhalt des Dreyecks KB (Fig. 61) = 844,84 = q, bq = 53718, P = 242,688, a = 20,2049, l = h = 53 seyn, und die Formel (B) (Art. 168) wird DN = 4,5, mithin die Grunddicke MN des Fußes = 7,5 geben, welche Dicke viel kleiner ist, als jene $13\frac{3}{4}$, die dem Zustande des freyen Bogens gehört.

Dicke der Füße der Gewölbe.

Ist der Bogen aus drey Mittelpuncten beschrieben, seine Spannung = 100, und seine Höhe = 25 Fuß, so findet man auf die nähmliche Art die Grunddicke der Füße = 19,76 = 19 Fuß 9 Zoll, diese Dicke ist also auch kleiner als jene 19 — 20 bey dem freyen Zustande des Bogens.

Daraus folgt die für den Brückenbau wichtige

Grundsatz.

Kenntniß: die Dicke der Füße vollständiger Bögen, wenn sie auf unterstütztem Gerüste gebaut werden, muß nach dem Schube dieser Bögen im freyen Zustande bestimmt werden, indem die höhere Nachmauerung der Bögen um so mehr Standhaftigkeit verschafft, je weniger dieselben gedrückt sind.

Dicke der Füße von den Bogen.

174) Es sey die Dicke des Bogens, eine derselben, bey welcher die aus dessen Schwere und Schube zusammengesetzte Kraft auf den inneren

Fig. 62.

Rand M (Fig. 62) der Basis Mn trifft, so kann der Fuß MNdn des Bogens nur durch das Gleiten dem Schube weichen; wie nun der Widerstand gegen eine solche Bewegung nicht von den Massen der Widerlagen, sondern von jener der Füße des Bogens abhängt, so müssen letztere so

Dicke der Füße der Gewölbe.

bestimmt werden, daß dieses Weichen nicht geschehen könne.

Beyspiele.

Erstes Beyspiel.

a) Es seye, wie bey Brücken auf schmalen schiffbaren Canälen, ein Bogen von 60 Graden 14 Fuß Spannung, und von 11 Zoll Dicke, Länge der hierländigen Ziegel. Dann sind F = 8,2434, und der Flächeninhalt des halben Bandes, nähmlich P = 6,949.

Wird vor dem Abrüsten der Theil nA des Fußes so hoch als das Gewölbe aufgeführt, mithin

HB = 2,78 = l, so gibt die Formel DN = $\frac{\frac{1}{2}F - P}{l}$ = 2,424; MD ist aber = 0,458; daher ist die Grunddicke NM = 2,882 = 2 Fuß 11 Zoll.

Können die Füße nur 2 Fuß hoch über die Kämpfer aufgemauert werden, dann ist ihre Grunddicke 3 Fuß 8 Zoll: dieses stimmt mit der Erfahrung ziemlich ein, denn die Widerlagen dieser Bögen sind 2½ Fuß dick, und mit 2½ Fuß dicken, 3 Fuß langen, und 4½ Fuß von einander entfernten Strebepfeilern verstärkt, welche bis auf die ganze Höhe der Füße steigen.

b) Bogen auch von 60 Graden, dessen Spannung 100, und dessen Dicke 3 ist. Zweytes Beyspiel.

In diesem Falle ist der Halbmesser des Bogens = 100, P = 159,43, die Wölbungshöhe = 13,397, und wenn der Bogen frey stehet, F = 233,76.

Ist ein solcher Bogen auf unterstützte Leergerüste zu bauen, und die Höhe der Füße jene 13,397 der Wölbungslinie, so findet man DN = 17,18, und die Grunddicke dieser Füße = 18,68; können aber diese so hoch als das Gewölbe aufgeführt werden, dann ist gedachte Dicke 15,58 Fuß.

Wird die Nachmauerung so hoch als das Gewölbe aufgeführt, dann ist F = 391; P = 389,6 und die Grunddicke der Füße = 17,474; mithin kleiner als die des Gewölbes im freyen Zustande.

c) Bogen von 90 Graden, 33 Fuß Drittes Beyspiel.

Fig. 62. Spannung, und zwey Ziegel oder $22\frac{1}{2}$ Zoll Dicke.

In diesem Falle ist F = 30,55; P = 35,74, und die Bogenhöhe = 6,83; werden die Füße 6 Fuß hoch aufgeführt, so wird ihre Dicke = 3 Fuß 10 Zoll, dieses stimmt mit den Maßen überein, welche die Füße einer bey Guntramsdorf auf dem Wiener Canale stehenden Brücke haben.

Dicke der Füße der Gewölbe.

Viertes Beyspiel.

d) Bogen der Brücke zu St. Maxence Art. 123.

Dieser Bogen hat 72 Fuß Spannung, 6 Fuß Wölbungshöhe, daher 37 Gr. 51 M., und sein Halbmesser mißt 111 Fuß, das Gewölbe ist aus behauenen Steinen $4\frac{1}{2}$ Fuß dick am Schlusse, und die nachfolgenden Keile nehmen in der Länge so zu, daß ihre Köpfe so hoch als der Schluß steigen; daraus folgen F = 337, P = 252, l = 10,5, mithin DN = 29,52, und die Grunddicke MN der Füße, = 30,979.

Fünftes Beyspiel.

e) Bogen der Brücke zu Melun Art. 127.

Dieser Bogen hat 150 Fuß Spannung, 14 Fuß Wölbungshöhe, und mißt 42 Gr. 18 M., sein Halbmesser ist = 207,897 Fuß, die Dicke des Gewölbes am Schlusse ist = 5 Fuß, dann läuft es wie bey letzterer Brücke wagerecht; daraus folgen P = 750, l = 19, F = 1148,8, und die Grunddicke MN = 66 Fuß.

Uebereinstimmung des Angeführten mit der Erfahrung.

Peronnet hat den hinteren Theil dieser Füße breiter, als den vorderen, und so gehalten, daß die mittlere Dicke derselben = 64 Fuß beträgt, welches mit unserem Resultate ziemlich übereinstimmt.

Hätte Peronnet diesen mit 5 Fuß gleichförmiger Dicke schon viel zu starken Bogen doch so gehalten, so wären nach Art. 127, $F = 748,2$, $P = 388,5$, und $l = 19$, dann die nöthige Grunddicke der Füße $= 52,55$, also viel kleiner als vorher gewesen.

175) In Hinsicht der Widerlagen letzterer zwey sehr flachen und weit gespannten Bögen, deren Füße wegen des darauf kommenden Fahrweges nicht höher als der Schluß aufgeführt werden dürfen, daher eine so große Dicke erhalten müssen, daß diese jene, welche der Umsturzwiderstand der Widerlagen erfordert, um vieles übertrifft; in erwähnter Hinsicht bemerkt der in seinem Fache ausgezeichnete und erfahrne Gauthey in seinem Werke, daß bey der bisher befolgten Bauart der Widerlagen diese in solchen Fällen wegen der Füße der Bögen eine ungeheure, zu deren Umsturzwiderstand überflüssige Mauerwerksmasse erhalten müssen; daher schlägt er, um dieses zu vermeiden, vor, den Bogen beyder Seits durch den Grund und mit den nöthigen Verstärkungsabsätzen bis auf die Tiefe des Fundaments zu führen, letzterem aber den nöthigen Hang nach dem Flusse hin zu geben, damit der Bogen nicht auf die Fundamente zurück gleiten kann; auch rathet er die Piloten nach einem solchen Hang einzurammeln; endlich die gewöhnliche äußere Gestalt der Landpfeiler durch eine einfache, nach dieser Gestalt geführte Umfassungsmauer hervor zu bringen; endlich findet Gauthey in diesen Fällen die gewöhnliche Bauart, die Mauerschichten der Wider-

lagen wagerecht aufzuführen, unzweckmäßig. In der That, es wäre bey solchen Umständen weit mehr angemessen, die Mauerschichten der Widerlagen und der Füße der Bögen mit einem Hang gegen den Seitenschub des Bogens zu führen, indem seine Füße dadurch einen weit grösseren Widerstand zum Rückgleiten leisten, daher weit weniger Dicke erfordern würden.

Man könnte bey der gewöhnlichen Aufführung der Schichten der Widerlagen auch vorschlagen, diesen eine mäßige Stärke zu geben, dann ihren oberen Theil, wie auch die Füße des Bogens, durch Strebbögen zu versichern, die an der Stelle der Strebpfeiler zu stehen kommen, und eben mit einander durch einen liegenden Bogen verbunden würden.

Dicke der Füße der Gewölbe, die auf Leergerüste aus Hangwerken gebauet werden.

176) Da nach Art. 117 der Seitenschub dieser Gerüste, wenn sie mit dem bis an den Schluß aufgeführten Gewölbe beschwert sind, größer als der Schub desselben im freyen Zustande ist, so muß der Fuß der Landbögen auf der Seite der Landpfeiler, dem Schube des so beschwerten Gerüstes proportionirt werden.

Erstes Beyspiel.

Nimmt man z. B. einen der äußeren Bögen Art. 116 der Brücke zu Mantes an, so ist nach Art. 117 der Seitenschub der Leergerüste auf jeden Fuß Breite der Brücke = 695,7 Kubik-Fuß Steines = F; auf diese Breite beträgt die eine Seite des halben Gewölbes 370, und die Masse des Gerüstes nach der Schwere des Steines reducirt, 45 Kubik-Fuß; mithin ist P = 370 + 45 = 415.

Dicke der Füße der Gewölbe.

Die Höhe Nh (Fig. 56) des Landpfeilers ist $35\frac{1}{2}$ Fuß; wie aber dieser Pfeiler zu der Zeit, als das Gewölbe bis am Schlusse aufgeführt war, nur auf der Randseite so hoch, auf der Seite des Gewölbes aber nur beyläufig bis auf 30 Grade des unteren Bogens, also auf einer der Hälfte des Halbmessers 32,96 dieses Bogens gleichen Höhe, nähmlich bey 17 Fuß absatzweise aufgeführt worden ist, so nimmt man die damahlige mittlere Höhe gedachten Pfeilers = 24 = l an, dann wird (nach Art. 166 und Fig. 61) DN = $31\frac{1}{6}$, und die Grunddicke der Füße = $36\frac{1}{6}$ Fuß.

Fig. 63.

Fig. 63 stellt den Grundriß erwähnten Landpfeilers, wie er wirklich stehet, dar.

Die vordere Seite bd hat zur Länge die Breite $33\frac{1}{3}$ Fuß der Brücke; ma ist parallel mit bd, und davon um $12\frac{1}{2}$ Fuß, also um 6 Zoll mehr als die Hälfte der Dicke des Zwischenpfeilers entfernt; bn und dc treffen jede auf cn unter einem Winkel von 45 Graden; ac ist 45 Fuß lang, und eben so nm; ag und mv sind senkrecht auf am, auch messen jede $4\frac{1}{2}$ Fuß; rv, gf ist die Richtung der beyderseitigen längst den Ufern aufgeführten Terraßmauern, diese sind $35\frac{1}{2}$ Fuß hoch, und 10 Fuß dick, die hintere Seite hl dieser Mauer ist also von rf um 10, von ma um $14\frac{1}{2}$, und von bd um 27 Fuß entfernt.

Es seye dc in p, und bn in q verlängert, der auf bd wirkende Schub vertheilt sich durch die Bindung der Steine, die voll auf Fugen gelegt werden, wenigstens auf den ganzen Raum dpqb; der Flächeninhalt dieses Raumes beträgt 1620 Fuß; diese Zahl durch die Länge $33\frac{1}{3}$ von bd dividirt, gibt die mittlere Dicke = $48\frac{1}{2}$ Fuß; nach unserer Regel ist bK = $36\frac{5}{7}$, höchstens 37 Fuß. Nach Peronnet ist zwar diese unmittelbare Dicke 27, aber die mittlere = $48\frac{1}{2}$, also um $\frac{1}{4}$ größer als jene 36; im Durchschnitt genommen, weichen die Maße Peronnets nicht sehr von denen ab, die wir angegeben haben.

Vergleich der vorgeschriebenen Dicke mit jener bey der Brücke zu Neuilly.

177) Während dem Bau gedachten Bogens DMN Fig. 56 hat der Seitenschub eines Gerüstes, wie gesehen, Art. 118, den 24 Fuß dicken Zwischenpfeiler DC zurückgeschoben, obgleich man 10 Keillagen beyder Seits des Gerüsts des mittleren Bogens ABC von 120 Fuß Spannung aufgeführt hatte, um dadurch einen mächtigen Gegenschub zu bewirken; dieses beweiset, daß die nach unserer Regel vorgeschriebene Dicke der Füße den Umständen angemessen ist.

Fig. 56.

Beweis der Richtigkeit der vorgeschriebenen Regeln.

Zweytes Beyspiel.

178) Es seyen die Füße der Landbögen der Brücke zu Neuilly zu bestimmen; diese Korbbögen, wie bewußt, haben 120 Fuß Spannung, 25 Wölbungshöhe, und 5 Fuß Dicke am Schlusse. Um den Seitenschub der Leergerüste zu der Zeit zu bestimmen, wo das Gewölbe bis an den Schluß aufgeführt war, kann man in der Praxi annehmen, daß bey gleich ähnlichen Leergerüsten die Schube der geschlossenen und frey stehenden Bö-

gen, sich wie die Schube ihrer mit den bis auf den Schluß aufgeführten Gewölben beschwerten Gerüste verhalten.

Der Schub des Korbbogens von 108 Fuß Spannung und 5 Fuß Dicke eines Landbogens der Brücke zu Mantes, ist = 315; der Schub des auf gedachte Art beschwerten Leergerüstes dieses Bogens ist = 696, und der Schub des einen frey stehenden Bogens der Brücke zu Neuilly ist = 406, mithin gibt das Verhältniß 315, zu 696; wie 406, zum gesuchten Schub des Gerüstes, diesen Schub = 897.

In diesem Falle ist aber F = 387, die ganze Höhe des Landpfeilers ist 30 Fuß; seine mittlere Höhe, als das Gewölbe bis zum Schlusse aufgeführt war, hängt von der Länge des äußeren Halbmessers der unteren Krümmung des Korbbogens ab; nach 127 ist dieser Halbmesser = 25,1 Fuß; zu gedachter Zeit kann die innere Seite hl (Fig. 56) höchstens 14 bis 15 Fuß betragen haben, letztere Höhe und jene 30 geben die mittlere Höhe = $22\frac{1}{2}$ = l; daher folgt nach Art. 166, die Dicke des Fußes des Gewölbes, also auch des Landpfeilers = $54\frac{1}{3}$ Fuß.

Die Fig. 64 stellt den Grundriß, und die Fig. 65 stellt die Ansicht dieses Pfeilers, wie Peronnet ihn hat bauen lassen.

Dicke der Füße. Fig. 64. 65.

Die vordere Seite bd (Fig. 64) hat zur Länge die Breite 45 Fuß der Brücke, und springt aus der Richtung fq um die halbe Dicke $6\frac{1}{2}$ Fuß des Zwischenpfeilers hervor, die Länge dieses halben

Fig. 64. Pfeilers sammt den Köpfen pd, br, beträgt 68 Fuß, die Mauer fqea' ist $23\frac{3}{4}$ Fuß dick, mithin die Dicke zwischen bd und ea' beträgt $30\frac{1}{4}$ Fuß; rq, pf sind jede $34\frac{1}{2}$ Fuß lang, auf 14 Fuß weit; hinter gedachter Mauer läuft eine zweyte 5 Fuß dicke lhyK, diese dient zu Widerlagen des Gewölbes rcp (Fig. 65) über den Ziehweg, und ist mit der ersten Mauer durch vier andere mggm, xoox, zvvz und inni gebunden, die 5 Fuß dick, und 8 Fuß von einander entfernt sind; diese aber steigen nur bis zur Sohle ab (Fig. 65) des Ziehwegs; das Gewölbe über diesen Weg ist nach dem Zirkel und 2 Fuß dick; seine Widerlagen sind $7\frac{1}{4}$ Fuß hoch; erwähnte Sohle liegt um 19 Fuß höher, als die Grundfläche des Hauptgewölbes, und auf dem Fuß des schiebenden Theils von demselben, um, wie die Vorsicht erheischt, hinter diesem Fuß keinen leeren Raum zu lassen.

Obgleich die Mauern rq, pf zu Schulterpfeilern dienen, indem sie durch die Bindung nach pg, ri den Widerstand des dazwischen stehenden Mauerwerks vermehren, und der Widerstand dieser Bindung wenigstens jenem gleich ist, so wird man diesen zum Vortheil der Standhaftigkeit des Pfeilers wirkenden Umstand nicht in die Rechnung bringen, mithin nur das hinter rbdp stehende Mauerwerk betrachten.

Der Flächeninhalt des Grundrisses prbdp des halben Pfeilers beträgt 360 Fuß, der Flächeninhalt der hinter diesem halben Pfeiler stehenden Hauptmauer pgir mißt 1615 Fuß, die hinten stehenden zu Strebepfeilern dienenden vier Quermauern betragen zusammen 280, endlich der Flächeninhalt der von g bis i 44 Fuß langen, und 5 Fuß dicken hintersten Mauer mißt 220 Fuß, mithin messen diese vier Flächen zusammen 2475 Quadratfuß; diese durch die Länge bd von 45 dividirt, geben 55 für die mittlere Dicke des Landpfeilers. Da diese Dicke nach unserer Regel $54\frac{1}{8}$ Fuß ist, so stimmt diese Regel mit der Erfahrung vollkommen überein.

Uebereinstimmung mit der Erfahrung.

Wird der Seitenschub der Gerüste durch einstweilige hölzerne Schließen gehoben, dann richtet sich die Dicke der Füße nach dem Schube des freyen Gewölbes. Da dieses Hülfsmittel leicht anzuwenden ist, wenig kostet, und in Stand setzt viel an Mauerwerk zu ersparen, wie auch die Bögen einer Brücke einen nach dem andern aufzuführen, so hat Peronnet vollkommen Recht, gedachtes Mittel anzuempfehlen.

Großer Nutzen der Schließen.

Dicke der Widerlagen.

179) Die Widerlagen können nicht dünner als die Füße des Gewölbes seyn: sind diese hinlänglich dick, um weder umstürzen, noch gleiten zu können, und sind zugleich die Widerlagen eben so dick gehalten, dann sind letztere dem Rückgleiten gar nicht, dem Umsturze hingegen um so mehr unterworfen, je höher sie sind; daher ist die Dicke der Widerlagen gegen den Umsturz zu bestimmen, dann von dieser Dicke und von jener der Füße des Gewölbes, die größte für jene der Widerlagen zu nehmen.

Es seyen (Fig. 61) eine Seite des Gewölbes

Fig. 61.

MEN, die Widerlage At die Hälfte des Schlusses, T ihr Flächeninhalt, und dieser Inhalt wie ein in t hangendes Gewicht betrachtet; es seyen ferner Q eine in S hangende Last, P der Flächeninhalt des als ausgeführt angenommenen Bandes tDMO, dann y der Schwerpunct dieses Theils; es sey noch die Dicke MD des Bandes = e; ML = m; LE—MD = GE = x; die Höhe Db des Fußes = l, seine Grunddicke jener der Widerlagen gleich, der Seitenschub = F; sein Hebelarm EF = h; Ea' = $\frac{1}{2}$ EG, und Gf = $\frac{1}{2}$ GL; aus t, s und y die Verticalen tq, sl, ym herabgelassen; endlich seyen Gm = a, Gl = b, und Gq = d, wenn das zum Vortheil der Widerlagen wirkende Dreyeck Dbn beseitigt, und für den Seitenschub (wie Art. 168) $\frac{5}{3}$ F angenommen wird, so folgt die Dicke der Widerlagen

Fig. 61.

Allgemeine Formel.

$$= \sqrt{\frac{\frac{10}{3}hF - 2\left(aP + bQ + dT + \frac{1}{2}e^2m\right)}{l+m} + \frac{(P+Q+T+em)^2}{(l+m)^2}} - \frac{P+Q+T+em}{l+m} + e; \text{(A)}.$$

Dicke der Widerlagen.

Hat das Gewölbe einen Fugenschnitt in der Mitte, dann ist T gleich Null; ist dasselbe nicht beschwert, so ist auch Q gleich Null, und in beyden Fällen die Dicke der Widerlagen

$$= \sqrt{\frac{\frac{10}{3}hF - (2aP + e^2m)}{l+m} + \frac{(P+em)^2}{(l+m)^2}} - \frac{P+em}{l+m} + e; \text{(B)}.$$

Wenn das Gewölbe auf den Fundamentmauern steht.

Stehet das Gewölbe, wie bey mehreren Brücken, unmittelbar auf den Fundamentmauern, dann ist m gleich Null, und die Ausdrücke A und B geben die Dicke der Füße für den Fall, wo das Dreyeck Dbn aus der Rechnung weggelassen wird.

Für den Zustand des Gleichgewichts.

Setzt man im Ausdrucke (B), 2hF statt $\frac{10}{3}$hF, so erhält man die Dicke der Widerlagen bey dem Zustande des Gleichgewichts.

180) Nach Tabelle 28 nimmt die Dicke der Verstärkung DNdb der Füße, wie das Gewölbe dicker wird, in der Dicke ab; auch wird dieser Zusatz am Mauerwerk um so niedriger, als die Spannung des Gewölbes geringer wird; und wie beyde Fälle eintreffen, so wird dieses Mauerwerk, besonders bey nicht gar niedrigen Widerlagen, von so kleiner Bedeutung in Hinsicht der Masse der letzten, daß es ohne weiteres außer Acht gelassen werden kann, dann ist EL = x, und Lm = a; endlich $x = \sqrt{\frac{\frac{10}{3}hF - 2aP}{m} + \frac{P^2}{m^2}} - \frac{P}{m}$; (C).

Diese Formel ist aber, wie gesagt und wiederhohlt wird, nur bey kleinen, höchstens mäßigen Spannungen brauchbar, denn bey großen gibt sie übermäßige Widerlagsdicken.

Wird die Höhe der Widerlagen unermeßlich, nähmlich unendlich groß angenommen, dann kann man in den meisten Fällen, wegen dieser die größte Dicke hervorbringenden Voraussetzung, die Schubkraft nicht mehr wie vorhin um $\frac{2}{3}$ größer annehmen, und wird diese unvergrößert genommen, so erhält man die Dicke der Widerlagen beym Zustande des Gleichgewichtes = $\sqrt{2F}$, (D); wird aber der Schub um $\frac{1}{3}$ oder gar um $\frac{3}{4}$mahl größer angenommen, so erhält man im ersten Falle für die Dicke der Widerlagen $\sqrt{2\frac{1}{3}F}$, und im zweyten $\sqrt{2\frac{3}{4}F}$.

Beyspiele.

Gewölbe rcp über dem Zugwege an dem Landpfeiler der Brücke zu Neuilly.

Fig. 65.

Dicke der Widerlagen.

181) Wie gesehen Art. 150 hat dieses Gewölbe 14 Fuß Spannung, 2 Fuß dicke, und $7\frac{1}{4}$ Fuß hohe Widerlagen, es ist also einem Gewölbe von 100 Fuß Spannung und $14\frac{2}{7}$ Fuß Dicke ähnlich; nach Tabelle 28 ist bey der Gewölbsdicke 14, jene DN (Fig. 61) = 15 Zoll; und das Verhältniß der Spannung 100, zu jener 14; wie 15 Zoll, zum vierten Gliede, gibt für das Beyspiel DN = 2 Zoll. Da dieß in Hinsicht der Masse des Gewölbes unbedeutend ist, so wird man die Dicke dieser Widerlage nach der Formel (C) Art. 180 bestimmen.

Es ist $F = 6{,}771$, $P = 25{,}14$, $a = 2{,}08$, $m = 7\frac{1}{4}$ und $h = 16\frac{1}{4}$, daher die Dicke der Widerlage = 3 Fuß 5 Zoll, und nach der Formel (D) würde diese Dicke 3 Fuß 8 Zoll betragen; Peronnet hat aber die Landwiderlage dieses Gewölbes 5 Fuß dick, also um ein Drittel dicker gehalten, als in dem Falle, wo die Widerlagen unendlich hoch angenommen wurden; dieß kommt vermuthlich daher, daß dieses Gewölbe so im Grunde eingesenkt ist, daß die Landwiderlage dem Seitendruck eines mehr als 17 Fuß hoch über dem Fuß derselben liegenden Grundes ausgesetzt ist, mithin diese Widerlage auch als

Terraßmauer dienen, daher die nöthige Stärke haben muß, damit der Seitendruck des Grundes keinen Bug in die Widerlage bewirken könne, ein Fall, dessen Möglichkeit durch folgendes Beyspiel erwiesen wird.

182) Im Jahre 1798 wurde auf dem Wiener Canal bey Leopoldsdorf eine Brückenwasserleitung aus einem Bogen von 14 Fuß Spannung und 7 Fuß hohen Widerlagen über den Petersbach aufgeführt. Obgleich das Gewölbe mit Grunde 3 Fuß hoch bedeckt war, daher gegen die Widerlage kräftig drückte, so bewirkte doch nach einem starken Regen der Seitendruck des Grundes einen Bug in eine dieser Widerlagen; da die andere unverändert blieb, so haben wir um die Ursache eines solchen Vorfalles zu erfahren, den hinter der ausgebogenen Widerlage liegenden Grund ausheben lassen: wir fanden denselben torfig und von Wasser durchdrungen, der Regen hatte seine Ausdehnungskraft vermehrt, und diese die Widerlage ausgebogen.

Fig. 61.

Wird das Gewölbe über obgedachten Zugweg in dem Stande betrachtet, wo es mit der Nachmauerung, und diese mit einer Erdlage und mit einem Pflaster $1\frac{1}{2}$ Fuß hoch bedeckt ist, dann sind $F = 10{,}54$, der Flächeninhalt von MKBAM $= 35{,}0 = P$; $a = 2{,}917$, $m = 17\frac{3}{4}$, $h = 16\frac{1}{4}$, und nach Art. 152 die Dicke der Widerlage $= 3$ Fuß; da diese Dicke $\frac{3}{4}$ jener Art. 153 ist, so beweist es, daß, wie bey den Füßen der Gewölbe, auch bey den Widerlagen die Dicke der-

Dicke der Widerlagen.

selben nach dem Schube des Gewölbes im freyen Zustande zu bestimmen ist.

Bogen aus 60 Graden über den Zugweg an der Brücke zu Melun.

183) Das Gewölbe hat 30 Fuß Spannung, $3\frac{1}{2}$ Fuß dicke, und $6\frac{1}{2}$ Fuß hohe Widerlagen; in dem freyen Zustande ist $F = 51$, der Flächeninhalt der Hälfte des Bandes $= 56{,}24 = P$; $a = 6{,}8$, $m = 6{,}5$ und $h = 14{,}02$; daher nach Art. 180 die Dicke der Widerlagen in Hinsicht des Umsturzwiderstandes = 10 Fuß, (A).

Wird die Widerlage unendlich hoch angenommen, dann erhält man die Dicke 10 Fuß 1 Zoll; bey Bögen muß aber die Dicke der Füße in Hinsicht des Widerstandes zum Rückgleiten bestimmt werden, indem die Dicke der Widerlagen nicht kleiner als jene nach gedachtem Widerstande seyn darf.

Fig. 62. Dicke der Füße der Gewölbe.

Dn (Fig. 62) ist die kleinste Höhe der Füße, und $= 3{,}1$ Fuß, daher nach Art. 166 ist die Dicke $ND + DM = 9{,}8726 + 1{,}75 = 11$ Fuß 7 Zoll, 5 Linien, die man für 11 Fuß 8 Zoll annimmt; dieses beweist, daß man die Füße der Bögen vor dem Abrüsten hinlänglich höher als DN aufführen soll, damit ihr Widerstand zum gleiten keine größere Dicke als jene (A) in Hinsicht des Umsturzes der Widerlagen erfordert.

Peronnet hat die Landpfeiler oberwähnten Gewölbes 12 Fuß dick gehalten, diese Dicke nähert sich der angegebenen, besonders der zweyten, so viel, als man es von der bloßen Erfahrung erwarten kann.

184) Wird das Gewölbe so betrachtet, wie es mit einer wagerecht ausgeglichenen Nachmauerung bedeckt, dann mit einer Erdlage und mit einem Pflaster, beyde zusammen $1\frac{1}{2}$ Fuß hoch, belegt ist, dann sind $F=75,5$, $P=93,5$, $a=5,258$, $m=15\frac{1}{4}$, $l=9$, und $h=14,02$; darauf folgt aus Art. 180 die Dicke der Widerlage in Hinsicht des Umsturzwiderstandes = 8 Fuß, und aus Art. 166 dieselbe Dicke in Ansehung des Reibungswiderstandes = 5 Fuß 5 Zoll; dieses bestätigt also den Artikel 182.

Dicke der Widerlagen.

Bombenfreye Pulvermagazine.

185) Bey solchen Magazinen sind die Widerlagen 8 Fuß hoch, daher $m=8$, und nach Art. 93. $h=23,5$; $F=40,1864$, $P=89,47$ und $aP=461,33$, dann gibt der Art. 180 die Dicke der Widerlagen = 8 Fuß 9 Zoll. — Werden diese unendlich hoch angenommen, dann erhält man die Dicke 9 Fuß.

Dicke der Widerlagen.

Vauban gibt diesen Widerlagen, wenn das Material gut ist, 8 Fuß, und wenn es nicht am besten ist, 9 Fuß Dicke, also treffen diese Maße mit unsern überein; da diese Widerlagen auch gegen die großen Erschütterungen, welche der heftige Fall der Bomben auf das Gewölbe hervorbringt, geschützt werden müssen, so werden sie mit Strebepfeilern verstärkt.

Uebereinstimmung der Regel mit der Erfahrung.

Hängendes Gewölbe.

Fig. 66.

186) Es sey (Fig. 66) der Halbmesser CA = 12, jener CR = 6; die Dicke AM des Gewölbes = 2, und die Höhe AB der niedrigen Widerlage = 12; endlich jene ca = 20.

Nach Art. 25 ist der Schub dieser Gewölbe dem Schube der grösseren Seite gleich; und nach Art. 90 findet man den Seitenschub dieser Seite = 10,215 = F; da die Höhe ca beyden Seiten des Gewölbes gemein ist, so bleiben bey der Untersuchung der Dicke der Widerlagen F und h gleich.

Niedrige Widerlage AB.

Der Flächeninhalt des Bandes der grossen Seite BM ist = 40,841 = P. Der Abstand der aus dem Schwerpuncte dieses Bandes fallenden Verticalen von dem Kämpfer B ist = 3,7 = a; dann sind AB = 6 = m, und h = 20, daher nach Art. 180 ist die Dicke dieser Widerlage = 2 Fuß 6 Zoll.

Wird aber ihre Höhe unendlich groß angenommen, dann erhält man die Dicke 5 Fuß 10 Zoll.

Hohe Widerlage RM.

Es ist der Flächeninhalt des Bandes der kleinen Seite MN = 21,99 = P, dann a = 1,5133, und m = 12, endlich h, auch F wie zuvor, daher nach Art. 180 die Dicke dieser Widerlage = 5 Fuß, 5 Zoll.

Binde.

187) Es sey z. B. die Binde Art. 92 des Hauptthors der Kirche zu Unser lieben Frau zu Paris, deren Spannung 20 Fuß, und die Dicke 2 Fuß beträgt, dann sey die uns unbekannte Höhe dieses Thors = 30 Fuß, so werden m = 30; h = 32, und nach Art. 92, F = 52,5, dann P = 21, und a = 4,746 seyn.

Es stellen nun die punctirten Linien HMnP Fig. 62 die Hälfte dieser Binde, und MndN ihren Fuß vor, so wird Dn = 2 Fuß = l, und die Formel Art. 166 die Grunddicke MN des Fußes = $33\frac{1}{2}$ Fuß geben; nach Art. 180 findet man aber die Dicke der Widerlage in Hinsicht des nöthigen Umsturzwiderstandes = 12 Fuß 5 Zoll, also weit kleiner als obige $33\frac{1}{2}$, welche die Füße bedürfen; dieses beweist, daß, bevor eine Binde zu spannen, man auf ihre Füße eine hinlänglich hohe Mauer aufführen muß, damit diese Füße eben so viel Widerstand als die Widerlagen leisten können; in diesem Falle wird das Verhältniß der Dicke $12\frac{5}{12}$ Fuß der Widerlagen, zu der gefundenen Grunddicke $33\frac{1}{2}$ der Füße, wie die Höhe 2 Fuß derselben, zu der gesuchten Höhe der darauf zu setzenden Mauer, diese Höhe $=5\frac{1}{2}$ weniger 2 Fuß, also $3\frac{1}{2}$ Fuß geben.

Fig. 62.

Bey der Aufführung gedachter Binde hatte man das Setzen derselben auf 6 Zoll angeschlagen, und das Stützgerüst darnach eingerichtet, diese Binde hat sich aber nach dem Abrüsten nur um 3 Zoll gesetzt, daher sie jetzt den äußerst flachen Bogen von 5 Gr. 10 M. bildet.

188) Soll eine Mauer über die Binde aufgeführt werden, da diese im freyen Zustande schon einen so großen Schub hat, daher nicht beschwert werden darf, so wird über dieselbe ein Gurt gespannt; wie nun auch dieser einen der auf ihm zu kommenden Last proportionirten Schub erhält, so muß man die Binde, besonders in diesem Falle, weit genug von der Ecke des Gebäudes, wenn es frey steht, entfernen, damit der Schub derselben, wie auch des darüber gespannten Bogens, keinen Bug in die Ecke des Gebäudes schlagen kann; denn, man mag sonst die Mauer noch so hoch über die Füße der Binde und dieses Bogens aufführen, so wird doch, wenn diese zu nahe an besagter Ecke sind, die Mauer allda eben so wie ein Rohr, dessen Kopf und Fuß festgehalten sind, hinausgedrückt.

Da endlich Art. 91 bewiesen worden ist, daß die bisher so hoch angepriesene und beliebte Verzahnung der Keile, um der Binde den Seitenschub zu benehmen, von gar keiner Wirkung ist, so bleibt kein anderes Mittel, um das zu bewirken, als eine dicke Schließe über die Binde anzubringen, und jeden Keil an derselben zu hängen. Dieses ist aber nur bey Binden aus behauenen Steinen thunlich.

Einfluß der Dicke des Gewölbes, der Beschaffenheit der Wölbungslinie, der Größe des Schlusses und der Last, womit das Gewölbe beschwert wird, auf die Dicke der Widerlagen.

189) Die Tabelle 29 zeigt die Dicke der Widerlagen eines Zirkelgewölbes von 100 Fuß Spannung und verschiedenen Dicken; diese Widerlagen sind nach (B) Art. 179 berechnet, weil bey solchen Widerlagen, deren Höhe viel kleiner als die der Füße des Gewölbes ist, diese Füße einen so bedeutenden Körper ausmachen, daß, wenn man diesen aus der Formel C weg ließe, so würden z. B. bey der Gewölbsdicke 3 und den Widerlagshöhen 5 Fuß, die Dicke 21 Fuß, 10 Zoll,

1 . . . . 23 = — =

0 . . . . 23 = 4 =

betragen, mithin würde der verkehrte Satz entstehen; die Dicke der Widerlagen nimmt zu, wie die Höhe derselben abnimmt; denn die letzten Maße geben nur die wagerechte Entfernung der zusammengesetzten Kräfte von dem Kämpfer an.

Tabelle 29.

a) Diese Tabelle zeigt, daß die Dicke der Widerlagen anfänglich mit der Dicke der Gewölbe zunimmt, hingegen abnimmt, wie diese eine gewisse Größe überschreitet, denn bey 5 Fuß hohen Widerlagen nimmt ihre Dicke mit jener des Gewölbes, nur so lange bis dieses die Dicke 8 erreicht hat, zu; bey größeren Dicken aber nimmt jene der Widerlagen ab, und beyde Dicken werden unge=

Fall, wo es bey der Dicke der Widerlagen ein Größtes gibt.

fähr bey jener $16\frac{1}{2}$, nähmlich $\frac{1}{8}$ der Spannung, einander gleich.

Bey 10 Fuß hohen Widerlagen nimmt ihre Dicke, bis das Gewölbe jene 10 erreicht hat, zu, dann aber ab; und beyde Dicken werden ungefähr bey jener 18, nähmlich $\frac{1}{17}$ der Spannung, einander gleich.

Tabelle 29. Wie es nach Tabelle 28 eine Gewölbsdicke gibt, bey welcher jene der Füße ein Größtes ist, so gibt es auch nach Tabelle 29 bey jeder Widerlagshöhe eine Gewölbsdicke, bey welcher jene der Widerlagen ein Größtes ist; denn dieß findet statt bey der Widerlagshöhe $5 = \frac{1}{20}$ der Spannung, wenn das Gewölbe 8 Fuß $= \frac{8}{100}$ derselben dick ist; bey der Höhe $10 = \frac{1}{10}$ der Spannung aber, wenn das Gewölbe 12 Fuß $= \frac{1}{100}$ derselben dick ist.

Tabelle 30. *b*) Die Tabelle 30 zeigt, daß die Dicke der Widerlagen zunimmt, wie das Gewölbe flächer wird.

Tabelle 31. *c*) Aus der Tabelle 31 ist zu ersehen, daß ein Schlußkeil nur dann einen merklichen Einfluß auf die Dicke der Widerlagen hat, wenn dieser Keil bey 20 Grade der Wölbungslinie fasset, ein Fall, der kaum bey Gurten in Modellen eintreten kann.

Einfluß des Schlußkeils auf die Widerlagen.

Da nach de la Hyre, Belidor, und andern mehr, der obere 90 Grade fassende Theil eines Gewölbes wie ein Keil wirket, und in diesem Falle, wie gedachte Tabelle es zeigt, die Widerlagen nur zwey Drittheil der Dicke haben, welche dieselben, nach unserer allgemeinen Art den Schub zu betrachten, erhalten sollen, so kann man von beyden Methoden urtheilen.

Bisherige falsche Regel.

Tabelle 32.

d) Die Tabelle 32 zeigt, daß, wenn ein Gewölbe nur auf einer Seite beschwert wird, die Widerlage dieser Seiten weniger Dicke als die andere Widerlage, und um so weniger benöthigt, je mehr die Last sich dem Kämpfer nähert. Ferner sieht man, daß es, wie die letzten Zeilen dieser Tabelle zeigen, Stellen gibt, wo die Last den Vortheil verschafft, die Widerlage der beschwerten Seite dünner als bey dem Zustande des freyen Gewölbes, und die andere, wie bey diesem Zustande halten zu können, daß also schwachen Widerlagen geholfen werden kann, wenn man beyde Seiten des Gewölbes auf ungefähr $\frac{2}{10}$ der halben Spannung, von der Wölbungshöhe aus gemessen, beschwert.

Einfluß der Beschwerung der Gewölbe auf die Widerlagen.

Einfluß der Verschiedenheit in der specifischen Schwere des Materials der Gewölbe und der Widerlagen auf ihre Dicke.

190) Da Ziegel meistens wohlfeiler als behauene Steine sind, so werden die meisten Gewölbe aus Ziegeln gebaut, und dazu jene aus leichtem Grunde, weil sie leichter als die aus schwerem sind, vorzüglich verwendet; aus dieser Ursache werden in Wien die Ziegel von Laar jenen aus anderen Gegenden für den Bau der Gewölbe vorgezogen.

Da die Widerlagen meistens aus Bruchsteinen aufgeführt werden, und ihre specifische Schwere größer als jene der Ziegel ist, so ist der Unterschied in dieser Schwere zum Vortheil der Widerlage, mithin hat man nicht Ursache, deßwegen eine Untersuchung anzustellen.

Für Gewölbe aus behauenen Steinen sucht man den besten Stein aus, dieser ist gemeiniglich schwerer als der gewöhnliche Bruchstein, auch haben solche Gewölbe viel weniger und viel dünnere Fugen als die Gewölbe aus Ziegeln; dadurch wird die specifische Schwere ersterer Gewölbe grösser als jene der Widerlagen.

Um doch den größten Unterschied, der in diesem Falle entstehen kann, zu erhalten, werden wir die Widerlagen aus Ziegeln oder aus leichtem Sandsteine, deren Kubik-Fuß 112 Pf. wiegt, das Gewölbe hingegen aus schweren Steinen, deren Kubik-Fuß 140 Pf. schwer ist, annehmen, und diese Data auf ein Gewölbe nach dem Zirkel von 18 Fuß Spannung, 2 Fuß Dicke, und 12 Fuß hohen Widerlagen anwenden.

Dicke der Widerlagen vom gleichen Material als das Gewölbe.

In diesem Falle werden $F = 9{,}686$; $P = 31{,}416$; $a = 2{,}615$, $m = 12$, und $h = 23$, mithin nach (C) Art. 180, für den Fall wo Gewölbe und Widerlagen von gleicher specifischer Schwere sind, die Dicke der letzten = 4 Fuß, 9 Zoll, 7 Linien.

Da die angenommene specifische Schwere 140 für den Kubik-Fuß des Gewölbes, sich zu jener 112 für den Kubik-Fuß der Widerlagen, wie 5, zu 4 verhält, so muß man in obbesagter Formel die Buchstaben F und P, die das Gewölbe angehen, mit 5, und den Buchstaben m, welcher die Widerlage angeht, mit 4 multipliciren, dann erhält man die Formel $\frac{\sqrt{\frac{50}{3}hF - 10aP + (5P)^2}}{4m} - \frac{5P}{4m}$ und aus derselben die Dicke der Widerlagen = 5 Fuß, 1 Zoll, 9 Linien, welche Dicke erstere von 4 Fuß, 9 Zoll, 7 Linien, um $\frac{1}{14}$ derselben übersteigt.

Dicke der Widerlagen aus dem leichtesten Materiale, wenn das Gewölbe hingegen aus dem schwersten besteht.

191) Beym Bau der Gewölbe muß man:

Wichtige Vorsichten.

1) Die Füße gleich nach Aufführung der Widerlagen so hoch, als es sich ohne Beyhülfe der Leergerüste thun läßt, aufführen.

2) Mit der Ausführung des Gewölbes warten, bis das Mauerwerk der Füße trocken ist.

3) Mit der Ausbreitung der Nachmauerung warten, bis das Gewölbe sich gesetzt hat.

4) Endlich muß man die Gewölbe nicht vor 6 Wochen Zeit nach dem Abrüsten beschweren.

Die Unterlassung der ersten Vorsichten verursachte den Einsturz des Gewölbes der schönen Kirche zu Montauban. Bey dem Bau dieser Kirche wurde so geeilt, daß Widerlagen und Gewölbe unausgesetzt aufgeführt, auch die Leergerüste gleich abgebrochen wurden, darauf stürzten die Gewölbe ein; man legte an die Herstellung dieses Gebäudes wieder Hand an, führte aber diesen zweyten Bau eben so schnell als den ersten, und die Gewölbe stürzten wieder ein. Gauthyer, ein erfahrner Architekt, wurde berufen, um Rath zu schaffen. Er fand das Material gut, und die Widerlagen hinlänglich dick, rieth den eingefallenen oberen Theil derselben sammt den Füßen des Gewölbes wie vorhin aufzuführen, dann ru-

Erfolgter Einsturz eines Gewölbes aus Unterlassung der ersten Vorsichten.

hen zu lassen, das Gebäude aber mit einem Nothdach zu decken, um unter diesem den Gottesdienst gleich halten zu können, und erst das dritte Jahr dieses Dach abzutragen und die Gewölbe aufzuführen, dieser Rath wurde befolgt, und das Gewölbe steht seit dem fest da.

Erfolgte Risse in einer Nachmauerung aus Unterlassung der letzten Vorsichten.

192) Um die Unerläßlichkeit der Vorsicht, die Nachmauerung nicht eher aufzuführen, bis das Gewölbe sich gesetzt hat, durch die Erfahrung zu bestätigen, meldet Peronnet, daß bey dem Bau der Brücke zu Nogent, aus einem Korbbogen von 90 Fuß Spannung, 27 Fuß Wölbungshöhe und 5 Fuß Dicke, wo man die Unvorsichtigkeit so weit trieb, die Nachmauerung über das Gewölbe aufzuführen, wie noch die Leergerüste standen, das damit beschwerte Gewölbe so stark auf die Gerüste drückte, daß, um diese abnehmen zu können, man die Sprengbalken abschneiden mußte, dann setzte sich das Gewölbe, und die Nachmauerung erhielt so breite Risse, daß man dieselbe abtragen, und auf's neue aufführen mußte.

Normaltabellen 33, 34, 35, 36, 37, 38, der Dicke der Widerlagen vollständiger Gewölbe.

193) Man hat in der Tabelle 29 das Verhältniß anschaulich dargestellt, welches die Dicke der Widerlagen des Zirkels von 100 Fuß Spannung, bey der Höhe von 5 Fuß, und bey jener von 10 Fuß folget, nach Maß als das Gewölbe dicker angenommen wird; nun wird in den Normaltabellen 33 bis 38 eben so sinnlich dargestellt, wie

sich die Dicke der Widerlagen eines solchen Gewölbes, wie auch der Korbbögen von gleicher Dicke und gleicher Spannung 100, beym Zunehmen der Höhe der Widerlagen bis auf 200 Fuß, oder bis auf zweymahl der Weite der Spannung verhält.

Bey Berechnung dieser Tabellen haben wir uns nach der Formel (B) Art. 179 gehalten, und dabey eingeschränkt, für die Höhe der Aufmauerung der Füße der Gewölbe nur die Höhe des Bogens von 30 Graden der Wölbungslinie anzunehmen, obgleich diese Aufmauerung sonst höher und bis auf 40 Grade der äußeren Wölbungsbögen steigt, welches bey dünnen wie auch bey weit gespannten Gewölben, viel zur Standhaftigkeit der Widerlagen und des Gewölbes beyträgt, daher beyden zu gute kommt.

Die erste Zeile dieser Tabellen ist aus jener 28 herausgezogen, und zeigt die Dicke der Füße des Gewölbes in dem Falle, wo dasselbe keine Widerlagen hat, nähmlich unmittelbar auf die Fundamentmauer zu stehen kommt.

194) Diese Tabellen zeigen, daß die Dicke der Widerlagen beym schnellen Anwachsen ihrer Höhe, besonders bey dicken Gewölben und bey Korbbögen wenig zunimmt, indem bey der kleinsten Bogendicke 3 der Unterschied in der Dicke der Widerlagen von der Höhe 5 bis zu jener von 100 Fuß, beym Zirkel nur bey $\frac{1}{5}$, und bey den gedrücktesten Korbbögen kaum $\frac{1}{7}$, bey größeren Gewölbsdicken aber noch weniger beträgt.

Obgleich diese Tabellen nicht alle möglichen

Gewölbsdicken und Widerlagshöhen enthalten können, so läßt sich doch daraus die Normaldicke der Widerlagen in diesen besonderen Fällen leicht ableiten; denn diese Dicke ist z. B. bey 25 Fuß Widerlagshöhe, der mittleren Dicke zwischen jenen von 20 und 30 Fuß Höhe, so nahe, daß diese Dicke in der Ausübung ohne Bedenken für die wahre angenommen werden kann; eben so kann man bey der Gewölbsdicke, z. B. von $3\frac{1}{2}$ Fuß, für die Normaldicke die mittlere Widerlagsdicke zwischen jener der Gewölbsdicken 3 und 4 annehmen.

Bey Korbbögen, deren Höhe nicht in den Normaltabellen enthalten ist, läßt sich auch die Normaldicke der Widerlagen aus diesen Tabellen leicht ableiten; denn ist z. B. die Bogenhöhe $\frac{1}{3}$ der Normalspannung 100, also $33\frac{1}{3}$; da diese Höhe zwischen jenen 35 und 30 der Tabellen 36 und 37 enthalten, und von der letzten Höhe 30 um $3\frac{1}{3}$ unterschieden ist, dieser Unterschied aber $\frac{2}{3}$ von jenem 5 zwischen den Höhen 35 und 30 beträgt, so erhält man die gesuchte Normaldicke der Widerlagen, indem man zu derselben Dicke bey der Bogenhöhe 30, zwey Drittheile von dem Unterschiede der Dicke seiner Widerlagen mit der Dicke jener bey der Bogenhöhe 35 hinzuschlägt.

Auf diese Art lassen sich also die Normaltabellen auf jede Widerlagshöhe, auf jede Gewölbsdicke und jede Bogenhöhe, nach Bedarf ausdehnen.

Gebrauch dieser Normaltabellen 33, 34, 35, 36, 37, 38, um die Dicke der Widerlagen vollständiger Gewölbe mittelst einer leichten Berechnung zu bestimmen.

195) Dieser Gebrauch der Normaltabellen beruhet auf den Grundsätzen:

a) Daß jene Gewölbe nach dem Zirkel, deren Dicke ein gleiches Verhältniß zu ihrer Spannung haben, einander ähnlich sind.

b) Daß die Korbbögen, welche auf gleiche Art beschrieben sind, und deren Dicke wie auch Bogenhöhe, ein gleiches Verhältniß zu ihrer Spannung haben, auch einander ähnlich sind.

c) Daß die Widerlagshöhen die ein gleiches Verhältniß mit der Spannung haben, einander ähnlich sind; endlich

d) Daß bey ähnlichen Gewölben und ähnlich hohen Widerlagen die gehörigen Dicken der letzten auch ähnlich sind, daher sich wie die Höhen verhalten.

Praktische Regel zur Bestimmung der Dicke der Widerlagen.

Nach diesen Grundsätzen ist es einleuchtend, daß, um die Dicke der Widerlagen eines zu erbauenden Gewölbes, dessen Maße nicht in den Normaltabellen enthalten sind, zu erhalten, es nur darum zu thun ist, aus den Normaltabellen das Gewölbe und die Höhe der Widerlage zu finden, die dem angetragenen Gewölbe und der Höhe seiner Widerlagen ähnlich sind; dann die dazu gehörige normale Widerlagsdicke zu nehmen, und diese mit der Höhe der angetragenen Widerlage zu multipliciren, endlich das erhaltene Product durch die ähnliche normale Widerlagshöhe zu theilen; der Quotient wird dann die gesuchte Dicke der zu erbauenden Widerlagen seyn.

Dieses Verfahren ist, wie man sieht, nicht schwer, und doch ist es für die Ausübung so zuverläßlich, als man es wünschen kann.

Erstes Beyspiel.

Für den Zirkel.

196) Es sey ein Gewölbe von 20 Fuß Spannung und 1 Fuß Dicke, dann die Höhe der Widerlagen 6 Fuß; man sucht zuerst in den Normaltabellen ein Gewölbe, dessen Dicke und Widerlagshöhe jenen des angetragenen Gewölbes ähnlich sind.

a) Um die ähnliche Normalgewölbsdicke zu finden, wird die Normalspannung 100 mit der angetragenen Gewölbsdicke 1 multiplicirt, dann das Product 100 durch die angetragene Spannung 20 getheilt, und der Quotient 5 gibt die gesuchte Normalgewölbsdicke, welche also eine mittlere zwischen jenen 4 und 6 der Tabelle 33 ist.

b) Um die ähnliche Normalwiderlagshöhe zu erhalten, wird die Normalspannung 100 mit der Höhe 6 der angetragenen Widerlagen multiplicirt, und das Product 600 durch die angetragene Spannung 20 getheilt, gibt 30 für die ähnliche Normalhöhe der Widerlagen, dann nimmt man die zu dieser Höhe und den Gewölbsdicken 4 und 6 gehörigen Normalwiderlagsdicken 18,69 und 20,62, und die mittlere 19,65 ist die gesuchte. Normalwiderlagsdicke.

c) Endlich um die gesuchte Dicke der angetragenen Widerlagen zu erhalten, multiplicirt man letztere Normalwiderlagsdicke 19,65 mit der Höhe 6 der angetragenen Widerlagen, dann theilt man das Product 117,9 durch die Normalhöhe 30, und der Quotient 3,93, den man für 4 Fuß annimmt, ist die gesuchte Dicke der angetragenen Widerlagen.

Zweytes Beyspiel.

Für einen Korbbogen.

197) Es sey die Spannung 75, die Bogenhöhe $26\frac{1}{4}$, dann die Dicke des Bogens $2\frac{1}{4}$ Fuß, endlich die Höhe der Widerlagen 15 Fuß, man sucht zuerst wie im vorigen Beyspiele:

a) Die Normalgewölbsdicke, welche der angetragenen ähnlich ist, nähmlich: man multiplicirt diese Dicke $2\frac{1}{4}$ mit der Normalspannung 100, dann theilt man das erhaltene Product 225 durch die angetragene Spannung 75, und der Quotient 3 Fuß ist die gesuchte ähnliche Normalgewölbsdicke.

b) Um die ähnliche Normalhöhe der Widerlagen zu erhalten, wird, wie im ersten Beyspiele, die Normalspannung 100 mit der Höhe 15 der angetragenen Widerlagen multiplicirt, dann das Product 1500 durch die angetragene Spannung

75 getheilt, und der Quotient 20 gibt die ähnliche Normalhöhe der Widerlagen.

c) Nun ist die Normalhöhe des Bogens zu suchen, welche jener des angetragenen Korbbogens ähnlich ist; man multiplicirt die Normalspannung 100 mit der angetragenen Bogenhöhe $26\frac{1}{4}$, dann theilt man das Product 2625 durch die angetragene Spannung 75, und der Quotient 35 gibt die Normalbogenhöhe, welche also jener der Tabelle 36 ähnlich ist. Dann nimmt man die bey der vorgefundenen ähnlichen Normalgewölbsdicke 3 Fuß, und Widerlagshöhe 20 Fuß stehende gehörige Normalwiderlagsdicke 20,64.

d) Endlich wird diese Dicke mit der angetragenen Spannung 75 multiplicirt, dann das Product 1547 durch die Normalspannung 100 getheilt, und der Quotient 15,47, nähmlich 15 Fuß 5 Zoll, gibt die Dicke der Widerlagen des angetragenen Gewölbes.

Drittes Beyspiel.

Auch für einen Korbbogen, dessen Bogenhöhe aber nicht in den Normaltabellen ist.

198) Es sey, wie im zweyten Beyspiel, die Spannung des Korbbogens 75, seine Gewölbsdicke $2\frac{1}{4}$ Fuß, und die Höhe der Widerlagen 15 Fuß, die Bogenhöhe aber 25 Fuß, also $\frac{1}{3}$ der Spannung.

Nachdem in dem benannten zweyten Beyspiele *a*) die ähnliche Normalgewölbsdicke 3, und *b*) die ähnliche Normalwiderlagshohe 20 gefunden worden sind, so wird c) um die ähnliche Normaldicke der Widerlagen des Bogens von 33⅓ Fuß Höhe zu finden, in den Tabellen 36 und 37 bey der gefundenen ähnlichen Normalgewölbsdicke 3, die Widerlagsdicken 20,64 und 21,80 genommen, dann von ihrem Unterschiede 1,16 zwey Drittheile, nähmlich 0,78 oder $\frac{78}{100}$ zu der ersten Dicke addirt, und die Summe 21,42 oder $21\frac{42}{100}$ Fuß wird die gesuchte Normaldicke der Widerlagen seyn. d) Endlich wird diese Dicke $21\frac{42}{100}$ mit der Höhe 15 der angetragenen Widerlagen multiplicirt, dann das Product $321\frac{3}{10}$ durch die Normalhöhe 20 der Widerlagen getheilt, und der Quotient 16 Fuß wird die gesuchte Dicke der angetragenen Widerlagen seyn.

Vergleichungstabellen 39, 40 und 41 der Dicke der Widerlagen, der Gewölbe von verschiedener Spannung, Wölbungslinie und Dicke.

199) Die Normaltabellen zeigen zwar das Verhältniß, welches die Dicke der Widerlagen bey zunehmender Höhe, sowohl bey dem Zirkel als bey Korbbögen von 100 Fuß Spannung und verschiedener Gewölbsdicke befolget, diese Tabellen stellen aber nicht dieses Verhältniß in dem Falle dar, wo die Spannungsweite verschieden, und die Wölbungslinie kleiner als der Zirkel ist; auch stellen diese Tabellen nicht das Verhältniß der Dicke der Widerlagen in Hinsicht der Spannung, noch weniger in Hinsicht des Seitenschubes der

Gewölbe dar; da nun eine solche Uebersicht noch mehr Licht über die Eigenschaften der Gewölbe verbreiten, auch, wie es erwiesen wird, mehr als ein Mittel an die Hand geben kann, um die Dicke der Widerlagen, besonders bey Bögen, praktisch zu bestimmen, so haben wir die Vergleichungstabellen 39, 40 und 41 berechnet, in diesen aber für die Höhe der Widerlagen die von 5 und von 10 Fuß als die gewöhnlichen Gränzen dieser Höhe in Hinsicht der Spannung 18 angenommen; und nur bey einigen Gewölben die ungewöhnliche größere Höhe von 15 Fuß, nähmlich $\frac{5}{6}$ der Spannung, hinzugesetzt, da die Normaltabellen ohnehin hinlänglich zeigen, wie die Dicke der Widerlagen, nach Maß als sie höher angenommen werden, zunimmt.

Diese drey Tabellen zeigen in der dritten Spalte den Seitenschub des Gewölbes; in der fünften die Dicke der Widerlagen in Füßen; in der sechsten diese Dicke in Theilen der Spannung, und in der siebenten und letzten Spalte dieselbe Dicke in Theilen des Seitenschubes.

Tabelle 39. Die erste Tabelle, nähmlich jene 39, zeigt, wie die Dicke der Widerlagen beym Abnehmen der Spannung, hingegen bey zunehmender Gewölbsdicke in Hinsicht dieser Spannung, ein größerer Theil derselben wie auch des Schubes wird; auch zeigt diese Tabelle bey dem Gewölbe von 10 und 18 Fuß Spannung, daß die Dicke der Widerlagen beym Zunehmen der Dicke des Gewölbes ein kleinerer Theil des Schubes wird.

Tabelle 40. Die zweyte Vergleichungstabelle Nro. 40

zeigt, von dem Zirkel an, bis zum gedrucktesten Korbbogen von gleicher Spannung 100 und Gewölbsdicke 3, wie der Seitenschub, auch die Dicke der Widerlagen bey den Höhen 5 und 10 Fuß, nähmlich $\frac{1}{20}$ und $\frac{1}{10}$ der Spannung zunimmt; daher gibt diese Tabelle bey diesen Höhen das Verhältniß der Dicke der Widerlagen der Korbbögen, zu jener des Zirkels, also das Mittel an, bey ähnlichen Umständen aus dieser Dicke jene der Widerlagen der Korbbögen mittelst eines einfachen Verhältnisses abzuleiten; indem man die Dicke der Widerlagen des Zirkels bey gleicher Höhe als bey dem Korbbogen, wie im zweyten Beyspiele angezeigt worden, findet, dann diese Dicke nach dem in erwähnter Tabelle 40 angezeigten Verhältniß vergrößert.

Bey den Korbbögen wird man in dieser Tabelle bemerken, daß von der Bogenhöhe 35, nähmlich $\frac{35}{100}$ der Spannung bis zur Bogenhöhe 25, nähmlich $\frac{25}{100}$ der Spannung, die Dicke der Widerlagen fast einen gleichen Theil des Schubes ausmacht.

Die letzte Vergleichungstabelle Nro. 41 zeigt, von dem gothischen und erhabensten Gewölbe an bis zur Binde, als dem flachesten, und hauptsächlich bey Bögen von gleicher Spannung 18, gleicher Gewölbsdicke 1, und gleicher Widerlagshöhe 6, wie die Bogenhöhe abnimmt, hingegen der Seitenschub, wie auch die Dicke der Widerlagen zunimmt; diese Tabelle gibt also in der fünften Spalte das Verhältniß der Dicke der Widerlagen, der Binde und der Bögen, zu der Dicke der gleich hohen Widerlagen des Zirkels von gleicher Span-

Tabelle 41.

nung und Dicke, gibt daher das Mittel an, aus dieser Dicke jene der Widerlagen der Bögen, wie vorher angezeigt, leicht abzuleiten.

200) Man schlägt hier nicht vor, das in der sechsten Spalte angezeigte Verhältniß der Dicke der Widerlagen zur Spannung anzuwenden; weil dieses Verhältniß, um hinlänglich ausgedrückt zu seyn, viel größere Brüche als die der Tabellen erforderte; weit schicklicher dazu ist der in der letzten Spalte enthaltene Ausdruck in Theilen des Schubes, welcher Ausdruck Tabelle 41 von dem Zirkel an bis zum Bogen von 100 Graden beynahe gleich und $\sqrt{2\frac{1}{2}F}$ bleibt, und eben so von dem Bogen von 80 Graden bis zur Binde auch beynahe gleich, und $\sqrt{2\frac{7}{10}F}$ ist. Wie nun, um einen Gebrauch dieses Ausdrucks machen zu können, es nöthig ist, den Seitenschub des Bogens auch praktisch zu bestimmen, und dieses einen zweyten Weg verschafft, um die Dicke der Widerlagen der Bögen zu finden, so folgt noch dieses Mittel.

Praktische und doch zuverlässige Regel, um den Seitenschub und die Dicke der Widerlagen gewöhnlicher, nicht weniger als 90 Grade messender Bögen, zu finden.

Fig. 62. Nr. 4.

201) Es sey AMNR, Fig. 62 Nro. 4, die Hälfte des angetragenen Bogens, und diese nach einem in Fuß und Zoll eingetheilten größtmöglichen Maßstab genau beschrieben, dann sey c sein Mittelpunct, und die halbe Spannung Rh gezogen; man beschreibe aus c und aus der Mitte q von AR

den mittleren Bogen qd, dann halbire man diesen Bogen und führe aus seiner Mitte a den Halbmesser ac; man ziehe ferner die Sehnen qd, qa und ad; hernach halbire man den Abstand aF von a bis zur Sehne qd, endlich führe man aus der Mitte n dieses Abstandes die nx senkrecht auf die Spannung Rh, so wird durch diese Linien, wenn sie mit Genauigkeit geführt, dann abgemessen werden, der Seitenschub des Bogens, wenn er nicht viel über 100 Grade mißt, leicht, und so genau zu finden seyn, als es in der Ausübung nöthig ist.

Seitenschub des Bogens.

a) Man mißt nähmlich auf dem Maßstab die sämmtliche Länge der Sehnen qa und ad, dann multiplicirt man diese Länge mit der Breite AR des Bandes, und das erhaltene Product gibt den Flächeninhalt des Bogens AMNR an.

b) Hernach werden Rx und die Höhe hM auch genau gemessen, dann der gefundene Flächeninhalt des Bandes mit der Länge von Rx multiplicirt, endlich das erhaltene Product durch die Länge von hM getheilt, und der Quotient gibt den gesuchten Seitenschub des Bogens, wenn, wie gesagt, derselbe nicht viel über 100 Grade mißt; weil, wie die allgemeine Tabelle 15 es zeiget, der Bogen des Schubes nur dann jenen von 50 Graden erreicht und übertrifft, wie die Dicke des Gewölbes gleich oder größer als $\frac{1}{14}$ des Halbmessers ist, welcher erste Fall meistens bey Bögen eintritt.

Dicke der Widerlagen.

202) Um die Dicke der Widerlagen zu erhalten, wird man, nachdem der Bogen

100, oder 90 Grade, oder weniger mißt, sich der in der Tabelle 41 enthaltenen Ausdrücke $\sqrt{2\frac{1}{2}F}$, $\sqrt{2\frac{11}{20}F}$ und $\sqrt{2\frac{7}{10}F}$, in dem Falle bedienen, wo die Höhe der Widerlage $\frac{1}{3}$ der Spannung ist; ist sie größer, so nimmt man für diese Ausdrücke jene $\sqrt{2\frac{6}{10}F}$, $\sqrt{2\frac{2}{30}F}$ und $\sqrt{2\frac{3}{4}F}$. Es sey z. B. der letzte Fall, so wird man den gefundenen Seitenschub mit $2\frac{3}{5}$ oder $2\frac{2}{3}$, oder $2\frac{3}{4}$ multipliciren, endlich von dem erhaltenen Producte einen solchen Theil, mittelst einiger Versuche, ausmitteln, der, mit sich selbst multiplicirt, das nähmliche Product hervorbringt, und dieser Theil wird die gesuchte Dicke der Widerlage des Bogens seyn.

Beyspiel.

Fig. 62. Nr. 4. 203) Es sey die Dicke der Widerlagen eines Bogens von 90 Graden, von 25 Fuß Spannung, und $1\frac{1}{4}$ Fuß Dicke auf diese Art zu finden, und es sey dieser Bogen zur Hälfte, wie Fig. 62 Nro. 4 es zeigt, mit den dazu vorgeschriebenen Linien beschrieben, so wird der Maßstab für die sämmtliche Länge der Sehnen qa und ad 14 Fuß $6\frac{1}{2}$ Zoll geben, und diese Länge, mit der Breite $1\frac{1}{2}$ Fuß des Bandes multiplicirt, wird für seinen Flächeninhalt 21 Fuß $9\frac{3}{4}$ Zoll geben.

Dann erhält man auf dem Maßstab für die Länge von Rx, 5 Fuß $7\frac{2}{3}$ Zoll, und für die Höhe hM, 6 Fuß $10\frac{1}{2}$ Zoll; ferner gibt erstere Länge von 51 Fuß $7\frac{2}{3}$ Zoll mit dem Flächeninhalte 21 Fuß $9\frac{3}{4}$ Zoll des Bandes multiplicirt, das Product $122\frac{1}{8}$, und dieses durch die gefundene Höhe

6 Fuß 10½ Zoll getheilt, gibt für den gesuchten Seitenschub des Bogens 17 Fuß 10 Zoll.

Dieser Schub, nach aller Schärfe berechnet, beträgt aber 17 Fuß 9 Zoll, folglich nur um 1 Zoll, und hier um $\frac{1}{214}$ weniger, daher ist die angegebene praktische Regel, wie schon erwähnt, genauer als die Anwendung es erfordert.

204) Um die Dicke der Widerlagen in Hinsicht des Umsturzwiderstandes zu erhalten, wird man bey dem angetragenen Bogen von 90 Graden, wenn die Höhe der Widerlagen, wie in der Tabelle, nur ⅓ der Spannungsweite ist, die in dieser Tabelle angezeigte Wurzel von $2\frac{11}{20}$ des Schubes, und wenn die Widerlagen höher sind, die Wurzel von 2⅔ des Schubes nehmen.

Im letzten Falle wird der gefundene Seitenschub 17 Fuß 10 Zoll mit 2⅔ multiplicirt, und von dem Producte 47 Fuß 6⅔ Zoll die Wurzel, nähmlich der Theil gesucht, der, mit sich selbst multiplicirt, eben dieses Product hervorbringt; diesen Theil findet man nach einigen Versuchen = 6 Fuß 10 Zoll, und so dick sollen die Widerlagen des angetragenen Bogens seyn.

Bemerkung.

205) Die durch vorangeführte praktische Regeln hervorgebrachte, wie auch in der Tabelle 41 enthaltene Dicke der Widerlagen ist auf dem Umsturzwiderstand derselben, folglich besonders bey Bögen auf die Voraussetzung gegründet, daß die Aufmauerung über die Füße dieser Gewölbe hoch genug aufgeführt werden kann und wird, damit

die Füße nicht zurückgleiten können; ein Weichen, das bey Bögen unter 50 Graden um so mehr zu befürchten, dem also um so mehr vorzubeugen ist, als diese Bögen gedrückter sind. Wie nun erwähnte Aufmauerung bey Brücken sehr oft nicht höher als das Gewölbe aufgeführt werden kann, daher um so niedriger ausfällt, je gedrückter der Bogen ist; mithin in der Höhe abnehmen muß, gerade in dem Falle, wo sie hingegen zunehmen sollte, so reichen in diesen besonderen Fällen, weder die Tabelle 41, noch obige praktische Regeln zu; und um die Dicke der Widerlagen dergestalt zu bestimmen, daß die Füße des Bogens nicht zurückgleiten können, muß man noch ein zu diesem besonderen Umstand passendes praktisches Mittel verschaffen.

Praktische Regel um die Dicke der Widerlagen der Bögen zu finden, die von 50 Graden abwärts messen.

306) Um die Dicke der Widerlagen solcher Bogen zu erhalten, wird zuerst die Dicke der Füße des Bogens bestimmt; diese ergibt sich, wenn man, wie es Art. 174 erwiesen ist, den Seitenschub des Bogens mit $\frac{5}{3}$ multiplicirt, dann von dem enthaltenen Producte den Flächeninhalt des halben Bogens abzieht, ferner den Rest durch die Höhe theilt, auf welche die Aufmauerung über die Kämpfer aufzuführen kommt, endlich zu dem erhaltenen Quotient die Hälfte der Dicke des Bogens hinzusetzt.

Zweifelt man, daß die erhaltene Dicke nicht hinlänglich in Hinsicht des nöthigen Umsturzwiderstandes der Widerlagen seyn dürfte, so sucht man noch die Dicke welche dieser Widerstand erfordert, und nimmt von dieser Dicke und jener der Füße die größte für die der Widerlagen.

Beyspiel.

Für einen Bogen von 50 Graden.

207) Es sey die Spannung des Bogens 18 Fuß, und seine Dicke 1 Fuß, so wird mittelst der praktischen Regel zuerst der Flächeninhalt der Hälfte des Bandes, dann der Seitenschub dieses Bogens gesucht, und für den ersten $9\frac{1}{2}$ Fuß, dann für den letzten $13\frac{7}{10}$ Fuß gefunden. Fig. 62 Nro. 4.

Dieser Schub $13\frac{7}{10}$ mit $\frac{5}{3}$ multiplicirt, gibt 22 Fuß 10 Zoll, davon der Flächeninhalt $9\frac{1}{2}$ Fuß abgezogen, bleiben 13 Fuß 4 Zoll.

Nun kommt dieser Rest von 13 Fuß 4 Zoll durch die Höhe der Aufmauerung der Füße über die Kämpfer zu theilen; kann diese Aufmauerung, wegen anzubringenden Auffahrten, nicht höher als die Bogenhöhe hN (Fig. 62 Nro. 4) steigen, da diese Höhe nur 2 Fuß beträgt, so erhält man nach der Theilung den Quotient 6 Fuß 2 Zoll, zu diesem endlich noch die Hälfte der Dicke des Bogens, nähmlich 6 Zoll hinzugesetzt, so gibt die Summe 6 Fuß 8 Zoll, die Dicke der Füße des Bogens. Fig. 62 Nro. 4.

Vergleicht man nun diese Dicke mit jener der Widerlagen in Hinsicht des Umsturzwiderstandes, da letztere Dicke, wie Tabelle 41 es zeigt, nur 6 Fuß beträgt, daher zu gering ist um die Füße zu tragen, so müssen in diesem Falle die Widerlagen die Dicke 6 Fuß 8 Zoll der Füße erhalten.

Fig. 62 Nro. 4.

Wäre es aber thunlich, die Aufmauerung der Füße bis auf die Höhe hM des Gewölbes aufzuführen, da diese Höhe um einen Fuß mehr als erstere, also 3 Fuß beträgt, so würde die Theilung von obigem Reste 13 Fuß 4 Zoll, durch diese 3 Fuß, den Quotient 4 Fuß 5 Zoll 4 Linien geben, wozu endlich die 6 Zoll der halben Dicke des Bogens addirt, 5 Fuß für die Dicke der Füße kommen würden; wie nun diese Dicke kleiner als jene 6, die zur Erhaltung der Widerlagen nöthig ist, so wäre in diesem Falle letztere Dicke jene der Widerlagen.

Beyspiel.

Für einen Bogen von 40 Graden.

208) Es sey bey diesem Bogen, wie bey dem letzten, die Spannung 18 Fuß und die Bogendicke 1 Fuß, so gibt die praktische Regel für den Flächeninhalt des Bandes der Hälfte des Bogens, 9 Fuß $4\frac{2}{3}$ Zoll, und für seinen Seitenschub 15 Fuß $9\frac{1}{2}$ Zoll; dann ist die Höhe hN des Bogens 19 Zoll, folglich die Höhe hM des Gewölbes 2 Fuß 7 Zoll.

Kann die Aufmauerung der Füße so hoch als das Gewölbe aufgeführt werden, dann gibt die angeführte Regel 6 Fuß 10 Zoll für die Dicke der Füße; kann aber diese Aufmauerung nur so hoch als die Wölbungslinie, also nur um 19 Zoll steigen, dann gibt die Regel 10 Fuß für die Dicke der Füße; wie nun die Dicke der Widerlagen dieses Bogens in Hinsicht des Umsturzwiderstandes, wie Tabelle 41 es zeigt, nur $6\frac{1}{2}$ Fuß beträgt, diese Dicke aber geringer als die gefundenen 6 Fuß 10 Zoll, und 10 Fuß, die Widerlagen aber nicht dünner als die Füße des Bogens seyn können, so muß in beyden Fällen die Dicke der Widerlagen, jener der Füße gleich gehalten werden.

Letztes Beyspiel.

Für einen Bogen von 30 Graden, und von gleicher Spannung und Dicke als die vorigen.

209) Die praktische Regel gibt für den Flächeninhalt des Bandes des halben Bogens 9 Fuß 2 Zoll, und für seinen Seitenschub 18 Fuß $7\frac{1}{2}$ Zoll, dann für die Bogenhöhe hN — 14 Zoll.

Wir wollen hier annehmen, daß die Aufmauerung der Füße des Bogens so hoch als das Gewölbe, daher 2 Fuß 2 Zoll über die Kämpfer steigen darf; in diesem Falle gibt die Regel 10 Fuß für die Dicke der Füße; in dem Gegenfalle aber würde diese Dicke 18 Fuß betragen, mithin in beyden Fällen weit größer seyn als die Dicke von 7 Fuß, welche die Widerlagen, wie Tabelle 41 es zeigt, in Hinsicht des Umsturzwiderstandes benöthigen.

Diese äußerst beträchtlichen Dicken welche die Widerlagen so sehr gedrückter Bögen haben müßten, nicht um sich zu erhalten, sondern, um den

Füßen dieser Bögen die nöthige Unterlage zu verschaffen, diese großen Dicken bestätigen die schon Art. 174 angeführte Nothwendigkeit, die Widerlagen so äußerst flacher Bögen nicht nach gewöhnlicher Art, sondern nach jener in diesem Art. 174 vorgeschlagenen aufzuführen.

Beschluß.

210) Wir haben eine praktische und zuverlässige Regel angegeben, um mittelst der Normaltabellen die Dicke der Widerlagen jedes Gewölbes nach dem Zirkel zu bestimmen, dann haben wir in den Vergleichungstabellen das Verhältniß dieser Dicke zu jener der Widerlagen der Korbbögen, und auch der Bögen deutlich dargestellt; endlich haben wir für den Fall, wo dieses Verhältniß nicht mehr auf diese Bögen wegen ihrer äußersten Fläche anwendbar ist, auch ein praktisches Mittel angegeben, um die Dicke der Widerlagen auszumitteln; es sind also durch diese praktische Regeln den Baumeistern, ja selbst den allerungeübtesten, alle Mittel an die Hand gegeben worden, um bey Bestimmung der Dicke der Widerlagen, in dem Falle wo die Gewölbe auf unterstützten oder unbeweglichen Leergerüsten gebauet werden, sicher zu Werke gehen zu können.

Was große und kühne Werke, wie Gewölbe von so weiter Spannung betrifft, daß selbe nur auf Gerüsten und Sprengwerken ausgeführt werden können, so können sich auf solche besondere Fälle die angegebenen praktischen Regeln zwar nicht erstrecken; aber so wichtige Bauführungen, deren Oberleitung besonders geschickte Männer erfordert, werden auch gewöhnlich nur solchen anvertraut, und diese besitzen hinlängliche Kenntnisse, um die für diese außerordentlichen Fälle aufgestellten Grundsätze zu würdigen und gehörig anzuwenden.

Strebepfeiler.

Bisherige Ansicht des Widerstandes der Strebepfeiler.

211) Um den Widerstand solcher Widerlagen zu bestimmen, die mit Strebepfeilern verstärkt werden sollen, hat man bisher nach Belidor angenommen, diese Widerlagen, wenn sie dem Schube weichen, drehen sich sammt den Pfeilern auf den äußeren Rand ihrer Basis; nähmlich, Widerlagen und Pfeiler trennen sich von den Fundamentmauern np ab, und drehen sich auswärts über diese Mauern, indem sie von der gehabten Lage ngvr in jene dgoqd übergehen. (Fig. 68.; Fig. 67. 68.)

Strebepfeiler. Fig. 67.

Damit eine solche Bewegung Statt haben kann, muß die Bindung nach nc, ap (Fig. 67) der Pfeiler mit der Widerlage, so groß wie bey einer Masse aus Gußeisen seyn, auch müssen die äußeren Eckseiten tq, fg von der Basis der Pfeiler, auf welchen Eckseiten gedachtes Drehen geschehen soll, eben so fest seyn, um den aus dem Schube und aus der Masse der Pfeiler, der Widerlagen und der einen Seite des Gewölbes entstehenden ungeheueren Druck auszuhalten; da letzteres nicht einmahl bey Widerlagen, wo doch der Druck auf die ganze Länge ihrer Basis vertheilt ist, annehmbar gefunden worden, ersteres aber der Beschaffenheit des Mauerwerks

Ungrund obbesagter Ansicht.

ganz zuwider ist, so sind erwähnte, nur bey Widerlagen in Modellen, Statt findende Voraussetzungen bey Gewölben als naturwidrig und irreführend zu verwerfen, folglich fällt der Satz von Belidor ganz weg.

Zweckmäßige Anwendung der Strebepfeiler.

Die Strebepfeiler werden entweder bey Mauern die zu weichen anfangen, um diesen zu Hülfe zu kommen, oder bey Terraßmauern, oder bey Landpfeilern der Brücken und Casematten, mithin bey solchen Mauern angelegt, deren eine Seite im Grunde stehet.

Der Widerstand der Strebpfeiler kann nur mit Beyhülfe der Erfahrung, und dann nur beyläufig beurtheilt werden.

212) Der Widerstand der mit Strebepfeilern verstärkten Mauern hängt von so viel physischen Umständen ab, daß es nicht möglich ist denselben gehörig zu bestimmen; daher wird man trachten, wenigstens so viel Licht als möglich darüber zu verbreiten.

Die Art auf welche solche Mauern dem Schube weichen, hängt von dem Abstande und von der Stärke der Pfeiler ab; sind diese unumstößlich, aber zu weit von einander, so kann die Mauer nur zwischen den Pfeilern weichen; dann widerstehen ihre Schichten dem längs der oberen Schichte gleich vertheilten Seitendrucke des Gewölbes ungefähr so, wie eine aus wagerecht gelegten auf einander gefalzten Balken bestehende Holzwand.

Bewegungen der mit Strebepfeilern versehenen Mauern.

Ein nach der Länge eines Balkens gleich vertheilter Druck wirkt auf diesen Balken eben so, als wenn die Hälfte dieses Druckes in der Mitte dieses Balkens vereinigt wäre; wie der Balken dem Drucke weicht, so biegt er sich von beyden Enden gegen die Mitte.

Da der obere Balken die Last des auf ihm stehenden Gewölbes trägt, und mit diesem auf den unteren nächsten Balken drückt, so theilt ersterer durch die Reibung und durch den Falz dem letzten Balken einen Theil des Seitendrucks des Gewölbes mit, dieser biegt sich also auch, aber etwas weniger als der erste; ein Gleiches geschieht bey dem unteren dritten Balken u. s. w., mithin biegen sich dieselben um so weniger, je tiefer sie liegen. Die Erfahrung zeigt, daß Widerlagen deren Strebepfeiler hinlänglich stark, aber zu weit von einander sind, eben auf erwähnte Art weichen, indem der Schub in jedem der zwischen den Pfeilern stehenden Theile der Widerlage einen Bug hinaus drückt, und dieser von oben herab abnimmt; lange, dem Anfalle des Windes ausgesetzte Umfassungsmauern, wenn sie demselben weichen, biegen sich auch von den Ecken gegen die Mitte, und ihr Bug nimmt von oben abwärts auf Null ab.

Sind die Pfeiler nicht zu weit von einander, aber zu schwach, dann löset sich die Widerlage in nc, ap (Fig. 67) von denselben ab, und beyde werden hinausgedrückt.

213) Bey Anwendung der Strebepfeiler entstehen die Fragen:

I.) Wie dick sollen die Widerlagen gehalten werden?

Die Anwendung der Strebepfeiler erfordert die Auflösung von vier Aufgaben.

II. Wie weit von einander müssen die Strebpfeiler angelegt werden?

III. Wie dick? und

IV. wie lang müssen die Pfeiler seyn.

I.

Dicke der Mauer.

Erster Satz.

Die Dicke der Widerlagen hängt zum Theil von der Höhe der Pfeiler ab; denn steigen diese nicht höher als die Kämpfer, so können die Widerlagen nicht weniger Dicke als die erhalten, welche die Füße des Gewölbes benöthigen; steigen aber die Pfeiler so hoch als diese Füße, dann ist es rathsam, die Widerlagen so stark zu halten, daß sie wenigstens mit dem um ein Sechstel größer angenommenen ursprünglichen Schube im Gleichgewichte stehen.

II.

Fig. 67.

Abstand der Pfeiler.

Die Entfernung der Strebepfeiler hängt von der Dicke der Widerlagen ab. Je schwächer diese sind, desto näher müssen die Pfeiler an einander stehen, denn der Schub des auf der Widerlagsstrecke ac stehenden Gewölbtheils; wirkt um gedachte Strecke bey ihrer Mitte i hinaus zu drücken oder zu biegen; die eine Hälfte dieses Schubes wirkt, einer Seits mit dem Hebelarm $oa = \frac{ai}{2}$, um die Trennung in ad zu bewirken, und die Bindungskraft nach ad widersteht dieser Trennung mit einem Hebelarm, dessen mittlere Länge

$= \frac{ad}{2}$ ist; ein Gleiches geschieht auf der andern Seite in ic und cb. Wie aber diese Bindungskraft sich nicht berechnen läßt, daher die Länge der Strecke dc in Hinsicht dieser Kraft nicht bestimmt werden kann, so scheint es rathsam, dem Schub des Gewölbes keinen längeren Hebel als jenen, so der halben Dicke ad der Widerlage gleich ist, zu belassen, man wird also den Satz annehmen: Die Pfeiler dürfen nicht weiter, als zweymahl die Dicke der Widerlage von einander stehen.

Zweyter Satz.

III.

Dicke der Pfeiler.

Die Pfeiler haben einen um so größeren Seitendruck auf sich, je weiter sie von einander stehen; daher muß ihre Dicke ap mit ihrer Entfernung im Verhältniß stehen; man wird diese Dicke der Hälfte erwähnter Entfernung gleich halten.

Dritter Satz.

IV.

Länge der Pfeiler.

Die Länge af der Pfeiler hängt von dem Seitenschube, den dieselben auf sich haben, ab. Um diesen Schub zu finden, nehme man in der ursprünglichen Gleichung $\frac{5}{8}$ hF $= \frac{mx^2}{2} + Px + aP$, des Ausdrucks (C) Art. 180, die Dicke x der Widerlage als bekannt und $= l$, hingegen den Factor $\frac{5}{8}$ von hF als unbekannt, und $= z$ an; so wird $zF = \frac{\frac{1}{2}ml^2 + lP + aP}{h}$ den Schub geben,

Strebpfeiler.

mit welchem die Widerlage im Gleichgewichte stehet; zieht man diesen Schub von jenem $\frac{5}{7}$ F, womit die Widerlage im Gleichgewicht stehen soll, ab, so erhält man den Schub, welchen der Pfeiler auf jeden Fuß der Länge pc auf sich nehmen soll $= \frac{5}{7} F - \left(\frac{\frac{1}{2} m l^2 + l P + a P}{h}\right)$; (A).

Schub, den jeder Pfeiler auf sich nehmen soll.

214) Es sey das Gewölbe Art. 181, und seine Widerlage nur 3 Fuß dick, so werden $F = 6{,}771$; $P = 25{,}14$; $a = 2{,}08$; $m = 7\frac{1}{4}$; $h = 16\frac{1}{4}$, und $l = 3$; es sey ferner der Abstand der Pfeiler das Doppelte der Widerlagsdicke, also $= 6$, und die Dicke der Pfeiler $= 3$, so wird $pc = 9$, und nach (A) der Schub auf den laufenden Fuß der Gewölbslänge $= 1{,}4183$ seyn, mithin wird auf die Länge 9 Fuß der Schub, den jeder Pfeiler auf sich nehmen soll, $= 12{,}7647$ Fuß betragen.

Fig. 68.

Es stelle nun pg die Länge des Strebepfeilers, und pd seine Höhe vor; man setze $pg = x$; $pd = e$; pK wie sonst $= h$; und den gefundenen Schub $12{,}7647 = S$, so wird sein Moment $= Sh$, und das Widerstandsmoment des Strebepfeilers $= \frac{3}{2} exx$; daraus entstehet $hS = \frac{3}{2} exx$, mithin $x = \frac{\sqrt{2hS}}{3e}$.

Länge der Strebepfeiler.

Nimmt man e der Höhe der Widerlagen gleich, mithin $= 7\frac{1}{4}$, so kommt $x = 4$ Fuß 4 Zoll $= pg$.

Werden die Strebepfeiler so hoch als die Füße des Gewölbes gehalten, so wird $e = 11{,}75$; mithin $x = 3$ Fuß, 5 Zoll $= pg$.

In der Praxi kann man die Länge der Strebepfeiler dreymahl so groß, als den Unterschied der Dicke, welche die Widerlagen haben sollten, zu der Dicke, welche sie erhalten, annehmen.

Praktische Regel.

Schließen.

215) Die Schließen sind eiserne Stangen, die quer durch ein Gebäude gehen, und an jedem Ende einen Umbug, oder ein Oehr haben, wodurch eine 24 bis 30 Zoll lange eiserne Stange, Durchschub genannt, geht, und die Mauern nach der Länge fasset.

Schließen.

Die Schließen werden in dem Falle angebracht, wo die Widerlagen entweder keine hinlängliche Dicke erhalten können, oder diesen die Zeit zum Trocknen, bevor das Gewölbe aufgeführt wird, nicht gelassen werden kann; im letzten Falle sind die Schließen nur so lange nöthig, bis das Mauerwerk trocken ist; auch sieht man Gewölbe, deren Schließen lange nach der Endigung des Baues, entweder durch das Setzen des Gebäudes oder durch eine gähe Veränderung der Temperatur der Atmosphäre zersprungen sind, ohne daß dadurch das Gebäude gelitten hat.

a) Gehen die Schließen durch die Füße des Gewölbes, so können sie das Weichen dieser Füße zugleich mit dem Umstürzen der Widerlagen verhindern, da letzteres am leichtesten geschieht, wenn die Schließen durch den höchsten Theil der Füße gehen; indem sie auf dieser Höhe mit dem größten Hebelarm gegen gedachten Umsturz wir-

Lage der Schließen.

ken, so ist diese Lage die vortheilhafteste für die Schließen.

Abstand der S...

b) Für die Entfernung der Schließen von einander kann man eben so, wie bey den Strebepfeilern, das Doppelte der Dicke der Füße annehmen, auch kann dieses für die Entfernung von einem Durchschub zum andern gelten.

Stärke der Schließen.

c) Die Schließen müssen den Widerstand ersetzen, der den Widerlagen abgeht. Um die Stärke der Schließen zu bestimmen, nehme man z. B. an, ein Gewölbe nach dem Zirkel von 18 Fuß Spannung und 2 Fuß Dicke, dann die Höhe der Widerlagen, wie immer, und diese seyen bloß mit dem ursprünglichen Schube in das Gleichgewicht zu setzen.

Es sey ferner die Entfernung einer Schließe zur andern 9 Fuß, und die Schwere des Kubik-Fußes Mauerwerk 120 Pfund.

Der Schub dieses Gewölbes gegen jeden laufenden Fuß der Widerlage beträgt (nach Art. 190) 9,686 Kubik-Fuß Mauerwerk, mithin 11,6232 Centner. Auf die 9 Fuß Abstandes einer Schließe zur andern beträgt also der Schub 104,61 Centner.

Schließen.

Satz.

Da nach der Voraussetzung die Widerlagen mit diesem Schube im Gleichgewichte stehen sollen, und nach den befolgten Grundsätzen der sämmtliche Widerstand der Widerlagen und der Schließen den Schub um $\frac{2}{3}$ übertreffen soll, so muß jede Schließe diesen Ueberschuß am Widerstande auf sich nehmen; mithin eine

Zugkraft von 69,74 Pfund standhaft aushalten können.

Nach angestellten Versuchen über den Widerstand des nach der Länge gezogenen Eisens (siehe die Experimental - Physik von Muschenbrök) sind 442 Pfunde Wiener Gewichts nöthig, um einen eisernen Draht von einer Linie Wiener Maß im Durchmesser zu zerreißen. Da der Flächeninhalt des um einen Kreis beschriebenen Quadrats sich zum Flächeninhalte dieses Kreises, wie 14, zu 11 verhält, so ist die nöthige Last um eine gezogene Stange von einer Linie im Gevierten zu zerreißen = 562½ Pfund, das gezogene Eisen ist aber bey $\frac{1}{17}$ dichter, also auch stärker als das geschmiedete; mithin ist das Gewicht, um eine geschmiedete Stange von einer Linie im Gevierten zu zerreißen = 530 Pfund.

Größter Widerstand des nach der Länge gezogenen Eisens.

d) Balken, die eine Last standhaft tragen sollen, dürfen nur mit dem Drittheile jener beschwert werden, welche nöthig ist, um sie augenblicklich zu brechen; wendet man diesen Satz auf Schließen an, so wird jede Quadratlinie des Querschnittes einer Schließe nur einer Zugkraft von 176 Pfund ausgesetzt seyn dürfen.

Widerstand, worauf man rechnen soll.

Nach diesem Satze wird die gefundene Zugkraft 6974 Pfunde durch 176 dividirt, und der Quotient 40 die Zahl der Quadratlinien geben, welche der Querschnitt der Schließen enthalten soll; mithin werden die Schließen entweder

Dicke und Breite der Schließen.

10 Linien breit und 4 dick, oder 8 Linien breit und 5 dick seyn müssen.

Einfluß des Seitenschubes auf den Grund, worauf die Fundamentmauern stehen.

216) Selten ist der Grund so schlecht, daß kein anderes Mittel übrig bleibt, als Pfähle einzurammen; da aber dieses Mittel sich nicht auf den nachgiebigen Flugsand, auch nicht auf den Thon anwenden läßt, auch der Grund selten so fest ist, daß er unter keiner Last wenigstens um etwas nachgibt, so muß man andere Mittel anwenden, um dieses Nachgeben zu verhindern, dazu ist aber nöthig, den Widerstand des Grundes auszuforschen.

Um die Dichtigkeit des Grundes zu prüfen, hat man bisher kein anderes Mittel angewendet, als sich auf denselben mit einem Stab stark aufzulehnen, und aus dem Eindrucke desselben in den Grund hat man von seiner Festigkeit beyläufig geurtheilt. Um aber diese genau und ohne besondere Schwierigkeiten zu erfahren, könnte man sich eines schmalen und an jede Stelle leicht zu bringenden Apparats bedienen; nähmlich: man dürfte nur an einem schmalen dreyfüßigen Gestelle den Kopf einer eisernen Wagruthe mittelst einer beweglichen Achse anbringen; dann unter dieser Ruthe und nahe an dieser Achse ein oben schneidiges mit Eisenblech belegtes, unten aber flaches Stück Holz von 2 Zoll im Gevierten vertical auf den Grund stellen; endlich, wie bey einer Schnellwage, ein auf dieser Ruthe hängendes

Gewicht nach und nach so weit von besagtem Holze rücken, bis der darauf entstehende Druck den Boden zum Weichen bringt; dadurch würde man erfahren, welche Last der Grund auf eine Quadratfläche von 4 Zoll, mithin auch auf einen Quadratfuß, ohne zu weichen, tragen kann; wie nun die Schwere der darauf zu stehen kommenden Mauer sich beynahe überschlagen läßt, so ließe sich dann auch die untere Breite der Fundamentmauer so bestimmen, daß der Grund nur so viel von dieser Schwere zu tragen hätte, daß diese ihn nicht zum Weichen bringen könnte.

Unstreitig ist es, daß man durch hinlängliche Verbreitung der Grundfläche der Fundamentmauern dem Mangel an Festigkeit des Grundes abhelfen kann, da jeder weiß, daß man sogar über einen sehr morastigen Boden, ohne hinein zu sinken, gehen kann, wenn man darüber Breter legt, welche dann die darauf kommende Schwere auf eine große Fläche vertheilen. Ein solches Mittel hat aber seine Gränzen, und ist bey Gebäuden nur da anwendbar, wo der Grund nicht so nachgiebig, auch die darauf kommende Last nicht so äußerst beträchtlich ist, daß die Erbreitung der Grundfläche der Fundamentmauer übermäßig in Hinsicht ihrer Höhe seyn müßte.

217) Bey Widerlagen, deren Dicke gehörig, nähmlich nach Art. 180 bestimmt wird, trifft die Zusammengesetzte der Kräfte, also der concentrirte Druck, beynahe auf $\frac{2}{3}$ der Basis der Widerlagen, und wegen der schiefen Lage dieser Zusammengesetzten trifft diese auf das Fundament um so

weiter hinaus, als dieses tief liegt. Hätte also die Grundfläche der Fundamentmauer eben so wenig Vorsprung über die äußere Seite der Widerlage als über die innere, so würde der äußere dritte Theil der Fundamentbreite eben so viel Druck auf sich als die übrigen zwey Theile haben; daher würde der Grund mehr unter diesem äußeren dritten Theil als unter den übrigen dem Drucke weichen, und dadurch würden die Widerlagen aus dem Bley kommen, das Gewölbe Schaden leiden, auch vielleicht einstürzen können. Um dieses zu vermeiden, muß also die Grundfläche der Fundamentmauer mehr als um ein Drittheil der Dicke der Widerlage über ihre äußere Seite vorspringen; dann muß diese Mauer absatzweise aufgeführt werden, und auf diese Art die Widerlagen erreichen. Da dann diese Absätze die ganze Schwere des Gebäudes auf das Fundament vertheilen müssen, so müssen sie so hoch in Hinsicht ihrer Breite gehalten, auch mit der rückwärtigen Mauer so kräftig gebunden werden, daß sie sich nicht davon trennen können.

Was diese Höhe der Absätze betrifft, so kann man aus den Tragsteinen die Erker oder hervorspringende Mauern tragen, welchen Steinen man noch einmahl so viel Dicke als Vorsprung gibt, schließen, daß es rathsam ist den Absätzen der Fundamentmauern wenigstens noch einmahl so viel Höhe als Vorsprung zu geben. Dieses erfordert, entweder das Fundament tiefer als um zwey Drittheile der Dicke der Widerlagen in den Grund einzusenken, welches manchmahl sich nicht thun läßt, oder mit den gehörig hohen Absätzen so hoch auch über den Geheboden zu steigen, bis sich die Breite des höchsten Absatzes an die Widerlage schließt; im letzten Falle erhält der Fuß am schwächsten Theil der Widerlage eine ihm immer nützliche Verstärkung.

Um erwähnten Absätzen die möglichste Bindung mit dem Körper des Mauerwerkes zu verschaffen, muß man dazu die dicksten, und mehr als noch einmahl so langen Steine, als die Absätze breit sind, verwenden; bevor aber muß man, um dem Weichen des Grundes möglichst zuvorzukommen, die Steine der ersten Lage mit einem schweren Handstößel, so viel thunlich, in den Grund hineinschlagen.

218) Zur Anlegung eines Rostes, dieses sonst sehr gewöhnlichen auch meistens sehr mißbrauchten Mittels, wird man hier nicht anrathen; da der Rost, wenn der Grund weicht, auch mit diesem sinkt, und wie das Holz morsch wird, ein neues Uebel entstehet; ganz anders ist es mit einem Rost, der unter dem Wasser stehet, und auf die Köpfe eingerammter Pfähle gelegt wird, um diese in ihrer Lage zu erhalten, daher jene, die beym Einrammen aus dem Bley gerathen sind, zu hindern, sich unter der Last zu neigen, wodurch dieselben ihre Tragkraft verlieren würden.

Um die Anwendung der in Hinsicht der Erbreitung der Fundamentmauer angeführten Sätze zu zeigen, wird man ein Beyspiel davon liefern.

Beyspiel.

219) Man nehme z. B. an, die Dicke der Widerlagen sey 6 Fuß, so wird man der Grundbreite der Fundamentmauer einen Vorsprung über die äußere Seite der Widerlage von etwas mehr als einem Dritttheil besagter Dicke, also von $2\frac{1}{2}$ Fuß geben; dann wird man fünf Absätze, jeden von einem halben Fuß Breite, also von wenigstens einem Fuß Höhe antragen. Ist die Tiefe der Fundamente wenigstens 5 Fuß, so werden alle Absätze im Grunde eingesenkt seyn können; ist aber diese Tiefe kleiner, so wird ein Theil der oberen Absätze an dem unteren Theil der Widerlagen aufgeführt und mit diesem Theil verbunden werden.

Nun sey der Flächeninhalt des Querschnittes der Hälfte des Gewölbes und einer der Widerlagen sammt der angetragenen Fundamentmauer 140 Fuß, und die Schwere des Kubik-Fußes Mauerwerk wie bisher auf 120 Fuß angeschlagen, so wird die Schwere des Mauerwerks nach diesem Querschnitt, auf einen Fuß Länge des Gewölbes 168 Centner betragen, und diese durch die Grundbreite besagter Mauer dividirt, bey 20 Centner für den gleich vertheilt angenommenen Druck auf jeden Quadratfuß der Fundamente geben.

Es sey endlich aus den angestellten Versuchen über den Widerstand des Grundes an verschiedenen Stellen der ausgehobenen Fundamente, und hauptsächlich an jenen Stellen die, am verdächtigsten scheinen, für den kleinsten Widerstand des

Grundes auf einer Fläche von 4 Quadratzoll 100 Pfund, nähmlich ein Centner gefunden, so wird dieser Widerstand auf einem Quadrat-Fuß 36mahl größer seyn, also 36 Centner betragen; wie nun dieser Widerstand weit größer ist, als der gefundene Druck von 20 Centnern, so wäre kein Bedenken über die Festigkeit des Grundes in Hinsicht eines solchen Gebäudes zu tragen; nicht so aber wäre es, wenn entweder der Druck auf dem Grunde noch einmahl so groß, oder hingegen der Widerstand desselben noch einmahl so klein als der angesetzte wäre.

Daraus sieht man, daß die Festigkeit des Grundes nur relativ, nähmlich in Bezug auf die zu tragende Last ist.

Dicke der Brückenpfeiler.

Verschiedenheit der bisherigen Meinung über die Dicke der Brückenpfeiler.

220) Die Dicke der Brückenpfeiler ist bisher unbestimmt geblieben. Palladio will sie nicht dünner als den sechsten, und nicht dicker als den vierten Theil der Spannung der Bögen haben. Leon Baptist d'Albert gibt ihnen zur Dicke den Dritttheil derselben Spannung; Serlio und Blondel begnügen sich die Maße der bekanntesten Brücken als Beyspiele anzuführen. Belidor (Ingenieurwissenschaft 2. Buch) sagt: „Das Verhältniß der Dicke der Pfeiler zur Spannung der Bögen ist eine so schwere Aufgabe, daß sie bisher nicht aufgelöst worden ist;" er glaubt aber, das beste Verhältniß sey jenes von 1 zu 5.

Peronnet führt folgende Maße der ihm bekannten Hauptbrücken als Beyspiele an:

Pfeiler der vornehmsten Brücken.

Brücken.	Spannung der Bögen	Bogenhöhe.	Pfeilers dicke.	Verhältniß der Dicke zur Spannung.
zu Padua	30	—	5	$\frac{1}{6}$
Brücke zu Moulin	60	20	12	$\frac{1}{5}$
eben da	138	32	32	$\frac{1}{4}$
Neue Brücke über den Allier-Fluß	84	28	12	$\frac{1}{7}$
Brücke zu Orleans	92	25	17	beynahe $\frac{2}{11}$
eben da	100	28	18	$\frac{3}{17}$
Westmünster-Brücke zu London	92	—	18	$\frac{1}{5}$
Brücke zu Nantes	120	35	24	$\frac{1}{5}$
Neuilly-Brücke zu Paris . . .	120	30	13	$\frac{1}{9}$

dann schreibt Peronnet:

Peronnets Meinung.

a) „Dicke Pfeiler kosten mehr, verengen den „Lauf des Wassers, vermehren seine Geschwindig„keit unter der Brücke, mithin verschaffen diesem „Elemente, das ohnehin unabläßig arbeitet um „die Fundamente der Pfeiler zu unterspühlen, eine „noch größere Kraft; man ist irrig daran, sagt „er, diesem Uebel dadurch abhelfen zu wollen,

Dicke der Brückenpfeiler.

„die Landpfeiler um das tiefer ins Land zu rücken, „was die sämmtliche Dicke der Pfeiler beträgt;

„weil bey solcher, außer dem natürlichen Laufe
„des Flusses liegenden Erbreitung das Wasser we-
„nig Zug hat, Sandbänke anlegt, und dadurch
„seinen Lauf wieder auf die vorige Breite ein-
„schränkt."

b). „Die Pfeiler müssen die nöthige Dicke ha-
„ben, um die Bögen zu tragen."

c) „Sie dürfen nicht dünner seyn, als die
„Dicke der zwey Bögen, die darauf stehen sollen,
„um diesen ein gutes Lager zu verschaffen."

Die Erfahrung bestätigt den ersten Satz.

221) Da der erste Satz (*a*) aus der Erfahrung entsteht, und wir unter andern ein Beyspiel
davon bey der Schleuße der Elbe zu Königgrätz
haben, so ist der Satz richtig.

Der zweyte Satz ist anwendbar.

Um den zweyten (*b*) zu beurtheilen, ist zu
betrachten, daß nach Peronnet bey der Neuilly-
Brücke der Druck auf jeden laufenden Fuß Länge
eines Pfeilers einer Masse von 2000 Kubik-Fuß
Steines gleich ist; nach den Versuchen aber ein
Quadrat-Fuß Steines 1600 Kubik-Fuß desselben
Steines tragen kann; wenn man also die Dicke
des Pfeilers x setzt, so gibt die Gleichung $1600\ x = 2000$, diese Dicke $= 1\frac{1}{4}$ Fuß; nach diesem
Satz brauchten also die Pfeiler so großer Bögen
keine 17 Zoll Dicke, welches bey $\frac{1}{11}$ der Spannung
seyn würde.

Daß so dünne Pfeiler nicht erlaubten, die
Bögen auf Gerüste aus Sprengwerken zu bauen,
auch dem Stoß anfahrender Schiffe oder Eis-
schollen, oder fremder Massen, welche große Wässer manchmahl mit sich führen, nicht widerstehen
könnten, leuchtet von selbst hervor.

Der dritte Satz ist mit der Erfahrung im Widerspruch.

Was den Satz c) betrifft, so ist dieser durch die Erfahrung widerlegt, indem die Säulen welche Gurten tragen, weit dünner sind als die Summe der Dicken dieser Gurten; auch stimmt die Bauart Peronnets mit diesem Satze nicht überein, da er die Bögen unten dicker als am Schlusse, und beyde Bögen zusammen dicker als die Pfeiler hält, wir wollen also diesen Gegenstand möglichst erschöpfen.

Erste Regel.

222) Das erste, was bey Bestimmung der Dicke eines Pfeilers vorgenommen werden soll, ist, die untere Breite der Fundamentmauer anzugeben; man überschlage die Last, welche auf die Fundamente eines Pfeilers zu stehen kommt, wenn die Brücke ausgebaut seyn wird, dann dividire man diese Last durch jene, welche ein Grundpfahl tragen kann, der so tief eingetrieben wird bis er zum Stehen gebracht ist; so wird man die Zahl der zur Tragung des Pfeilers nöthigen Grundpfähle erhalten.

Untere Breite der Fundamente.

Die Erfahrung, sagt Peronnet, lehrt, daß die Grundpfähle, besonders, wenn darauf eine Bettung zu liegen kommt, am besten stehen, wenn sie von Mitte zu Mitte drey Fuß aus einander sind; man theile also von der Mitte des Pfeilers die Zahl von Grundpfählen nach dieser Erfahrung aus, so wird man die untere Breite der Fundamentmauern erhalten.

223) Bekanntlich, je tiefer die Fundamente der Pfeiler sind, desto mehr sind diese gegen das Unterspühlen gesichert; man überschlage also die Tiefe auf welcher man, allem Anschein nach, der

Seihwässer Meister werden kann, und nehme diese Tiefe für jene der Fundamente an; die Fundamentmauern dürfen höchstens bis zur Höhe der niedrigsten Wässer steigen, es sey dann diese Höhe für den Fuß des Pfeilers angenommen, so wird die Tiefe dieser Mauer bekannt.

Höhe der Fundamentmauern.

Nach Art. 217 darf die Basis der Fundamentmauer nicht über die Hälfte, höchstens drey Viertel ihrer Höhe aus der darauf stehenden Mauer hervorspringen; zieht man also von der unteren Breite der Fundamentmauer entweder die Hälfte, oder höchstens $\frac{3}{4}$ ihrer Höhe beyder Seits ab, so gibt der Rest die Dicke des Pfeilers; diese ist also von der Last, welche der Pfeiler zu tragen hat, und von der Tiefe, auf welche die Fundamente unter dem niedrigsten Wasser angelegt werden, wie auch von der Größe der Maschine, womit die Grundpfähle eingerammt werden, abhängig.

Dicke der Brückenpfeiler.

224) Um sich einen Anhaltungspunct in Betreff des Widerstandes der Grundpfähle zu verschaffen, führen wir folgende, aus den Versuchen des berühmten Ingenieurs Cessart, der den Hafen von Cherburg mit Kegeln gebaut hat, deducirte Vergleichung der Last an, welche scharf eingerammte Grundpfähle tragen können *).

*) Man sehe la Description des travaux hidrauliques de Cessart, doyen des Inspecteurs generaux des ponts et chaussés, un des Commandants de la Legion d'honneur et membre de plusieurs sociétés savantes, imprimée à Paris, l'an 1806.

Last, welche die Grundpfähle tragen können.

Schwere des Rammklotzes oder Hoyers.	Höhe, von welcher der Hoyer gefallen, da der Grundpfahl zum Stehen gebracht worden ist.			
	3 Fuß	5 Fuß	8 Fuß	12 Fuß
	Gewichte, welche solche Grundpfähle tragen können.			
3 Centner . .	139 Ct	181	219	290
6	213	281	341	443
9	297	390	475	620
12	338	445	543	710
15	411	542	660	860
17	468	617	750	990

Last, welche das Fundament eines Pfeilers zu tragen hat.

225) Nun nehmen wir die Neuilly-Brücke zum Beyspiele an. Bey jedem Pfeiler dieser Brücke haben die Fundamente bey einmahlhundert tausend Kubik-Fuß Steines, also bey einmahlhundert zwey und vierzig tausend Centner Pariser-Gewichts zu tragen, und diese Last stehet auf 135 Grundpfählen, mithin trägt jeder derselben 1052 Centner.

Dicke der Brückenpfeiler.

Diese Grundpfähle stehen von Mitte zu Mitte 3 Fuß aus einander, und nehmen eine Breite von 21 Fuß ein, eben so viel ist also die untere Breite der Fundamentmauer; die Pfeiler stehen 9 Zoll unter dem niedrigsten Wasser. Peronnet hatte sich vorgenommen, mit den Fundamentmauern derselben $7\frac{1}{2}$ Fuß tief zu gehen, die Grundwässer konnten aber nicht bis zu dieser Tiefe gezwungen werden, deßwegen mußten diese Fundamentmauern 6 Zoll höher angelegt werden. Da Peronnet diesen Mauern nur ungefähr die Hälfte ihrer Höhe zum Vorsprung geben wollte, so bestimmte er diesen auf 4 Fuß beyder Seits; dadurch sind also für die Dicke der Pfeiler 13 Fuß geblieben.

226) Hätte man die Bögen erwähnter Brücke nur 4 Fuß dick, dann die Pfeiler 8 Fuß, also noch einmahl so dick als die Bögen gehalten, so wären die Pfeiler um 5 Fuß schmäler, die Bögen hingegen um eben so viel weiter ausgefallen; dadurch hätten die Fundamente ein Zehntel weniger Last auf sich gehabt, mithin statt 135 Grundpfähle nur 122 erfordert. Obgleich diese 122 Grundpfähle sich nicht so eintheilen lassen, daß eine Reihe weniger als vorhin ausfällt, so wollen wir es doch annehmen, mithin die Breite der Fundamente = 18 Fuß setzen; dann hätte die untere Fundamentbreite einen Vorsprung von 5 Fuß über die Seiten der Pfeiler gehabt, und dieser Vorsprung wäre, in Hinsicht der 7 Fuß Mauerhöhe, schwächer als der jetzige gewesen; gesetzt aber, man hätte mit den Fundamentmauern tief genug fahren können, um gedachtem Umstand vorzubeugen, da die Pfeiler je dünner, desto empfindlicher sind, so hätte man weit mehr Vorsichten brauchen müssen, damit während des Baues der Gewölbe kein größerer Seitenschub auf eine Seite als auf die andere entstehe, dadurch wäre aber der Bau viel erschwert worden.

227) Nur wo man im Trockenen bauet, und mit dem Fundamente nach Verlangen tief gehen, auch die Leergerüste fest unterstützen, und alle Gewölbe zugleich bauen kann, dürfte man es wagen, die Pfeiler so dünn zu halten, als der Widerstand des Steines es erlaubet.

Dicke der Brückenpfeiler.

Daß die Dicke der Brückenpfeiler sich nicht nach dem Schube der Bögen richten kann, zeigen die großen Dicken, welche die Pfeiler dagegen haben müßten, und die Hindernisse, welche solche Pfeiler dem Lauf des Wassers entgegen setzen würden. Ist eine Brücke, wie jene zu Orleans, die aus 9 Korbbögen von 92 bis 100 Fuß Spannung, und aus Pfeilern von 17 Fuß Dicke bestehet, zu lang, daß alle Bögen auf einmahl gebaut werden können; dann führt man, wie es bey dieser Brücke geschehen ist, nur drey Gewölbe auf einmahl auf, sperret den Schub des Leergerüstes gegen die leere Seite, mit Schließen, und läßt es so stehen, bis das folgende Gewölbe fast ganz aufgeführt ist.

228) Daß ein auf Grundpfähle gebauter Pfeiler sich setzen, auch von dem hervorspringenden Theile der Fundamentmauer sich trennen kann, davon hat man bey dem Bau gedachter Brücke ein Beyspiel.

Pfeiler auf Grundpfählen, der sich um 18 Zoll gesetzt hat.

Den 12. September 1768, sechs Wochen nach dem Schließen des siebenten und achten Gewölbes, deren jenes 94 und dieses 92 Fuß Spannung hat, fing ihr Zwischenpfeiler sich merklich zu setzen an, obgleich dieser Pfeiler auf 130 Grundpfähle stand, die bis in den Tufstein eingedrungen waren, und während des Einrammens nichts vorgefallen war, das einige Besorgniß für die Erhaltung dieses Pfeilers hätte erwecken können. Die Grundpfähle standen von Mitte zu Mitte 37 Zoll von einander entfernt, und wurden mit einem 6 Centner schweren Rammklotze eingeschlagen, bis sie nach 100 Streichen um keine 4 Linien wichen; es war auf den Köpfen dieser Grundpfähle, wie gewöhnlich, ein Rost von 8 Zoll dicken und 12 Zoll breiten Balken, und auf diesem eine Bettung aus 4 Zoll dicken Dielen gelegt, der Raum zwischen den Köpfen der Grundpfähle war mit Mauerwerk 18 Zoll hoch gefüllt; auf drey Fuß weit von dem Grundpfahlwerk, und um dasselbe herum war eine Wand aus Spundpfählen eingeschlagen, und die Bettung bis auf diese Wände geführt; die Fundamentmauern waren $6\frac{1}{2}$ Fuß hoch, und sprangen um $1\frac{1}{2}$ Fuß über die Seiten der Pfeiler hervor, diese hatten einen Vorkopf von 12, einen Hinterkopf von 9 Fuß Länge und 25 Fuß Höhe über die Bettung.

Dicke der Brückenpfeiler.

229) Wie man erwähntes Setzen des Pfeilers bemerkte, und besorgte, daß es zunehmen würde, wenn die Gewölbe mit allem Zugehöre belastet werden, da es aber darum zu thun war, daß der Pfeiler sich ganz setze, bevor die Nachmauerung und die Parapetmauern aufgeführt würden, so ließ man auf diesen Pfeiler so viel Material als möglich führen, und es wurden bis Ende des Jahrs 1200, und bis nächsten März 2400 Centner Steine darauf gebracht; während dieser Zeit sank erwähnter Pfeiler 18 Zoll tief,

und ziemlich senkrecht, die Vor- und Nachköpfe aber, da sie nicht beschwert wurden, nahmen an diesem Setzen keinen Antheil, und trennten sich von dem Pfeiler gänzlich; eine gleiche Trennung muß also auch an der Bettung Statt gehabt haben.

Da letztere Last über fünf Monathe lang auf dem Pfeiler gelassen wurde, und in den letzten Monathen kein Setzen sich äußerte, so wurde diese Last, wie auch die Köpfe der Pfeiler, abgetragen, diese neu aufgeführt und die Brücke vollendet, aus Vorsicht aber zwischen beyden Gewölben drey faßförmig gewölbte Oeffnungen neben einander gelassen, deren die mittlere 13½ Fuß hoch, 17½ breit, und die andern jede 7½ hoch, und 15 breit sind. Dadurch war die auf den Pfeiler zu legende Last um 18000 Centner, etwas mehr als ⅓ vermindert, auch hat sich seit dem der Pfeiler nicht gerührt; zwar hängen die darauf stehenden Gewölbe um 18 Zoll, aber bey ihrer großen Spannung ist dieß kaum zu merken.

Fig. 69.

Grundbohrer.

230) Vor der Anlage des Grundpfahlwerks hatte man den Grund mit einem Bohrer Fig. 69 untersucht; dieser war wie ein Pfahl gespitzt, hatte 3 Zoll im Durchmesser, und in den Seiten von 12 zu 12 Zoll Hohlungen bvn, bvn, die mit Unschlitte gefüllt wurden, der untere Rand n dieser Hohlungen sprang etwas hervor, damit bey dem Einschlagen des Bohrers, das mit einem kleinen Rammwerke geschah, kein Grund in diese Hohlungen eindringe, das Gegentheil aber beym Herausziehen des Bohrers geschehe; wie nun ein solches Verfahren die Beschaffenheit des Grundes auf

jeden Fuß Tiefe anzeigte, so fand man unter dem Flußbette eine Sandlage von 4 bis 10 Fuß Dicke, dann einen besseren Grund; unter diesem auf 10 bis 16 Fuß Tiefe den Tufstein, endlich einen schlammigen Grund von beträchtlicher Tiefe.

Beym bemeldeten Pfeiler waren die Grundpfähle 4 bis 5 Fuß tief in den Tufstein eingedrungen, und hätten diesen vermuthlich durchgebrochen, wenn sie mit einem schwereren Rammklotze als von 6 Centner eingeschlagen worden wären; da nach der gegebenen Tafel die Kraft, womit solcher Klotz auf die Grundpfähle wirkte, kaum 500 Centner betrug, jeder Grundpfahl aber bey 800 Centner Last auf sich hatte, so ist es wahrscheinlich, daß der unter den Grundpfählen liegende Tufstein sich nach und nach gelöst hat, wornach die Grundpfähle durchgebrochen, und mit ihnen der Pfeiler gesunken ist.

231) Obgleich dieses auf den Gedanken führt, es sey in einem solchen Falle besser, die Grundpfähle weniger tief in den Tufstein einzuschlagen, so zeigt doch folgendes Beyspiel, daß dieß auch Unfälle nach sich ziehen kann.

Pfeiler auf Grundpfählen, der sich um 4 Fuß $\frac{2}{3}$ Zoll gesetzt hat

Als die neue Brücke zu Tour im Jahre 1777 fast ganz aufgeführt war, so sank plötzlich einer ihrer Pfeiler um 4 Fuß 8 Linien mittlerer Tiefe; dieser trug zwey Korbbögen von $77\frac{1}{2}$ Fuß Spannung Wiener Maß, und stand auf 65 eichenen Grundpfählen von $7\frac{1}{2}$ Fuß Länge, und 9 Zoll mittlerer Dicke, deren Abstand von Mitte zu Mitte bey 46 Zoll betrug. Diese Grundpfähle waren nur 6 Zoll tief in einen der härtesten Tuffsteine eingedrungen.

Dicke der Brückenpfeiler.

Peronnet, der diesen Pfeiler in Augenschein nahm, meldet: die Grundpfähle wären unter der Last gebrochen, welches aus einigen längst der Fundamentmauer hervorkommenden Pfahlstücken zu ersehen war; auch betrug diese Last auf jedem Grundpfahl 1500 Centner, also fast um die Hälfte mehr als bey der Neuilly-Brücke; wären die Grundpfähle nur 36 Zoll von einander entfernt, mithin deren 165 statt 65 auf die nähmliche Fundamentfläche zu stehen gekommen, so hätte sich der Pfeiler fest erhalten.

232) Die Grundpfähle dürfen weder zu nahe an einander, noch schräg stehen; im ersten Falle schwächen die vielen und nahen Löcher die Lage des festen Grundes, in welchem sie stehen, und machen diesen locker, wodurch man Gefahr läuft, daß diese Lage unter der Last des Gebäudes nachgibt; im zweyten Falle weichen die Grundpfähle seitwärts der Last um so leichter, je mehr sie geneigt sind, und der Grund zwischen denselben nachgiebiger ist; aus dieser Ursache hebt man diesen Grund so tief als möglich aus, und setzt statt ihm ein gutes Mauerwerk an die Stelle.

Obbesagte, sehr geschickten Männern widerfahrene Unfälle zeigen, wie schwer es sey große Werke aufzuführen, ohne daß hier und da etwas Widriges vorfällt.

Gestalt der Vor- und Hinterköpfe der Pfeiler.

233) Bey Pfeilern, welche wie jene einer Stauchschleuße auf einer Bettung stehen, die von einem Ufer bis zum andern läuft, und sich vor

und hinter den Pfeilern ausbreitet, um das Unterspühlen der Fundamente zu hindern, ist die Gestalt der Köpfe gleichgültig; bey Brücken aber, wo eine solche Bettung nicht Statt findet, ist die beste Gestalt jene, die wie Fig. 70. am Vorkopf eine gothische Linie nco, am Hinterkopfe aber ein gleichseitiges Dreyeck bhi bildet; denn gedachte Linie bildet in c einen stumpfen Winkel von 120 Graden, der von anfahrenden Massen schwerlich beschädigt werden kann, und die Seiten cn, co weisen das gegen den Pfeiler laufende Wasser längst seiner Krümmung sanft ab. Die Hinterköpfe aber durch ihre Länge führen das Wasser allmählich in die Breite, und schwächen dadurch die, hinter den Pfeilern entstehenden, der Erhaltung derselben sonst schädlichen Wirbel.

Fig. 70.

234) Bey der Schleuße des Adlerflusses zu Königgrätz, wo nichts hindert auszuforschen wie das gegen die Pfeiler fließende Wasser durch die Schleuße zieht, wo auch die gleich hohen Steinlagen der Pfeiler und der Ufer dem Auge wagerechte dem Wasserspiegel nahe Ebenen darbringen, haben wir beobachtet, das Wasser zieht schwallweise, jedoch auf einförmige Art durch die Schleuße; nähmlich es schwillt vor der ersten, dritten, fünften u. s. w. Oeffnung während einigen Secunden bis 8 auch 12 Zoll an, nachdem der Fluß weniger oder mehr Wasser führt, dann läuft es um die Vorköpfe ab, und bildet bey diesen Oeffnungen eben so viele molterförmige Wasserfälle; wie nun die Köpfe der Pfeiler nda, bqh einen rechten Winkel bilden, mithin wenig Vor-

Beobachtung über die Art, wie das Wasser um und zwischen den Brückenpfeilern abfließt.

sprung haben, so läuft bey dem Vorkopf ndn das Wasser von d nach n, verdrängt bey a jenes, was da durch die Oeffnung fließen will, und bildet einen kleinen Wirbel a; beym Abfließen aus der Schleuße ist das Wasser zwischen den Hinterköpfen höher als der Wasserspiegel des Flusses vor der Spitze dieser Köpfe, mithin wie es von n nach h kommt, breitet es sich längs der Seite hq aus, und bildet den Wirbel m. Während das Wasser vor gedachten Oeffnungen anschwillt, läuft das vor der zweyten, vierten und sechsten Oeffnung u. s. w. angeschwollene Wasser ab, dann schwillt es vor denselben wieder an, und so ordentlich wechselsweise fort; dadurch wechseln die Wirbel m und g einer nach dem andern ab. Wie nun die Krümmungen nc, ca den Wirbel a, mithin das Zusammenziehen des Wassers beym Abfluß, und der spitzige Winkel bih den unteren Wirbel schwächt, auch nach pp von dem Körper nhhn des Pfeilers entfernt, so ist die angegebene Gestalt der Vor- und Hinterköpfe der Brückenpfeiler sehr gut.

Eiserne Brücken.

Fig. 71. 72.

Beschreibung dieser Brücken.

235) In England, wo aus Eisen sogar Nägel und Ketten gegossen werden, hat man seit 1780 mehrere eiserne Brücken gebaut; die merkwürdigsten sind die zu Colbrookdale (Fig. 71) über die schiffbare Savern, und (Fig. 72) die zu Sunderland an der Nordsee, über die auch schiffbare Wear. Die erste Brücke ist aus einem Bogen von 167 Gr. 58 M., dieser hat 45 Fuß

Höhe, und 100 Fuß Spannung, ist jedoch am Schlusse 55 Fuß über dem Fluß erhoben; die letzte ist auch aus einem Bogen, aber von 63⅓ Grade, und 236 englische Fuß Spannung, welches 33 Fuß für die Bogenhöhe gibt, sie ist bey 100 Fuß hoch über dem Fluß, damit Seeschiffe mit gespannten Segeln unter derselben fahren können.

Beyde Brücken bestehen, die erste aus fünf, die andere aus sechs gleichen Hauptrippen, wovon nur die Hälfte pmnh angezeigt ist, die von Mitte zu Mitte 6 Fuß von einander stehen, und die Breite der Brücke einnehmen; jede Rippe bestehet aus drey gleichlaufenden Bögen, deren Abstand, Dicke und Breite sich nach Umständen richten; diese Bögen sind durch Querstücke ii, ii, deren Richtung nach dem Mittelpunct der Wölbungslinie gehet, mit einander fest verbunden.

Fig. 71. Brücken von 100 Fuß Spannung.

Bey Fig. 71 sind die Bögen pm, dn, hn, jeder aus einem Stücke, 18 Zoll von einander entfernt, der unterste Bogen ist 4 Zoll breit, und 5 Zoll dick nach der Richtung des Halbmessers gemessen; also mißt ii 4 Fuß, und die mittlere Länge des unteren Bogens pm 73,75 Fuß *).

Diese Rippen stehen auf eisernen Platten, und diese liegen auf Widerlagen AB; der hintere Theil hx derselben steigt bis auf den Feldboden, 60 Fuß hoch über den Fluß. hx, px sind eiser-

*) Ein solches Stück des untersten Bogens enthält 9⅓ Kubik-Fuß Eisen, und wiegt bey 38 Ctr. Wiener Maß und Gewicht.

ne Ständer, die den Fuß der Rippen umfassen; von einer Rippe zur andern laufen wagerechte Stangen, welche dieselben verbinden. zx ist ein aus eisernen Platten bestehender Boden, darauf liegt der Schotter 12 Zoll hoch, dieser ist an beyden Seiten durch andere auf der Kante gestellte Platten gehalten, die noch zum Sockel eines Gitters dienen, das statt Parapets = Mauer längs der Seite der Brücke lauft.

Wirkung der Lastwägen auf die Brücken.

Mehrmahls standen wir auf der Mitte dieser Brücke, wie Lastwägen darüber fuhren, empfanden aber nur ein unbedeutendes Zittern, das von der kleinen Federkraft des Gußeisens herrührte.

Schwer muß es seyn, Versuche über den Widerstand so dicker und gebogener Eisenstücke anzustellen, auch so viel wir nachgefragt haben, ist in England sehr wenig darüber unternommen worden; das einzige was wir erfuhren, war, daß drey eiserne Stangen, jede von einem Zolle im Gevierten und 4 Fuß Spannung, in der Gestalt und Lage Fig. 73 in der Mitte belastet, bevor zu brechen, eine Last von 33 Tonnen, beyläufig 660 Centner trugen; aber welche Krümmung die zwey Bögen hatten, und welches Mittel man angewendet hatte, um so viel Druck auf der Mitte dieser Stange zu vereinigen, konnten wir von dem Ingenieur, der uns diese Data lieferte, nicht erfahren. Man kann sich von dem großen Widerstand des Gußeisens noch aus den Versuchen, den der österreichische Artillerie = General Vogelhuber anstellte, um eine 12zöllige Bombe zu zerschlagen, einen Begriff machen: er ließ sie auf

Fig. 73.

Widerstand des Gußeisens.

einen Amboß stellen, dann darauf mit 15 Pfund schweren, an 3 Fuß langen Stielen angemachten Hammern, mit der möglichsten Gewalt schlagen, diese Bombe zerbrach erst nach 365 Streichen; eine solche Bombe mit der größten Elevation und mit einer starken Ladung geworfen, fiel von einer erstaunenden Höhe auf einen steinigen sehr festen Boden, und widerstand dem Stoß. Kanonenkugeln, die gegen eine nahe Felsenwand abgeschossen wurden, blieben ganz, und prellten sogar mit Gefahr auf jene zurück, die sie abgeschossen hatten; letzteres beweist, daß Gußeisen eine ziemliche Federkraft besitzt.

Brücke zu Sunderland.

Fig. 72.
Brücke von 236 Fuß Spannung.

236) Die Brücke Fig. 72 ist weit kühner und künstlicher. Als wir im Jänner 1796 nach Sunderland kamen, war man in dem Bau dieser Brücke begriffen; alle Rippen waren aufgestellt, und standen frey da, auf zwey derselben lagen nur so viele Dielen, um den Arbeitsleuten einen Fußweg von einer Seite des Flusses zur andern zu verschaffen; diese von einem Rande zum andern eines bey 100 Fuß tiefen und 236 breiten Thals gespannte dünne Bögen verloren sich in diesem großen Raum, so, daß das Ganze wie ein Drahtwerk erschien. Jede Rippe bestehet aus 105 gleichen Stücken axyz u. s. w. Es stellen Fig. 74 die Ansicht eines solchen Stücks in einem größeren Maßstabe, und Fig. 75 dessen Querschnitt vor; seine Höhe AZ ist 5 Fuß; die Dicke AD, PF, RZ, jedes Bogens AX, CC, ZY mißt 5 Zoll; es sind

Bestandtheile dieser Brücke.

Fig. 74.

AN = 4; DE, PR, jede 22½ Zoll; die in der Richtung der Halbmesser laufenden Stücke B,B stehen bey 13 Zoll aus einander, und sind 1½ Zoll breit.

Durch die Mitte der vorderen und der hinteren Seite der Bögen läuft ein 3 Zoll breiter, ½ Zoll tiefer Einschnitt, in diesem ist eine 3 Zoll breite, und ¾ dicke Schiene von geschlagenem Eisen um ½ Zoll eingelassen. nn, mm, pp stellen Fig. 75 die Einschnitte, und Fig. 74 eine Seite dieser Schienen vor, sie sind an jedem Gewölbsstück (Fig. 74) mittelst sechs eiserner durch die Dicke der Bögen gehender Bolzen 1, 2, 3, 4, 5, 6 fest angeschraubt und halten diese Stücke fest an einander.

Bundröhre. Jede Rippe ist an ihrer nächsten, mittelst 105 eisernen, 3 Zoll dicken, 5 Fuß 8 Zoll langen Röhre (Fig. 76) fest angeschraubt; diese Röhren sind (Fig. 72) durch 1, 2, 3, 4, 5, 6, 7 u.s.w. wie auch Fig. 74, 75 durch o vorgestellt.

Nebst diesen Röhren steigen von jedem mittleren Bogen gegen die äußeren schiefe Spreitzstangen, welche sich jeder Seitenbewegung der Rippen entgegen setzen. Das ganze Werksatz war mittelst Leergerüste so genau aufgestellt, daß jede Rippe in einer vollkommenen verticalen Ebene stand, und der Ther womit die Keile angestrichen waren, ließ nicht ausnehmen, ob in ihren Fugen Bley oder Holzplatten gelegt waren, damit die scharfen Ecken des spröden Gußeisens nicht auf einander drücken.

Die Füße pdh der Rippen stehen auf eisernen Platten, und sind in diesen eingelassen, die Kämpfer springen hervor; eiserne Ringe, Boden und Geländer sind wie in Fig. 72.

Fig. 72. Fußplatten.

Die Brücke enthält ungefähr achtzehn tausend Centner Eisen, der Bauanschlag derselben, sammt den über 10 Klafter hohen Landpfeilern, wie auch eines kleinen Mauthhauses, belief sich auf 30 tausend Pfund Sterling, ungefähr 280,000 Gulden; sie wurde von einem Privat-Mann unternommen, der für Entschädigung die Erlaubniß verlangte und auch erhielt, einen bestimmten Zoll von jedem abnehmen zu dürfen, der über die Brücke gehen würde.

Schwere und Baukosten der Brücke.

Seitenschub dieser Brücke.

237) Es ist bewußt, daß es in einem Gurte aus einem Stücke keine Drehbewegung, sondern nur eine Tendenz zum Gleiten geben kann, und es ist einleuchtend, daß ein Gleiches bey einem aus Keilen bestehenden Bogen geschehen muß, wenn diese so an einander fest gebunden sind, daß ihre Fugen sich nicht öffnen können; wie nun bey dieser Brücke die Keile der Rippen mittelst eisernen, beyder Seits derselben laufenden Schienen, an einander fest angeklammert sind, so handelt es sich, die dazu gehörige Stärke dieser Schienen zu bestimmen.

Nach 62, wenn die Füße eines Gurtes dem Schube weichen, so öffnen sich die Fugenschnitte

Stärke der Bundschienen.

(Fig. 33, 34, 35) an der Seite des Schlusses abwärts, und die Fugen zwischen den Berührungspuncten der oberen und der unteren Tangenten hingegen aufwärts, letztere Oeffnungen können aber nie ohne der ersten Statt haben.

a) Es messen Fig. 72 die Spannung 236, die Bogenhöhe 33, der innere Halbmesser der Wölbungslinie 227,970, die Rippenhöhe zu fünf, also der äußere Halbmesser = 232,970 Fuß, die Wölbungslinie 62 Grade, 20 Minuten, 40 Secunden, ihre Länge 248,08, und die äußere Krümmung 253,521 Fuß.

Da jede Rippe 105 gleiche Keile enthält, so ist bey jedem die Länge des untersten Bogens = 2,36267 Fuß = 28 Zoll 4 Linien $2\frac{1}{2}$ Puncte, die Länge des obersten Bogens = 2,41 Fuß = 28 Zoll 11 Linien 8 Puncte, und die mittlere = 28 Zoll 7 Linien 11 Puncte.

Mittlere Länge eines Keils.

Seine Mittelpunctswinkel.

Der Mittelwinkel ist = 35,6253 Minuten = 35 Minuten $37\frac{1}{2}$ Secunden, mithin jener des halben Schlusses = 17 Minuten $48\frac{3}{4}$ Secunden.

Nachdem der aus dem höchsten Punct x gehende Wölbungstheil aus 9 Keilen nur 12 Zoll Fall hat, daher kein Zwischengitter von Bedeutung trägt, so wird man diese Keile als gleich beschwert, nähmlich nur mit dem eisernen Boden, und den darauf liegenden Schotter und Geländern belastet, betrachten.

Schwere des eisernen Bodens.

b) Die Brücke ist 32 Fuß breit, mit eisernen bey 8 Linien dicken Platten belegt, und diese sind mit Schotter bey 10 Zoll hoch bedeckt; dadurch kommen bey $42\frac{3}{4}$ Centner für die Schwere des

Bodens und des Schotters auf jeden laufenden Fuß der Brückenlänge anzunehmen: die Last mit der Länge 2,41576 des Kopfes eines Keiles multiplicirt, gibt 103 Centner für die Last, welche obbesagter Theil des Gewölbes auf die Breite eines Keils trägt. Nachdem die Brücke aus 6 Rippen besteht, so wird der sechste Theil besagter Last, nähmlich $17\frac{1}{6}$ Centner, jene seyn, welche ein Keil zu tragen hat.

Die Schwere eines Keils und der darauf liegenden Last beträgt bey 24 Centner.

Nach Angabe des bey dem Bau dieser Brücke angestellten Ingenieurs, wiegen die 6 Rippen sammt den Bundcylindern und Spreitzstangen, wenigstens 4100 Centner; diese 6 Rippen enthalten 630 Keile, also beträgt die Schwere jedes Keiles sammt den dazu gehörigen Bundstücken 6 Centner 51 Pfund; diese zur obigen auf jedem Stück liegenden $17\frac{1}{6}$ Centner hinzugeschlagen, geben $23\frac{2}{3}$ Centner für die Schwere eines Keiles sammt der auf ihm liegenden Last, wir wollen aber 24 Centner annehmen, so wird 12 Centner die Schwere des halben Schlußstücks seyn.

Fig. 77.

c) Es stelle Fig. 77 A die Hälfte des Schlusses eines aus mehreren Keilen bestehenden Theils einer halben Rippe, und B den an diesen Schluß stoßenden Keil vor.

Man denke sich die oberste Fuge ao sey in o unendlich wenig geöffnet, und man führe durch a die Wagerechte xF, sie wird die Richtung der Schubkraft seyn; aT sey vertical, und T die Schwere des in dieser Verticale wirkenden halben Schlußstücks A, daher T = 12 Centner.

Aus dem Schwerpuncte z des Keils B sey eine Verticale herabgelassen, in dieser die Schwere dieses Stückes sammt jener der Last, die darauf liegt, vereinigt und = Q, also Q = 24 Centner angenommen; dann sey aus z die Wagerechte ze bis an die Bogenhöhe CN geführt, so wird $T.\overline{ax} + Q.\overline{ze}$ die Summe der Momente dieser Gewichte in Hinsicht CN seyn, diese Summe durch jene T+Q der Gewichte dividirt, gibt $\frac{T + \overline{ax} + Q.\overline{ze}}{T+Q}$ für den Abstand Kx, also gibt den Punct K in der Wagerechten aF, wo die Schwerrichtung der ganzen Last Q+T vereinigt betrachtet werden kann.

d) Der Seitenschub jeder mit allem Zugehör beschwerten Rippe, in dem Falle wo deren Keile eben so frey als bey Gewölben betrachtet sind, beträgt höchstens 1920 Ctr.; da dieser Schub nach aF wirkt, so gehen aus K zwey Kräfte, die eine vertical nach Kv und = 36, die andere wagerecht und = 1920 Centner; werden mit diesen Kräften das gehörige Parallelogramm beschrieben, dann dessen Diagonale geführt, so wird letztere, oder ihre Verlängerung die Fuge nr in einem Puncte, z. B. p durchschneiden. Es seyen aus diesem Puncte die Wagerechte ph und die Verticale pG gezogen, dann die Last T+Q=36 durch Kh vorgestellt, so werden hp oder KG den Seitenschub 1920, und Kp den Druck in p vorstellen.

f) Damit der Keil B, der mit der Kraft Kp an D gedrückt ist, sich an A schließt, so muß B sich um n drehen; da der Druck nach Kp sich dieser Bewegung mit dem Hebelarm pn widersetzt; die Schienen aber, die besagtes Anschließen bewirken sollen, entweder in q oder m oder d angebracht sind; mithin entweder mit dem Hebelarm qn oder mn oder dn wirken, so gibt die Analogie des Hebels die Kraft, welche diese Schienen dazu benöthigen.

Fig. 77.

g) Man findet ax = 1,20711; ze = 2,38772; Kx = 1,99418; Ka = 0,78707, und Cx = 232,9668 Fuß; und aus Kx und dem rechten Winkel KxC folgen KcN = 0°, 29′, 20½ Sec. = CKv und CK = 232,9754.

Werth von cK.

h) Das rechtwinklige Dreyeck phK stellt, wie gesehen (*d*), mit der Seite ph, den Seitenschub 1920, und mit der Seite Kh die Last 36 Centner vor; also ist ph, zu Kh; oder 1920, zu 36; wie Sinus totus, zur Tangente Kph; daher Kph = 1 Gr. 6 Min., und sein Complement pKh = 88 Gr. 54 Min.; dieser Winkel zu jenem CKv = 0 Gr. 29 Min. 20½ Sec. hinzugeschlagen, gibt pKC = 89 Gr. 23 Min. 20½ Sec.

i) Es sind die Winkel nCN = 0 Gr. 53 Min. 26¼ Sec., und KCN = 0 Gr. 29 Min. 20½ Sec., also ihr Unterschied nCK = 0 Gr. 24 Min. 5¾ S.

o) Im Dreyecke pCK sind der Halbmesser CK, und die Winkel pCK, CKp bekannt, daraus folgen KpC = 90 Gr. 12 Min. 34 Sec., und Cp = 239,6435; diese Seite von dem Halbmesser Cn = 232,970 abgezogen, gibt np = 0,0060 Fuß.

Werth von np.

m) Im rechtwinkligen Dreyecke phK, wie gesehen (*h*), ist Kph = 1 Gr., 6 Min., und pKh = 84 Gr. 54 Min.; auch stellen die Seite pn die Schubkraft 1920, und Kp den zusammengesetzten Druck vor; dieser wird = 1920,4 Centner seyn; aber dieser Druck Kp, wie gesehen, fällt auf nr unter den Winkel Kpn = 88 Gr. 47 Min. 26 Sec.; daraus folgt der senkrechte Druck auf nr = 1919,7, den wir = P setzen; nachdem d die Mitte der unteren, m die Mitte der mittleren, und q die Mitte der oberen Schienen vorstellen, wenn man die nöthige Kraft dieser Schienen auch durch besagte Buchstaben d und m vorstellt: so werden

für die untere Schiene . . . . $d = \frac{D.pn}{dn}$,

" die mittlere " . . . . . $m = \frac{D.pn}{mn}$,

" die obere " . . . . . $q = \frac{D.pn}{qn}$.

238) Nun sind P = 1919,7 Centner, nr = 5 Fuß; dn = 4,79416 Fuß; mn = 2,5; qn = 0,2083$\frac{1}{3}$, und pn = 0,006, so werden

d. Kraft, die nöthig ist, um die Oeffnung der obersten Fuge zu verhindern.

$d = 2\frac{2}{5}$ Centner,

$m = 4\frac{3}{5}$ "

$q = 55\frac{3}{10}$ "

Fig. 77.

Da nach 215 (*d*) ein eiserner Stab von einer Linie im Gevierten 176 Pfund standhaft tragen kann, so würde eine auf beyden Seiten des unteren Bogens in d gelegte, eine Linie dicke Schiene überflüssige Kraft besitzen, um die oberste Fuge zu hindern sich innerhalb zu öffnen, in m aber würde auch auf beyden Seiten ein Eisen von 1$\frac{1}{2}$ Quadratlinie das nähmliche bewirken, und die oberen Schienen q würden jede bey 16 Quadratlinien Dicke bedürfen.

Da, wie gesehen, der Hebelarm pn, womit der Keil B auf den nächstfolgenden gedrückt wird, äußerst klein ist, so geschieht es manches Mahl bey Versuchen in Modellen, Fig. 33, 34, daß dieser Keil B sich bald an den Schluß, bald an den Nebenkeil D schließt, und unschlüssig scheint, an welcher von beyden er sich halten soll.

239) Um die Untersuchung fortzusetzen, nehme man zuerst an: daß ein Theil aa' z. B. von sechs Keilen, fest an den Schluß angeklammert sey, und man wolle die Kraft bestimmen, welche eine Klammerschiene in d' oder m' oder q' benöthigt, um E fest an D zu schließen.

In diesem Falle wird Na' als die Hälfte des Schlußstücks betrachtet, und mit derselben und E eben so verfahren, wie es Art. 237 (*c*) mit A und B gethan worden.

Da dann F' a' x' wagerecht; a' T' vertical; a' F' die Richtung der Schubkraft, und a' T' die Richtung ist, in welcher die Schwere des aus sechs und einem halben Keile bestehenden Rippentheils Na', sammt der darauf liegenden Last, vereinigt angenommen wird, und diese Schwere = T' ist, so wird ihr Moment in Ansehung der Bogenhöhe = T. $\overline{a'x'}$; da ferner z' der Schwerpunct von E und der darauf liegenden Last ist, auch beyde letzten = Q' und in der Verticalen z'Q' vereinigt angenommen sind, so wird das Moment dieser Last in Hinsicht der Bogenhöhe

$= Q'. \overline{z'e'}$; die Summe dieser Momente durch die Summe dieser Gewichte dividirt, gibt

$$K'x' = \frac{T'\overline{a'x'} + Q'\overline{z'e'}}{T'+Q'}$$; also den Punct K', wo die schwere Richtung K'v' der Last T'+Q' angenommen werden soll.

Seitenschub.

240) Den Seitenschub der Rippe deren Theil N'a' aus einem Stücke ist, findet man = 1864 Centner; aus K' gehet die verticale Kraft T'+Q' = $24.7\frac{1}{2}$ = 180, und die wagerechte Schubkraft 1864 Centner; K'G'p'h' ist das Parallelogramm dieser Kräfte; mithin stellen K'G' den Schub, K'h' die Last 180; K'p' den Druck auf der Fuge n'r', und p' den Punct wo dieser Druck vereinigt angenommen werden kann, vor.

Fig. 77.

Da E, um sich an D zu schließen, eine Bewegung um n' machen muß, so stellen n'r' einen Hebel, n' seinen Standpunct, K'p' den auf diesen Hebel wirkenden Druck, und d' oder m' oder q' die Lage der Schienen vor; wird wie Art. 237 (*g*), (*h*) u. s. w. verfahren, so werden

nach (*g*) CK' = 232,990
nach (*h*) p'K'C = 88 Gr. 22 M. 34 Sec.
nach (*i*) n'CK' = 0 Gr. 33 M. $41\frac{1}{3}$ Sec.
nach (*o*) n'p' = 0,045 Fuß; endlich
nach (*m*) d' = $17\frac{1}{2}$ Centner

Kraft an der sechsten Fuge.

m' = $33\frac{2}{3}$ —
q' = $404\frac{1}{2}$ —

241) Wird Na' aus $12\frac{1}{2}$ an einander geklammerten Keilen, als die Hälfte des Schlusses betrachtet, so werden der Schub dieses Rippentheils = 1844 Centner, n'p' = 0,0699,

und der Druck in p' senkrecht auf n'r' = 1870 Ctr.; dann d' = $27\frac{1}{2}$ Ctr.

m' = 52 —

q' = $627\frac{1}{3}$ —

Wird Na' aus $20\frac{1}{2}$ Keilen als die Hälfte des Schlusses betrachtet, so werden der Schub dieses Rippentheils = 1788 Ctr. n'p' = 0,15 Fuß, der Druck in p' senkrecht auf n'r' = $1857\frac{1}{3}$ Ctr., und d' = $58\frac{1}{10}$ Ctr.

Kraft an der zwanzigsten Fuge.

m' = $111\frac{1}{7}$ —

q' = $1337\frac{1}{8}$ —

242) Wird Na' aus $26\frac{1}{2}$ Keilen angenommen, so wird der Schub dieses Rippentheils = 1697 Ctr., n'p' = 0,22 Fuß, der Druck in p' senkrecht auf n'r' = $1820\frac{1}{5}$ Ctr., und

Kraft an der sechsundzwanzigsten Fuge.

d' = $83\frac{1}{4}$ Ctr.

m' = $159\frac{3}{4}$ —

Nachdem (Art. 238) die Mitte q' der oberen Schiene nur um $0{,}2083\frac{1}{3}$ Fuß, der Punct p' aber hier um 0,22 Fuß von n' entfernt ist, so fällt p' unter diese Mitte, also kann diese Schiene nicht mehr von unten aufwärts wirken, um den Keil E an den oberen anzuschließen, deßwegen fällt hier die ihr zu diesem Zweck nöthige Kraft, also auch q', weg.

243) Wird Na' aus $40\frac{1}{2}$ Keilen, und als ein Stück angenommen, so werden der Seitenschub = 1444 Centner; n'p' = 0,418 Fuß; der Druck in p' = 1729,7 Centner, und

Kraft an der vierzigsten Fuge.

d' = $150\frac{4}{5}$ Ctr.

m' = $289\frac{1}{5}$ —

244) Wird Na' aus $50\frac{1}{2}$ fest angeklammerten

Keilen angenommen, so werden, der Seitenschub = 247 Ctr., n'p' = 2,705 Fuß, der Druck in p' = 792 Ctr., und

Kraft an der fünfzigsten Fuge.

d' = 447 Ctr.

Nachdem (Art. 238) die Mitte m' der mittleren Schienen um 2,5 Fuß, der Punct p' aber um 2,705 Fuß von n' entfernt ist, mithin p' tiefer als diese Mitte ist; so hört hier auch die mittlere Schiene auf, sich der unteren Fugenöffnung wie vorhin zu widersetzen, und m' bleibt aus.

Kraft an der letzten Fuge.

245) Wird endlich Na' aus $51\frac{1}{2}$ Keilen als ein Stück genommen, so wird der Schub verneinend, die schwere Richtung K'h' fällt auf die Widerlage, die letzten Fugen können sich nicht öffnen, folglich bedürfen sie keine Klammerschienen.

246) Aus den Kräften, welche die Schienen benöthigen, um das Oeffnen der Fugen zu hindern, ist erweislich, daß die Schienen um so vortheilhafter wirken, als sie niedrig liegen, und um so mehr Stärke benöthigen, als die Fugen steiler sind; auch sieht man, daß besagte Kräfte schneller als nach einer geometrischen Progression zunehmen.

Gehörige Stärke der Klammerschienen.

Da nach 238 die nöthige Kraft in d (Fig. 77), um B an dem Schluß fest zu halten = 240 Pfund, und nach 244 die Kraft in d' um den vorletzten Keil E an die oberen fest zu halten = 44700 Pfund; nach Art. 215 aber einen eisernen Stab von einer Linie im Gevierten 176 Pf. standhaft trägt; so werden beyde untere Schienen zusammen, bey der obersten Fuge $1\frac{1}{2}$ Quadratlinie, und bey der vorletzten Fuge 254 Linien im Querschnitte benöthigen; daher die zwey Schienen bey der obersten Fuge $\frac{3}{4}$ Quadratlinien, und die zwey bey der vorletzten Fuge 127 derselben Linien, mithin einen Querschnitt von $1\frac{1}{2}$ Zoll Breite, und 7 Linien Dicke geben; wenn man zu dieser Breite die $\frac{3}{4}$ Zoll Oeffnung setzt, wodurch die Schrauben gehen, welche diese Schienen an einander halten, so erhält man für diese bey der vorletzten Fuge die Breite von $2\frac{1}{4}$ Zoll; daraus folgt: die unteren Schienen sind mit $2\frac{1}{4}$ Zoll Breite, und 7 Linien Dicke überflüssig stark, auch die einzigen nöthig, um die Fugenschnitte zu hindern, sich zu öffnen.

Satz.

Durch diese Schienen sind aber die Keile nur unten gehindert, aus ihrer Stelle seitwärts zu weichen; da ein Gleiches auch an dem oberen Theil derselben Stücke geschehen muß, so sind die oberen Schienen nöthig, welche Kraft aber dieselbe dazu bedürfen, läßt sich nicht berechnen.

247) Bey jeder Rippe, wie gesagt, sind sechs Klammerschienen, jede 3 Zoll breit und $\frac{3}{4}$ Zoll dick; die Bögen sind beyder Seits durch 3 Zoll breite und $\frac{1}{2}$ Zoll tiefe Einschnitte geschwächt, die Bundröhre qo (Fig. 75) stoßen auf die Schienen und lassen sich nicht füglich an dieselben anschrauben; auch sind dieser Röhre nur eine bey jedem Rippenstück, und an einem der äußeren Bögen, wie auch wechselsweise, wie 1, 2, 3, u. s. w. (Fig. 72) es zeigen, angebracht. Wir halten daher zwey Schienen, eine ganz unter den Rippen, die andere hingegen fest auf dem Rücken derselben an-

geschraubt, für hinlänglich; da die unteren Schienen in der vortheilhaftesten Lage sind, und nur einen Querschnitt von 233 Quadratlinien bedürfen, welches 3 Zoll Breite, und ¾ Dicke hervorbringt, und ein Gleiches mit der oberen Schiene seyn wird, so werden beyde Schienen mit der breiten Seite dem Seitenschwanken der Rippen widerstehen, und diese gefährliche Seitenbewegung den kräftigsten Widerstand finden; dieses ist bey Bögen von großer Spannung, wenn dieselben nicht nach Verhältniß breiter gehalten sind, um so dringender, daß, je weiter ein Bogen gespannt ist, je schwerer ist das Seitenschwanken zu verhindern; endlich könnte man Bundstangen statt Röhren bey jedem Keile an den oberen wie auch an den unteren Bogen der Rippen anbringen, und diese Stangen mit den Schrauben fest machen, welche die Bundschienen hatten.

248) Wie nun so angeklammerte Keile keiner Drehbewegung fähig sind, und die ganze Rippe nur eine Tendenz zum Gleiten haben kann, der Schub derselben aber bey dem Reibungscomplement von 30 Graden, kaum der Schwere von 100 Kubik-Fuß Mauerwerks auf jeden laufenden Fuß der Widerlagen gleich kommt, ja sogar in dem Falle Null wird, wo, wie bey dieser Brücke, die Widerlagen Fig. 72 in f, über den Fuß des Gewölbes vorspringen; wie noch der Druck solcher Rippen auf das Gerüst sehr gering ist, so haben solche eiserne Brücken viele Vortheile über die steinernen.

249) Die über die Ausdehnung des Gußeisens durch die Wärme, zuerst in England ange-

stellten, dann zu Paris durch Lavoisier und Laplace wiederholten Versuche haben gezeigt, daß dieses Eisen sich, bey jedem Grade mehr Wärme, nach Reaumurs Thermometer, um $\frac{1}{72702}$ jeder seiner Maßen ausdehnt; nimmt man also 50 Grade für den Unterschied der größten Kälte zu der größten Wärme in Europa an, so wird gedachte Ausdehnung $\frac{1}{1454}$, mithin bey einer Eisendicke von 5 Zoll, $\frac{1}{291}$ Zoll, also kaum $\frac{1}{2}$ Punct betragen; obgleich diese Ausdehnung so gering ist, daß es scheint, man dürfe unbesorgt seyn, daß dadurch die Schrauben gesprengt werden könnten, so möchte doch bey der großen Gewalt, womit sie angezogen werden, eine solche Besorgniß eintreten; und es ist daher die Vorsicht zu brauchen, solche Brücken in der wärmsten Jahrszeit aufzurichten, da hernach nichts mehr von dem Einflusse der Temperatur zu befürchten bleibt.

Mechanik der Gewölbe.

Dritter Theil.

Zusammengesetzte Gewölbe.

Kuppeln.

250) Die ersten Kuppeln wurden sphärisch und nur aus einem Gewölbe gebauet; wie aber solche Kuppeln gedruckt erscheinen, und ein widriges Ansehen, besonders von außen haben, indem der obere Theil derselben dem Auge ganz entgehet, so hat man die neueren, meistens aus zwey überhöheten Gewölben aufgeführt, und dem äußeren noch mehr Ueberhöhung, also mehr Schwung als dem inneren gegeben.

Die merkwürdigsten Kuppeln sind:

	Fuß.	Zoll.	
In Rom die von St. Carlo di Catena	51	3	Spannung
von St. Andrea della Valle	52	3	
von der Jesuiten-Kirche	55	4	
von St. Margaretha	81		
von der Peterskirche	134	4	
von dem Pantheon	136		
In Constantinopel die von St. Sophia	104		
In London die von St. Paul	102		
In Florenz die der Domkirche	92		
In Paris die der Invaliden	76		
die von St. Genovefa	*		
In Dresden die der Frauenkirche	*		

In Wien sind drey Kuppeln, aber kleine, nähmlich die der Peterskirche, der Carlskirche, und die der Salesianerinnen.

Die ältesten Kuppeln, die des Pantheons ausgenommen, welche von den alten Römern gebaut worden ist, datiren von dem fünfzehnten Jahrhundert her.

Seitenschub der sphärischen und einfachen Kuppeln.

251) Es sey dDtq, Fig. 78, die Stirne des Ausschnittes qdDtVvf, einer oben offenen sphärischen Kuppel, und qAB*l* die Ergänzung dieses Ausschnittes; dann sey qL der Halbmesser der oberen Oeffnung, das Auge der Kuppel genannt; Cd die halbe Spannung der Kuppel, also auch der Halbmesser des Viertelkreises dA; ferner sey der Grundbogen df so klein in Hinsicht seines Halbmessers Cd angenommen, daß dieser Bogen als seiner Sehne gleich, folglich als eine gerade Linie betrachtet werden kann; endlich es stelle qNN'tVvr' einen regelmäßigen Ausschnitttheil vor, dessen Grundfläche also eben so, wie die obere qtVv nach den Mittelpunct C hinläuft, und z sey der Schwerpunct dieses Ausschnitttheils.

Fig. 78.

Man führe nun durch t, dann aus N die Wagerechten hF und NP, hernach führe man aus z und aus N die Verticalen zO und NK, so wird besagter Ausschnitttheil, bey der Tendenz zum Herabdrehen um den innern Rand Nr' seiner Basis

Fig. 78. mit dem Hebelarm NO wirken, und die Kraft F wird dagegen mit dem Hebelarm NK streben.

Werden dann der Körperinhalt dieses Ausschnitttheils durch Q, und die Entfernung OP, dessen Schwerpunct von der Verticale CA, durch D vorgestellt, so wird $F = \frac{Q}{NK}(NP - D)$ seyn.

Man setze den Bogen $df = a$, den Halbmesser $Cd = r$, und jenen $CD = R$: dann $CL = m$; $qL = d$; $AL = n$, und $Ah = e$; endlich $AP = x$; so werden $CP = r - x$; $NP = \sqrt{2rx - xx}$; $PL = x - n$; und $NK = x \pm e$ seyn, und das verneinende Zeichen wird zu dem Falle gehören, wo h unterhalb A trifft; daraus wird nach Art. 33 (*b*) folgen $Q = \frac{a}{3r^2}(R^3 - r^3)(x - n)$, und nach Art. 35; $D = \frac{3(R^4 - r^4)}{Rr(R^3 - r)}$

$$\frac{(r^2 \text{Bog. Sin. } NCq - \overline{r - x}\sqrt{2rx - xx} + dm)}{(x - n)}.$$

252) Werden in diesen Werthen von Q und von D, um sie abzukürzen, die unveränderlichen $\frac{a}{3r^2}(R^3 - r^3) = A$, und $\frac{3(R^4 - r^4)}{Rr(R^3 - r^3)} = B$ gesetzt, dann die Werthe von Q, von D, von NP und von NK in dem Ausdrucke $F = \frac{Q}{NK}(NP - D)$ gesetzt, so erhält man $F = \frac{A}{x \pm e}(\overline{x - n}.\sqrt{2rx - xx}) -$

$$\frac{AB}{x \pm e}(r^2 \text{Bog. Sin. } NCq + dm - \overline{r - x}.\sqrt{2rx - xx}); \text{(M)}.$$

253) Ist die Kuppel vollständig, nähmlich oben geschlossen, dann ist n wie auch dm = o, woraus folgt $F = \frac{Ax}{x+e} \sqrt{2rx - xx} - \frac{AB}{x+e}$ (r^2 Bog. Sin. NCA — $\overline{r-x} . \sqrt{2rx - xx}$; (N).

254) Wird der Ausdruck (M) differenzirt, dann gleich Null gesetzt, so erhält man die Gleichung für den Fall des größten Schubes; da aber dieser Schub sich aus dieser Gleichung nicht ableiten läßt, so bleibt auch hier nur das gewöhnliche Mittel der Versuche übrig, um dieses Größte zu erhalten.

Beyspiel für vollständige Kuppeln.

255) Es sey die Spannung der Kuppel = 25, ihre Dicke = 1, und Bogen df auch = 1, daher a wie auch e = 1; so wird r = $12\frac{1}{2}$, und R = $13\frac{1}{2}$; dann findet man Log. Bog. A = 0.0345805; L. Bog. B = —1.7166454; L. Bog. AB = —1.7511259, und L. Bog. r² = 2.1938200; folglich wird nach Art. 253 (N); $F = \frac{\overset{0.0345805}{A}}{x+1} x\sqrt{2rx - xx}$ —

— $\frac{\overset{1.7511259}{AB}}{x+1}$ ($\overset{2.1938200}{r^2}$ Bog. Sin. NCA — $\overline{r-x} . \sqrt{2rx - xx}$).

Wird der Werth von x beliebig, und z. B. = 1 angenommen, dann der Werth der Ordinate $\sqrt{2rx - xx}$, nähmlich von $\sqrt{25 - 1}$ gesucht, hernach der zu dieser Ordinate gehörige Winkel

Fig. 78. NCA von 23 Graden gefunden, ferner aus Vega's VII. Tafel, sein Bogen Sinus 0,401425 herausgezogen, endlich mittelst der Logarithmen, wie es bey solchen Versuchen gethan worden, gehörig verfahren, so erhält man für diesen Fall den Seitenschub F = 0,7886.

256) Werden hernach für x andere Werthe z. B. die in der ersten Spalte der Tabelle 42 angenommen, und mit jedem dieser Werthe eben so wie vorher verfahren, so erhält man die in den übrigen Spalten dieser Tabelle enthaltenen Werthe; aus dieser Tabelle 42 ist zu ersehen, daß der Seitenschub des Bogens von 68°, 39′ der größte ist, und 2,743 Kubik-Fuß auf jeden laufenden Fuß der inneren Seite der Widerlage beträgt.

Tabelle 42.

257) Die mittelst obenangeführten Verfahrens verfaßte Tabelle 43 zeigt:

Tabelle 43.

a) Den Seitenschub dünnerer, auch dickerer Kuppeln an.

b) Daß es, wie bey Tonnengewölben Tabelle 14, auch bey Kuppeln eine Gewölbsdicke gibt, bey welcher der Seitenschub größer als bey jeder andern minderen auch größeren Dicke ist.

258) Bey ähnlichen sphärischen Kuppeln, nähmlich bey jenen, deren Dicke im gleichen Verhältniß mit der Spannung stehet, verhalten sich die Seitenschube ähnlicher Ausschnitte, wie die Quadrate der Gewölbsdicke; mithin der Seitenschub einer Kuppel von viermahl weiterer Spannung, und viermahl größerer Dicke als die Kuppel (Art. 255), ist sechszehnmahl größer als der

Seitenschub dieser Kuppel, folglich beträgt ersterer Schub 16mahl 2,616, also 41,856 Fuß; nach Tabelle 15 ist aber der Seitenschub des Tonnengewölbes nach dem Zirkel von gleicher Spannung 100, und gleicher Dicke 4, wie bey letzter Kuppel = 141,27, folglich ist der Seitenschub der sphärischen Kuppeln $\frac{2616}{141270}$ beynahe $\frac{3}{10}$ des Seitenschubes des Zirkels von gleicher Spannung und gleicher Gewölbsdicke. Bey der Tendenz zum Gleiten (Art. 40) ereignet sich fast das nähmliche. Daraus folgt aber nicht, daß die Dicke der Widerlage der Kuppel auch nur $\frac{3}{10}$ der Dicke der Widerlagen des Zirkels seyn solle; weil der Körperinhalt der Ausschnitte, wie auch die Lage ihres Schwerpunctes, bey diesen zwey Gewölben ganz verschieden sind; daher findet man die Dicke der Widerlage der Kuppel beynahe die Hälfte der Dicke der Widerlagen des Zirkels.

Satz.

Dicke der Widerlagen.

Vergleichet man letztere Tabelle 43 mit jener 14 in Hinsicht des schiebenden Theils, indem man, um ein gleiches Verhältniß der Gewölbsdicke zu der Spannung in beyden Tabellen zu erhalten, die in der ersten Spalte der Tabelle 43 enthaltenen Dicken um viermahl größer annimmt, so sieht man den Unterschied in der Größe des schiebenden Theils der Kuppel und des Zirkels, und daß von der Gewölbsdicke 0,5 bis 3,5 Tabelle 43, nähmlich von der Dicke $\frac{1}{50}$ bis $\frac{7}{50}$ der Spannung, der Unterschied in dem schiebenden Theil sich bey der Kuppel nur von 68 Gr. 25 Min. bis zu 69 Gr. 38 M. erstreckt, daher nur 1 Gr. 13 M. beträgt, da hingegen beym Zirkel dieser Unterschied sich von 44 Gr. 20 M. bis zu 62 Gr. 1 M., mithin auf 17 Gr. 31 M. erstreckt.

Aus diesem so kleinen Unterschied in der Größe des schiebenden Theils der Kuppeln, der von der kleinsten bis zur größten üblichen Gewölbsdicke zwischen $68\frac{1}{2}$ und $69\frac{2}{3}$ Grade mißt, ist es um so leichter den Schub der Kuppeln zu finden.

Beyspiel für offene Kuppeln.

259) Um die Anwendung dieser Mechanik in ihrer ganzen Größe darzustellen, wird man die aufgestellten Sätze auf die Kuppel des Pantheons zu Rom anwenden; diese kolossalische Kuppel, wie gesagt, hat 136 Fuß Spannung, und so viel als es aus den Kupferstichen von derselben auszunehmen ist, am Auge eine Dicke von 4 Fuß 6 Zoll; der Durchmesser des Auges mißt 27 Fuß 6 Zoll, also ungefähr den fünften Theil der Spannung, endlich stehet das Gewölbe auf 69 Fuß hohen Widerlagen.

Es sind also $r = 68$; $R = 72{,}5$; daraus ergeben sich $d = 13{,}15$; $n = 1{,}4047$; $m = 66{,}5953$; $e = 3$, und der Bogen qA mißt beynahe 11 Gr. 40 Min.

Daraus folgen Log. $A = 0.681530$; Log. $B = -1.3950399$; Log. $r^2 = 3.6650178$; dann Log. $dm = 2.9617454$.

Wendet man nach dieser Vorbereitung, die Formel (M) Art. 252 an, dann verfährt man da-

mit nach Art. 255, so geben die Versuche endlich für den Schub des Bogens
von 59 Gr. F = 64,372
von 60 F = 64,520 ein Größtes,
von 61 F = 64,207;
daher beträgt der Seitenschub der Kuppel des Pantheons, nach den angesetzten Maßen, auf jeden laufenden Fuß des inneren Umfanges der Widerlagen, 64 Fuß 6 Zoll Kubik-Maß Mauerwerks.

Ueberhöhete Kuppeln mit zwey Gewölben und einer Laterne Fig. 80.

260) Die Wölbung solcher Kuppeln ist aus der Umdrehung des unteren Theiles qd Fig. 78, eines verticalen Viertelkreises Ad, um eine auch verticale Achse Ha' erzeugt, und diese ist gewöhnlich um ein Zwölftel des Halbmessers CA von dem Mittelpuncte C einwärts entfernt; der Halbmesser lq des Auges erhält zur Länge meistens den sechsten Theil der halben Spannung Hd des Gewölbes.

Fig. 78.

Die Laterne bestehet aus einem runden, mit einem sphärischen Gewölbe gedeckten Thurm, dessen innerer Durchmesser jenem des Auges gleich ist, und dessen Seiten auch diesen Durchmesser zur Höhe haben, endlich sind in diesem Thurme Fenster angebracht, um den innern Raum desselben zu beleuchten.

Um den Seitenschub solcher Kuppeln bestimmen zu können, muß man vorher den Flächeninhalt ihrer Ausschnitte, und den Abstand des

Fig. 78. Schwerpunctes derselben von der Achse, auch noch den Körperinhalt dieser Ausschnitte angeben.

Flächeninhalt der inneren Seite dqvf eines Ausschnittes.

261) Es sey der Bogen df $= a$; CH $= b$; AL $= n$; Cd $= r$, und AP $= x$; endlich NP für den Augenblick $= v$ gesetzt.

Das Verhältniß Hd, nähmlich $r-b$, zu PM, nähmlich $v-b$; wie Bogen df, nähmlich a, zum Bogen Nr', gibt diesen Bogen $= \frac{a(v-b)}{r-b}$; (A).

Das Element des Bogens AN, wie bekannt, ist $\frac{rdx}{v}$; dieses Element multiplicirt mit dem Ausdruck (A), nähmlich mit der Länge des Bogens Nr', gibt das Element der inneren Fläche Nqvr' des Ausschnitttheils

$$= \frac{ardx\,(v-b)}{v(r-b)}; \text{ (B).}$$

Setzt man in diesem Ausdruck statt v seinen Werth $\sqrt{2rx-xx}$, so erhält man

$\frac{ardx}{r-b}\left(1-\frac{b}{\sqrt{(2rx-xx)}}\right)$; dann gibt dessen Integrale $\frac{ar}{r-b}\left(x-b \text{ Bog. Cos. } \frac{r-x}{r}\right)+C$; (D) den gesuchten Flächeninhalt der inneren Seite Nqvr' des Ausschnitttheils.

Um die Beständige C zu erhalten, ist zu erwägen, daß, wenn $x = n$, nähmlich das Auge so groß als das Gewölbe selbst angenommen wird, dieses verschwindet, daher auch dieses Integrale Null wird; daraus folgt $C =$

$\frac{ar}{r-b}$ (b Bog. Cos. $\frac{r-n}{r} - n$); dieser Werth statt C im Ausdrucke (D) gesetzt, gibt den Flächeninhalt von Nqvr' $= \frac{ar}{r-b}$

$\left(x - n - b \text{ Bog. Cos. } \frac{r-x}{r} - b \text{ Bog. Cos. } \frac{r-n}{r}\right)$;

wegen Bog. Cos. $\overline{\frac{r-x}{r}}$ — Bog. Cos. $\overline{\frac{r-n}{r}}$

= Bog. Sin. NCq; ist also der Flächeninhalt von

Nqvr' $= \frac{ar}{r-b}$ (x—n—b Bog. Sin. NCq); (E), welcher Ausdruck sinnlich, nähmlich in Linien der Fig. 78 dargestellt, ist $\frac{\text{Cd.Bog. df}}{\text{Hd}}$(LP—Bog. f'e').

Wird $x = r$ angenommen, so erhält man den Inhalt der inneren Fläche des ganzen Ausschnittes, nähmlich dqvf $= \frac{ar}{r-b}$ (r — n — b Bogen Sin. DCq); (M), $= \frac{\text{Cd.Bog.df}}{\text{Hd}}$ (CL—Bog.He').

Wird statt des innern Halbmessers Cd, nähmlich statt r, der äußere Halbmesser CD, nähmlich

Fig. 78. R genommen, dann $\frac{R}{r}$ x statt x, und $\frac{R}{r}$ n statt n, endlich $\frac{R}{r}$ a statt a in dem Ausdrucke (M) gesetzt, so erhält man den Inhalt der äußeren Fläche des Ausschnittes $= \frac{aR}{R-b}$ (R $-\frac{R}{r}$ n $-$ b Bog. Sin. dCq); (N), und dieser Ausdruck eben so vielmahl genommen, als Ausschnitte in der Kuppel enthalten sind, gibt die ganze äußere Fläche derselben, welches zu der Eindeckung der Kuppel, es sey mit Bley oder mit Kupfer, zu kennen nöthig ist.

Wird endlich b, nähmlich CH gleich Null angenommen, so wird die Kuppel sphärisch, und der Ausdruck (E) wird = a (x — n), dann jener (M) = a (r—n), folglich wie im Art. 33 (*a*) des ersten Theils seyn *).

Abstand des Schwerpunctes der inneren Fläche Nqvr' des Ausschnitttheils zu der Achse Ha'.

262) Es sey Fig. 78, wie vorhin, der innere Grundbogen df = a, seine Sehne aber = c, dann für den Augenblick NP = v; daher der

*) Wer bloß auf die mathematische Ordnung Rücksicht nimmt, wird es unschicklich finden, daß diese allgemeine Auflösung, woraus die sphärischen Kuppeln folgen, nicht im ersten Theile gesetzt worden ist; wir sind aber von diesem sonst gehörigen Gang abgewichen, um diese Sätze hier, wo eigentlich von den Kuppeln ausführlich gehandelt wird, unmittelbar aufzustellen.

Halbmesser des Bogens $N - 3 - r'$, nähmlich $MN = v - b$, endlich n der Schwerpunct dieses Bogens, so wird sein Abstand zu der Achse Ha', wegen der Aehnlichkeit der Bögen df, Nr', und jener ihrer Sehnen, nähmlich der Abstand

$$Mn = \frac{c}{a}(v-b).$$

Wird dieser Ausdruck mit jenem (B) Art. 261 der Elementarfläche der inneren Seite des Ausschnitttheils, nähmlich mit $\frac{ardx(v-b)}{v(r-b)}$ multiplicirt, so erhält man das Moment dieser Fläche zu der Achse Ha', $= \frac{crdx(v-b)^2}{v(r-b)}$.

Wird nun in diesem Ausdrucke statt v sein Werth $\sqrt{2rx-xx}$ gesetzt, so folgt besagtes Moment $= \frac{crdx}{r-b}\left(\sqrt{2rx-xx} - 2b + \frac{bb}{\sqrt{(2rx-xx)}}\right)$; das Integrale dieses Ausdrucks gibt das Moment der inneren Fläche Nqvr' des Ausschnitttheils in Hinsicht der Achse Ha', und zwar $= \left(\frac{cr}{r-b}\right)$

$$\left(\overline{\tfrac{1}{2}r^2+b^2}\ \text{Bog. Cos.}\ \frac{r-x}{r} - 2bx - \tfrac{1}{2}\,\overline{r-x}\ \sqrt{2rx-xx}\right) + C.$$

Offenbar muß für $x = n$, dieses Integrale gleich Null werden; daher ist

die Beständige $C = \left(\frac{cr}{r-b}\right)$

$$\left(\tfrac{1}{2}\,\overline{r-n}\sqrt{2rn-nn} + 2bn - \overline{\tfrac{1}{2}r^2+b^2}\,\text{Bog.Cos.}\frac{r-n}{r}\right).$$

Fig. 78. Wird dieser Werth statt C in gedachtem Integrale gesetzt, so erhält man das Moment erwähnter Fläche Nqvr' in Hinsicht der Achse Ha'; wird endlich dieses Moment durch den Ausdruck (E) Art. 261 dieser Fläche dividirt, so erhält man nach geschehener Verwandlung der Cosinus in die Sinus, und nach dem Setzen von d statt r—n, und von m statt $\sqrt{2rn-nn}$, den gesuchten Abstand zm ihres Schwerpunctes z zu der Achse Ha', also zm =

$$\frac{c}{a}\left(\frac{\overline{\tfrac{1}{2}r^2+b^2}.\text{Bog. Sin. }NCq-\tfrac{1}{2}\overline{r-x}\sqrt{2rx-xx}}{x-n-b.\text{Bog. Sin. }NCq}\right)$$

$$+\frac{c}{a}\left(\frac{\tfrac{1}{2}dm-2b.\overline{x-n}}{x-n-b.\text{Bog. Sin. }NCq}\right),\ (P);$$ und sinnlich dargestellt

$$\frac{\text{Sehne } df}{\text{Bogen } df}\left(\frac{\overline{\tfrac{1}{2}\overline{Cd}^2+\overline{CH}^2}\text{ Bog. Sin. }NCq-\overline{CP}.\overline{PN}+\tfrac{1}{2}\overline{CL}.\overline{Lq}-2\overline{CH}.\overline{PL}}{PL-\text{Bog. }fe'}\right).$$

263) Wird in obigem Ausdruck x = r, und der Bogen df wie sonst so klein angenommen, daß er sich mit seiner Sehne vereinigt, so ist die Entfernung des Schwerpunctes zu der Achse Ha' bey dem Ausschnitttheil

$$=\frac{(\tfrac{1}{2}r^2+b^2)\text{ Bog. Sin. }dCq+dm-2b(r-n)}{r-n-\text{Bog. }He'}$$

$$=\frac{(\tfrac{1}{2}\overline{Cd}^2+\overline{CH}^2)\text{B.Sin. }dCq+\overline{CL}.\overline{Lq}-2\overline{CH}.CL}{CL-\text{Bog. }He'}.$$

Abstand des Schwerpunctes des Ausschnittes zu der Achse Ha'.

Fig. 79. 264) Es sey Fig. 79 aus dem Mittelpuncte

C der Bögen dA und DB, der Halbmesser Cc unendlich nahe an jenem CN' an der Grundfläche des Ausschnitttheils NV geführt, so wird N'ciN das Element der Fläche des Bandes NN'tqN dieses Ausschnitttheils seyn; b sey der Schwerpunct dieses Elements, dann sey aus C mit dem Halbmesser Cb der Bogen bh beschrieben, da die Fläche dieses Bandes dem Product aus bekanntem Elemente mit dem Bogen bh, den der Schwerpunct dieses Elements bey der Erzeugung gedachter Fläche beschreibt, gleich ist; so wird dieser Bogen die Schwerpuncte aller Elemente dieses Bandes enthalten, und aus denselben bestehen. Nun sey dieser Bogen bh durch die ganze Breite des Ausschnittes um die Achse Ha' gedrehet, so wird gedachter Bogen durch diese Umdrehung die Fläche bhskb erzeugen, und diese Fläche wird alle Schwerpuncte der Elemente des Ausschnitttheils enthalten; folglich wird der Schwerpunct dieser Fläche, welche der inneren Nqvr ähnlich ist, auch der Schwerpunct des Ausschnitttheils seyn; daher wird sich die Entfernung des Schwerpunctes des Ausschnitttheils von der Achse Ha', zu der vorgefundenen Entfernung des Schwerpunctes der inneren Fläche Nqvr'; wie der Halbmesser Cb, zu jenem Cd verhalten.

Die Entfernung Cb des Schwerpunctes b des Elements NiCN' zum Mittelpuncte C, ist

$= \frac{2(R^3-r^3)}{3(R^2-r^2)}$; es sey also Cb = D gesetzt, so

werden qL, mit $\frac{D}{r}$ multiplicirt, hA geben; dann

wird AL, nähmlich n mit $\frac{D}{r}$ multiplicirt, GA geben, u. s. w., folglich wird der Ausdruck (P), wenn man in demselben D statt r; $\frac{D}{r}$d statt d; $\frac{D}{r}$m statt m; $\frac{D}{r}$x statt x setzt, zm =

$$\frac{\frac{c}{a}\left(\tfrac{1}{2}D^2 + b^2 . \text{Bog.Sin.NCq} - \frac{DD}{2rr}\overline{r-x}\sqrt{2rx-xx}\right) +}{\frac{D}{r}(x-n) - b.\text{Bog. Sin.NCq}}$$

$$\frac{\frac{c}{a}\left(\frac{DD}{2rr}.\, dm - \frac{2Db}{r}.\, \overline{x-n}\right)}{\frac{D}{r}(x-n) - b.\text{Bog.Sin.NCq}}$$; (O) geben, und für den Fall, wo $x = r$, und $c = a$ angenommen wird, erhält man für den ganzen Ausschnitt zm =

$$\frac{(\tfrac{1}{2}D^2 + b^2)\text{B.Sin.dCq} + \frac{DD}{2rr}dm - \frac{2Db}{r}(r-n)}{D - \frac{D}{r}n - b.\text{ Bog. Sin. dCq}};\text{(Q)}.$$

Körperinhalt eines Ausschnitttheils, wie auch eines ganzen Ausschnittes.

265) Der Körperinhalt eines Ausschnitttheils NV Fig. 79, ist dem Product aus der Erzeugungsfläche NN'tqN desselben, bey ihrer Drehung um die Achse Ha', mit der Länge des wagerechten Bo-

Fig. 79.

gens zo, den der Schwerpunct dieser Fläche bey gedachter Umdrehung beschreibt.

Die Entfernung dieses Schwerpunctes, der auch der Schwerpunct des Bandes NN'BA zu dem verticalen Halbmesser CA ist, gibt Art. 72 (c), und noch deutlicher der in der Note dieses Artikels enthaltene Ausdruck $\frac{2Bx}{3A\,\text{Bog.}NA}$, nähmlich $\frac{2(R^3-r^3)x}{3r(R^2-r^2)\,\text{Bog. Sin. NCA}}$, worin x die Bogenhöhe ist; stellt man in diesem Falle statt x die Höhe x—n des Bogens Nq, so erhält man, nach Abzug von CH die Entfernung des Schwerpunctes des Bandes NN'tqN zu der Achse Ha', nähmlich

$$zm = \frac{2(R^3-r^3)(x-n)}{3r(R^2-r^2)\,\text{Bog. Sin. NCq}} - b.$$

Das Verhältniß Hd, nähmlich r—b, zum Bogen df nähmlich a; wie $\overline{zm}$, zum vierten Gliede, gibt die Länge des Bogens zo $= \frac{a.\overline{zm}}{r-b}$.

Der Flächeninhalt des Bandes Nt ist $= \frac{1}{2}$ (R^2-r^2) Bog. Sin. NCq; dieser Inhalt, mit dem gefundenen Werth von zm multiplicirt, gibt den gesuchten Körperinhalt des Ausschnitttheils

$$NN'tV = \frac{a(R^3-r^3)}{3r(r-b)}(x-n) - \frac{ab(R^2-r^2)}{2(r-b)}$$

Bog. Sin. NCq.

Setzt man, um diesen Ausdruck abzukürzen, in denselben A statt $\frac{a(R^3-r^3)}{3r(r-b)}$, und B statt

Fig. 79. $\frac{ab(R^2-r^2)}{2(r-b)}$, so erhält man den Körperinhalt des Ausschnitttheils $NN'tV = A\ (x-n) - B$ Bog. Sin. NCq; (L).

Wird $x = r$ angenommen, so folgt der Körperinhalt des ganzen Ausschnittes $dDtV = A\ (r-n) - B$ Bog. Sin. dCq.

Wird endlich letzter Ausdruck so vielmahl genommen, als Ausschnitte in der Kuppel enthalten sind, so erhält man den ganzen Körperinhalt derselben.

Seitenschub der Kuppeln aus zwey überhöheten Gewölben und einer Laterne.

266) Die Laterne wirkt durch ihre Schwere und durch den Seitenschub ihres Gewölbes auf die Kuppel, diese Schwere wirkt unmittelbar auf den höchsten Theil der Kuppel, und vermehrt dadurch ihren Schub; der Seitenschub des Gewölbes der Laterne, wirkt auch auf diesen höchsten Theil, aber mittelbar, nähmlich mittelst ihrer Widerlagen, da er durch dieselben zum besagten Theil übergehet.

Um den Seitenschub einer solchen Kuppel zu bestimmen, muß man

a) die innere Grundbreite df des Ausschnittes der Kuppel klein genug annehmen, daß man in der Ausübung den Grundbogen df als seiner Sehne gleich annehmen darf; dieses ereignet sich bey solchen meistens weit gespannten Kuppeln, wenn man diesen Bogen nur einen Fuß lang an=

nimmt, dann muß die Länge des oberen inneren Bogens qv am Kopfe des Ausschnittes gefunden werden.

b) Hernach wird der Körperinhalt der Laterne berechnet, und die Schwere der darauf liegenden kupfernen Kugel, wie auch des auf dieser stehenden eisernen Kreutzes überschlagen, die Summe beyder Schweren aber durch die Schwere 120 Pfund eines Kubik-Fuß Mauerwerks dividirt, um, statt derselben, eine mit dem Körper der Laterne gleichartige Masse zu erhalten, die, zu diesem Körper geschlagen, die ganze auf dem höchsten Theil der Kuppel lastende Masse angeben wird: dann wird diese Masse, wie auch jene des zum Schluß der Kuppel dienenden Kranzes, auf die Grundfläche aller Pfeiler der Laterne gleichförmig vertheilt, und von der daraus hervorkommenden Last auf einer dieser Grundflächen, der Theil genommen, der auf den Kopf des Ausschnittes drückt, und dieser Theil = T gesetzt.

c) Ferner wird der Seitenschub des Gewölbes der Laterne gesucht, dann dieser Schub eben so, wie es mit dem Körper der Laterne geschehen, vertheilt, und der Theil dieses Schubes genommen, der auf den Kopf des Ausschnittes wirket, dieser kleine Schub aber = f gesetzt.

d) Hernach wird der Seitenschub des, wie beschrieben, beschwerten Ausschnittes des äußeren Gewölbes gesucht, und zu diesem Schub jener f hinzugeschlagen; wie aber dieses Gewölbe, wie gewöhnlich und gehörig, aus Gurten welche allein die Pfeiler der Laterne tragen, und aus dünneren

Zwischenfeldern bestehet, so wird noch der Seitenschub des einen dieser Felder ausgemittelt, dann ein gleiches bey dem inneren Gewölbe gethan.

f) Endlich wird der gefundene Schub des Gurtenausschnittes des äußeren Gewölbes, so vielmahl genommen, als Ausschnitte in diesem Gurte enthalten sind, den Seitenschub dieses Gurtes geben; eben so wird der Seitenschub des Ausschnittes der Zwischenfelder, so vielmahl genommen, als Ausschnitte in dem Felde sind, den Seitenschub eines Feldes dieses äußeren Gewölbes verschaffen, und ein gleiches bey dem inneren Gewölbe gethan, wird den Seitenschub eines Gurtes, und den Seitenschub eines Feldes dieses Gewölbes angeben.

Um die Dicke der Widerlagen zu erhalten, wird bey dem Theile derselben, der unter den Gurten stehet, ein Ausschnitt der Widerlage von einem Fuß innerer Länge angenommen, dann der sämmtliche Schub der darauf gerade über einander stehenden zwey Gurten durch die ganze innere Länge des Grundbogens des inneren Gurtes dividirt, welches den auf diesen Ausschnitt des Pfeilers wirkenden Schub angeben wird; hernach wird der Körperinhalt, wie auch der Abstand des Schwerpunctes zum Kämpfer des Ausschnittes des inneren Gewölbes, von einem Fuß innerer Grundlänge gesucht, und ein gleiches bey dem Ausschnitte des äußeren Gurtes gethan, dessen innere Grundlänge jener ähnlich ist, mithin dessen beyde flachen Seiten in der Verlängerung jener des inneren Ausschnittes laufen; hierauf wird man, wie gewöhnlich, die Dicke dieser Widerlage, also dieses Theils der Trommel, erhalten.

Um die Dicke jener Theile der Trommel zu finden, welche die Zwischenfelder tragen, ist zu erwägen, daß diese Theile nicht voll sind, sondern jeder derselben ein der Größe der Kuppel angemessenes Fenster enthält, mithin der Schub des Theils der Felder, der auf dem über diesem Fenster gespannten Bogen stehet, mittelst dieses Bogens auf die nebenstehenden Theile der Trommel übergehet, daher diese Theile am mehrsten Schub, hingegen auch am mehrsten Last auf sich haben, worauf bey Bestimmung der Dicke der Widerlagen Rücksicht zu nehmen ist; dann ist der ganze Schub der zwey Felder nur durch den Schub der inneren Länge der Trommel zwischen dem Fenster, und den zwey unter den Gurten stehenden Nebenpfeilern zu dividiren, und der Quotient für den Schub auf einen Trommelausschnitt von einem Fuß innerer Länge anzunehmen; endlich ist der Körperinhalt des oberen und unteren Feldes eben so auf diesem Trommelausschnitte zu vertheilen, und in dem Schwerpunct des Ausschnittes dieser Felder vereinigt zu betrachten. Auf diese Art erhält man den Schub wie auch die Dicke der Widerlagen dieser zusammengesetzten Kuppel.

Um das größte Beyspiel von dem Schube und von der gehörigen Dicke der Widerlagen solcher Kuppeln zu liefern, und dadurch die weite Ausdehnung der aufgestellten Sätze zu zeigen, wird man diese Sätze auf die Kuppel der Peterskirche zu Rom anwenden, dazu ist es aber unumgänglich nöthig, eine genaue Beschreibung aller jener Theile dieses weltberühmten Gebäudes voranzuschicken, welche einen Einfluß auf den Seitenschub, wie auch auf den Widerstand der Widerlagen dieser Kuppel haben. Man wird sich bey dieser Beschreibung, deren viele vorhanden, jedoch keine übereinstimmig sind, an jene von Fontana, vormahligem bey diesem Gebäude angestellten Architekt, als die wahrscheinlich richtigste halten.

Beschreibung der Kuppel der Peterskirche.

267) Die Kuppel der Peterskirche ist die schönste und die größte, die existirt. Wer zur Zeit als der Bau dieser Kuppel in Antrag war, in den Pantheon eingetreten, und über die Kühnheit des Unternehmens erstaunt gewesen ist, eine solche 136 Fuß weit gespannte Kuppel aufzuführen, und noch diese ungeheuere Masse auf 69 Fuß hohe Widerlagen zu stellen, der muß das Project für tollkühn und sogar für unausführbar gehalten haben, nebst einer beynahe so großen Kuppel, noch eine größere über diese, dann um das Auge der letzten einen gewölbten Thurm von 22 Fuß Höhe mit einer hohen pyramidischen Kappe zu bauen, und beyde Kuppeln auf mehr als noch einmahl höhere Widerlagen, als die des Pantheons zu stellen; doch ist ein so großes und so kühnes Unternehmen meisterhaft ausgeführt worden.

Bau der Peterskirche.

Schon im Jahre 1505 wurde, unter der Leitung des Architekts Bramante, an die Ausführung dieser Kirche Hand angelegt, man war aber über die mehreren Entwürfe der Gestalt der Kuppel nicht einig, indem keiner dieser Entwürfe der Größe des Unternehmens entsprach; erst im Jahre 1547 gab Michael Angiolo für diese Kuppel ein Project, das allgemeinen Beyfall erhielt, und angenommen wurde. Einige Jahre darauf wurde der Bau besagter Kirche eifriger als je betrieben. Ungeachtet dessen war man erst gegen das Ende der Regierung von Sixtus V. im Jahre 1590 im Stande an die Gewölbe der Kuppel Hand anzulegen; obgleich 1200 Menschen daran arbeiteten, so brauchte man doch 22 Monathe Zeit um sie aufzuführen. Vier Monathe nach dem Tode dieses berühmten Papstes wurde die Laterne gebauet, und die Bleyeindeckung der Kuppel vollendet; die Kirche aber sammt den um den Platz vor derselben aufgestellten, aus 88 Pfeilern von 41 Fuß Höhe, und 284 eben so hohen Säulen dorischer Ordnung bestehenden Säulengängen, wurde erst 1681 vollendet.

Der ganze Bau sammt den prächtigen Bildhauer-, Mahler- und sonstigen Arbeiten, wie auch die innere Einrichtung der Kirche, hat über hundert Millionen Gulden gekostet. Der Raum, den die Kirche einnimmt, beträgt bey neun tausend Quadrat-Klafter. Dieselbe stößt an den Vatican, ein von den alten Römern aufgeführtes, 180 Klafter langes, und 120 breites Wohngebäude, das über 1100 Zimmer enthält, und im Winter von den Päpsten bewohnt wird.

Errichtung des grossen Obelisken.

Wie groß die Hülfsmittel der Mechanik sind, zeigte sich bey der Errichtung des in der Mitte des von bemeldeten Säulengängen umfaßten Platzes errichteten, aus einem Stück orientalischen Granites von 107 Fuß Länge bestehenden Obelisk.

Dieser Obelisk stehet auf vier großen messingenen Löwen, und diese liegen auf einem Postamente von beyläufig 20 Fuß Höhe.

Um diesen Obelisk auf dieses Postament aufzustellen, faßte man den Obelisk nach der Länge, mit dicken Balken, und diese mit dicken eisernen Bändern um, errichtete längs zwey der entgegen gesetzten Seiten des Postaments ein starkes Gerüst; an dem oberen Theil desselben, und an der Umfassung des Obelisk wurden 44 Flaschenzüge angebracht, und mittelst eben so viel Winden, an denen 806 Menschen und 140 Pferde zogen, war man im Stande diese mit ihrer Umfassung 10436 Centner wiegende Masse auf das Postament aufrecht zu stellen.

Merkwürdig ist die Ordnung, die bey dieser Errichtung befolgt wurde. Es war eine Glocke aufgestellt, um das Zeichen zum Ziehen und zum Anhalten zu geben; jede Winde war numerirt, um mittelst eines Sprachrohrs auf jene, die entweder anhalten, oder mit angestrengten Kräften wirken sollten, zu schreyen. Ungeachtet dessen ereignete sich ein Umstand, der alle Vorsichten zu vereiteln drohete, und die schlimmsten Folgen haben konnte, nähmlich wie der Obelisk fast bis auf die gehörige Höhe gehoben, und nahe war gestellt zu werden, so ließen einige der Seile, die am mehresten Last auf sich hatten, nach, und der Obelisk fing an zu sinken, man wußte nicht gleich Rath zu schaffen, aber einer aus der unzählbaren Menge von Zuschauern schrie, man solle diese Seile mit einem nassen Schwamm anfeuchten; dieser Rath wurde befolgt, durch die Nässe zogen sich diese Seile wieder zusammen, und die Errichtung wurde glücklich vollendet. Dieselbe kam auf neunzig tausend Gulden zu stehen.

268) Fig. 81 stellet in einem kleinen Maßstab den Grundriß der vier Pfeiler A, B, C, D, welche die Kuppel tragen, und Fig. 80 stellt in einem größeren Maßstab den durch die Achse der Kuppel geführten Querschnitt derselben, vor.

Fig. 81.

Die innere Seite der Pfeiler läuft eben so in der Rundung wie die Kuppel: die Länge tq dieser Seiten, nach der Rundung gemessen, beträgt $47\frac{1}{3}$, der Abstand tm eines Pfeilers zum andern $57\frac{1}{2}$; die Dicken ti, mv, 24 Fuß. Von einem Pfeiler zum andern, also von der einen Seite mv zu jener ti, ist ein 24 Fuß breiter, nach dem Zirkel gespannter Gurt, dessen innere Seite tm in der Fortsetzung der Rundung der Pfeiler läuft: diese sind $117\frac{1}{4}$ Fuß hoch; folglich ist der Schluß jedes Gurtes 146 Fuß über das Pflaster der Kirche erhoben. Ein Gleiches geschieht bey den Nebengewölben der Kirche, welche Gewölbe die Fortsetzung dieser Gurten sind.

Ueber diesen vier Pfeilern und vier Gurten erhebt sich die Trommel, nähmlich die runde Widerlage der Kuppel; der innere Durchmesser der Trommel beträgt $134\frac{1}{6}$; ihre Höhe ist die Hälfte dieses Durchmessers, also 67½ Fuß; diese Trommel stehet auf einem runden Aufsatz, und dieser auf einem regelmäßigen Sechszehneck; dieser ist 11 Fuß hoch und an dem dünnsten Theile 23½ Fuß dick, die Trommel bestehet aus 16 Pfeilern, so die Widerlagen der Kuppel sind; diese Pfeiler nehmen drey Viertel des inneren Umfangs der Trommel ein, sind 10 Fuß dick und 50 hoch; dann mit eben so hohen 13 Fuß langen und 4 Fuß dicken Strebepfeilern verstärkt. Zwischen besagten Pfeilern stehen 16 gleiche Fenster, deren innere Breite insgesammt den vierten Theil des inneren Umfangs der Trommel beträgt; da dieser Umfang 422 Fuß mißt, so ist die innere Breite jedes Fensters bey 6½ Fuß, die Höhe derselben ist 16. A Fig. 80 stellt eine derselben vor. Die Breite der Zwischenpfeiler ist das Dreyfache jener der Fenster, also bey 19½ Fuß, fast das Vierfache der Dicke der Strebepfeiler.

Fig. 80. Beschreibung der Kuppel.

Es sind Ha' die Achse der Kuppel, Hn die halbe Spannung des inneren Gewölbes; HN = $\frac{1}{7}$, Hn = HP, die halbe Oeffnung des Auges, also auch der Laterne.

Pn ist eine durch den höchsten Punct der Trommel geführte Wagerechte; werden auf die Achse Hp = $\frac{2}{15}$ Hn getragen, durch p die Wagerechte fm = Hn gezogen, dann die Hälfte von HN von p in c getragen, so wird c der Mittelpunct, aus welchem der steigende Bogen md des inneren Gewölbes beschrieben ist. Auf diese Art ist der Fuß m der inneren Krümmung 9 Fuß über das Gesims X, so den obersten Theil der Trommel krönt, erhöhet, und

Beschreibung der Kuppel.

der Zuschauer ist im Stande, von unten hinauf, den Fuß m dieses Gewölbes über besagtes Gesims zu fassen, und die Wölbungslinie ganz zu übersehen.

Cp in fC' getragen, gibt den Mittelpunct C', aus welchem mit dem Halbmesser C'h der steigende Bogen des äußeren Gewölbes beschrieben ist; der innere Halbmesser C'B dieses Bogens mißt bey $83\frac{1}{2}$ Fuß.

Der Raum zwischen dem Fuß beyder Gewölbe ist 24 Fuß hoch über diesen Fuß ausgemauert, die Dicke dieser Mauer beträgt auf die Höhe nm $8\frac{1}{6}$ Fuß.

Jedes Gewölbe bestehet aus 16 gleichen Gurten und 16 Zwischenfeldern; diese sind noch einmahl so breit als die Gurten; letztere stehen auf der Mitte der Zwischenpfeiler, so viel als es aus den Zeichnungen zu entnehmen ist; es springen die Gurten des äußeren Gewölbes außerhalb, und die Gurten des inneren, innerhalb hervor.

Erstere sind bey $4\frac{1}{2}$, die Dicke der Zwischenfelder bey 3 Fuß, letztere Gurten bey 4, und die Zwischenfelder bey 2 Fuß 8 Zoll dick.

i, i, i sind kleine Fenster, um Licht zwischen beyde Gewölbe zu bringen; diese sind oben durch einen breiten und eben so dicken Kranz, als ihre Gurten, geschlossen.

An dem Rande d des unteren Kranzes stehet eine eben so dicke Mauer als jene der Laterne; diese Mauer steigt bis auf den oberen Kranz, schließt den Raum zwischen beyden Gewölben, und hilft die Laterne tragen; in dieser Mauer sind auch 16 kleine Fenster angebracht, hinter derselden Mauer, in einem Abstande von ungefähr 6 Fuß, stehen auf den unteren Gurten Pfeiler, die den oberen Kranz tragen helfen. Dieser Kranz ist bey 20 Fuß, der untere nur 12 breit; die Trommel der Laterne ist eben so hoch als breit, und auch mit 16, aber nur 2 Fuß breiten, und 12 Fuß hohen Fenstern D versehen. Die Zwischenpfeiler sind 2 Fuß dick, $22\frac{1}{3}$ hoch, und mit Strebepfeilern verstärkt, diese sind bey 2 Fuß dick, und 5 lang; um diese Pfeiler und auf dem Kranze läuft ein mit einem Geländer versehener Gang.

Wölbung der Laterne.

Das Gewölbe der Laterne ist sphärisch, seine Spannung ist $\frac{1}{8}$ jener der Trommel, also $= 22\frac{1}{3}$ Fuß; seine Dicke scheint höchstens 1 Fuß zu betragen, es ist mit einer Nachmauerung umgeben, die mit dem obersten Theil des Gewölbes wagerecht läuft; um diese Nachmauerung, die außerhalb ein reguläres Vieleck bildet, läuft ein Aufsatz, und auf diesem stehet eine hohle, auch eben so vieleckige Pyramide, welche vermuthlich durch Hülfe eiserner Ringe und Stangen zusammen gehalten ist. Der Querschnitt dieser Pyramide bildet ein gleichschenkliges Dreyeck, dessen Höhe der Basis gleich ist. Auf dieser Pyramide liegt eine hohle messingene Kugel, deren Durchmesser fast 8 Fuß beträgt, und auf dieser Kugel stehet ein eisernes $13\frac{1}{2}$ Fuß hohes Kreutz;

Höhe der Kuppel.

der Kopf desselben stehet $422\frac{1}{2}$ Fuß über das Pflaster der Kirche, und bey 430 über jenes des Platzes; diese um 102 Fuß höhere Kuppel, als jene von St. Paul zu London, ist weit merkwürdiger als die ägyptischen Pyramiden, obgleich die höchste derselben 485½ Fuß Höhe hat.

Communicationen.

Die Façade der Kirche ist 162 Fuß hoch, und ein Meisterstück von Architektur; sehr künstlich sind die Communicationen angelegt, wodurch man bis in die Kugel steigen kann.

Graf Poleni in seiner historischen Beschreibung des Vaticans meldet, daß an den Kränzen der Gewölbe eiserne Reife, vermuthlich innerhalb, angelegt sind. Fontana sagt, daß während des Baues die Kuppeln mit zwey eisernen Reifen, deren Gewicht 200 Centner beträgt, umgefaßt wurden. Wer mehr Kenntnisse von diesem Wundergebäude erhalten will, wird sie in Mabillon, Tarrade, Ferrabosco, Vasaro, Poleni, Bonani, Rocca und Fontana finden.

Gefährliche Bewegung der Kuppel.

Ungeachtet der angewandten Vorsichten, um dieser Kuppel die nöthige Standhaftigkeit zu verschaffen, nahm man doch gegen das Jahr 1740, also über hundert Jahre nach Endigung besagter Kuppel, hier und da Risse in der Trommel wahr; da diese Risse nach und nach zunahmen, so fing man an, für die Erhaltung dieses prächtigen Gebäudes ernstlich besorgt zu werden. Der dazumahl regierende Papst Benedict XIV. ließ die Sache durch die geschicktesten Architekten, und durch drey der berühmtesten Mathematiker, die Jesuiten Boscovich, Grandi und Ximenes untersuchen; die einstimmige Meinung ging dahin, daß man sich zuerst überzeugen müßte, ob die Bewegung der Kuppel zufällig, und ohne weitere Folgen sey, oder ob diese Bewegung fortdauere. Um

Fig. 82. dieses zu erfahren, ließ man Steine, die, wie Fig. 82, breiter an beyden Enden als in der Mitte waren, zubereiten, und ließ diese in die Mauer so ein, daß der schmale Theil ab des Steines gerade auf die Mitte der Risse paßte; dann untersuchte man von Zeit zu Zeit den Zustand dieser Steine; da sie nach einander brachen, so unterlag es keinem Zweifel, die Bewegung der Kuppel nehme zu, und der Einsturz derselben sey zu befürchten, wenn man es versäume, die nöthigen Gegenmittel anzuwenden.

Da von dem Fuße der vier Hauptpfeiler an bis zu jenem der Trommel alle Theile unbeschadet gefunden wurden, so zeigte sich, daß die Ursache besagter Bewegung in den Widerlagen, nähmlich in den Zwischenpfeilern der Trommel lag. Nun mußte man wissen, um wie viel diese Pfeiler schwächer als der Schub der Kuppel waren, um die Gegenmittel darnach zu proportioniren. Da die Mechanik der einfachen Gewölbe dazumahl wenig, und jene der so zusammengesetzten fast keine Fortschritte gemacht hatte, auch nirgends eine Spur von einem Gleiten, wohl aber von einer Drehbewegung sich zeigte, so kamen diese Mathematiker überein, die Gurten der Kuppel wie geneigte Balken Mh, Bs Fig. 80 zu betrachten. Das Resultat dieser Untersuchung, so in einem Bericht unterm 19. März 1743 enthalten, und nachher im Druck erschienen ist, war: die in dem Strebepfeiler gelassenen Oeffnungen, und besonders jene in vier der Zwischenpfeiler, um die Stiegen anzubringen, sey die Ursache, daß der Seitenschub der Kuppel den Widerstand der Pfeiler überwunden habe. Da die prächtig decorirte Trommel es nicht erlaubte, irgendwo eine Verstärkung an Mauerwerk anzubringen, so schlug man vor, den oberen Theil der Trommel mit drey dicken und breiten über einander gelegten eisernen Reifen umzufassen; dieser Rath wurde angenommen, und mit einem Aufwand von dreymahl hundert tausend Gulden ausgeführt. Auch stehet seit dem wirklich diese Kuppel fest.

Seitenschub der Kuppel der Peterskirche.

269) Um den Schub der Kuppel zu finden, muß man zum ersten jenen des Gewölbes der Laterne, zum zweyten die Widerlage derselben, zum dritten den Schub der äußern Gurten, zum vierten jenen der Zwischenfelder, zum fünften den Schub der inneren Gurten, endlich den Schub der Zwischenfelder bestimmen.

Seitenschub der Laterne.

270) Nachdem die Seiten der Pyramide mit Eisen an einander gebunden sind, so verursacht dieselbe keinen Schub; das sphärische Gewölbe ist dem Kupferstich nach höchstens 1 Fuß dick, seine Spannung beträgt $22\frac{1}{3}$ Fuß, also sind $r = 11\frac{1}{6}$, $R = 12\frac{1}{6}$ und Artikel 255 gibt

für $x = 7{,}15$ $F = 2{,}4216$,
$7{,}20$ $= 2{,}4259$ ein Größtes,
$7{,}25$ $= 2{,}4214$;

folglich der Schub eines Gewölbschnittes, dessen Basis einen Fuß innerer Länge hat, beträgt höchstens 2,4259 Kubik-Fuß; die innere Peripherie der Laterne, also auch des Fußes besagten Gewölbes, beträgt 70,4 Fuß; der Schub desselben ist das Product letzterer Länge mit 2,4259; mithin ist der ganze Schub = 170,7834; dieser wirkt auf die 16 Zwischenpfeiler der Laterne, mithin ist der Schub gegen jeden dieser Pfeiler höchstens = 10,674. Dieselben sind 2,2 Fuß breit, folglich ist der Schub auf jeden Fuß Breite höchstens 4,8518 Kubik-Fuß (B).

Seitendruck gegen einen Zwischenpfeiler.

Seitendruck gegen jeden laufenden Fuß der Pfeiler.

Dicke der Zwischenpfeiler.

271) Obgleich bey Kuppeln die Grundflächen der Schnitte eben so, wie jene ihrer Widerlagen, Sectore einer Krone sind, so wird man, um einer Gleichung vom vierten Grade auszuweichen, die Grundfläche dieser Widerlagen, wie bey Tonnengewölben, rechteckig annehmen; zwar wird dadurch die Dicke der Widerlage bey $\frac{1}{100}$ zu stark werden, dieß ist aber unbedeutend, man wird also die Dicke der Widerlage der Laterne nach Art. 180 bestimmen.

Das Gewölbe, die Pyramide, die Kuppel und das Kreutz sind zusammen beynahe eben so schwer als 1696 Kubik-Fuß Mauerwerks; da diese Masse auf 16 Pfeilern stehet, und diese jeder 2,2 Fuß innerer Länge haben, so ist die Last, welche ein Pfeiler auf jeden Fuß dieser Länge auf sich hat, $= \frac{1696}{16.2,2} = 48,182 = P$.

Der Abstand von dem gemeinen Schwerpuncte jener Masse zu der Widerlage ist beynahe 2,8 Fuß = a; die Höhe der Widerlage, also m ist

= $22\frac{1}{2}$, und diese Höhe zu dem äußeren Halbmesser 12,1666 der Wölbung addirt, gibt h = 34,5; nach 270 (B), ist F = 4,8518; setzt man diese Werthe statt den Buchstaben im Art. 180, so gibt dieser die Dicke der Pfeiler = 2,0027 = 2 Fuß 1 Linie; da diese Pfeiler drey Palmen dick, dann noch mit Strebepfeilern von 7 Palmen Länge verstärkt sind, und der römische Palm 8 Zoll $5\frac{9}{10}$ Linien Wiener Maß ist, so sind die Widerlagen der Laterne überflüssig stark.

Dicke der Pfeiler.

Der Körperinhalt einer dieser Pfeiler sammt seinem Strebepfeiler beträgt bey 100 Fuß; diese durch die innere Länge 2,2 des Pfeilers dividirt, geben ungefähr 45,5 Kubik-Fuß auf jeden laufenden Fuß besagter Länge; endlich diese 45,5 mit der Last P = 48,18 addirt, die auf dieser Länge den Pfeiler drückt, geben in geraden Zahlen 94 Kubik-Fuß (g) für die Last, welche auf den laufenden Fuß des Auges der Kuppel drückt.

Last, die auf jeden laufenden Fuß der äußeren Gurten auf ihren Kopf drückt.

Seitenschub eines äußeren Gurtes.

272) Es sey NtV Fig. 78 ein Theil des Ausschnittes eines Gurtes des äußeren Gewölbes der Kuppel, z der Schwerpunct dieses Theils; OM = zm der Abstand dieses Punctes zu der Achse Ha'; Q der Körperinhalt besagten Ausschnitttheils, dann t der Punct auf der Kuppel, wo der Theil T der Last der Laterne vereinigt angenommen werden kann; es sey ferner EM = die Entfernung dieses Punctes zu der Achse Ha'; tF die Richtung und Lage des Seitenschubes des Ausschnittes, endlich

NK der Hebelarm, womit dieser wirkt, um das Herabdrehen benannten Ausschnitttheils um den inneren Rand N seiner Basis zu verhindern, so wird $F = \frac{Q(\overline{NM} - \overline{OM}) + T(NM - EM)}{NK}$ seyn.

Setzt man nun in diesem Ausdruck statt Q seinen Werth (L) Art. 265; statt NM seinen Werth $\sqrt{2rx - xx}$; statt OM seinen Werth (*o*) Art. 264, dann statt EM den Buchstaben p; endlich nach Art. 251 statt NK seinen Werth $x \pm e$, so erhält man den allgemeinen Ausdruck F =

$$\frac{(A.\overline{x-n} - B.\text{Bog.Sin.}NCq + T)}{x \pm e}(\sqrt{2rx - xx} - b) -$$

$$\frac{pT}{x \pm e} - \left(\frac{A.\overline{x-n} - B.\text{Bog.Sin.}NCq}{2(x \pm e)}\right)$$

$$\frac{\left(H\mathfrak{B}.S.NCq + M - \frac{DD}{rr}.\overline{r-x}\sqrt{2rx - xx} - N\overline{x-n}\right)}{\frac{D}{r}(x-n) - b\,\text{Bog. Sin. }NCq}$$

In diesem Ausdruck sind $A = \frac{R^3 - r^3}{3r(r-b)}$;

$B = \frac{b(R^2 - r^2)}{2(r-b)}$; $D = \frac{2(R^3 - r^3)}{3(R^2 - r^2)}$ $H = D^2 + 2b^2$;

$M = \frac{DD}{rr}(r-n)\sqrt{2rn - nn}$; $N = \frac{4bD}{r}$; endlich p ist der Abstand der Last T zu der Achse Ha' der Kuppel.

Vorbereitung. Der innere Halbmesser cd des Gurtes ist $= 83{,}5 = r$; der äußere CD ist $= 88 = R$; also sind $r^2 = 6972{,}5$; $r^3 = 582181$; $R^2 = 7744$

und $R^3 = 681472$; es sind $b = 11,16666$, und $\sqrt{2rn - n^2} = qL = 2b = 22,3333$. Man findet $CL = 80,4567 = r - n$; dieser von $CA = cd$ abgezogen, gibt $AL = 3,0433 = n$; man findet noch $Ch = 84,7926$; $CA = 83,5$ davon abgezogen, gibt $Ah = 1,2926 = +e$; den Winkel ACq findet man $= 15$ Gr. 31 M.; daraus folgen Log. $D = 1.9334827$; Log. $\frac{2D}{r} = 0.3128262$;

Log. $\frac{D^2}{r^2} = 0.0235769$; Log. $D^2 + 2b^2$ oder Log. $H = 3.8814325$; Logar. $A = 0.7387636$; Log. $B = 1.7748909$; Log. $N = 1.6617797$; Log. $2b = 1.3489535$; nebst dem ist M der Zahl 1897,11 gleich.

Der Bogen daf an der Basis des Schnittes ist $= 1$; dieser Bogen ist jenem qv an dem Kopf ähnlich, und verhält sich zu demselben; wie der Halbmesser Hd, zu jenem lq; wie $72\frac{1}{3}$, zu $11\frac{1}{6}$; also gibt dieses Verhältniß die Länge des Bogens qv $= 0,154378$.

Dieser Bogen liegt in der verticalen Verlängerung von der inneren Seite des einen Zwischenpfeilers der Laterne, und nach Art. 271 (g) drückt die Last der Laterne bey jedem laufenden Fuß des inneren Umkreises der Pfeiler mit 94 Kubik-Fuß auf dem Gurte; also gibt das Verhältniß 1, zu 0,154378; wie 94, zum vierten Gliede, die Last auf dem Kopfe eines Gurtenschnittes $= 14,512$. Um die Widerlage lieber zu stark als zu schwach zu bestimmen, werden wir für diese Last die gerade Zahl 15 annehmen; dadurch wird T = 15.

Die ähnlichen Dreyecke CqL, Cth, geben Cq (83,5), zu Ct (88); wie qL ($22\frac{1}{3}$), zu th; also th = 23,5417; davon hi = $11\frac{1}{6}$ abgezogen, so bleibt ti = 12.3751 = o; folglich ist pT = 185,6265.

Fig. 78. Nach dieser Vorbereitung schreitet man zu den Versuchen.

Versuche. Nach den Tabellen kann man urtheilen, daß x ungefähr 49 Fuß seyn soll, man wird also bey x = 49 anfangen.

Dann werden x—n = 45,9567; r—x = 34,5, und das Verhältniß Cn (r), zu CP (r—x); wie Sinus totus, zum vierten Gliede wird den Winkel PNC = 24 Gr. 24 M., also NCA = 65 Gr. 36 M. geben.

Sinus 65 Gr. 36 M. mit dem Halbmesser r = 83,5 multiplicirt, gibt für $\sqrt{2rx-x^2}$, den Logar. 1.8810540, und in Zahlen 76,042; b = 11,1666 davon abgezogen, gibt $\sqrt{2rx-x^2}$ —b = 64,8755, dessen Log. 1.8120807 ist.

Von NCA = 65 Gr. 36 M., qCA = 15 Gr. 31 M. abgezogen, es bleibt NCq = 50 Gr. 5 M. Bogen Sin. NCq ist = 0,874119; sein Logar. —1.9415706; endlich ist x + e = 49 + 1,2926 = 50,2926.

Nach dieser zweyten, bey jedem Versuche nöthigen Vorbereitung, wird der Schub des Gurtenschnittes, wie folget, gefunden.

I)					
Logar. A	= 0.7387636	Logar. B	= 1.7748909		
Logar. (x—n)	= 1.6623488	Logar. Bog. Sin. NCq	= 1.0415706	T = 15;	
Summe	2.4011124		1.7104015		
in Zahlen	251,8328	. . . . . .	52,0519		

also ist A (x — n) — B Bog. Sin. NCq + T
= 251,8328 — 52,0549 + 15 = 214,7779,
dessen Logar. 2.3319836; wird zu diesem Logar.
jener von $\sqrt{2rx - x^2} - b$,
nähmlich 1.8120807 addirt, so gibt es
die Summe 4.1440643, und diese die Zahl
1393,3;

II) Man hat gefunden pT = 185,6265;

III) Nach I) ist A (x—n) — B Bog. Sin. NCq
= 251,8328 — 52,0549 = 199,7779, dessen
Log. = 2.3005303 (G);

IV) Logar. H = 3.8814325
Log. B. Sin. NCq = —1.9415706
Summe 3.0230031 (M)

Logar. $\frac{D^2}{r^2}$ = 0.0235769
Log. (r—x) = 1.5378191
L. $\sqrt{2rx - x^2}$ = 1.8810540
3.4424500

Log. N = 1.6617797
L. (x—n) = 1.6623488
3.3241285

in Zahlen 6652,78 + 1897,11 — 2769,81 — 2109,25 = 3670,83, dessen Log. = 3.5647642
(L) = Logar. von (H Bog. Sin. NCq + M — $\frac{D^2}{r^2}$ (r—x) $\sqrt{2rx - x^2}$ —N. $\overline{x-n}$);

Fig. 78.

V) Log. $\frac{2D}{r}$ = 0.3128262
Log. (x—n) = 1.6623488
Summe 1.9751750
in Zahlen 94,4424

Logar. 2b = 1.3489535
Logar. Bog. Sin. NCq = —1.9415706
1.2905241
19,5220;

also ist $\frac{2D}{r}$ (x—n) — 2b Bogen Sin. NCq
= 94,4424 — 19,5220 = 75,5204 und sein
Log. = 1.8746001 (N).

VI) Addirt man den Logarithm des
Factors (G) Nro. (III), also . . . 2.3005303
mit dem Log. (L) Nro. (IV) nähmlich 3.5647642
dann von der Summe 5.8652945

zieht den Log. (N) Nro. (V), also 1.8746001
ab, so wird der Rest 3.9906944
die Zahl 9788,01 geben; folglich wird nach (I), (II) und (VI)

$$F = \frac{13933,33 - 185,6265 - 9788,01}{50,2926} = 78,7363.$$

Werden die Versuche fortgesetzt so erhält man unter andern für den Bogen Nq

von 50 Gr. 5 M. F = 78,7363
50 — 27 — = 78,8651
51 — 12 — = 79,0182
51 — 57 — = 79,1872
52 — 19 — = 79,2503
52 — 41 — = 79,2616 ein Größtes,
53 — 3 — = 79,2404
53 — 26 — = 79,1944;

mithin ist der Seitenschub des Ausschnittes = 79,2616 Kubik-Fuß, und der Bogen Nq des schiebenden Theils mißt 52 Gr. und bey 41 Min.

273) Da die Bleyeindeckung der Kuppel bey $\frac{1}{4}$ Zoll dick ist, und die Schwere dieser Eindeckung ungefähr den $\frac{1}{30}$ Theil der Schwere der Gurten beträgt, um auf diesen Umstand der den Seitenschub vermehrt, Rücksicht zu nehmen, werden wir den gefundenen Schub auch um ungefähr $\frac{1}{30}$ vergrößern, folglich den Schub der äußeren Gurten auf jeden Fuß Länge ihrer Basis = 82 Kubik-Fuß annehmen.

Fig. 78. Da der Halbmesser Hd = 72,3334, die mit demselben beschriebene Peripherie = 454,484 sind; auf dieser Peripherie 16 Gurten und 16 Zwischenfelder stehen, letztere noch einmahl so breit als die

Gurten sind, so ist die innere Länge des Fußes eines Gurtes = $\frac{1}{18}$ besagter Peripherie; also = 9,468416 (*e*); wird diese Länge mit dem Schub 82 multiplicirt, so wird das Product 776,41 Kubik-Fuß (*d*) der Schub eines äußeren Gurtes seyn.

Seitenschub der äußeren Gurte.

Seitenschub der Zwischenfelder des äußeren Gewölbes.

Fig. 78.

274) Da die Zwischenfelder keine Last auf sich haben, so werden in den Ausdruck von F, Art. 272, T und pT gleich Null gesetzt, daraus wird folgen $F = (A.\overline{x-n} - B.\text{Bog. Sin. } NCq)$

$$\left(\frac{\sqrt{2rx-x^2}-b}{x \pm e}\right) -$$

$$\frac{(A.\overline{x-n} - B\,\text{Bog.Sin.}NCq)(H\,\text{Bog.Sin.}qCN + M}{2(x \pm e)\left(\frac{D}{r}\overline{x-n} - b\,\text{Bog. Sin. }NCq\right)}$$

$$\frac{-\frac{D^2}{r^2}\overline{r-x}\sqrt{2rx-x^2} - N.\overline{x-n})}{2(x \pm e)\left(\frac{D}{r}\overline{x-n} - b\,\text{Bog. Sin. }NCq\right)}.$$

Vorbereitung.

Hier sind wie Art. 272, $b = 11\frac{1}{6}$; $\sqrt{2rn-n^2} = 2b = 22\frac{1}{3}$; $n = 3{,}0433$, und $r = 83{,}5$; aber R ist = 86,5; daraus entstehen Logarithm A = 0.5549942; Log. B = 1.5951252; Log. D = 1.9294791; Log. $\frac{2D}{r}$ = 0.3088226; Log. $\frac{D^2}{r^2}$ = 0.0155952; Log. H = 3.8736919; Log. N = 1.6577761; dann M = 1862,52.

Fig. 78. Es ist Cq (83,5), zu CL (80,4567); wie Ct (86,5), zu Ch; also Ch = 83,34736, kleiner als CA = 83,5; und h fällt unterhalb A, sodann ist hier Ah = 0,15264 = —e.

Versuche. Verfährt man mit diesen Werthen bey dem Ausdrucke von F eben so wie Art. 272, so wird man unter anderen finden für den Schnitttheil dessen Bogen

qN = 55 Gr. 59 M. F = 44,9582
= 56 — 42 — = 45,0399 ein Größtes,
= 57 — 25 — = 45,0260
= 58 — 8 — = 45,0071.

Der Seitenschub eines Schnitttheils ist also hier 45,0399; aber weil der dicke bey 20 Fuß breite Kranz der Wölbung durch seine Schwere den Schub vermehrt, wird man jenen des Schnittes = 46 Kubik-Fuß annehmen.

a) Nach 273 *e*) beträgt die innere Länge eines Gurtes am Fuße desselben 9,468416; da die Zwischenfelder noch einmahl so breit sind, als die Gurten, so beträgt die innere Fußlänge eines Zwischenfeldes 18,9368; der Schub auf jeden Fuß dieser Länge ist aber 46; also wird der Schub eines Feldes das Product beyder letzten Zahlen, mithin = 871,0943 (X) seyn.

Seitenschub eines Feldes der äußeren Wölbung.

b) Der Schub des äußeren Gewölbes gegen jeden Zwischenpfeiler, ist dem Schube eines Gurtes und eines Zwischenfeldes gleich; wird also der Schub (X) mit jenem (*d*) Art. 273 eines Gurtes addirt, so wird die Summe 1647,5 (*f*) der Schub dieses Gewölbes gegen einen Pfeiler seyn.

Seitendruck eines Gurtes der inneren Gewölbe.

275) Hier sind $r = 72,75$; $R = 76,75$; $b = 5,5533$; daraus entstehen Log. $A = 0.6603943$; Log. $B = 1.3954109$; Log. $D = 1.8737100$; Log. $\frac{2D}{r} = 0.3129070$, Log. $\frac{D2}{r2} = 0.0137540$; Log. $H = 3.7522327$; Log. $N = 1.3608305$; dann $M = 1223,95$; $n = 1,9561$; $\sqrt{(2rn - nn)} = 16,75$; $e = + 1,73349$, und Winkel $ACq = 13$ Gr. 19 M. Vorbereitung.

Verfährt man mit diesen Werthen und mit dem Ausdruck von F, Art. 274, wie vorhin, so wird man unter andern finden für den Schnitttheil dessen Bogen Versuche.

qN = 57 Gr. 38 M. F = 55,1800
= 58 — 28 — = 55,3110 ein Größtes,
= 59 — 17 — = 55,268;

also ist der Schub eines Gurtes auf jeden laufenden Fuß der Basis desselben = 55,3110; da der Halbmesser Hd des Bogens an der Basis = 67,1666, die mit diesem Halbmesser beschriebene Peripherie = 422, und die innere Länge eines Gurtes am Fuße $\frac{1}{48}$ dieser Peripherie sind, so wird diese Länge = 8,79166 (G) seyn; wird dieselbe mit dem gefundenen Schube 55,311 eines Schnittes multiplicirt, so wird das Product 486,276 der Schub des ganzen Gurtes seyn; da aber dieser Gurt auf seinem Kranz kleine Pfeiler trägt, so wird man für den Schub des Gurtes die runde Zahl 490 Kubik-Fuß annehmen (*k*). Schub der Gurte.

Fig. 78. Seitenschub eines Zwischenfeldes des inneren Gewölbes.

Vorbereitung. 276) Es sind im letzten Art. $b = 5{,}5835$; $\sqrt{2rn-n^2} = 16{,}75$, und $R = 76{,}75$: da aber die Gurten um 16 Zoll innerhalb der Wölbung hervorspringen, so ist der innere Halbmesser der Zwischenfelder um diese 16 Zoll länger als jener der Gurten; daraus folgen $r = 74{,}0833$; Logar. $A = 0.4755362$; Log. $B = 1.2143990$;

Log. $D = 1.8777514$; Log. $\frac{2D}{r} = 0.3090608$;

Log. $\frac{D^2}{r^2} = 0.0160616$; Log. $H = 3.7602360$;

Log. $N = 1.3569843$; dann $M = 1254.31$; $n = 1{,}9182$; Winkel $ACq = 13$ Gr. 4 M., und

Fig. 78. c wie im vorigen Artikel $= + 1{,}7335$.

Versuche. Nach diesen Werthen und dem Ausdruck von F Art. 274 findet man für diesen Schnitttheil dessen Bogen

$Nq = 56$ Gr. 20 M. $F = 38{,}276$
$= 57$ — 10 — $= 38{,}386$ ein Größtes,
$= 57$ — 8 — $= 38{,}287$.

Wegen des 12 Fuß breiten und so dick als die Gurte gehaltenen Kranzes, dessen Schwere den Schub etwas vermehrt, wird man für den Schub des Schnittes die gerade Zahl 39 annehmen.

Der Halbmesser Hd des inneren Bogens an der Basis des Feldes, ist 68,5; die ganze Peripherie ist $= 430{,}3775$; dieser Bogen ist $\frac{2}{48}$ derselben, also 17,9324 Fuß lang: der Schub auf jeden Fuß dieser Länge ist = 39; also ist der Schub eines Feldes = 700 Kubik-Fuß (*q*).

Seitenschub eines Feldes = 700.

Addirt man diesen Schub mit jenen (*k*) Art. 275, des einen Gurtes, alsomit 490, so kommt der Schub des inneren Gewölbes gegen jeden Zwischenpfeiler = 1190; nach (*f*) 274 (*b*) ist aber der Schub des äußeren Gewölbes gegen jeden Pfeiler = 1647,5; also ist der Schub beyder Gewölbe gegen jeden Pfeiler = 2837,5; wird zu diesem Schub jener 10,673 Art. 270 der Laterne addirt, so gibt die Summe den Schub der Kuppel gegen jeden Zwischenpfeiler = 2848; (B).

Von diesem Schube wirkt der Theil 10,679, wie auch der Schub 776,41, Art. 273 (*d*), des äußeren Gurtes, an den obersten Theil BK Fig. 80 des oberen Kranzes; also nach Art. 272 wirken diese zwey Schube auf einer Höhe BE = 84,7926 über den Fuß h des äußeren Gewölbes; der Theil 871,094 (X Art. 274) wirkt aber in einem um $1\frac{1}{2}$ Fuß niedrigeren Punct: endlich der übrige Theil, nähmlich der Schub des inneren Gewölbes, wirkt nach der wagerechten Fläche de des untern Kranzes, also auf eine Höhe Ed von 74,4835 über den Fuß a des Gewölbes.

Fig. 80.

I) Der Hebelarm womit erstere zwey Schube 10,679 und 776,41, gegen die Zwischenpfeiler nl wirken, ist = BE (84,7926) + EN ($14\frac{1}{2}$) + nl (50) = 149,2926; das Product dieses Arms mit der Summe 787 dieser Schube gibt, das Moment derselben = 117559.

Moment.

II) Der Hebelarm des Seitenschubes eines Zwischenfeldes der äußeren Wölbung, ist um $1\frac{1}{2}$

Fig. 80. Fuß kürzer als der vorige, also $= 147,8759$; nach (a) Art. 274 beträgt dieser Schub 871,1; also ist das Moment dieses Schubes $= 128814$.

Moment.

III) Der Hebelarm des Schubes eines Gurtes des inneren Gewölbes ist $= dr + rN + nl = 74,4835 + 9 + 50 = 133,4835$; nach ($k$) Art. 275 ist dieser Schub $= 490$; folglich ist sein Moment $= 65407$.

Moment.

IV) Der Hebelarm des Schubes des Feldes von diesen Gewölben ist auch 133,4835; nach (q) ist dieser Schub $= 700$; also ist sein Moment $= 93438$.

Moment.

V) Die Summe dieser vier Momente gibt das Schubsmoment der Kuppel gegen jeden Pfeiler der Trommel $= 405122$.

Der innere Umfang der Trommel beträgt 422 Fuß; die 16 Pfeiler nehmen $\frac{3}{4}$ dieses Umfangs, also eine Länge von 316,5 Fuß ein; folglich ist die innere Länge eines Pfeilers $= \frac{316,5}{16} = 19\frac{3}{4}$ Fuß; wird besagte Summe 405122 der Momente durch jene Länge $19\frac{3}{4}$ dividirt, so gibt der Quotient 20513 (z) das Schubsmoment gegen jeden Fuß Länge des Pfeilers.

277) Nun betrachte man das Schubsmoment der Gurte beyder Gewölbe gegen einen Pfeiler: nach (I) ist das eine Moment $= 117559$, und nach (III) das andere $= 65407$; mithin ist das ganze Schubsmoment derselben $= 182966$; dieses durch die, Art. 275 (G) gefundene, innere Länge 8,79166 eines inneren Gurtes dividirt, gibt das Schubsmoment dieser Gurten-

Schubsmoment der zwey Gurtenschnitte.

schnitte gegen jeden Fuß dieser Strecke = 20811; also etwas größer als das mittlere Schubsmoment das nach V (z) 20513 beträgt, wird dann die Dicke des Pfeilers nach dem größeren Seitenschubsmoment der Gurte bestimmt, so werden die Pfeilersstrecken, worauf die Zwischenfelder theils mittelbar theils unmittelbar mittelst der Fenstergurte stehen, um so mehr dem Schub dieser Felder widerstehen können.

Bey Bestimmung der Dicke der Pfeiler wird man also berechtigt seyn, nur auf das Schubsmoment der Gurte bey einem Fuß innerer Länge der Pfeiler Rücksicht zu nehmen.

Körperinhalt der Gurtenschnitte.

278) Nach Art. 265 ist der Körperinhalt eines Gewölbschnittes $= \frac{a}{6r(r-b)} (2. \overline{R^3-r^3}. \overline{r-n} - 3br. \overline{R^2-r^2}$ Bog. Sin. dCq. Fig. 78.

Innere Gurte.

Nach Art. 275 (G) ist die Länge a des inneren Bogens an der Basis eines dieser Gurte = 8,791666; dann noch sind r = 72,75; R = 76,75; b = 5,5833; n = 1,9526 und ACq = 13 Gr. 19 M.; daraus folgen R^3-r^3 = 67066; R^2-r^2 = 598; r—n = 70,7938; dCq = 76 Gr. 41 M. und Bog. Sin. dCq = 1,3384; r—b = 67,1667.

Fig. 78.

Körperinhalt der inneren Gurte.

Setzt man in letzter Formel statt der Buchstaben ihren Werth, so erhält man den Körperinhalt des Gurtes = 2555,25 Kubik-Fuß. Wird dieser Inhalt durch die innere Länge 8,79166 des Gurtes dividirt, so gibt der Quotient 290,645 den Inhalt des Gurtenschnittes.

Aeußere Gurte.

279) Nach Art. 273 (*e*) ist die Länge des inneren Bogens an der Basis eines äußeren Gurtes = 9,4684 = a, und nach Art. 272 sind r = 83,5; R = 88; b = 11,1666; n = 3,0433; ACq = 15 Gr. 31 M.; folglich dCq = 74 Gr. 29 M., und Bog. Sin. dCq = 1,29998; dann gibt obige Formel Art. 278 den Körperinhalt des Gurtes = 3441,48. Wird dieser Inhalt durch die Länge 8,79166 des inneren Gurtes dividirt, so gibt der Quotient 391,45 den Körperinhalt des Schnittes, dessen Basis in der Verlängerung der Basis von dem Schnitte des inneren Gurtes liegt, folglich gegen den nähmlichen Schnitt des Pfeilers wirket.

Körperinhalt der äußeren Gurte.

Abstand von dem Schwerpuncte dieser ähnlichen Gurtenschnitte, zu der inneren Seite des Pfeilers.

280) Der Abstand von der Achse der Wölbung zu der Widerlage ist hier = 67,1666; wird von diesem Abstande jener Art. 264 (Q) des Schwerpunctes des Gewölbschnittes abgezogen, so bleibt

der Abstand von diesem Puncte zu der Widerlage

$$=67,1666-\left[\frac{(D^2+2b^2)\text{Bog.Sin.dCq}+\frac{D^2}{r^2}(r-n)}{\frac{2D}{r}(r-n)-2b,\text{Bog. Sin. dCq}}\right.$$

$$\left.\frac{\sqrt{2rn-n^2}-\frac{4bD}{r}(r-n)}{\frac{2D}{r}(r-n)-2b.\text{Bog.Sin.dCq}}\right].$$

Für den Schnitt des inneren Gurtes.

281) Nach Art. 275 sind Log. H oder D^2+2b^2 $=3.7522327$; Log. $\frac{4bD}{r}$ oder N $=1.3608305$;

Log. $\frac{2D}{r}=0.3129070$, und M oder $\frac{D^2}{r^2}(r-n)$ $\sqrt{2rn-n^2}=1223,95$; dann sind Logar. $r-n$ $=1.8499959$; Log. $2b=1.0479211$, und nach Art. 279 ist Bog. Sin. dCq $=1,3384$; also ist nach Art. 280 der Abstand von dem Schwerpuncte des Schnittes zu dem Pfeiler $=12,2829$ Fuß.

Wird dieser Abstand mit dem Art. 279 gefundenen Körperinhalte des Schnittes, nähmlich mit 290,645 multiplicirt, so erhält man dessen Moment $=3569,96$ (c).

Für den Schnitt des äußeren Gurtes.

282) Nach Art 272 sind Log. H oder (D^2+2b^2) $=3.8814327$; Log. N oder $\frac{4bD}{r}=1.6617797$;

Fig. 78. Log. 2b = 1.3489535; Log. $\frac{2D}{r}$ = 0.3128265;

M oder $\frac{D^2}{r^2}(r-n)\sqrt{2rn-n^2}$ = 1897,11; auch ist Art. 279 Bogen Sin. dCq = 1,29998.

Vermög dieser Werthe und der Formel Art. 280 findet man den Abstand von dem Schwerpuncte des Schnittes zu der Widerlage = 8,01 Fuß.

Nach Art. 279 ist der Körperinhalt des Schnittes = 391,45; und nach Art. 273 beträgt die Schwere der Bleyeindeckung dieses Schnittes eben so viel als $\frac{1}{30}$ dessen Inhalts; also ist die Eindeckung eben so schwer als 13,045 Kubik-Fuß Mauerwerk; beyde zusammen genommen betragen also 404,498 Kubik-Fuß; diese mit dem gefundenen Abstand 8,01 multiplicirt, geben das Moment 3240,04; (D).

Dicke der Widerlagen.

283) Wird in der Formel Art. 180 T eingeführt, so erhält man die Dicke der Widerlage

$$= \frac{\sqrt{\frac{10}{3}hF - 2aP - 2dT}}{m} + \frac{(P-T)^2}{mm} - \frac{(P+T)}{m}.$$

hF ist das Moment des Schubes beyder Gurtenschnitte, und nach Art. 277 ist dieses Moment = 20811.

aP ist die Summe der Widerstandsmomente dieser Gurtenschnitte in Ansehung der Widerlage, nähmlich die Summe der Momente (c) Art. 281, und (D) Art. 282; also ist aP = 3569,96 + 3240,04 = 6810.

Nach Art. 272 ist T = 15; und es sind d = Nn = 56; mithin dT = 840; P ist die Summe der Körperinhalte beyder Gurtenschnitte; also nach Art. 278 und Art. 282 sind P = 290,645 + 404,498 = 695,143; folglich P + T = 710,143. Fig. 80.

m ist die Höhe der Widerlage; da die Höhe nl des Pfeilers = 50, jene nm = 9; dann mo = $5\frac{1}{2}$ sind, so ist $lo = 64\frac{1}{2}$. Von o bis g ist das Mauerwerk bey 24 Fuß hoch; ein Theil dieses Mauerwerks von h aufwärts ist durch die Dicke des äußeren Gurtes, und von o aufwärts durch die Dicke des inneren Gurtes eingenommen, deßwegen wird man nur den Dritttheil der Höhe 24, also 8 für die mittlere Höhe dieses Mauerwerks nehmen, diese 8 Fuß zu obigen $64\frac{1}{2}$ addiren, und die Summe $72\frac{1}{2}$ für den Werth von m annehmen.

Setzt man in obiger Formel statt der Buchstaben ihre Werthe, so erhält man die Dicke der Widerlage = 19 Fuß 2 Zoll; sucht man aber die Dicke bey dem Zustande des Gleichgewichts, so kommt diese = 11 Fuß.

Wird, um die Dicke der Theile der Trommel unter den Zwischenfeldern zu erhalten, auf die Art, wie es vorhin geschehen, in so weit verfahren, daß man auf dem, durch die $6\frac{1}{2}$ Fuß breiten, und 16 Fuß hohen Fenster erstehenden widerstandslosen Raum, die im Art. 267 angeführte Rücksicht nimmt, so findet man, daß besagte Theile der Trommel wenigstens eben so dick, als jene Theile unter den Gurten seyn sollen.

284) Bey Tonnengewölben trägt die Seitenbindung des Materials zu dem Widerstand des Gebäudes, nicht wesentlich bey; denn solche Gewölbe kön-

nen sich nach der ganzen Länge öffnen, und die Widerlagen umwerfen, ohne daß die Seitenbindung des Materials weder bey dem Gewölbe noch bey den Widerlagen zum Wirken komme. Bey Kuppeln aber ist es ganz anders, denn ihre Widerlagen können nicht weichen, ohne schnittweise aus einander zu gehen, und das Gewölbe kann den weichenden Widerlagen nicht nachfolgen, ohne sich auch schnittweise zu trennen. Wie nun bey Kuppeln die Seitenbindung des Materials einen großen Widerstand dem Schube entgegen setzt, so ist bey diesen Gewölben nicht nöthig, die Widerlage so weit über den Zustand des Gleichgewichtes als bey Tonnengewölben, zu halten; und es scheint hinlänglich für die Dicke der Widerlagen die mittlere zwischen den gefundenen 11 und 19, nähmlich 15 Fuß zu nehmen, wie dann diese mittlere $\frac{1}{9}$ von $134\frac{1}{3}$, also $\frac{1}{9}$ der Spannung der Kuppel ist, und Fontana versichert in seinem Werke, daß nur jene doppelte Kuppeln sich standhaft erhalten, deren Trommel $\frac{1}{9}$ der Spannung zur Dicke haben, so sind unsere Resultate durch die Erfahrung bestätigt. Diese Trommel der Peterskirche ist, wie gemeldet, nur 10 Fuß, also nicht einmahl der dreyzehnte Theil der Spannung, dick; zwar ist jeder ihrer Pfeiler mit einem bey 13 Fuß langen Strebepfeiler verstärkt; aber dieser ist nur 4 Fuß dick, also viel zu schmal in Hinsicht des bey 20 Fuß breiten Zwischenpfeilers, denn nach Art. 169 sollten die Strebepfeiler wenigstens den Drittheil der Breite der Zwischenpfeiler zur Dicke haben; dann hätten auch die Strebepfeiler mehr als zwey Drittheile des Fußes von den äußeren Gurten gefaßt, und diese am meisten schiebenden Theile gehörig gestützt.

Daß diese Kuppel sich bey so schwachen Widerlagen doch über hundert Jahre ohne bedeutende Risse erhalten hat, kommt aus dem großen Widerstande der Seitenbindung des Materials. Bey dieser Kuppel, welche ohne der Trommel, bey 1000 Kubik-Klafter Mauerwerk enthält, und mit allem Zugehör bey drey Millionen Centner Schwere hat, müssen die Erschütterungen, denen eine so große und auf sehr hohen Widerlagen stehende Masse, bey Stürmen und schweren Gewittern ausgesetzt ist, auf solchen Widerlagen bedeutend wirken, daher die Seitenbindung des Materials nach und nach geschwächt, endlich überwältigt haben, wozu die kleinen Erdbeben, die während dieser hundert Jahre in Rom verspürt worden sind, wahrscheinlich beygetragen haben.

285) Die Trommel der Peterskirche enthält bey 1050, beyde Untersatze der Trommel bey 2700, folglich die ganze Kuppel bey 4900 Kubik-Klafter Mauerwerks.

Der Flächeninhalt der Oberfläche eines Zwischenfeldes wie auch jener eines Gurtes findet sich nach Art. 26[illegible] (N); wird zur Oberfläche eines äußeren Gurtes der Flächeninhalt beyder hervorspringenden Seitenwände desselben addirt, dann die daraus entstehende Summe mit 16 multiplicirt, so erhält man die Oberfläche aller Gurte des äußeren Gewölbes: wird auch der Flächeninhalt eines Zwischenfeldes dieses Gewölbes mit 16 multiplicirt, und das daraus entstehende Product zu jenem Flächeninhalte der mit Bley einzudecken kommenden Oberfläche der Kuppel, so wird man finden, daß diese Oberfläche bey 1000 Quadrat-Klafter beträgt, und bey 4000 Centner Bley zur Eindeckung erfordert hat.

Schließen.

Fig. 83. 286) Bey Kuppeln sind die Schließen eiserne Reife, die den Fuß des äußeren Gewölbes umfassen; um die Stärke dieser Reife so zu bestimmen, daß sie der Kuppel die nöthige Standhaftigkeit verschaffen. Nehmen wir an, daß bdhy der innere Kreis eines den äußeren Fuß der Kuppel umfassenden Reifes; bh, dy zwey auf einander senkrecht fallende Durchmesser, ca, en zwey Halbmesser dieses Kreises; dann aus b die bk senkrecht auf bc und gleich bc geführt, auch der Viertelkreis bd von b bis k gleichlaufend mit der Stellung bd gerückt seyen, so werden die durch diese Rückung erzeugte Fläche bkid, jene eines Viertelcylinders, und die Basis cbki desselben, ein Quadrat; folglich dessen Hälfte cbk, ein rechtwinkligt-gleichschenkliges Dreyeck seyn.

Man schneide diesen Viertelcylinder seiner Diagonale ck nach, mit einer verticalen Ebene, so wird nach Art. 43 dmkb die Fläche des Feldes eines Kappengewölbes seyn.

Der Seitendruck einer Kuppel ist bey allen Puncten des Umkreises ihrer Basis gleich, und wirkt gegen jeden dieser Puncte senkrecht, also nach der Richtung des Halbmessers der auf diesen Punct trifft; der Seitendruck in d ist dann jenem in a, in n, in b u. s. w. gleich; da ein gleiches bey den übrigen Theilen des Kreises geschieht,

Fig. 83.

und die Drucke gegen den Viertelkreis bd, dem Drucke gegen den Viertelkreis hy gleich und gerade entgegen gesetzt sind, auch ein Gleiches bey dem anderen Viertelkreise dh in Hinsicht jenes by Statt findet, so entstehet gegen jeden Punct des Umkreises des Reifes eine Tangentialkraft, welche diesen Reif zu zerreißen trachtet.

Es seyen der Seitendruck gegen jeden Punct des Umkreises bdhy durch den Halbmesser desselben vorgestellt, und dieser gleich I, gleich Sinus Totus angenommen, so wird der Druck gegen den Viertelkreis bd, durch die Summe der in diesem Viertelkreise enthaltenen Halbmesser oder Sinus totus, also durch die dieser Summe gleiche Oberfläche des Viertelcylinders bkld vorgestellt.

Die Tangentialkraft in b ist senkrecht auf bc, also gleichlaufend mit cd; folglich ist die Wirkung nach cd die einzige einer Seits von b, welche in Hinsicht besagter Kraft keiner Zergliederung ausgesetzt ist; die anderen Drucke nach ca, cn und so weiter, sind auf diese Tangentialkraft schief, und wirken nach derselben um so weniger, als sie sich der Richtung cb nähern; jeder dieser Drucke, z. B. jener ca, muß also in zwey Kräfte zerlegt werden, deren eine ap senkrecht auf cd, also gleichlaufend mit cb, keine Wirkung nach der Tangentialrichtung in b hervorbringt, die andere ag aber senkrecht auf cb gleichlaufend mit dieser Richtung, wie die Tangentialkraft wirket. — Eben so muß cn in die Kräfte nq, nf zerlegt werden; ag ist aber der Sinus von acb, und nf der Sinus von ncb u. s. w.; folglich stellen alle Sinus des Viertelkreises alle Tangentialkräf-

Fig. 82. te der Drucke gegen denselben, und die Summe aller Sinus stellt die Summe dieser Kräfte vor: es verhält sich also der Druck gegen den Viertelkreis bd zu der Tangentialkraft von b nach t, wie die Summe aller Sinus totus des Viertelkreises zu der Summe aller Sinus desselben.

Aus n und n seyen die am, nv gleichlaufend mit bk geführt, dann längs jeder dieser Linien eine verticale Ebene amrg, nvzf bis auf die Basis cbk herabgelassen; da cbk wagerecht ist, so werden gr = am, und fz = nv seyn; bk ist gleich bc; also werden cg = gr = am, und cf = fz = nv seyn; es sind aber cg = ap, und cf = ng; also werden am = ap = Sinus acp, und nv = nq = Sinus ncq seyn; am und nv sind aber Elemente der Fläche dkb, und von diesen Elementen gibt es eben so viele in dieser Fläche als Puncte in dem Bogen db und als Sinus in dem Viertelkreise enthalten sind, so ist der Flächeninhalt dkb die Summe aller Sinus; eben so folgt, daß die Oberfläche dtkb des Viertelcylinders der Summe aller Sinus totus gleich ist, die in dem Viertelkreise enthalten sind; folglich verhält sich der Druck gegen den Bogen bd zur Tangentialkraft in b, wie die Fläche dtkb zu jener dkb; die Fläche dtkb ist aber dem Product des Bogens bd mit der Länge bk, oder mit cd gleich, also ist Fläche dbkb = cd. Bogen bd, nach Art. 53 ist aber der Flächeninhalt des Feldes dkb eines Kappengewölbes, dem Producte der Basis bk = cd dieses Feldes, mit seiner Bogenhöhe cd gleich, also ist Fläche dkb = cd. cd; daher verhält sich der

Druck gegen den Viertelkreis bd, zur Tangentialkraft desselben in b, wie cd. Bogen bd; zu cd. cd, oder wie der Bogen von 90 Grade, zum Halbmesser; also wie 11, zu 7, und ein Gleiches findet in jedem Puncte des Umkreises des Reifes Statt.

Anwendung.

287) Die Kuppel, die man mit eisernen Reifen umfassen will, sey jene der Peterskirche, nachdem die Zwischenpfeiler der Trommel sammt den Strebepfeilern nur ungefähr die Hälfte des Widerstands leisten, den sie besitzen sollten, so nehme man an, die Reife sollen die Hälfte des Seitenschubes der Kuppel auf sich nehmen.

Nach (B) Art. 276 ist der Seitendruck dieser Kuppel gegen jeden Zwischenpfeiler = 2848; dieser Druck ist aber der sechszehnte Theil des Schubes der ganzen Kuppel, so wird das Vierfache von 2848, nähmlich 11392 der Schub des vierten Theils der Kuppel seyn; nimmt man den Kubikfuß desselben zu 120 Pfund an, so wird letzterer Schub 13670 Centner betragen.

Nachdem dieser Schub sich zur Tangentialkraft, nähmlich zu jener, welche jeden Theil des Reifes nach der Tangente an denselben zieht; wie 11, zu 7 verhält, so ist diese Kraft = 8699 Centner. Die eisernen Reife sollen die Hälfte dieser Kraft auf sich nehmen, sie müssen also eine Zugkraft von 4349 Centner standhaft aushalten können.

Nach Art. 215 (*d*), darf eine Schließe höchstens einer Zugkraft von 176 Pfund auf jede Quadratlinie ihres Querschnittes ausgesetzt seyn. Wird also die gefundene Zugkraft 4349 Centner durch 176 dividirt, so gibt der Quotient 2471 Quadratlinien, den Querschnitt sämmtlicher Reife; werden von diesen drey gleiche über einander gelegt, so wird der Querschnitt jedes Reifes 824 Quadratlinien betragen; gibt man also jedem Reife 6 Zoll, nähmlich 72 Linien Breite, so wird seine Dicke 11½ Linie, also beynahe 1 Zoll seyn müssen.

Dicke der Reife.

Da benannte Kuppel auch wirklich nach der Hand mit drey sehr dicken und breiten Reifen umgefaßt worden ist, deren Querschnitt uns zwar unbekannt ist, aber nach den großen Kosten, die sie verursacht haben, nicht minder beträchtlich als jener zu seyn scheinen, und diese Kuppel seitdem standhaft bleibt, so stimmen unsere Resultate auch in diesem Falle mit der Erfahrung überein.

Die vortheilhafteste Lage für diese Reife ist bey Kuppel- wie bey Tonnengewölben unmittelbar unter dem Theile des größten Schubes; diese Lage ist um so vortheilhafter, daß das äußere Gewölbe keine Nachmauerung erhalten darf; aber bey Gewölben wie diese, die mit Gurten, welche außerhalb hervorspringen, verstärkt sind, kann man diese Schließen nur während des Baues so anlegen, nach der Hand aber ist dieses nicht thunlich, und die Schließen müssen um den oberen Theil der Trommel gelegt werden.

Dicke der Kuppeln.

288) Das Gewölbe der Laterne, wie auch das innere Gewölbe der Kuppel, können ohne Anstand

die zu ihrer Standhaftigkeit nöthige Nachmauerung erhalten, das äußere Gewölbe aber nicht; hingegen ist dieses dadurch stärker, daß es mehr als ersteres überhöhet ist; da solche Gewölbe weniger als die sphärischen schieben, und bey diesen der Schub, wie Art. 258 gesehen, nur $\frac{3}{10}$ des Schubes des Tonnengewölbes beträgt, so brauchen diese Kuppeln viel weniger Dicke als die Zirkelgewölbe; dieses beweist auch die Kuppel der Peterskirche, da die Gurten der äußeren Gewölbe nur ungefähr $\frac{1}{13}$ und die Zwischenfelder nur $\frac{1}{24}$ des Halbmessers des steigenden Bogens zur Dicke, und doch die Last der Laterne auf sich haben.

Druck der Kuppeln auf die Leergerüste.

289) Bey Kuppeln ist jede geschlossene Keillage ein liegendes Kranzgewölbe, dem der letztgelegte Keil zum Schlusse dient; wäre es thunlich, diese Lagen nur eine nach der andern aufzuführen, so wäre der Druck derselben auf das Gerüst fast als Null anzusehen; wie aber dieses schon bey mäßig gespannten, und um so mehr bey großen Kuppeln nicht angehet, so ist der Druck auf das Gerüst in dem Maße empfindlicher, als man von besagter Bauordnung abweicht, jedoch ist dieser Druck immer so klein, daß das Gerüst beynahe nur die zu seiner Erhaltung im freyen Zustande nöthige Stärke benöthigt; auch bestehet bey kleinen Kuppeln, wie jene der Laterne, das Leergerüste bloß aus 4 bis 6 Leerbögen von doppelt auf einander genagelten, und nach der Rundung gehauenen

Bretern, die sich an einer in der Mitte des Gewölbes aufrecht gestellten hölzernen Säule spreitzen, auf diese Bögen kommt keine Breterverschalung, und die Zwischenfelder werden von freyer Hand aufgeführt.

Kappengewölbe.

290) Nach Art. 43 haben die Kappengewölbe und die Kuppeln gleiche Eigenschaften, nähmlich gleiche Bögen des Schubes, und gleichen Ausdruck desselben, wie auch des Flächen- und des Körperinhaltes ihrer Ausschnitte.

Nun sey ein Kappengewölbe nach dem Zirkel, seine Spannung = 25, und seine Dicke = 1; so werden der Schub eines Feldschnittes, dessen Basis einen Fuß innerer Länge hat, nach Tabelle 42 = 2,743 = F; der körperliche Inhalt dieses Schnittes (nach Art. 49) = 13,5268 = P, und der Abstand von seinem Schwerpuncte zu der Widerlage (nach Art. 35) = 2,2848 = a; man setze ihre Höhe = 10, so wird nach Art. 180 die Dicke der Widerlage = 2,3277.

Bey einer Zirkelwölbung von gleicher Spannung und Dicke als jene, sind der Schub eines Schnittes von einem Fuß Länge = 8,8329 = F, der Körperinhalt dieses Schnittes = 20,428 = P, und a = 4,220; ist die Höhe der Widerlagen wie zuvor = 10, so wird nach Art. 180 die Dicke derselben = 5,4480 seyn.

Widerlagen der Kappengewölbe.

In diesem Falle verhält sich also die Dicke der Widerlagen des Zirkelgewölbes, zur Dicke der Widerlagen des sphärischen wie auch des Kappengewölbes, wie 5,4480, zu 2,3277, beynahe wie 117, zu 50.

Bey anderen Gewölbsdicken und Widerlagshöhen kann sich zwar letzteres Verhältniß etwas ändern; da wir aber die Widerlagen so weit über den Zustand des Gleichgewichts halten, so kann man über unbedeutende Abweichungen sich hinaussetzen, folglich besagtes Verhältniß in der Praxi mit Zuversicht anwenden.

Hat man also ein sphärisches oder ein Kappengewölbe zu bauen, so kann man mittelst dieses Verhältnisses die Dicke der Widerlagen beyder Gewölbe, aus der Dicke der Widerlagen des Zirkels von gleichen Maßen, unmittelbar ableiten.

291) Die Kappengewölbe werden nur gebraucht, um enge Räume, wie Gänge und Zellen, zu decken; aus letzterer Ursache nennet man in Frankreich diese Wölbung Klostergewölbe. Sie sind meistens sehr flach, und ihre Felder sind Ausschnitte eines Bogengewölbes; also wie bey diesen ist der Schub kein Größtes, mithin wird er unmittelbar durch F Art. 255 bestimmt.

Die Klostergewölbe werden höchstens ein halb Ziegel, also zwischen 4 und 6 Zoll dick; in Italien bauet man diese Gewölbe auch mit Ziegeln nach der Fläche und in Gyps gelegt, also bey 2 und 2½ Zoll dick; letztere werden in Toscana volterranische Gewölbe genannt, vermuthlich von dem Nahmen der Stadt Volterra, wo sie am ersten oder am häufigsten anzutreffen waren.

Diese Gewölbe sind so fest, daß man sie eher durchschlagen, als zum Einstürzen bringen kann.

Böhmische Gewölbe.

292) Die böhmischen Gewölbe sind in den einzigen Fällen mathematische Körper, wo sie ein Ausschnitt, entweder einer vollständigen Kuppel, oder eines Segments derselben sind; im ersten Falle sind die vier Seitenbögen, wie auch die Diagonalbögen nach dem Zirkel, im letzten Falle aber sind diese Bögen nur Theile von dem Zirkel.

Im ersten Falle läßt sich der Seitenschub der böhmischen Gewölbe am leichtesten, jedoch nur wie Art. 49, schnittweise ausmitteln, wenn man die Grade des mittleren Bogens jedes Schnittes sucht, dann den Schub dieses Bogens entweder aus der Tabelle 8 ableitet, oder sonst findet, endlich nach erwähntem Art. 49 verfährt; auf diese Art findet man den Seitenschub des Gewölbes $= \frac{1}{5}$ des Schubes der Urkuppel. Wie nun der Seitenschub der sphärischen Kuppel nur $\frac{3}{10}$ des Schubes des Tonnengewölbes gefunden worden ist, so ist der Schub eines solchen böhmischen Gewölbes nur $\frac{6}{25}$ des Schubes des Tonnengewölbes.

Die böhmischen Gewölbe werden aber meistens ohne diese Rücksichten gestaltet; denn man gibt ihren Seiten und Diagonalbögen eine den Localumständen angemessene Höhe, und bekümmert sich selten um die daraus entstehende Gestalt derselben, auch führt man diese Gewölbe bloß mittelst einfachen diagonalen Leerbögen frey von der Hand auf, wodurch besagte Gewölbe noch mehr von der Regelmäßigkeit mathematischer Körper abweichen.

Bey so unbestimmten Umständen läßt sich kein Verhältniß von dem Schube dieser Gewölbe zu jenem der Tonnengewölbe angeben, und man kann diesen Schub nur schnittweise und durch Annäherung ausmitteln.

293) Wird ein böhmisches Gewölbe, wie oft der Fall ist, zwischen Gurten gespannt, so erhalten diese in der Seite gegen das Gewölbe, und auf 1 bis $1\frac{1}{2}$ Zoll oberhalb und entlang ihrer Wölbungslinie, einen Einschnitt von 1 bis $1\frac{1}{2}$ Zoll Tiefe und von eben so viel Breite als die Dicke des böhmischen Gewölbes; diese Einschnitte empfangen die Seiten dieses Gewölbes, und dienen demselben zum Lager, dann tragen besagte Gurten den Theil des Gewölbes, der darauf stehet, und die auf die ganze Länge jeden Gurtes vertheilte Schwere dieses Theils vermehrt den Seitenschub des Gurtes, beyläufig in dem Verhältniß von dem Körperinhalt des Gurtes zu jenem benannten Theile des Gewölbes; mithin hat der Pfeiler, welcher einen solchen Gurt trägt, nebst dem so vermehrten Schub desselben, noch den Schub der auf diesem Gurte stehenden Gewölbstheile auf sich; hingegen hat dieser Pfeiler zu seinem Behufe die Schwere des Gurtes und besagter Theile auf sich, welche Schwere zu seiner Standhaftigkeit viel beyträgt.

294) Da die Gurte den Seitenschub der darauf stehenden böhmischen Gewölbe auf sich haben, so müssen die End- oder Façadegurte, welche

keinen Gegenhalt haben, entweder so breit und dick gehalten, oder mit einer Nachmauerung so beschwert werden, daß sie diesem Schube nicht weichen können; zur Erhaltung der schwächeren Zwischengurte aber, während der Aufführung der Gewölbe, muß die Vorsicht gebraucht werden, entweder alle Gewölbe zugleich und mit gleichen Fortschritten aufzuführen, oder die frey bleibenden Gurte gegen einander zu spreitzen.

Kreutzgewölbe.

Die Kreutzgewölbe stehen meistens auf Pfeilern, manchmahl auch nur auf Säulen, jeder dieser Fälle ist also für sich zu betrachten.

Seitenschub der Kreutzgewölbe.

295) Um den Seitenschub der Kreutzgewölbe zu finden, wird man sich an die Sätze Art. 56 und 57 des ersten Theils halten.

Fig. 28. Es sey Fig. 28 der innere Halbmesser CD des Gewölbes, nähmlich r = 10; der äußere CE = 11, und HG der Bogen des schiebenden Theils des Tonnengewölbes BHKE, wovon die Felder Ausschnitte sind, so wird mittelst der Tabelle 15 dieser Bogen = 53 Gr. 9 M., und dessen Schub auf die Länge do = Hb von einem Fuß = 6,7536 gefunden; (N).

Nach erwähntem Art. 56 ist Gg = 2,2; daher bR = 1,2 und BR = 8,8 Fuß; mithin ist der Schub des Gewölbtheils bBgf = 8,1043.

Um den Schub des übrigen Theils Brg zu finden, wird der Körperinhalt eines Ausschnittes dieses Theils nach Art. 53 (c) gefunden, dann wird auch nach Art. 53 (f) der Abstand des Schwerpunctes dieses Ausschnitttheils bestimmt, hernach wird man mit diesen gefundenen zwey Werthen, und mittelst des gewöhnlichen Verfahrens finden

$$F = \frac{\left(\frac{1}{2}A \text{ Bog. Sin. } ACQ - \frac{Bx}{3r}\right)}{x+e} \left(\frac{\sqrt{2rx-xx} - 8lr\,Bx + Cr^2 \text{ Bogen Sin. } ACQ}{12lrA \text{ Bog. Sin. } ACQ - 8rBx} \frac{-\overline{r-x}\sqrt{2rx-xx}}{12lrA \text{ Bog. Sin. } ACQ - 8rBx}\right);$$

wo $A = R^2 - r^2$; $B = R^3 - r^3$; $C = R^4 - r^4$; $l = 8{,}8$, und $e = 1$ sind.

Wird mit diesem Ausdruck von F wie gewöhnlich versuchsweise verfahren, so erhält man für den Bogen AQ

von 36 Gr. 52 M. den Schub F = 37,30
41 — 24 — = 42,36
42 — 16 — = 42,43 ein Größtes,
43 — 6 — = 42,35
44 — 45 — = 42,24.

Wird zu dem gefundenen Größten des Schubes des Ausschnitttheils BRg, nähmlich zu 42,43, jener vorher erhaltene 8,1 des Theils Rbfg addirt, so gibt die Summe 50,53 den Schub des Gewölbtheils außerhalb des Pfeilers (M).

296) Der Schub des Tonnengewölbes auf die Länge Bb = 10 des Gewölbtheils Bbf, beträgt 67,536; dieser Schub verhält sich also, zu dem Schube des Feldes Bbf; wie 67,536, zu 50,53,

Tab. beynahe wie 4, zu 3; in der Ausübung kann man also für den Seitenschub des außerhalb des Pfeilers stehenden Feldes Bbf, Dreyviertel des Schubes des Tonnengewölbes von gleicher Länge Bb nehmen, und dadurch alle Versuche um diesen Schub zu finden, beseitigen.

Nun ist die Dicke der Zwischenpfeiler und der Eckpfeiler zu bestimmen.

Dicke der Zwischenpfeiler.

Fig. 84. 297) Es seyen Fig. 84 die nähmlichen Kreutzgewölbe wie vorhin, und HTpn ein Zwischenpfeiler derselben, dann HZ, TS die auf beyde Seiten dieses Pfeilers gespannten Gurte; obgleich diese meistens dicker als das Gewölbe gehalten werden, wodurch sie mehr Last auf die Pfeiler bringen, daher sie dem Umsturz desselben mehr erschweren, so wird man sie doch für diesen Fall nicht dicker als das Gewölbe und als eine Verlängerung desselben annehmen.

Da diese Gurte einander gleich und gerade entgegen gesetzt sind, so hebt sich ihr gegenseitiger Schub gegen den Zwischenpfeiler auf; ein Gleiches geschieht auch bey den einander gerade entgegengesetzten und schiebenden Feldern bqH und dOT: mithin nur der Gewölbstheil qOTHq aus den zwey Feldern qMH, ONT und dem dazwischen stehenden Gurte, schiebt gegen den Pfeiler HT.

Der Schub dieses Gurtes HhKT beträgt nach Art. 295 (N) auf jeden laufenden Fuß Breite HT des Pfeilers 6,753 Fuß; man setze diese Breite = B an, so wird der Schub besagten Gurtes auf den Pfeiler = 6,753 B seyn.

Der Schub der zwey Felder qMH, ONT ist nach Art. 295 (M) zweymahl 50,53, folglich 101,06; wird dieser Schub mit jenem 6,753 B des Gurtes addirt, so erhält man den ganzen Schub gegen den Zwischenpfeiler = 6,753 B + 101,06 = F.

Um dem Pfeiler die gehörige Stärke zu verschaffen, ist dieser Schub um zwey Drittel grösser anzunehmen, daher wird man für denselben 11,255 B + 168,43 nehmen.

Die Höhe der Pfeiler sey 5 Fuß, so wird der Hebelarm des Schubes = 5 + 11 = 16 Fuß, welche mit letztem Schube multiplicirt, dessen Moment = 180 B + 2695; (A) geben.

Nun ist das Widerstandsmoment des Pfeilers und der darauf stehenden Gurten- und Gewölbtheile zu finden.

298) Es stehen auf dem Pfeiler, wie bewußt, die zwey Seitengurten ZH, TS und der mittlere HK, dennoch einer Seits desselben die Felder qMH, qbH, und anderer Seits die Felder ONT, OdT, mithin im Ganzen drey Gurte und vier Felder; diese sieben Körper wirken auf dem Pfeiler, um seinen Umsturzwiderstand zu vermehren, nicht bloß durch ihre Schwere, sondern noch mit dem Hebelarm derselben, nähmlich mit dem Abstande des Punctes, wo diese Schwere vereinigt angenommen werden kann, zu dem äußeren Rand np der Basis des Pfeilers; nebst dem widerstehet der Pfeiler für sich durch seine Schwere, welche

Fig. 84.

mit einem Hebelarm wirkt, dessen Länge der Abstand der aus dem Schwerpuncte des Pfeilers fallenden Verticale zu besagtem äußeren Rande np ist. Bey jedem dieser acht Körper gibt sein Inhalt, multiplicirt mit dem Abstande seines Schwerpunctes zu gedachtem Rande, das Widerstandsmoment dieses Körpers gegen den Umsturz des Pfeilers; um diese acht Momente zu erhalten, muß man also bey jedem dieser Körper seinen Inhalt und den Abstand seines Schwerpunctes an bemeldetem äußeren Rand finden, dann beyde mit einander multipliciren, und die Summe dieser acht Widerstandsmomente, mit dem Art. 297 (A) gefundenen Moment des Schubes gegen den Pfeiler gleich gehalten, wird die Gleichung geben, woraus die gesuchte Dicke des Pfeilers leicht abzuleiten seyn wird.

a) Es sey nun die gesuchte Dicke Hn = x; da der Pfeiler 5 Fuß hoch, und seine Breite = B angenommen worden ist, so wird sein Körperinhalt = 5Bx seyn; dieser mit dem Abstand $\frac{x}{2}$ seines Schwerpunctes an den äußeren Rand np multiplicirt, gibt das Widerstandsmoment des Pfeilers $= \frac{5}{2}Bxx$; (B).

b) Der Körperinhalt der auf dem Pfeiler stehenden Hälfte bGnH des Gurtes HZ beträgt auf jeden laufenden Fuß der Dicke Hn des Pfeilers 16,5 Fuß, mithin der Körperinhalt dieser Hälfte ist = 16,5x; der Abstand des Schwerpunctes derselben zu der Richtung Zp ist die Hälfte von Hx, also $= \frac{1}{2}x$; daher ist das Widerstandsmoment besagter Hälfte des Gurtes HZ $= \frac{16,5}{2}xx$.

Da ein Gleiches bey dem entgegengesetzten Gurte TS Statt findet, so sind diese zwey Widerstandsmomente $= 16,5xx$; (C).

c) Der Körperinhalt der Hälfte MNTH des mittleren Gurtes, beträgt auf jeden laufenden Fuß der Breite HT $=$ B des Pfeilers eben so wie bey den Seitengurten 16,5 Fuß; mithin ist dieser Inhalt $= 16,5B$; den Abstand seines Schwerpunctes zum Kämpfer HT findet man nach Art. 52 (*c*) $= 3,264$; daher ist der Abstand dieses Punctes zu dem äußeren Rand np des Pfeilers $= 3,264 + x$; dieser Abstand, mit dem gefundenen Körperinhalt 16,5B des mittleren Gurtes multiplicirt, gibt das Widerstandsmoment dieses Gurtes $= 53,85B + 16,5Bx$; (D).

Fig. 84.

d) Der Körperinhalt des Feldes MqH, von der Länge Mq $= 10$ Fuß, beträgt 55 Fuß; der Schwerpunct dieses Feldes ist nach Art. 54 (*f*) um 6,23 Fuß von der Richtung bT, mithin um $6,23 + x$ von der Richtung Gp entfernt; diese Entfernung, mit dem Körperinhalt 55 dieses Feldes multiplicirt, gibt sein Widerstandsmoment $= 342,65 + 55x$.

Eben so ist das Widerstandsmoment des gleichen und ähnlich stehenden Feldes NOT$=342,65 + 55x$; mithin betragen diese zwey Widerstandsmomente $684 + 110x$; (H).

f) Endlich ist der Körperinhalt des Feldes

Fig. 84. qbH auch = 55 Fuß; der Abstand seines Schwerpunctes zu der Richtung bT muß aber nach Art. 53 (e) abgeleitet werden, man findet ihn = 3,194 Fuß *); mithin ist dieser Abstand zu der Richtung

---

*) Der Schwerpunct der Hälfte BHKE (Fig. 28) des Tonnengewölbes, ist in der Mitte seiner Länge; da diese hier = BH = CE = 11 Fuß ist, so liegt dieser Punct um 5½ Fuß weit von der verticalen Ebene CBE.

Der Körperinhalt dieses Gewölbtheils beträgt 181,5 Fuß; daher ist sein Moment in Hinsicht der Ebene CBE = 998,25.

Der Abstand des Schwerpunctes des Feldes BKEDA des Kappengewölbes, zu der verticalen Ebene CBHV ist nach Art. 54 gleich 8,262; dieser Schwerpunct ist in der Ebene, die aus CB nach der Mitte von EK, folglich durch die Mitte aller anderen mit EK gleichlaufenden Elemente dieses Feldes, geführt wird.

Man denke sich eine wagerechte, und mit EK gleichlaufende Linie, die von der verticalen Ebene CBE bis zu jener CBK, und durch besagten Schwerpunct geht. Nach den Eigenschaften der Kappengewölbe, wird die Länge dieser Linie dem Abstand benannten Schwerpunctes zu der verticalen Ebene CBHV gleich; mithin ist dieser Punct um die Hälfte dieses Abstandes 8,231, nähmlich um 4,131 von der verticalen Ebene CBE entfernt.

Der Körperinhalt des Feldes BKEDA beträgt 110⅜ Fuß; dieser Inhalt mit letztem Abstande 4,13 multiplicirt, gibt das Moment dieses Feldes in Hinsicht der verticalen Ebene CBE = 455,9; wird dieses Moment von jenem gefundenen 998,25 abgezogen, so bleibt das Moment des Feldes BHK des Kreuzgewölbes in Hinsicht der Ebene CBE, = 542,35.

Der Theil KbfKH des Feldes, der auf dem Pfeiler stehet, daher als zu dem daran stoßenden Gurte Fig. 84 geschlagene betrachtet wird, hat zur Breite Hb die Dicke des Gewölbes, mithin ist er in diesem Falle 1 Fuß breit, sein Körperinhalt beträgt 16 Fuß, und sein Schwerpunct liegt beynahe in der Mitte dieser Breite, mithin ist er um

Gp = 3,19 + x, welches, mit dem Körperinhalt 55 dieses Feldes multiplicirt, sein Widerstandsmoment = 175 + 55x gibt.

Eben so ist das Widerstandsmoment des gleichen und ähnlich stehenden Feldes OdT, mithin betragen diese zwey Widerstandsmomente 350 + 110x; (G).

299) Nun sind alle Schubsmomente, wie auch alle Widerstandsmomente bekannt; wird dann die Art. 297 (A) gefundene Summe der ersten Momente, mit der Summe der letzten Art. 298 (B), (C), (D), (H) und (G) gleichgehalten, so erhält man nach erfolgten gehörigen Abkürzungen die Gleichung 126,3B + 701 = ($\frac{5}{2}$B + 16,5) xx + (220 + 16,5B) x; woraus folgt

Fig. 84.

$$x = \sqrt{\frac{253B + 3322}{5B + 33} + \left(\frac{220 + 16,5B}{5B + 33}\right)^2}$$

$$- \left(\frac{220 + 16,5B}{5B + 33}\right).$$

Werden für die Breite B des Pfeilers verschiedene der üblichsten Maße nach einander angenommen, so erhält man folgende Resultate:

$10\frac{1}{2}$ Fuß von der Ebene CBE entfernt, demnach ist das Moment dieses Theils in Hinsicht dieser Ebene = 168; wird dieses Moment von letzterem 542,35 abgezogen, dann der Rest 374,35 durch den Körperinhalt 55 des Ausschnitttheils Bbf dividirt, so gibt der Quotient 6,8064 den Abstand des Schwerpunctes dieses Theils zu der Ebene CBE, und dieser Abstand von der Länge Bb = 10 abgezogen, gibt den gesuchten Abstand dieses Punctes zu der durch bf gehenden verticalen Ebene, = 3,1936.

Pfeilersbreite		Pfeilersdicke
2 Fuß	. .	5 Fuß 3 Zoll = Linien
3 —	. .	5 — 2 — = —
4 —	. .	5 — 1 — 7 —
5 —	. .	5 — 1 — 2 —

Fig. 84.

Nun betrachte man ein Tonnengewölbe von gleicher Wölbungslinie, gleicher Spannung 20 und gleich Gewölbsdicke 1, als diese Kreuzgewölbe, auch auf gleich hohe Widerlagen gestellt, so gibt die Berechnung für die Dicke der Widerlagen dieses Tonnengewölbes 3 Fuß 9 Zoll; mithin erfordern die Zwischenpfeiler der Kreutzgewölbe bey 2 Fuß Breite um ⅓ mehr Dicke als die Widerlagen des Tonnengewölbes.

Satz.

Diese Resultate werden der Praxi willkommen seyn, da sie in den Stand setzen, so viele Berechnungen zu beseitigen, und die nöthigen Anhaltungspuncte verschaffen, um die Dicke der Zwischenpfeiler der Kreutzgewölbe, nach Maß als diese Pfeiler breit sind, leicht zu bestimmen.

300) Ist das Gebäude auf allen Seiten, wie auf jener EY, mit Mauern eingeschlossen, so fallen zwar die Seitengurten BI und VL um so schmäler aus, als diese Mauern dicker sind, und die Seitengurte bringen weniger Last auf die Zwischenpfeiler; dieser Abgang ist aber durch die Bindung dieser Pfeiler mit gedachten Mauern, wodurch diese den Dienst von Seitenstrebepfeilern leisten, mehr als hinlänglich ersetzt; um so mehr findet dieses in dem nicht seltenen Falle Statt,

wo man Kreutzgewölbe ohne Pfeiler, zwischen zwey Mauern aufführt. Fig. 84.

Man hat bey der Berechnung des Körperinhalts der Gurte, diese am Fuße eben so breit aus- als einwärts angenommen; obgleich die Füße derselben, wie es die Pfeiler AB, hK, worauf die Grundfläche der Gurte gezeichnet sind, zeigen, sich an den Ecken B, h, K verschneiden, wodurch besagter Körperinhalt um etwas zu groß angenommen worden ist, hingegen aber hat man, um diesen Umstand zu heben und zugleich die Berechnung zu vereinfachen, aus dieser das Mauerwerk weggelassen, welches zur Verstärkung der Füße der Gurte, mit diesen Füßen auf den Pfeiler aufgeführt wird.

Dicke der Eckpfeiler.

301) Es stehen auf jedem Eckpfeiler, also auch auf jenem RQLZ, zwey Felder qDR, qbR und zwey Gurte RA, Rn; mithin hat dieser Pfeiler den Schub, hingegen auch die Last dieser vier Körper auf sich.

Das Feld qDR bestehet aus Elementarbögen, die von q nach D in der Länge zunehmen, und mit DR parallel laufen, deren Schub also mit dieser Richtung auch gleich läuft; jeder dieser Bögen stehet auf dem Grathbogen qR, und theilt diesem Bogen seine Last, wie auch seinen Schub mit; wie nun ein Gleiches bey dem anderen auch gleichen Felde qbR geschieht, und die Richtung der Elementarbögen dieses Feldes, wie auch die Richtung der Schube dieser Bögen, senkrecht auf die Richtung der Schube der Elementarbögen des entgegenstehenden Feldes qDR fällt, so zerlegen sich diese Schube nach der Richtung des Grathbogens, nähmlich nach der Richtung der Diagonale des Quadrats, wovon die Seiten entweder qD, qb, oder mit diesen parallel sind.

Wären die Elementarbögen ohne aller Bindung mit einander, so müßte der Schub jedes dieser Bögen gesucht, dann zerlegt, und auf dem Punct des Grathbogens, worauf der Elementarbogen stehet, betrachtet werden; hernach müßte man die Höhe dieses Punctes über den Feldboden, nähmlich den Hebelarm, womit dieser zerlegte Schub gegen den Pfeiler wirket, ausmitteln, um das Moment dieses Schubes zu erhalten; da die Zahl der Elementarbögen, von ihrer Breite und von der Länge des Feldes, diese Breite aber von der Länge des zu diesem Bogen verwendeten Materials abhängt; so würde eine solche Untersuchung nicht nur äußerst lang und ermüdend seyn, sondern noch zu keinem allgemeinen Schluß führen; indem sie bey jeder andern Breite der Elementarbögen unternommen werden müßte; aber das Material wird bey dem Bau sorgfältig im Bunde, nähmlich voll auf Fuge gelegt, mithin greifen die Elementarbögen bey jeder Lage derselben wechselsweise einer in den andern; dazu kommt noch die Bindung des Malters, welche bey Ziegeln in kurzer Zeit so wirksam ist, daß man jedes Feld nach dem Abrüsten beynahe wie eine feste Masse betrachten darf; demnach wird man den Seitenschub jedes Feldes in dem Elementarbogen vereinigt, betrachten, der durch den Schwerpunct des Feldes gehet, und diesen Schub an den Punct des Grathbogens ansetzen, worauf dieser Elementarbogen stehet.

302) Der Schub des Feldes qDR sey durch qD, und der gleiche Schub des andern Feldes qbR durch qb vorgestellt, so wird die Diagonale qR des Quadrats qDRb den aus den Schuben dieser zwey Felder entstehenden Schub vorstellen, auch seine Richtung angeben. Der Schub eines Feldes ist vorhin = 50,53 gefunden worden, mithin verhält sich dieser Schub, zu dem aus beyden zusammengesetzten und nach den Grathbögen wirkenden Schub, wie die Seite des Quadrats, zu seiner Diagonale; nähmlich wie 7 zu 10. Daher ist dieser Schub = 72,2; da er um $\frac{2}{3}$ größer anzunehmen kommt, so ist der zu betrachtende Schub beyder Felder = $120\frac{1}{3}$ Fuß.

Fig. 84.

Es sey a der Schwerpunct des Feldes qbR, und r der gleichliegende Schwerpunct des anderen Feldes qDR; man führe durch einen dieser Puncte, also durch jenen r die Richtung tv des durch diesen Punct gehenden Elementarbogens, so wird diese Richtung parallel mit DR laufen, und v wird der Punct auf dem Grathbogen seyn, wo der gefundene Schub 120 zu betrachten kommt.

Der Abstand qt ist = 6,8 gefunden worden, und qt ist der Ordinate oder Spannung des unter tv stehenden inneren Bogens gleich; der Halbmesser dieses Bogens ist 10 Fuß; daher ist die Höhe, auf welche diese Ordinate über dem Mittelpunct des Bogens, also auch über den Kämpfer des Pfeilers, liegt $= \sqrt{10^2 - 6,8^2} = \sqrt{100 - 46,24}$ $= 7\frac{1}{3}$ Fuß; wird nun zu dieser Höhe, jene 5 des Pfeilers addirt, so erhält man den Hebelarm des Schubes der Felder $= 12\frac{1}{3}$', welcher mit dem gefundenen Schub 120 multiplicirt, das Moment des Schubes der Felder $= 1480$ Fuß gibt (O).

Es sey nun jede Seite des Pfeilers $= x$, so wird der Schub jedes der Seitengurte RA, Rn, $= 6,753x$, diese zwey Gurte wirken auch wie die Felder, in Richtungen, die senkrecht auf einander sind; daher wird der zusammengesetzte Schub nach der Diagonale RL des Pfeilers wirken, und dieser Schub wird das Product von $6,75x$ mit $\frac{10}{7}$, mithin $= 9,6x$ seyn; da dieser Schub auch um $\frac{2}{3}$ größer anzunehmen kommt, so ist der zu betrachtende Schub beyder Gurte $= 16x$ Fuß; wird dann dieser Schub mit dem Hebelarm 16, womit er wirkt, multiplicirt, so erhält man das Moment des Schubes der Gurte $= 220x$.

Wird endlich dieses Moment zu jenem (O), nähmlich 1636 geschlagen, so gibt die Summe derselben das Moment aller Schube $= 220x + 1480$ (Q).

303) Nun sind die Widerstandsmomente zu bestimmen; diese bestehen aus jenem der Pfeiler selbst, und aus jenen der darauf stehenden zwey Pfeiler und zwey Gurte.

Der Pfeiler ist von allen Schuben nach seiner Diagonale RL gedrückt, mithin widerstehet derselbe in der Richtung dieser Diagonale, diese ist $= \frac{10}{7}x$, und die Höhe des Pfeilers mißt 5 Fuß; daher ist sein Körperinhalt $= 5xx$, und sein Widerstandsmoment das Product dieses Körperinhalts mit der Hälfte iL von LR, also mit $\frac{5}{7}x$; folglich ist sein Widerstandsmoment $= \frac{25x^3}{7}$; (P).

Fig. 81.

Der Körperinhalt der Hälfte LZ des Gurtes ZH, ist nach Art. 298 (*b*) = 16,5x; der Hebelarm, womit dieser Körper gegen den Umsturz des Pfeilers wirkt, ist die Hälfte iL von LR; also $= \frac{5x}{7}$; daher ist das Widerstandsmoment dieses Gurtes $= \frac{82,5}{7}xx$; eben so viel ist auch das Widerstandsmoment des andern Gurtes RA; demnach betragen diese zwey Momente zusammen $\frac{165}{7}xx$; (R).

Der Schwerpunct a des Feldes qbR, ist nach Art. 298 (*d*) und (*f*) um 3,77 Fuß von qb, und um 3,19 Fuß von Rb entfernt, mithin ist seine Lage bekannt; eben so bekannt ist die gleiche Lage des Schwerpunctes r des andern gleichen Feldes qDR; da dieser Punct um 3,77 Fuß von qD, und um 3,19 Fuß von DR entfernt liegt, wie nun der gemeinschaftliche Schwerpunct dieser zwey gleichen und ähnlich stehenden Felder, in der Mitte f des Abstandes ar deren Schwerpuncte liegt, so ist f in der Richtung des Grathbogens qR; der wagerechte Abstand von f zu R ergibt sich aus erwähnter Lage der Schwerpuncte a und r, mittelst einer kleinen Berechnung, und diese gibt fR = 6,74 Fuß, welche zu RL $= \frac{10}{7}x$ addirt, $6,74 + \frac{10}{7}x$

für die Länge des Hebelarms gibt, womit der Körperinhalt der zwey Felder zur Erhaltung des Pfeilers wirket. Da nach Art. 298 (*d*) dieser Inhalt 110 Fuß beträgt, so ist das Widerstandsmoment der zwey Felder $= 741 + \frac{1100}{7}x$; (T).

Wird nun die Art. 302 (Q) gefundene Summe der Schubmomente, nähmlich $220x + 1480$, mit der Summe der Widerstandsmomente (P), (R) und (T) gleich gehalten, so erhält man nach geschehenen Abkürzungen die Gleichung $0 = x^3 + 6{,}6xx - 17{,}6x - 206{,}9$.

Daraus folgt x, nähmlich die Dicke des Pfeilers = 5 Fuß; mithin braucht der Eckpfeiler etwas weniger Dicke als die Zwischenpfeiler; wie aber diese Dicke, der Regelmäßigkeit wegen, bey allen Pfeilern gleich gehalten wird, so folgt der

Satz

Satz, daß man den Eckpfeilern die nähmliche Dicke, als die, welche den Zwischenpfeilern gehört, geben kann, daß aber die Eckpfeiler gleichseitig seyn müssen.

Die Kreuzgewölbe sind zwar, wegen der unausweichlichen schwachen Bindung der Felder längs der Grathbögen, nicht so wie die Tonnengewölbe geeignet, um bedeutende Lasten zu tragen, auch erfordern sie mehr zusammengesetzte Leerbögen; sonst haben sie viele Vorzüge über die Tonnengewölbe; denn sie erfordern bey ⅓ weniger Material, verschaffen unter sich mehr Raum, und besonders in dem Falle, wo einige Seiten des Gebäudes nicht mit Mauern geschlossen sind, eine große Ersparniß am

Mauerwerke bey den Widerlagen, dennoch im Gegenfalle erlauben sie breite und hohe Fenster, wie auch Thüren in den Seiten des Gebäudes anzubringen, ohne deßwegen den Widerstand der Pfeiler zu schwächen, was man sonst in den Widerlagen eines Tonnengewölbes nicht ungestraft thun kann; endlich können solche Gewölbe sogar auf Säulen gestellt werden, und darauf mittelst eiserner Schließen standhaft stehen.

Kreutzgewölbe, die auf Säulen zu stehen kommen.

304) In mehreren Städten, und besonders auf den Plätzen, sieht man Häuser, deren vorderer oberer Theil auf Kreutzgewölben, und diese bloß auf dünnen Säulen stehen, welche an einander längs des Umfanges auch nach der Quere des Gebäudes mit eisernen Schließen gebunden sind. Fig. 24

Um die Stärke dieser Schließen zu bestimmen, und zugleich die dabey vorkommenden Berechnungen abzukürzen, wird man für die Kreutzgewölbe, die vorhergehenden als Beyspiel annehmen, die Breite der Seiten und der Quergurten aber auf die in diesem Falle gewöhnliche Breite von einem Fuß herabsetzen; dann noch wird man den unbedeutenden Umsturzwiderstand der Säulen, wie auch den größeren, aus der Schwere der Gurte und der Felder herkommenden Widerstand, zu Gunsten der Standhaftigkeit des Gebäudes, beseitigen.

Die gehörige Lage der Schließen, wie es Art. 215 (*a*) erwiesen worden, ist unmittelbar unter dem Fuß des schiebenden Theils der Gewölbe; da die Schließen in dieser Lage dem Schub den Hebelarm benehmen, womit er sonst gegen die Widerlagen wirket; da für den Widerstand der Schließen nach besagtem Art. 215 (*d*) nur ein Drittel von dem angenommen wird, was sie vor dem Abreißen leisten können, so fallen hier bey der Betrachtung der Schube die Hebelarme derselben, wie auch die sonst gepflogene Vermehrung dieser Schube um zwey Drittel von der Berechnung weg, daher kommen bloß einer Seits die ursprünglichen Schube, und anderer Seits der dagegen zu verschaffende gleiche Widerstand der Schließen zu betrachten.

Querschließen an den Zwischensäulen.

Fig. 34. 305) Der Schub gegen jede Zwischensäule HT ist wie bey den Zwischenpfeilern, dem Schube des mittleren Gurtes und dem Schube der beyden Seitenfelder qMH, ONT, gleich; der erste Schub ist = 6,753, und die letzten Schube sind = 101 gefunden worden; mithin betragen diese drey Schube 107,753 Kubik-Fuß Mauerwerks; da dieser Fuß 120 Pfund schwer angenommen wird, so beträgt der sämmtliche Schub 12930 Pfunde; eben so groß muß also der Widerstand der dagegen anzulegenden Schließen seyn.

Nach Art. 215 (*d*) hält jede Quadratlinie des Querschnittes einer eisernen Schließe, eine Zugkraft von 176 Pfund standhaft aus; theilt man also besagte 12930 durch 176, so gibt der Quotient 73 Quadratlinien für den gehörigen

Querschnitt der Schließe; ist also die Breite derselben z. B. 15 Linien, dann sind 5 Linien für ihre Dicke mehr als hinlänglich.

Schließen an den Ecksäulen.

306) Die Ecksäule RL hat auf der Seite RQ den Schub 6,753 des Gurtes RA, und den auf dieser Seite auch senkrecht wirkenden Schub 50,5 des Feldes qDR, mithin zusammen einen Schub von $57\frac{1}{4}$ Fuß, auf sich; das nähmliche ist auf der anderen Seite RZ von Seiten des Gurtes Ra und des Feldes qbR; wird nun dieser Schub $57\frac{1}{4}$ mit 120 Pfund multiplicirt, dann das daraus entstehende Product 6870 durch 176 dividirt, so gibt der Quotient fast 40 Quadratlinien für den Querschnitt der Schließen von der Säule AB zu jener QR, und der Schließe von dieser Säule zu der Zwischensäule Hp, wie auch aller andern Schließen des Umfanges der Gewölbe, in dem alle diese äußeren Schließen einander das Gleichgewicht halten müssen.

Fig. 84.

Wie nun der Querschnitt der Querschließen 73, und jener der Umfangsschließen aber nur 40 Quadratlinien beträgt, so sieht man, daß letztere Schließen viel schwächer als die ersten seyn können, indem sie nicht einmahl $\frac{4}{7}$ der Stärke der Querschließen bedürfen.

Da man den Kreutzgewölben meistens 12 bis 15, und höchstens 18 Fuß Spannung, auch denselben im ersten Falle nur einen halben Ziegel Dicke gibt, da noch der Widerstand beseitigt worden ist, der aus der Schwere der Säulen und der darauf stehenden Gewölbe entstehet, so folgt daraus, daß die angegebene Stärke der Schließen die größte ist, die man annehmen kann, auch könnte sie auf zwey Drittel herabgesetzt werden.

Beschluß.

Wir haben das Verhältniß des Schubes und der Dicke der Widerlagen der sphärischen Kuppeln zu dem Schube und der Dicke der Widerlagen der einfachsten Gewölbe, nähmlich der nach dem Zirkel, auch bey überhöheten und doppelten Kuppeln das Verhältniß der Dicke zu der Spannung der Trommel angegeben; dadurch haben wir also jeden Baukundigen in Stand gesetzt, die ermüdende Menge von Berechnungen zu beseitigen, welche sonst die Mechanik der zusammengesetzten Gewölbe, bey Bestimmung der Widerlagen erfordert; nun sind wir also am Ziele. Die zurückgelegte Bahn ist zwar viel länger als man es im Allgemeinen hätte vermuthen können, weil man bisher meinte, daß die Mechanik der Gewölbe nur ein Gegenstand von wenigen Aufgaben sey, sie ist aber, wie gesehen, ein ausgedehntes, im Gebiethe der Mathematik, der Physik und der Baukunst liegendes, mithin sehr zusammengesetztes Fach; dieses war um so schwerer abzuhandeln, indem das, was darüber geschrieben worden, größten Theils mehr zum Irreführen als zum Leitfaden dienet.

Inhalt der Mechanik der Gewölbe.

Erster Theil.

Zweyter Theil.

Dritter Theil.

In eben demselben Verlage ist neu erschienen:

Anleitung
zu dem
Entwurf und der Ausführung
schiffbarer Canäle,

von

Sebastian v. Maillard,

k. k. Oesterr. Feldmarschall-Lieutenant im Ingenieur-Corps, Mitglied der königl. Gesellschaft der Wissenschaften zu Prag, und corresp. Mitglied der kaiserl. Akademie der Wissenschaften zu St. Petersburg.

Mit 12 gestochenen Planen in Querfolio.

gr. 8. 1817. 4 Rthlr.

Was bisher über Schifffahrts-Canäle geliefert worden ist, besteht meistens in der Beschreibung einiger der bestehenden Canäle; über die Art, solche Canäle zu entwerfen und auszuführen, ist in unserer deutschen Literatur noch nichts methodisches, auf echte Sätze gegründetes erschienen. Da der Herr Verfasser dieses Werkes auf Befehl seines Hofes eine Reise nach England unternahm, um die dortigen Canäle zu bereisen, und nach seiner Rückkehr den Canalbau in Oesterreich mehrere Jahre hindurch leitete, so hatte derselbe sicher vor vielen andern Gelegenheit, sich Kenntnisse in diesem Fache zu sammeln, und es ist zu erwarten, dass sein Bestreben, diese Kenntnisse durch Ausarbeitung dieses Werks gemeinnützig zu machen, von dem gelehrten Publicum gewürdigt werden wird. Die schön gestochenen Plane enthalten 126 Abbildungen verschiedener Gegenstände.

Verbesserungen und Druckfehler.

Seite	Zeile	statt:	lese:
52	7	als r enn	als wenn
	12	L und I	L und l
56	6	nur eine Minute	Minuten
71	26	nur um ¹	nur um $\frac{1}{59}$tel
74	9	$\frac{Dd.AL\,(CE^3-CD^3)}{3CD.CD}$	$\frac{Al(EK.CE^2-Dd.CD^2)}{3CD}$
	10	$\frac{Dd\,(CE^3-CD^3)}{3CD}$	$\frac{EK.CE^2-Dd.CD^2}{3}$
	15	$\frac{3(CE^4-CD^4)(CE\,\text{Bog.}\,Bq-}{8CE.CF.(CE^3-CD^3)}$	$\frac{3Dd(CE^4-CD^4)(CD\,\text{Bog.}\,Aq-}{8Al.CD.EK(CE^3-CD^3)}$
	25	$\frac{3(CE^4-CD^4\,\text{Bog.}\,EB}{8CD(CE^3-CD^3)}$	$\frac{3Dd(CE^4-CD^4)\,\text{Bog.}\,AD}{CD.EH}$
80	11	BHK =	BHK ist, wenn man r statt x, R statt und $\frac{11r}{7}$ statt Bogen AQ setzt, =
263	7	auf der Randseite	auf der Landseite
339	9	an welcher	an welchen

Mech

M e ch

Zum ersten The

Zum zweyten, di

Zum dritten Theil

eines Gewölbes nach Maß der Breite des Schlußkeils.
eines belasteten Gewölbes nach Maß als die Last weit von dem höchsten Theil

ial-Tabellen zur Bestimmung der Dicke der Widerlagen.
t der Widerlagen der Gewölbe nach dem Zirkel von verschiedener Span-

le der Widerlagen der Korbbögen mit jenen des Zirkels von gleicher
t.
der Widerlagen der Bögen, auch der Binde, mit der Dicke der Widerla-
ewölbe, wie auch jener nach dem Zirkel.

ie Tendenz zur Drehbewegung bey zusammengesetzten Gewölben betreffend.

ischen Kuppel.
n von gleicher Spannung, aber verschiedenen Dicken.

Seitenschub versch
linie nach dem
durch di

Mittelwinkel M	
Min.	
300	oder
600	—
1200	—
1500	—
1560	—
1583	—
1584	—
1585	—
1586	—
1620	—
1800	—
2400	—
3000	—
3600	—

Seitenschub der S

Reibungs		
Gr.	Min.	Die Re
0	1	. . .
1	—	. . .
4	—	. . .
10	—	. . .
14	2	die Reibu
15	—	. . .
16	21	8 Sec.
17	—	. . .
18	—	. . .
18	26	die Reibu
20	—	. . .
26	34	die Reibu
30	—	die Reibu
40	—	. . .
45	—	die Reibu
60	—	. . .
80	—	. . .
89	—	. . .
unendlich nahe an g bung unendlich		

Tabelle 2.

ewölbe nach dem Zirkel, deren Elementarfläche MBCN (Fig. 22) durch 1 vorgestellt ist.

-Complement.	Bogen Mq des schiebenden Gewölbes.	Schub des Gewölbes.
	Gr. Min.	
bung unendlich klein	unendlich klein	F=1
. . . .	4 21	0,63296
. . . .	16 17	0,58148
. . . .	23 24	0,50159
. . . .	27 42	0,39822
ng $\frac{1}{4}$ des Drucks .	28 35	0,34518
. . . .	28 38	0,33370
. . . .	28 38 52 Sec.	0,31814
. . . .	28 38	0,31119
. . . .	28 36	0,300051
ng $\frac{1}{3}$ des Druckes .	28 35	0,29599
. . . .	28 26	0,28016
ng die Hälfte des Druckes	27 17	0,22146
ng $\frac{3}{5}$ des Druckes .	26 24	0,19489
. . . .	23 7	0,13021
ng dem Drucke gleich	21 11	0,10389
. . . .	14 38	0,04468
. . . .	14 59	0,00486
. . . .	— 30	0,00005
o Grade oder die Reibung größer als der Druck	unendlich klein	unendlich klein

T

Gothische Gen

cheninhalt des f

(Fig

Reibungs-Complement.	
Gr.	Min.
unendlich klein	
0	1
1	—
4	—
8	—
12	—
14	2
18	26
26	34
30	—
35	—
60	—

Vollstä

Reibungs-Comple	
Gr.	Min.
unendlich klei	
5	—
14	2
18	26
30	—
45	—
60	—
unendlich nahe an 9	

Tabelle 5.

...ige sphärische Kuppeln.

...it.	Bogen AN (Fig. 26) des schiebenden Theils.		Seitenschub jedes Ausschnitts ALDEHBA dessen Körperinhalt durch 1 vorgestellt ist.
	Gr.	Min.	
	51	57	F ≐ 0,3004
	50	—	0,2490
	46	20	0,1761
	44	17	0,1465
	38	10	0,0856
	30	—	0,0359
	23	—	0,0077
...Grad.	unendlich klein.		unendlich klein.

T

Gewölbe nach
Dicke $\frac{1}{10}$ der Spa
inhalt des Ban
wöl

Bogen nt (Fig. 46 dessen Fuß die Last	
Gr.	Min.
24	37
25	—
26	—
27	—
28	—
30	—
35	—
38	—
39	—
*40	15
41	—
42	—
43	—
45	—
47	—
50	—
55	—
60	—
63	—
64	—
65	—
65	23

Tabelle

Gewölbe nach dem Z
Spannung, und 1
cheninhalt des Bande
Gewölbe =

Gewölbstheil der von der Wölbungshöhe aus anfängt.		W tu
Gr.	Min.	
1	—	F
5	—	
10	—	
20	—	
30	—	
40	—	
50	—	
51	—	
52	—	
53	—	
53	6	
53	8	
53	9	
53	10	
53	15	
53	20	
53	30	
54	—	
55	—	
60	—	
70	—	
80	—	
90	—	

Tabelle 9.

kel von 20 Fuß
ıß Dicke, Flä=
von dem halben
6,493.

rechte zur Erhal- dieses Theils nöthi- ge Kraft = F.
= 0,0151
0,3648
1,3072
3,6687
5,4342
6,3805
6,7321
6,7424
6,7489
6,75181
6,75187
6,751898
6,751914 größtes
6,751908
6,751903
6,75189
6,75182
6,7504
6,7466
6,6608
6,5258
5,7435
4,9668

Gewölbe nach dem Zirkel von 18 Fuß Spannung $\frac{3}{4}$ Fuß oder 9 Zoll Dicke, das einen Schlußkeil hat.

Öffnung des halben Schlußkeils	Bogen des schiebenden Theils.	Seitenschub des Gewölbes.
0 Gr.	52 Gr.	F = 4,7294
1 —	51 —	4,7272
2 —	50 —	4,7268
3 —	49 —	4,7228
4 —	48 —	4,7160
5 —	47 —	4,7077
15 —	39 —	4,5226
30 —	31 —	3,8810
45 —	25 —	2,7512
60 —	21 —	1,0180
75 —	0 —	verneinend.

Gewölbe na
Mi

Lage des M
An dem oberst
— der Mitte
— $\frac{9}{10}$ unter
— $\frac{19}{20}$ . .
— $\frac{99}{100}$.
— $\frac{999}{1000}$.
— dem unters

Gewölbe nach

L
0 Zwanzigstel
1 . . . .
2 . . . .
4 . . . .
8 . . . .
16 . . . .
32 . . . .
10 Mahl größe
12 Mahl detto
99 Mahl detto

Gewölbe nach dem Z

Abstand der Last von der Wölbungshöhe.	Last $\frac{1}{10}$ de
	Bogen de schiebenden Theils.
Fuß	Gr.
1	57
2	59
3	61
4	63 *
5	65
5,2493	66
6	67
7	68
8	70
8,9	71

Tabelle 12.

el von 18 Fuß Spannung, und 3 Fuß Dicke, das beschwert ist.

ewölbes	Last = $\frac{2}{10}$ des Gewölbes		Last = 5mahl des Gewölbes.			Last = 6 mahl des Gewölbes.
Seitenschub.	Bogen des schiebenden Theils.	Seitenschub.	Bogen des schiebenden Theils.		Seitenschub.	Bogen des schiebenden Theils.
Fuß	Gr.		Gr.	M.	Fuß	Gr.
=21	52	F=48,9	46	30	F=482,0	46
19	55	42,9	52	30	401,6	52
18	59	37,4	58	—	329	57
17	63*	32,2	63	*	263,4	63*
15,9	67	27,4	69	30	203,8	69
15,6	68	26,2	70	30	189,8	70
14,7	70	22,8	74	30	149,4	74
13,5	73	18,5	79	20	99,4	80
12,4	76	14,4	84	—	52,5	85
11,3	82	11,1	88	—	13,7	89.

Ge[illegible]

Gewölbsdicke.
Fuß.
0,1
0,9
1
2
2,2
2,4
2,5
3
3,8
3,9
4,
4,9
5
5,1
5,5
6 *
7
8
9
10
10,261

Gewölbe von 18 Fuß

	G[illegible]
Zirkel.	Fuß 0 1 2 3 4 4 5 6 9 12 15
Gedruckter Korbbogen, dessen Höhe $\frac{3}{8}$ der Spannung ist.	0 1 2 3 4 5 6 7 9 12
Überhöhter Korbbogen, dessen Höhe $\frac{2}{3}$ der Spannung ist.	0 1 2 3 4 5 6 7 8 9
Gothisches Gewölbe.	unend[illegible] 0 1 2 3 4 5 6 9

Tabelle 14.

Spannung, verschiedenen Dicken, und verschiedenen Wölbungslinien.

ölbsdicke.		Bogen des schiebenden Theils.		Seitenschub.	Flächeninhalt des halben Bandes.
Zoll	Linien			Fuß	Fuß
0	1	15	—	F = 0,067	0,098
—	—	54	—	5,936	14,932
—	—	59	—	9,673	31,416
—	—	63	30	12,122	49,480
—	—	64	5	13,556	69,115
6	—	64	12	13,951	79,522
—	—	64	—	* 14,155 ein größtes	90,512
—	—	63	—	13,955	133,097
—	—	57	—	10,519	190,850
—	—	45	—	4,541	282,739
—	—	1	—	0,115	388,762
0	1	12	—	0,093	0,092
—	—	46	—	7,609	13,316
—	—	53	—	11,924	28,203
—	—	57	—	14,636	44,666
—	—	58	30	15,999	62,609
—	—	58	30	16,769	82,288
—	—	57	—	16,994 ein größtes	103,458
—	—	55	—	16,497	126,200
—	—	49	—	14,415	176,393
—	—	35	—	10,511	263,808
0	1	16	—	0,005	0,116
—	—	56	—	5,050	17,453
—	—	61	—	8,058	36,545
—	—	67	—	10,106	57,177
—	—	69	8	11,210	79,397
—	—	69	50	* 11,503 ein größtes	105,172
—	—	68	—	11,086	128,520
—	—	63	—	10,004	155,437
—	—	67	—	8,382	183,903
—	—	53	—	6,296	213,985
h klein		10	15		
0	1	11	30	0,031	0,131
—	—	12	30	4,058	19,668
—	—	13	—	7,057	39,793
—	—	14	—	8,717	61,260
—	—	14	45	9,191	88,304
—	—	14	15	9,791	114,413
—	—	13	—	10,059 ein größtes	142,185
—	—	10	15	6,784	234,978

G…

Gewölbsdicke.
Fuß.
0,5
1
2
2,5
3
3,5
4
4,5
5
5,5
6
6,5
7
7,5
8
8,5
9
9,5
10
10,5
11
11,5
12
12,5
13
13,5
14
14,5
15
16
17

Gedrückter Korbbogen

Gewölbsdicke.	Boge… des schieb… Theil…
Fuß.	Gr.
3	44
4	46
4,5	47
5	48
5,5	49
6	50
6,5	51

Gedrückter Korbbog…

Gewölbsdicke.	Boge… des schieb… Theil…
Fuß.	Gr.
3	41
4	43
4,5	44
5	45
5,5	46
5	47
6,5	48

Allgemeine Tabelle 16.

aus 3 Mittelpuncten von 100 Fuß Spannung und 45 Wölbungshöhe.

n enden s.	Seitenschub.	Flächeninhalt der Hälfte des Bandes.	Abstand der aus dem Schwerpuncte dieses Bandes fallenden Verticale von der Widerlage.
Min.			
—	F = 124,80	231,98	17,608
58	156,78	312,42	17,240
50	171,77	353,20	17,116
40	186,35	394,48	16,959
30	200,04	436,09	16,741
20	213,86	478,09	16,514
10	220,04	520,48	16,463

Allgemeine Tabelle 17.

en von 100 Fuß Spannung und 40 Wölbungshöhe.

n enden s.	Seitenschub.	Flächeninhalt der Hälfte des Bandes.	Abstand der aus dem Schwerpnncte dieses Bandes fallenden Verticale von der Widerlage.
Min.			
—	F = 139,66	221,27	18,481
20	174,84	298,11	17,796
20	191,97	337,20	17,626
30	207,03	376,63	17,457
35	222,95	416,46	17,299
40	235,90	456,67	17,1299
50	248,41	497,30	16,9639

Gedrückter

Gewölbsdicke.
Fuß
2
3
4
4,5
5
5,5
6
6,5
7
7,5
8
8,5
9
9,5
10
10,5
11
11,5
12
12,5
13
13,5
14
14,5
15
16
17

Gedrückter Korbboge

Gewölbsdicke.	Bogen des schieben Theils	M
Fuß.	Gr.	
2,5	35	[illegible]
3	37	[illegible]
4	38	[illegible]
4,5	39	[illegible]
5	40	[illegible]
5,5	41	[illegible]
6	42	[illegible]
6,5	43	[illegible]
7	44	[illegible]
7,5	45	[illegible]
8	46	[illegible]
8,5	46	[illegible]
9	47	[illegible]
9,5	47	[illegible]
10	48	[illegible]
10,5	48	[illegible]
11	49	[illegible]
11,5	49	[illegible]
12	50	[illegible]
12,5	50	[illegible]
13	51	[illegible]
13,5	51	[illegible]
14	51	[illegible]
14,5	51	[illegible]
15	52	[illegible]
16	52	[illegible]
17	53	[illegible]

Allgemeine Tabelle 19.

n von 100 Fuß Spannung und 30 Wölbungshöhe.

hden	Seitenschub.	Flächeninhalt der Hälfte des Bandes.	Abstand von der aus dem Schwerpuncte dieses Bandes fallenden Verticale, zu der Widerlage.
fin.			
50	F = 150,05	165,56	
50	173,41	199,55	19,570
50	216,36	269,09	19,191
43	236,08	304,90	18,988
16	254,68	340,81	18,821
50	272,45	377,00	18,651
40	289,21	413,69	18,485
64	305,32	450,71	18,317
50	320,49	488,23	18,149
38	335,04	525,94	17,970
6	348,85	564,15	17,798
40	362,21	602,83	17,626
10	374,81	641,73	17,452
58	386,89	681,12	17,279
9	398,54	720,89	17,103
59	409,65	761,06	16,923
7	420,28	801,62	16,752
40	430,44	842,51	16,576
10	440,20	883,92	16,402
55	449,61	925,66	16,229
—	458,50	967,79	16,052
6	467,03	1010,33	15,874
51	475,34	1053,23	15,696
46	483,17	1096,54	15,519
7	490,67	1140,24	15,341
42	503,51	1227,16	14,978
12	517,57	1318,98	14,626

Gedrückter [...]

Gewölbsdicke.
Fuß.
2
2,5
3
4
4,5
5
5,5
6
6,5
7
7,5
8
8,5
9
9,5
10
10,5
11
11,5
12
12,5
13
13,5
14
14,5
15
16
17

Binde, deren [...]

Dicke der Binde.
Fuß.
unendlich klein
1
$1\frac{1}{4}$
$1\frac{1}{2}$
2
3
4
5
30

Tabelle 21.

...nung = 20 und der Mittelwinkel = 60 Grad ist.

...Abstand ...r aus dem ...werpuncte ...den Verticale ...von der ...Widerlage.	Flächeninhalt der Hälfte des Bandes.	Seitenschub.
Fuß.	Quadrat-Fuß.	Quadrat-Fuß.
5,000	unendlich klein	F = 50
4,854	10,289	49,944
4,817	12,942	49,875
4,780	15,650	49,867
4,705	21,155	49,768
4,555	32,599	49,387
4,406	44,621	49,148
4,294	56,498	47,999
0,000	711,768	0,000

Gew

Wölbungslinie.
Gothische.
Überhöhter Korb- gen, dessen Höhe $\frac{2}{3}$ Spannung ist.
Zirkel.
Gedrückter Korb- gen, dessen Höhe $\frac{3}{8}$ Spannung ist.
Bogen von 90 G- den.
Binde, deren M- telpunct um die Sp- nungsweite von de- ben entfernet ist.

Gewölbe, deren

Wölbungsli
Zirkel Korbbogen Wölbungshöh

Gedrückter, aus drey
nung = 100, de

Bögen der Gewölbstheile.		Di
Gr.	Min.	
0	—	236,[illegible]
10	—	232,[illegible]
20	—	221,[illegible]
30	—	204,[illegible]
40	—	180,[illegible]
50	—	151,[illegible]
51	—	148,[illegible]
51	26$\frac{1}{2}$	147,[illegible]
52	—	145,[illegible]
53	—	142,[illegible]
60	—	118,[illegible]
70	—	80,[illegible]
80	—	40,[illegible]
90	—	0,[illegible]

Tabelle 23.

Spannung = 100, und deren Dicke = 12 sind.

…nie.	Schub der Tendenz zum Gleiten beym Reibungscomplement von 30 Graden.	Schub der Tendenz zur Drehbewegung.
	F = 205,75	F = 313,17
…e 35	280,86	401,77
30	305,91	440,20
25	330,96	482,98

Tabelle 24.

…Mittelpuncten beschriebener Korbbogen, dessen Span-
…ssen Wölbungshöhe = 25, und dessen Dicke = 4.

…uck des Schubes auf die Grundfuge.	Druck der Schwere dieser Theile auf die Grundfuge.	Sämmtlicher Druck.
…5 Schub des Gewölbes	0,00	236,05
…6	10,44	242,90
…1	41,12	262,93
…2	90,17	294,59
…2	123,95	304,77
…3	157,29	309,02
…5	160,544	309,194
…344	162,2356	309,370 ein größtes
…27	163,773	309,100
…58	166,980	309,038
…2	188,65	306,67
…3	216,56	297,28
…99	239,15	280,14
…00	255,20 Fläche des Bandes	255,20

Bögen der Gewölbstheile.
Grad
0
10
20
30
40
50
60
65
66 *
70
80
90

Druck auf das Gerüs
wölbes, dessen Fläch

Oberer offener Wölbun theil.	
Gr.	Min.
0	—
5	—
6	—
7	—
9	30
12	—
14	—
16	42
24	—
30	—

Tabelle 26.

der Tendenz zum Gleiten der Keile eines Zirkelge-
iinhalt = 1570, und bey dem Reibungswinkel von
60 Graden.

s-	Bogen des gleitenden Theils.		Druck dieses Theils auf das Gerüst.
	Gr.	Min.	
	42	42	$\frac{377}{1570}$ der halben Wölbung.
	37	35	$\frac{374}{....}$
	36	37	$\frac{373}{....}$
	35	41	$\frac{371}{....}$
	33	20	$\frac{366}{....}$
	31	14	$\frac{358}{....}$
	29	32	$\frac{351}{....}$
	27	18	$\frac{330}{....}$
	21	40	$\frac{295}{....}$
	17	18	$\frac{242}{....}$

Versuche

Holz-gattung.	Ma… de… St…
Fichten. (Sapin)	Nr. 1 {Läng… Breit… Dicke
	2 {Läng… Breit… Dicke
	3 {Läng… Breit… Dicke
	4 {Läng… Breit… Dicke
Eichen	5 {Läng… Breit… Dicke
Fichten	6 {Läng… Breit… Dicke
	7 {Läng… Breit… Dicke
	8 {Läng… Breit… Dicke
	9 {Läng… Breit… Dicke
	10 {Läng… Breit… Dicke
Eichen	11 {Läng… Breit… Dicke
Fichten	12 {Läng… Breit… Dicke
Eichen	13 {Läng… Breit… Dicke

Dicke der Füße der Ge…
30 Grade messend…

Dicke des Gewölbes.	Dicke der … Gew… nach … Zir…	
Fuß.	Fuß	Zoll
3	13	9
4	14	9
5	15	4
6	15	9
7	15	11
8	16	1
9	16	—
10	16	—
11	15	11
12	15	9
13	15	7
14	15	3
15	15	—
16	—	—

Tabelle 28.

...wölbe, wenn diese Füße bis zur Höhe des äußeren ...en Bogens von dem Bande aufgeführt werden.

Füße bey Gewölben, deren Spannung durch 100 Fuß vorgestellt ist.									
...ölbe dem ...kel.	Korbbogen, dessen Höhe 35 ist.			Korbbogen, dessen Höhe 30 ist.			Korbbogen, dessen Höhe 25 ist.		
Lin.	Fuß	Zoll	Lin.	Fuß	Zoll	Lin.	Fuß	Zoll	Lin.
4	17	10	9	18	7	4	19	8	4
—	18	6	10	19	5	8	20	5	4 größtes
6	18	10	—	19	7	8 größtes	19	10	9
—	18	11	5 größtes	19	7	3	19	8	2
11	18	10	9	19	5	3	19	6	3
2 größtes	18	8	8	19	2	5	19	2	3
8									
3	18	3	—	18	7	3	18	5	2
10									
—	17	7	6	17	10	9	17	9	—
—									
4	16	11	4	17	4	—	17	2	8
—	16	6	—	16	10	6	16	4	8
—	16	—	7	16	2	—	16	—	—

Widerlagen d

Dicke des Gewölbes.
Fuß.
3
4
5
6
8
10
12
14
16
17

Gewölbe, die auf 15F

Wölbungs
Gothische Wölbungsli
Ueberhöhter Korbbog
Wölbungshöhe $\frac{2}{3}$ der ist . . . .
Gewölbe nach dem Zir
Gedruckter Korbboge
Wölbungshöhe $\frac{7}{20}$ der ist . . . .
$\frac{6}{20}$
$\frac{5}{20}$
Binde, deren Mittel Grade mißt . . . .
Nach dem Reibungswi

Tabelle 30.

Fuß hohen Widerlagen stehen, 18 Fuß Spannung und 3 Fuß Dicke haben.

linie.	Dicke der Widerlagen ohne Rücksicht auf die Verstärkung der Füße des Gewölbes.					
	Wenn der ursprüngliche Schub um die Hälfte größer angenommen ist.			Bey dem Zustande des Gleichgewichts.		
	Fuß.	Zoll.	Linien.	Fuß.	Zoll.	Linien.
nie	3	—	9	2	—	11
en, dessen						
Spannung						
. . . .	3	9	—	2	6	3
kel	4	3	9	3	—	3
n, dessen						
Spannung						
. . . .	5	3	11	3	7	10
	5	7	6	3	10	—
	5	11	5	4	2	3
lwinkel 60						
. . . .	9	9	2		4	3
verstande . .	15	3	—	11	—	—

Gewölbe nac

Mitt des Schlu
Gr
0
1
2
3
4
5
15
30
45
60
75

Zirkelgewölbe von 25 e
Last besch

Abstand der Wölbung von der Verticale, die Schwerpuncte der Last he
o oder die Last auf d sten Theil des Gew stellt.
unendlich klein.
$\frac{2}{3}$ des Halbm
$\frac{4}{10}$ —
$\frac{6}{10}$ —
$\frac{8}{10}$ —
$\frac{10}{10}$ —
Freyes Gewölbe.

Tabelle 32.

…Fuß Spannung, 1 Fuß Dicke, und das mit einer …wert ist, die = $\frac{1}{2}$ des halben Gewölbes.

…gshöhe, … aus dem …rabfällt.	Dicke der auch 15 Fuß hohen Widerlage, wenn die zusammengesetzte auf $\frac{2}{3}$ der Basis trifft.					
	Widerlage der beschwerten Gewölbstheile.			Widerlage der freyen Gewölbsseite.		
…en höch- …ölbes ge-	Fuß.	Zoll.	Linien.	Fuß.	Zoll.	Linien.
	6	6	10	6	6	10
	7	9	9	9	11	3
…kessers.	6	10	11	8	1	—
—	6	1	8	7	1	10
—	5	8	8	6	3	9
—	4	11	2	5	6	2
—	4	10	4	5	5	8
	5	5	8	5	5	8

Normal-Tabell

E

Höhe der Widerlagen.
0
5
10
20
30
40
50
100
200

Normal-Tabelle für
dere

Korbbog

Höhe der Widerlagen.
0
5
10
20
30
40
50
100
200

Dicke der Widerlagen, von vollständigen Gewölben,
Spannung durch 100 vorgestellt ist.

Tabelle 34.

, dessen Wölbungshöhe = 45 ist.

Gewölbsdicke = 3.	Gewölbsdicke = 4.	Gewölbsdicke = 6.
Dicke der Widerlagen.		
15,05	15,99	16,01
17,02	17,97	18,57
17,45	18,57	19,51
18,05	19,42	20,86
18,45	19,99	21,77
18,68	20,40	22,46
18,94	20,71	22,98
19,51	21,54	24,39
19,90	22,12	25,38

Normal=Tabe

Kor

Höh der Widerla
0
5
10
20
30
40
50
100
200

Normal=Tabelle für

dere

Korbbög

Höhe der Widerlagen.	Gen
0	1
5	1
10	1
20	2
30	2
40	2
50	2
100	2
200	2

die Dicke der Widerlagen von vollständigen Gewölben,
i Spannung durch 100 vorgestellt ist.

Tabelle 36.

pen, deren Wölbungshöhe = 35 ist.

ölbsdicke = 3.	Gewölbsdicke = 4.	Gewölbsdicke = 6.	Gewölbsdicke = 8.	Gewölbsdicke = 10.
Dicke der Widerlagen.				
7,91	18,58	18,91	18,66	18,33
9,49	20,36	21,06	20,94	20,90
9,97	21,12	22,23	22,28	22,30
0,64	22,13	23,80	25,20	24,68
0,07	22,76	24,82	25,74	26,32
1,35	23,39	25,54	26,72	27,51
1,56	23,51	26,06	27,54	28,41
2,07	24,32			
2,41	24,85			

Normal-Tabel

Kor

Höhe der Widerlagen.	—
0 5 10 20 30 40 50 100	

Normal-Tabelle

Korb

Höhen der Widerlagen.	—
0 5 10 20 30 40 50	

Vergleichungs-Ta
Zirkel von ve

Weite der Spannung.	Dicke des Gewölbe
150 Fuß.	3½ Fu
100 —	3 —
50 —	2½ —
25 —	1½ —
18 —	1 —
	2
	3 —
10 —	½ —
	—
	1 —

Tabelle 39.

e der Dicke der Widerlagen der Gewölbe nach dem
)iedenen Dicken und verschiedenen Spannungen.

Seitenschub F, des Gewölbes.	Höhe der Widerlagen.	Dicke der Widerlagen.		
		In Füßen.	In Theilen der Spannung.	In Theilen des Seitenschubes.
F=202,2	5 Fuß	22,53	$\frac{10}{66\frac{1}{2}}$	$\sqrt{2,51F}$
	10 —	22,84		
	15 —	22,86	$\frac{10}{65\frac{1}{2}}$	$\sqrt{2,59F}$
F=116,5	5 —	16,6	$\frac{10}{60\frac{1}{4}}$	$\sqrt{2,37F}$
	10 —	16,9		
	15 —	17	$\frac{10}{58,8}$	$\sqrt{2,48F}$
F= 42,2	5 —	10	$\frac{10}{50}$	$\sqrt{2,37F}$
	10 —	$10\frac{1}{2}$		
	15 —	$10\frac{3}{4}$	$\frac{10}{46\frac{1}{2}}$	$\sqrt{2,74F}$
F= 12,2	5 —	$5\frac{1}{2}$	$\frac{10}{46\frac{1}{4}}$	$\sqrt{2,48F}$
	15 —	$5\frac{2}{3}$		$\sqrt{2,70F}$
F=5,94	10 —	3,9	$\frac{10}{48}$	$\sqrt{2,56F}$
F=9,673	10 —	4,5		$\sqrt{2,10F}$
F=12,2	10 —	4,8	$\frac{10}{37\frac{1}{2}}$	$\sqrt{1,89F}$
$F=1\frac{2}{3}$	5 —	2,10	$\frac{10}{47}$	$\sqrt{2,62F}$
	15 —	2,20		$\sqrt{2,67F}$
F=2,79	5 —	2,48	$\frac{10}{40\frac{1}{3}}$	$\sqrt{2,21F}$
	10 —	2,71	$\frac{10}{39}$	$\sqrt{2,63F}$

Vergleichungs
Fuß Spannur

Höhe des Bogens.	E
Zirkel	
50 Fuß	F
Korbbögen.	
45 Fuß	F
40 —	F
35 —	F
33⅓ nähmlich ⅓ der Spannung	F
30	F
25 nähmlich ¼ der Spannung.	F

Vergleichungs-Tabelle
18 Fuß Spannung ur
gothischen Gewölbes u

Wölbungslinie.		Höhe des Bogens	
		Fuß	Zoll
Gothische		15	7
Zirkel.		9	—
Bogen von Gr.	M.		
134	45	6	— nähmlich ⅓ d. Spannung
106	16	4	6 nähmlich ¼ d. Spannung
100	—	4	2½
90	—	3	9
80	—	3	3
70	—	2	11
60	—	2	5
50	—	2	—
40	—	1	7
30	—	1	2
20	—	0	9½
10	—	0	4
Binde		0	0

Tabelle 41.

Dicke der Widerlagen der Bögen, auch der Binde von einem Fuß Dicke, mit der Dicke der Widerlagen des des Zirkels von eben derselben Spannung und Dicke.

Seitenschub nähmlich F	Höhe der Widerlagen.	Dicke der Widerlagen.		
		In Füßen.	In Theilen der Spannung.	In Theilen des Seitenschubes.
F= 4,06	6 Fuß,	2,9	$\frac{10}{62}$	$\sqrt{2,07F}$
F= 5,94	nähmlich	3,8	$\frac{10}{47}$	$\sqrt{2,42F}$
F= 6,55	$\frac{1}{3}$ der Spannung.	4	$\frac{10}{45}$	$\sqrt{2,45F}$
F= 7,85	—	4,45	$\frac{10}{42}$	$\sqrt{2,58F}$
F= 8,2	—	4,50	$\frac{10}{41}$	$\sqrt{2,5F}$
F= 8,8	—	4,75	$\frac{10}{38}$	$\sqrt{2,56F}$
F= 9,8	—	5,15	$\frac{10}{36}$	$\sqrt{2,6F}$
F=10,83	—	5,38	$\frac{10}{33}$	$\sqrt{2,67F}$
F=12,11	—	5,7	$\frac{10}{31}$	$\sqrt{2,66F}$
F=13,71	—	6	$\frac{10}{30}$	$\sqrt{2,69F}$
F=15,8	—	6,5	$\frac{10,0}{27,7}$	$\sqrt{2,7F}$
F=18,63	—	7	$\frac{10,0}{25,7}$	$\sqrt{2,7F}$
F=22,72	—	7,9	$\frac{10,0}{21,8}$	$\sqrt{2,7F}$
F=29,2	—	8,8	$\frac{10,0}{20,4}$	$\sqrt{2,7F}$
F=40,5	—	10,63	$\frac{10,0}{18,9}$	$\sqrt{2,78F}$

Sphärische

Kuppelsc
Höhe AP Fig. · Schnitttheil
Fuß.
1
15
2
3
* 3⅔
* 4
* 4,5
* 5
* 5,5
* 6
* 6,5
* 7
* 7,5
7,9
* 7,95
8,00
9
10
12,5

Sphärische Kupp

Kuppelschnitt,	
Dicke des Gewölbes.	schi
unendlich klein	
0,5	
0,75	
1	
1,5	
2	
* 3,5	
4,5	
5,5	
7,5	
10,5	

Verbesserung. In d
Sei

Tabelle 43.

ı von 25 Fuß Spannung und verschiedenen Dicken.

dessen Grundfläche einen Fuß innerer Länge hat.

Bogen des ·enden Theils.		Körperinhalt des ganzen Schnittes.	Seitenschub desselben.	Verhältniß dieses Schubes zu jenem der Zirkelwölbung von gleichen Maßen.
ɜr.	Min.			
·8	40	unendlich klein	unendlich klein	beynahe
·8	25	6,5033	F = 1,48	1:3,4082 wie 3:10
·9	—	9,9493	2,124	1:3,2882
·9	30	13,5868	2,743	1:3,264
·9	40	21,0900	3,87	1:3,26
·9	50	29,2133	4,67	
·0	—	57,1433	6,25 *	
·7	55	78,9300	6,44	
·5	25	103,436	5,20	
·7	37	161,250	3,871	
·8	16	272,86	0,229	

ɪ Fig. 48 Lit. 12 soll oberhalb d kommen.
ɪe 243 Zeile 20 statt nD lese dD.

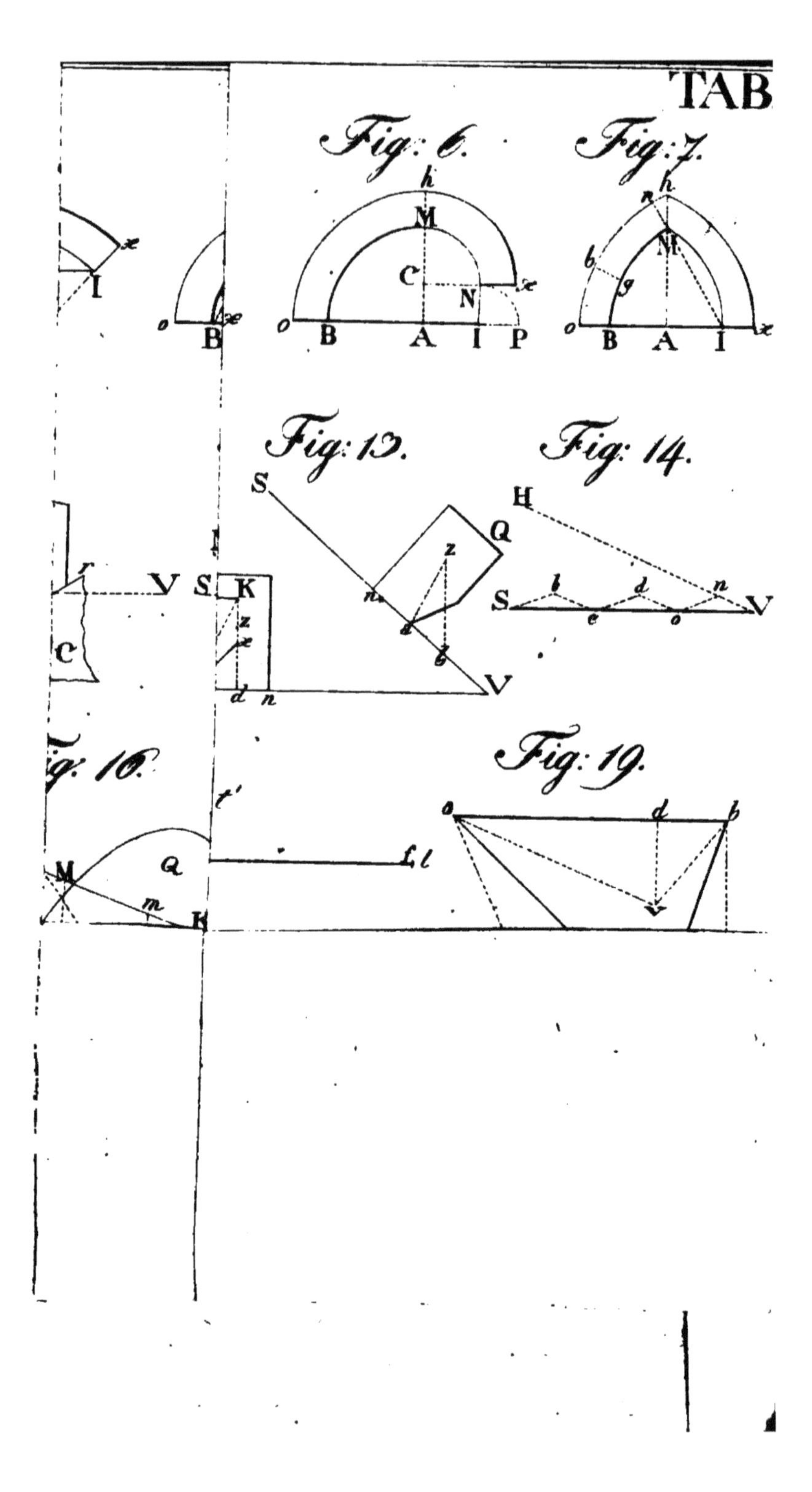
TAB
Fig: 6.
Fig: 7.
Fig: 13.
Fig: 14.
ig: 16.
Fig: 19.

TAB: II

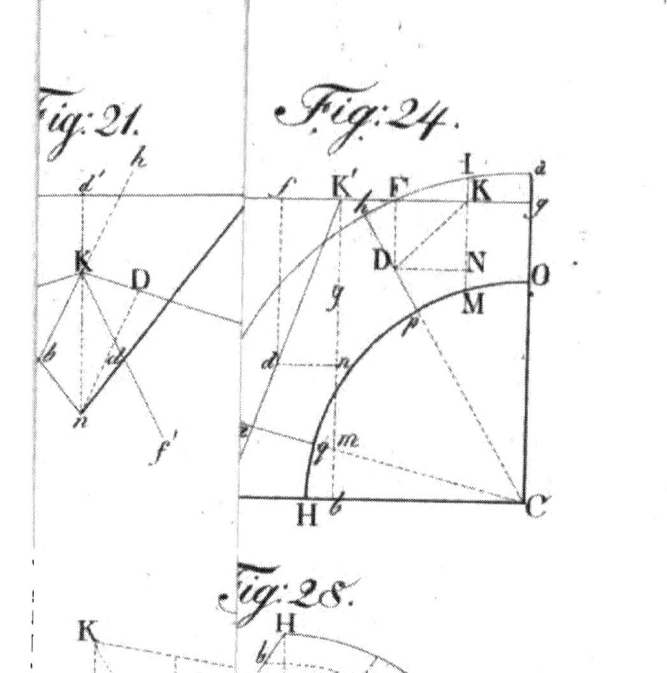

Fig: 28.

H
K
G

TAB: III

Fig: 37.

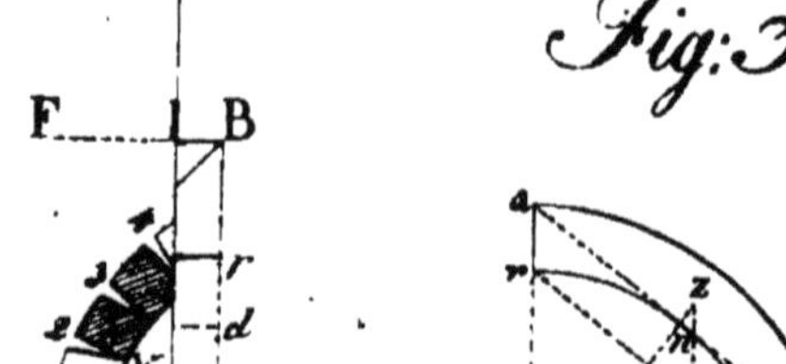

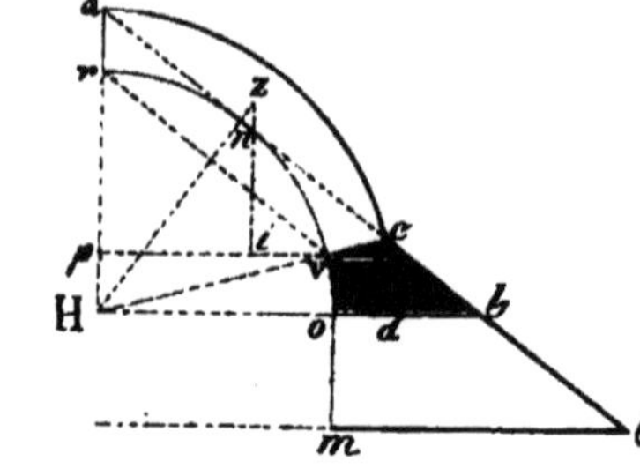

38.

Fig: 41.

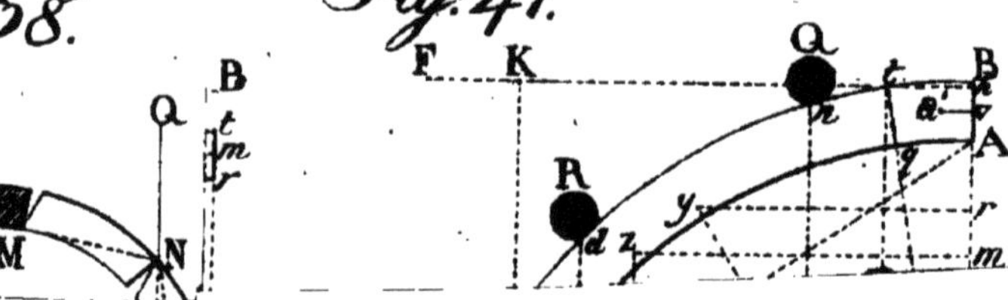

TAB: IV.

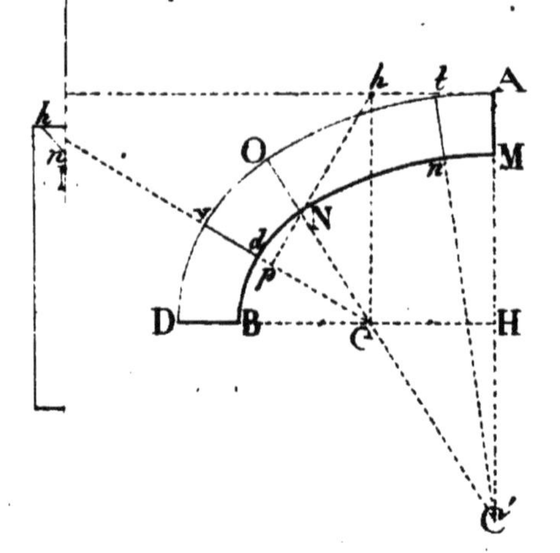

Z

Fig: 50.

TAB: V.

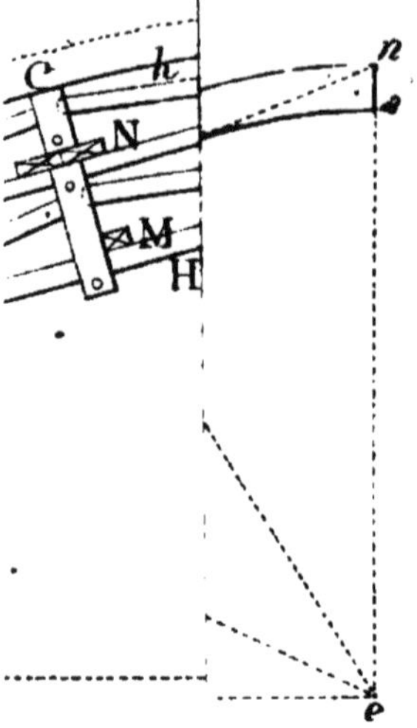

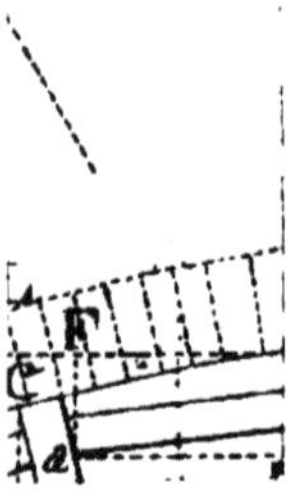

Fig. 62 N° 4.

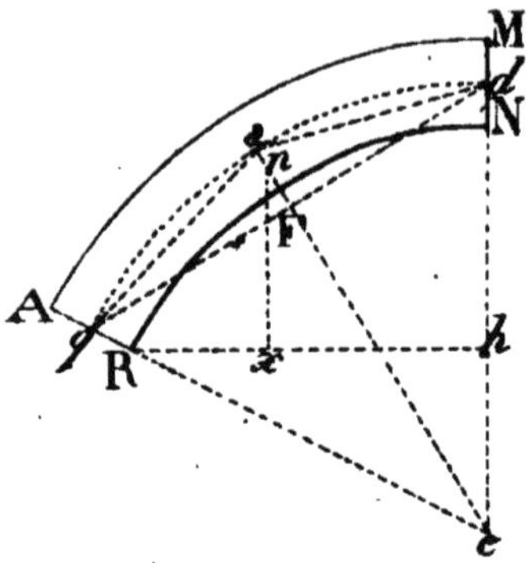

TAB: VI.

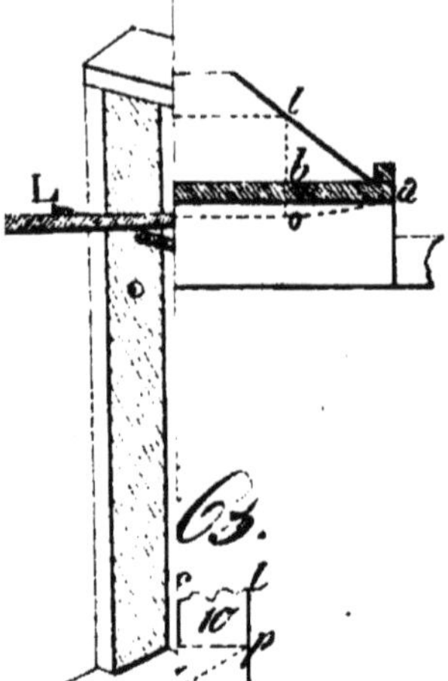

Fig: 60.

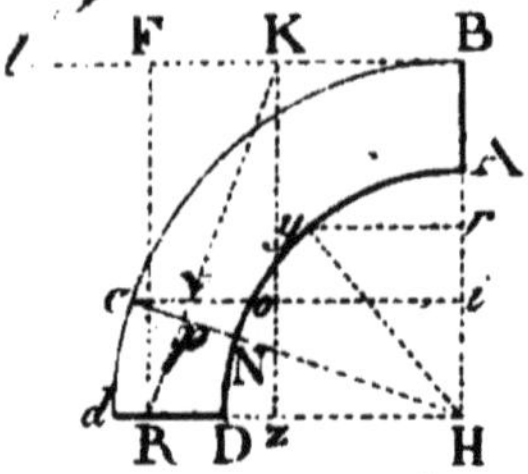

Fig: 64.

63.

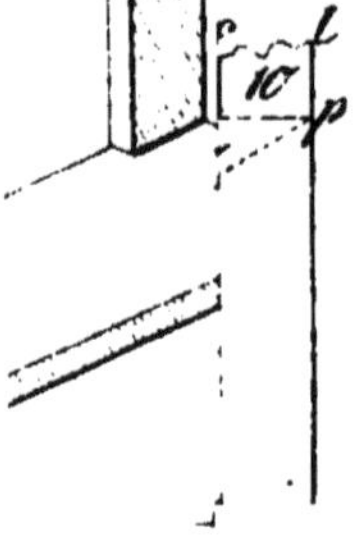

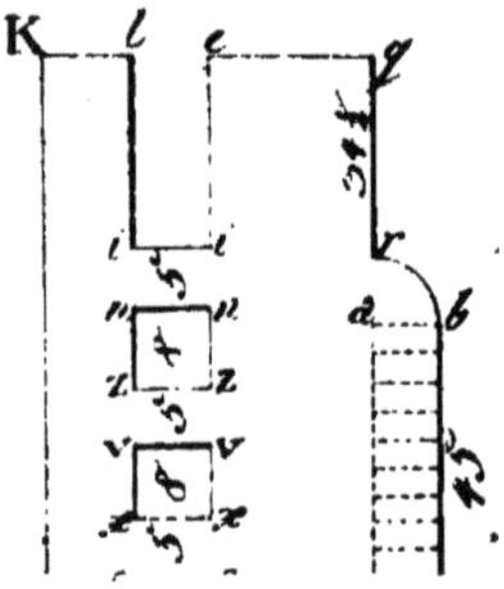

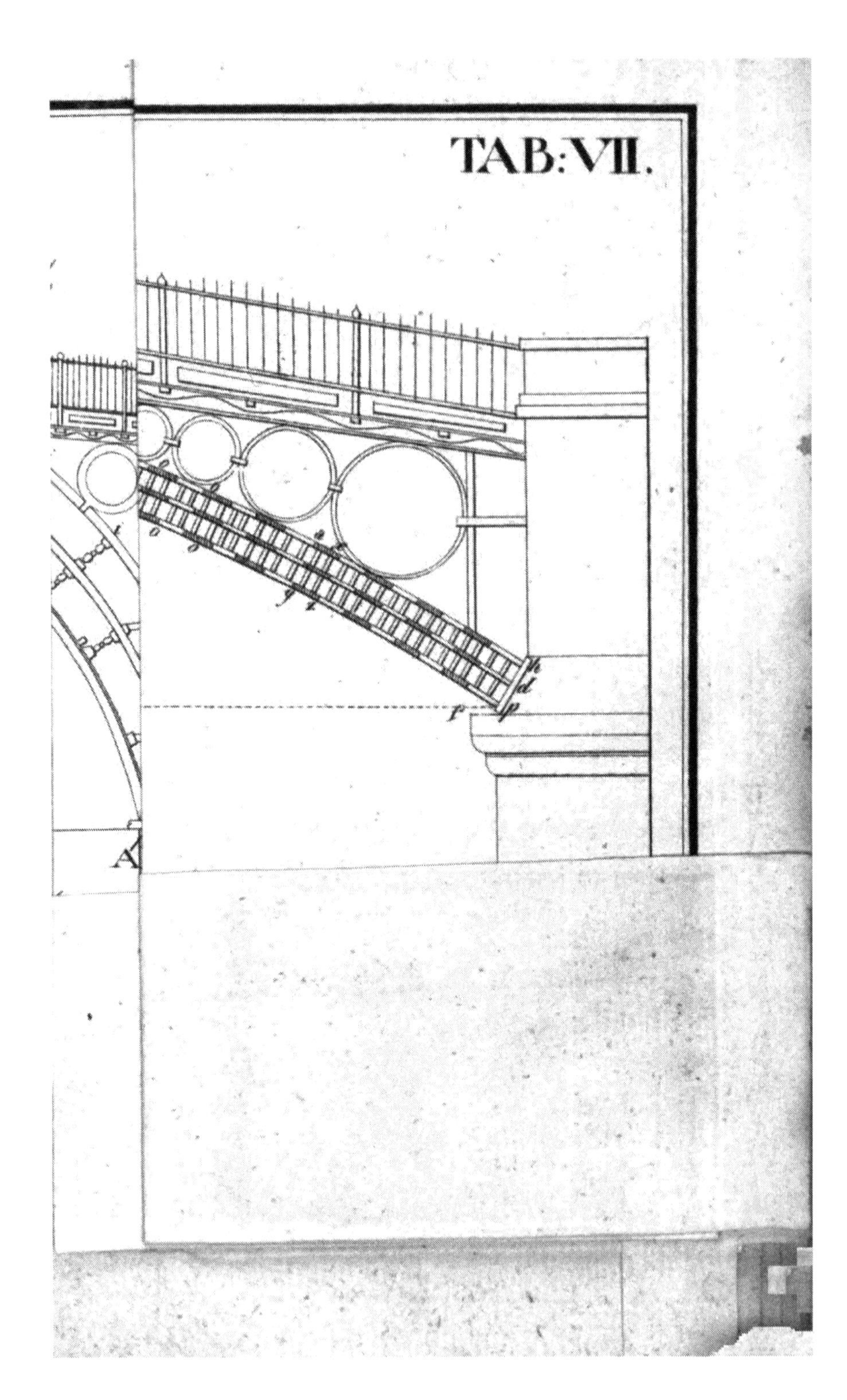
TAB:VII.

TAB: VIII.

Fig: 81.

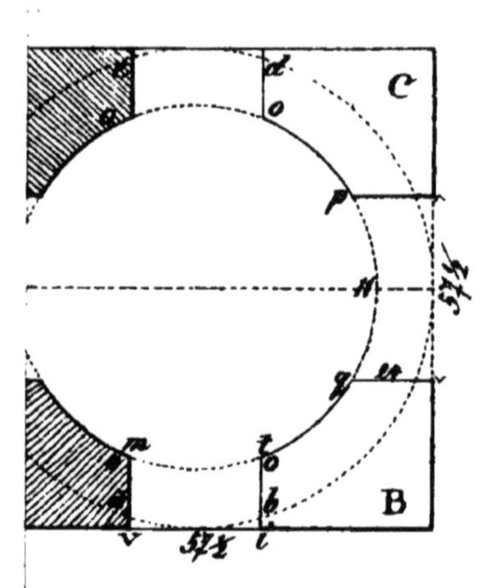

TAB: I

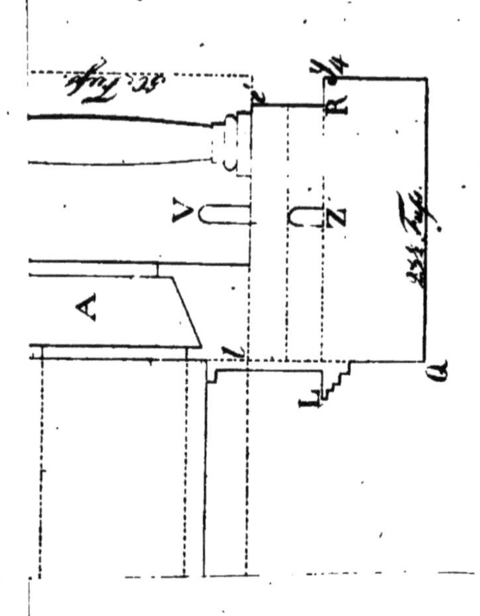

Lightning Source UK Ltd.
Milton Keynes UK
UKHW021206091120
373077UK00004B/671